河出文庫

決定版
第二の性
Ⅱ 体験 上

S・ド・ボーヴォワール
『第二の性』を原文で読み直す会 訳

JN082208

河出書房新社

目次

下巻目次

凡例

1 原注は、＊を付し、傍注とした。ただし、引用文の出典のみの場合は（　）で括って本文中に示した。

2 原注に加えて、本文中の人名・地名等で注釈が必要と思われる項目には訳注を付した。長い訳注となる事項には＊を付して傍注にまとめ、短い訳注は〔　〕で括って本文中に示してある。

3 訳文中、特に解説が必要と思われる用語には†を付し、「用語解説」としてまとめて巻末に示した。

4 本文に引用されている各文献は、邦訳があるものは可能な限りその邦題を当てた。

決定版　第二の性

Ⅱ　体験　上

女であることはなんと不幸なことか！　しかし、女であることの最大の不幸は、実は、それが不幸だとわからないことである。

——キルケゴール

半ば犠牲、半ば共犯、
すべての人と同じように。

——サルトル

序文

現代の女たちは女らしさの神話をくつがえそうとしている。具体的に自分たちの自立を主張しはじめている。とはいえ、なんの困難もなく、人間としての条件を完全に生きることができるわけではない。女の世界のただなかで女たちによって育てられた女の通常の運命は、結婚であり、事実上、結婚はいまだに女たちを男たちに従属させている。男の威信が消滅したというにはほど遠い。なぜなら、それは依然として強固な経済的社会的基盤の上に築かれているからである。だから、女の伝統的運命を詳細に調べ分析する必要があるのだ。どのように女は自分の条件を学習していくのか、どう女はそれを体験するのか、どんな世界に女は閉じ込められているのか、どのような脱出が女には許されるのか、こうしたことを私はここで描き出したいと思う。そうやってようやく、重い過去を受け継ぎながら、新しい未来を作りあげようと努力している女たちに、どんな問題がつきつけられているのかが、わかるだろう。もちろん、私が「女」あるいは「女性的な」という言葉を使うとき、どんな原型にも、どんな不変の本質にも拠《よ》ってはいない。

私が明らかにする主張の大部分は、そのあとに、「教育と慣習の現状において」という意味を補う必要がある。この本では、永遠の真実を述べようというのではなく、個々の女の生きる実存全体に共通の基盤を描こうというのだ。

第一部　女はどう育てられるか

第一章　子ども時代

人は女に生まれるのではない、女になるのだ。社会において人間の雌がとっている形態を定めているのは生理的宿命、心理的宿命、経済的宿命のどれでもない。文明全体が、男と去勢者の中間物、つまり女と呼ばれるものを作りあげるのである。他人の介在があってはじめて個人は〈他者〉となる。子どもは自分に対してだけ存在しているかぎりは、自分を性的に異なるものとしてとらえることはできない。女の子、男の子にあっては、身体はまず主体性の輝かしい発現、世界を理解するための道具である。彼らが世界をとらえるのは目や手をとおしてであって、性器をとおしてではない。出生、離乳のドラマは乳児にとって男女とも同じように展開する。男女の乳児ともに同じ興味、同じ喜びを感じるのだ。まず吸う行為が最大の快感の源となる。次に肛門《こうもん》期に移ると、男女に共通する排泄《はいせつ》機能から最大の満足が得られる。男女の生殖器の発達も似かよっている。同じ好奇心、同じ無頓着《むとんちゃく》さをもって、自分の肉体を探り、クリトリスやペニスから漠然とした同じ快感を得る。彼らの感覚は、すでにはっきり示される範囲で、母親に向けられる。

柔らかく、なめらかで、弾力のある女の肉体は性的欲望をそそる。そして、この欲望は手でつかむことのできるものである。女の子も男の子も攻撃的な仕方で母親を抱き、触れ、愛撫《あいぶ》する。弟や妹が生まれると、同じように嫉妬《しっと》し、それを怒ったり、すねたり、お漏らしをしたりという行動で表現する。同じように愛嬌《あいきょう》をふりまいて大人たちの愛を得ようとする。十二歳まで少女は同年齢の少年たちと同じくらいたくましく、同じような知的能力を示す。彼らと競い合うことのできない領域は一つもない。少女が思春期のかなり前から、またときには幼い頃から、性的に特定化されているように見えるのは、不思議な本能によって少女が受動性、媚《こ》び、母性へと直接運命づけられているからではない。子どもの生活には、ほぼ最初から他人が介在していて、生まれたばかりの頃から子どもにその使命が強制的に吹き込まれるからである。

新生児にあっては、世界はまず内在的[†]な感覚というかたちで示されるだけである。胎内の暗闇《くらやみ》に住んでいたときのように、〈全体〉の内部に浸っている。母乳で育てられるにしろミルクにしろ、母体の温《ぬく》もりに包まれている。乳児は自分とははっきり区別されるものとして事物を感じとることを少しずつ学んでいく。自分と事物をはっきり識別するのである。同じ時期に多少とも乱暴な仕方で、乳を与えてくれる肉体から引き離される。ときには激しい発作[*1]を起こして、この分離に反応を示すこともある。いずれにしろ、こうした分離が行なわれる頃――生後六ヵ月頃――他人の心をとらえたいという欲求を身ぶりで示しはじめ、のちにはこれ見よがしの身ぶりとなる。もちろん、このような態度はそうしようと選択してやっているのではない。それに、ある状況を生きるのに、それについて考える必要があるわけでもない。乳児はすべての実存者が生きる根源的ドラマである〈他者〉との関係のドラマを直接的に生きているのだ。人間は不安を通じて自分が遺棄〔見捨てられること〕されたと感じる。自分の自由、主体性から逃れて、〈全体〉の内部に埋没したくなる。これこそ、人間の宇宙的自然崇拝的夢想の源、忘却、眠り、恍惚《こうこつ》、死への欲求の源である。しかし、人間は個別の自我を消し去ることはけっしてできない。だからせめて即自†の安定に到達したい、モノとして固定されたいと思うのだ。人間が自分自身にとって一つの存在として見えてくるのは、とりわけ他人の眼差《まなざ》しによって凝固させられるときである。このような観点から子どもの行動を解釈しなくてはならない。子どもは未知の世界のなかで有限性、孤独、見捨てられた状態を肉体のかたちで発見する。この不幸を補おうとして、子どもは他人がその実在性と価値を築いてくれる一つの像のなかに自分の存在を疎外《そがい》†する。子どもが自分のアイデンティティを主張しはじめるのは、鏡に映った自分をとらえる頃――離乳期と重なる時期――からのようだ。[*2]

＊1　〔原注〕ジュディット・ゴーティエは、回想記で次のように語っている。

私は乳母から引き離されてあまりにも激しく泣き、打ちひしがれてしまったので、やむなくまた乳母の元に戻された。それで、離乳はかなり遅れることになってしまった。

＊2　〔原注〕この理論はラカン博士〔一九〇一－八一、フランスの精神分析学者〕が『個人の形成における家族複合』のなかで提起したものである。この事実は大変重要性をもつもので、個人の成長の過程において「自我が情景の両義的な姿を保ちつづける」ことを説明づけるものである。

子どもの自我は鏡のなかの像と混ざりあっているので、自分を疎外することによってしか形成されない。いわゆる鏡が多少とも重大な役割を果たしているにせよ、子どもが六ヵ月頃から親の表情を理解しはじめ、親の眼差しの下で自分を一つの客体としてとらえはじめるのは確かである。子どもはすでに世界に向かって超越†する自律した主体である。しかし、子どもは疎外されたかたちでしか自分自身に出会うことはない。

子どもは成長すると、二つの方法で、本源的な遺棄とたたかう。まず分離を否定しようとする。母親の腕にうずくまり、生きた温もりを探し、愛撫を求めるのだ。また、他人に支持されることで自分を正当化してもらおうとする。大人は子どもにとって神様のように見える。大人は子どもに存在を付与する力があるからだ。子どもは、自分を、あるときは可愛《かわい》らしい天使に、またあるときは怪物に変えてしまう大人の眼差しの魔術を思い知る。天使になったり怪物になったりというこの二つの防御方法は相反するものではない。むしろ逆に、補いあい混じりあっている。誘惑がうまくいったとき、正当化されたという感情はキスや愛撫を受けるなかに肉体的確認を見出《みいだ》す。これは子どもが母親の膝《ひざ》や優しい眼差しのなかにすでに知っている幸せな受動性と同じである。生まれて三～四年間は男と女の態度に違いはない。男の子も女の子も誰もが離乳前の幸せな状態を永続させようとする。男の子にも、女の子と同じように誘惑や誇示の行動が見られる。女の子と同じくらい、好かれたい、微笑《ほほえ》んでもらいたい、可愛いとほめてもらいたいと願っている。

引き裂かれる思いを克服するよりもそれを否定する方が満足できるし、他人の意識によって固定されるよりは〈全体〉の内部に埋没する方がより徹底している。肉体的融合は他人の眼差しの下ですべての責任を放棄するよりもっと深い自己疎外を引き起こすからだ。誘惑や誇示はただ単に母の腕に身を委《ゆだ》ねているよりも、もっと複雑で困難な段階を表わしている。大人の眼差しの魔術は気まぐれである。子どもが、いないいないをやって見せると、親はその遊びに加わり、手探りで追っかけたり笑ったりする。だが突然、「さあ、もういいかげんにしなさい。みんなちゃんと見えているんだよ」と言う。子どもの言葉が大人にうけると、子どもは同じことを繰り返してみせるが、今度は大人は肩をすくめるだけだ。カフカ[*1]の世界と同じくらい不確かで予測のつかないこの世界では、一歩足を踏み出すごとにつまずく[*2]。だから、これほど多くの子どもたちが成長するのを恐れるのだ。両親が膝の上にのせてくれなくなると、またベッドに一緒に寝かせてくれなくなると、彼らは絶望する。こうした肉体的な欲求不満をとおして、見捨てられた状態をますます痛切に感じるようになる。人間は不安にかられながら見捨てられた状態を自覚していくのである。

この頃はまず女の子の方に特権が与えられたように見える時期だ。第二離乳期は第一期ほど唐突ではなくもっとゆるやかだが、子どもは抱擁してくれる母親の肉体から引き

＊1　一八八三－一九二四、チェコ生まれのユダヤ系ドイツ語作家。

離されていく。とくに男の子に対してはキスや愛撫が少しずつ拒否されていく。女の子の方は相変わらず可愛がられ、母親のスカートにまとわりついても許される。父親は彼女を膝の上に抱き、髪をなでたりする。キスで包むように柔らかな洋服を着せられ、娘の涙や気まぐれは許される。髪をていねいに結ってもらい、その身ぶりや媚びた愛嬌は面白がられる。肉体的接触や好意的眼差しが彼女を孤独の苦しみから守っている。反対に、男の子に対しては愛嬌さえ禁止されるようになる。取り入ろうとしたり、悪ふざけをするとうるさがられる。「男は抱っこなんて言ったりしないの……男は鏡なんかのぞきこまないの……男は泣かないものなの」と言われる。男の子は「小さな男の大人」であるよう求められるのだ。大人から独立することによって、大人の支持を得ることになる。人に気に入られようとしないようにすることによって気に入られることになるのである。

多くの男の子はつらい自立を強いられることに怖気《おじけ》づき、そういうことなら女の子になる方がいいと思う。最初に女の子と同じような服を着せられていた時期には、幼児服を脱ぎ捨ててズボンをはいたり、巻き毛が切られるのを見たりするとき、たいていは涙ぐむ。なかには執拗《しつよう》に女らしさの方を選ぶ子もいる。同性愛に向かう一つの態度である。「僕はどうしても女の子になりたかった。男であって偉いんだという自覚の欠如から、しゃがんでおしっこをしたいと言い張るところまでいってしまった」(『安息日』)とモーリス・サックスは言っている。しかし、男の子が最初のうち姉や妹ほど可愛がられないのはもっと大きな思《おぼ》し召しが男の子にはあるからである。男の子に課せられるさまざまな要求はより高い一つの価値を直接生みだすのだ。シャルル・モーラス[*1]は回想記のなかで母や祖母にちやほやされる弟に嫉妬していたと語っている。それで、父親は彼の手をとって部屋の外に連れて行き、こう言った。「僕らは男だろう。女なんかほっておこうぜ」。男の子により多くが要求されるのは、それだけ優れているからなんだと言い聞かせる。彼の歩む道は困難だと勇気づけながら、男らしさの誇りを吹き込まれるのである。この男らしさという抽象的概念は、男の子にとって具体的な姿をおびてくる。それがペニスに具象化されるからだ。男の子が自分の無気力で小さな性器に誇りを感じるのは周囲の態度をとおしてであって、自発的にではない。母親や乳母たちが男根《ファルス》と雄の概念を

＊2　（19頁）〔原注〕『青いオレンジ』のなかで、ヤシュ・ゴークレールは父親についてこう言っている。「彼の上機嫌は私にとっては苛立《いらだ》ちと同じくらい恐ろしく思われました。なぜそんなに上機嫌なのか、私にはなにも説明がつけられませんでしたから……神様の気まぐれと同じようなもので、彼のご機嫌は私には計りかねて、なにか不安な気持ちで父を見ていました……硬貨で裏か表かを占うように、どんな反応があるのかと思いながら、自分の言葉を投げかけてみたものです」。その後、次のようなエピソードを語っている。「ある日、叱《しか》られてから、念仏のように、古テーブル、デッキブラシ、暖炉、ボウル、牛乳ビン、片手《かたて》鍋《なべ》などと唱えはじめたら、母がそれを聞いて、声をたてて、笑ったのです……数日後、また叱られ、私は母をなだめようと、同じ念仏を唱えてみようとしました。今度はうまくいきませんでした。彼女を陽気にさせるどころか、二倍叱られ、おまけにお仕置までされてしまいました。大人たちの行動はまったくわからないと、思ったものです」。

＊1　一八六八－一九五二、フランスの作家、思想家。

同一視する伝統を永続させているのである。彼女たちが愛への感謝のなかにまたは従属のなかでその威光を認めるからか、あるいは乳児の情けない姿のそれを見るのが彼女たちにとって復讐《ふくしゅう》となるからか、子どものペニスを扱うとき、彼女たちはとりわけ満足気だ。フランソワ・ラブレーはガルガンチュア〔ラブレーの『第一の書ガルガンチュア』の主人公〕の乳母たちの戯《たわむ》れやおしゃべりを教えてくれる。[*1] またルイ十三世の乳母たちのそれも歴史が伝えている。とはいえ、それほど厚かましくない女たちでも、男の子の性器に愛称をつけて、あたかも小さな人格のように、それは彼自身であったり別の人であったりするのだが、話題にするのだ。彼女たちはペニスを、すでに引用した表現を使うと「たいてい、当の個人よりずっとずるく、かしこく、ぬけめのないもう一人の自分《アルテル・エゴ》」[*2]にしてしまうのである。身体構造上、ペニスはこの役割を果たすのに適している。肉体から切り離されれば、それはまるで小さな自然のおもちゃ、人形のようである。この分身に価値を与えることで、子どもの価値は高められるのだ。

ある父親が私に語ってくれた。彼の息子の一人は三歳でまだしゃがんでおしっこをしていた。姉妹や従姉妹《いとこ》たちに囲まれて、臆病《おくびょう》で陰気な子どもだった。ある日、父親が彼をトイレに連れて行って言った。「男はどうやるのか、おまえに見せよう」。それ以来、その子は立ち小便をするのがすっかり自慢となり、「穴からおしっこをする」女の子たちを軽蔑《けいべつ》するようになった。彼の軽蔑はそもそも、女の子に器官が一つ欠けているからではなく、女の子は彼のように父親から特別扱いで手ほどきを受けていないという事実から来ていたのだ。したがって、ペニスは男の子が優越感を得る生まれたときからある特権として現われるのではまったくなく、むしろ反対に、それに高い価値を与えるのは、つらい第二離乳期の埋め合わせとして大人が考えだして、それを子どもが熱心に受け入れるということなのだ。このことによって、男の子は自分はもう赤ちゃんではなく、女の子でもないのだという無念さから守られるのである。そのあとで、彼は自分の性器のなかに自己の超越性と誇らしい絶対性とを具象化していくのだ。*3

　女の子の運命はこれと大きく異なっている。母親や乳母たちは女の子の生殖器に畏敬《いけい》の念も愛情ももたない。外側しか見えずつかむことのできないこの隠れた器官に注意を払うこともない。ある意味では女の子に性器はないのだ。だが、女の子はこの不在を欠陥とは感じない。あきらかに、女の子の身体は女の子にとってはそれだけで完全なものである。しかし、彼女は自分が世の中では男の子とは違ったふうに位置づけられている

＊1　〔原注〕……「彼はもう股袋《ブラゲット》を使いはじめていた。侍女たちは、毎日毎日、この股袋を見事な花束やきれいな紐飾《ひもかざ》り、美しい花々、立派な総束で飾り立て、円形型練り薬でも手でいじりまわすように、時間があれば両手で握っていた。そしてあたかも悪戯《いたずら》が気に入ったとでもいうように耳をたてたりすると、皆はどっと笑い出すのだった。ある侍女は『私の可愛《かわい》い捩子《ねじ》』と呼び、他の侍女は『私の針』、また他の者は『私の珊瑚《さんご》の枝』と、また他の者たちは『私の栓』、『私のつめもの』、『私のくりこ』、『私の押し込み棒』、『私の錐《きり》』、『私の瓔珞《ようらく》』……などと呼んでいたのである」云々《うんぬん》。

＊2　〔原注〕アリス・バラン『子どもの内面生活』本書I巻一一四頁参照。

＊3　〔原注〕本書I巻一一四－一一五頁参照。

と感じる。いろいろの要因が総合されると、女の子の目にはこの違いが劣等生となって映ることもありうる。

例の、女の「去勢コンプレックス」ほど、精神分析学者によって論議された問題はあまりない。今日では、大部分の学者はペニス羨望《せんぼう》は場合に応じて非常にさまざまなかたちで現われるということを認めている。[*1]まず第一に、多くの女の子たちはかなりの年齢になるまで男の身体構造を知らない。子どもは、太陽と月があるように、男と女がいることを自然に受け入れる。子どもは言葉のなかに含まれている本質を信じていて、その好奇心ははじめは分析的ではないからだ。多くの女の子にとって、男の子の股《また》の間にぶらさがるこの小さな肉の塊は何も意味しないし、滑稽《こっけい》ですらある。それは洋服や髪形のちょっと変わった特異性と似たような特異性なのだ。普通、女の子は生まれたばかりの弟と見比べて自分を発見する。ヘレーネ・ドイッチュ[*2]によれば、「女の子が非常に幼いときは、弟のペニスに強い印象を受けたりはしない」。彼女は十八ヵ月の幼女の例をあげている。この子は新生児の弟にペニスを見つけてもまったく興味を示さなかったが、ずっと後になって、自分の個人的関心事との関連ではじめてペニスに価値を認めるようになったのである。ペニスが異常なものと見なされることもある。それは余分に突出した物、つまり瘤《こぶ》、乳房、いぼのようにぶらさがった何かはっきりしない物であるからだ。嫌悪感《けんおかん》を引き起こすこともあるかもしれない。とにかく、女の子が弟や友だちのペニスに興味を示す場合が多いというのは事実である。しかし、それは彼女が文字通りの性的嫉妬心を感じていることを意味するわけではない。ましてやその器官がないからといって深く傷ついたと感じることはない。女の子はすべてを自分のものにしたがるようにペニスも自分のものにしたいのだ。しかし、この欲望は表面的なものにとどまっていることもありうる。

排泄機能、とくに排尿機能が子どもたちの熱心な興味を引くのは確かである。両親が他の子どもをえこひいきすることに対して、おねしょが一つの抗議となることはよくある。男がしゃがんで排尿する国もあるし、女が立って排尿することもある。これはとりわけ農婦に多く見られる習慣だ。だが、現代の西欧社会の習慣では、ふつうは女はしゃがんでするのがよいとされている。一方、立ったままするのは男専用だ。この違いは女の子にとっては最も目につく性的な違いである。排尿するために、女はかがみ、肌を出し、だから隠れなくてはならない。これは不便で恥ずかしい束縛だ。よくあることだが、たとえば大笑いで失禁してしまうと悩んでいる場合、この恥辱感はいっそう大きくなる。

＊1　〔原注〕フロイトやアドラーの著作のほかにも、これを主題とした多くの文学作品がある。最初に、カール・アブラハムが、女の子は自分の性器を去勢による傷とみなしているという考えを明らかにした。カレン・ホーナイ、アーネスト・ジョーンズ、ジャンヌ・ラン・ド・グルー、ヘレーネ・ドイッチュ、アリス・バランなどが精神分析の見地からこの問題に検討を加えている。ソシュールは精神分析とピアジェやリュケの見解とを両立させようと試みている。なお、ポラック『性の相違についての子どもの考え方』も参照のこと。

＊2　一八八四－一九八二、オーストリアの女性精神分析学者。

女の子の方が男の子よりコントロールしにくい。男の子にとって、排尿機能は好き勝手にできる遊びのようなもので、自由を発揮できるあらゆる遊びの魅力をそなえている。ペニスは思いのままに手で扱え、それを介して行動できる。これは子どもの最大の興味の一つだ。ある女の子は男の子がおしっこをするのを見て、感嘆したように叫んだ。「なんて便利なの！」[*1]。好きな方向に放水できるし、遠くに飛ばすこともできる。男の子はここから全能感を得るのだ[*2]。フロイトは「昔の利尿剤への熱烈なる願望」について語っている。ウィルヘルム・シュテーケル[*3]は良識をもってこの公式に異議を唱えた。しかし、カレン・ホーナイ[*4]が言うように、「とくにサディスト的性格の全能幻想はしばしば男性の放尿に結びついている」[*5]のは事実である。一部の大人たち[*6]のうちに生き続けるこれらの幻想は子どもにあっては重要である。カール・アブラハム[*7]は「女たちがホースで庭に水まきするときに感じる大きな快感」[*8]について語っている。私は、サルトルやガストン・バシュラール[*9]の理論に賛成して、この快感は必ずしも[*10]ホースとペニスの同一視から来ているのではないと考えている。すべての放水は奇跡として、引力への挑戦として現われる。これを管理し支配することは、自然の法則に対しささやかな勝利を勝ちとることだからだ。いずれにせよ、男の子にとっては姉妹には禁じられた日々の楽しみがそこにある。そのうえ、とくに田舎では、おしっこ飛ばしをとおして、水、土、苔《こけ》、雪などの事物と多くの関係を築くことができる。女の子のなかにはこれらを体験してみようと、仰向《あおむ》けに寝て「上に向かって」尿をあげようと試みたり、立ち小便の練習をしたりするものもいる。カレン・ホーナイによると、女の子はまた男の子が露出してもよいとされているのをうらやましく思っているらしい。ある女の患者が一人の男が通りで立ち小便をしているのを見て、いきなり「神様に一つお願いするとしたら、一生に一度でいいから〝男〟のようにおしっこをしてみたい」と叫んだと、カレン・ホーナイは報告している。女の子にとっては、男の子は自分のペニスにさわる権利があって、それをおもちゃのように使えるのに、女の子たちには自分たちの性器は触れてはならないものとされていると思えるのだ。こういった要因全体が、彼女たちの多くに男性器を所有したいと思わせることを、精神科医たちが集めた大量の調査や告白は証明している。ハヴェロック・エリス[*11]はゼニアという名をつけた患者の言葉を引用している。「放水の音、とく

＊1　〔原注〕アリス・バランより引用。
＊2　幼児は不快を避けて快を求めるが、不快を避けて快を求めることを考えるだけで願望は満たされたような気持ちになること。
＊3　一八六八－一九四〇、オーストリアの精神分析医。
＊4　一八八五－一九五二、ドイツ生まれのアメリカの女性精神分析学者。
＊5　〔原注〕『女性にみられる去勢コンプレックスの由来』国際精神分析誌、一九二三－二四年。
＊6　〔原注〕モンテルラン『夏至』のなかの「毛虫の寓話《ぐうわ》」参照。
＊7　一八七七－一九二五、ドイツの精神分析学者。
＊8　〔原注〕本書I巻第一部第二章を参照。
＊9　一八八四－一九六二、フランスの哲学者。
＊10　〔原注〕しかしながら、ある場合には、同一視は明らかである。

に散水ホースから出る水の音は、子どもの頃眺めた兄やその他の人がするおしっこのほとばしる音を思い出させるので、いつでも非常に興奮しました」[*1]。また、もう一人の患者R・S夫人は子どもの頃、幼な友だちのペニスを両手で握るのが大好きだったと語っている。ある日、彼女は散水用ホースを渡された。「まるでペニスを握っているようで、それを握るのは非常に心地よいものでした」。彼女は、自分にとってペニスはまったくなんの性的意味ももたなかった点を強調している。彼女はペニスはただ排尿するためだけにあると思っていたのだ。最も興味深いのは、ハヴェロック・エリスが聞き取りしたフロリーのケースである。このケースについては、のちにシュテーケルもその分析を行なっている。というわけでその詳しい要約を次に紹介する。

これは非常に聡明《そうめい》で、芸術家タイプ、行動的で、生物学的に見て正常、性倒錯者ではない一人の女性のケースである。フロリーの語るところによると、排尿作用は子ども時代に大きな役割を演じていた。彼女は兄弟たちとおしっこ遊びをしたものだが、彼らは手が濡《ぬ》れてしまっても平気だった。「男の優越性を最初に感じたのは、排尿器官と関係がありました。私はこれほど便利で飾りにもなる器官を私にくれなかった自然を恨みました。口のとれた急須《きゅうす》だって私ほど惨《みじ》めな思いはしなかったと思います。誰も男の優位、優越論を私に吹き込む必要などありませんでした。目の前につねにその証拠があったのですから」。彼女自身は外で排尿することに非常に快感を覚えていた。「フロリーには森の片隅の枯れ葉の上にしゃーとほとばしるうっとりするような音に比べられるものなど何もないと思われた。そして、それが吸い込まれていくのをじっと見ていたものだった。けれど、彼女を一番魅了したのは、水の中に排尿することだった」。これは多くの幼い男の子たちが感じていることで、池や小川におしっこしている男の子を描いた無邪気で通俗的な版画の類《たぐい》が存在する。ズロースの形のせいで、試してみたかったことが体験できなかったとフロリーは嘆いている。田舎を歩きまわっているとき、彼女はおしっこをぎりぎりまで我慢して、突然たったまま放尿してしまうということがよくあった。「この快感がもたらす禁断の奇妙な感覚と、立ったまましゃーとほとばしって出てくることに驚いたのをはっきりと覚えています」。女性心理一般において、子どもの洋服の形は非常に重要性をもつと彼女は考えている。「ズロースを下げ、前の方を濡らさないように体をかがめなくてはならないのは私にとって憂鬱《ゆううつ》の種だっただけではなく、後ろのすそを持ち上げてお尻《しり》を出さなくてはならないことが、なぜ多くの女にとって羞恥心《しゅうちしん》は前ではなく後ろの方にあるかを明らかにしてくれます。私に最初に押しつけられた性の区別とは、男の子は立って、女の子はかがんでおしっこをするということで、

＊11　〔27頁〕一八五九－一九三九、イギリスの医者。自体愛は彼の用語。
＊1　〔原注〕ハヴェロック・エリス『アンディニズム』〔精神医学の用語。尿を見ることで性的快感を得るもの〕参照。

実際これは大きな違いだったのです。たぶんこんなふうにして、私が一番最初に抱いた羞恥心という感情は恥骨にではなく、むしろお尻に結びついていたのです」。これらの印象はどれもフロリーにあってはきわめて重要なものだった。なぜなら、彼女におしっこをさせるため、父親は血が出るほど彼女を鞭《むち》でよくたたいたし、また、女の家庭教師がある日お尻をぶったからである。彼女はマゾヒズムの夢や幻想にとりつかれ、学校中のみんなの目の前で女教師から鞭で打たれ、そのとき意志に反しておしっこをもらしてしまうという「本当に奇妙な快感を与えてくれる考え」が頭から離れなかった。十五歳のとき、どうしようもなくて誰もいない通りで立って排尿してしまった。「自分の感覚を分析してみると、最も重要なのは立っていることの羞恥心と、私と地面のあいだの放射距離の長さでした。たとえ洋服で隠されたにせよ、この事件を何か重大で滑稽なものにしていたのはこの距離だったのです。普通の姿勢には親しみの要素がありました。子どもなら大柄でも放尿の距離はそうは長くはなかったはずです。でも、十五歳で、背も高かったので、距離の長さを考え恥ずかしく思いました。ポーツマスの近代的小便所に恐れをなして逃げ出した、以前お話ししたことのあるご婦人方[*1]には、女が足を広げて立ちスカートをたくしあげ下からあれほど長く放尿するなんてことは、とても下品なことに思われるのは確かだと思います」。彼女は二十歳で再びこの経験をしてからはしばしばそれを繰り返すようになった。突然見つかるかもしれない、でも止められないだろうと考えると、恥ずかしさと快感とが入りまじった気持ちを感じるのだった。「勝手におしっこが出ていくような感じでしたが、でも自分の意志でそうした時よりはるかに大きな快感を私にもたらしてくれました。[*2] そうしなさいと決定してくる何か目に見えない力があって、その力によっておしっこが外に出ていくというこの奇妙な感覚は女性特有の快感で、なんともいえない魅力なのです。自分自身よりはるかに強い意志によって、自分から尿がほとばしり出ると感じることには強烈な魅力があるのです」。その後、フロリーのつねに排尿偏執と混じり合った鞭うちのエロチシズムは進行していった。（『性心理研究』第十三巻）

このケースは幼児体験のさまざまな要素を明らかにしているので大変興味深い。しかし、これは明白に特殊な状況であって、そうした状況がこれらの要素にこれほど大きな重要性を与えているのである。ふつうに育てられた女の子にとって、男の子の排尿上の特権は劣等感を直接生み出すにはあまりにも二義的な事柄である。精神分析家たちはフロイト以後、単にペニスを発見するだけで心的外傷《トラウマ》が生まれるのに十分だと考えていて、

＊1　〔原注〕以前、彼女が語ったあるエピソードについて触れている。ポーツマスで立って用を足さなくてはならない近代版女性用トイレが作られたことがある。どの客も入るなりすぐ出てきてしまったらしい。

＊2　〔原注〕傍点はフロリー。

幼児の心的傾向を完全に見誤っている。幼児の心的傾向は彼らが想定しているよりはるかに合理性を欠いていて、明確に分類しないで、矛盾があっても平気である。幼い女の子がペニスを見て、「私にもあったわ」とか「私もそのうちもらえるわ」とか「私にもあるわ」と叫んだとしても、それは嘘《うそ》をついて自己防御しているのではない。存在と不在は排除しあわない。子どもは、その絵が証明するように、目で見るものよりも、自分がこれと定めた有意味的類型の方をはるかに信じる。だからふつう、子どもは見ないで絵を描くのである。いずれにしても、子どもは自分の知覚のなかに、自分がそこに取り入れたものしか見出さない。フェルディナン・ド・ソシュール[*1]はこの点をまさに強調して、リュケの非常に重要な次の観察を引用している。「いったん引いた線がまちがいだとわかっても、もうその線はないも同然で、子どもの目には文字どおり見えておらず、代わりの新しい線にいうなれば魅了されてしまうのである。紙にまちがって描いてしまった何本もの線は気にもとめない[*2]」。

男の身体構造は強健な形に作られていて、小さな女の子にしばしば強い印象を与える。そうなると、彼女には自分の身体はまったく見えない。ソシュールは四歳の女の子が柵《さく》の格子《こうし》から男の子のようにおしっこをしようとして「水の出る小ちゃくて長いもの」がほしいと言っている例を引用している。その子は同時にペニスをもっているとも、もってないとも言ったりするのだが、これはジャン・ピアジェ[*3]が記述している子どもにおける「とけこみ[*4]」による思考と一致する。女の子は、子どもはみんなペニスをもって生まれてくるが、その後両親がそのうちの何人かを女の子にするために切ってしまうのだと、本気で思っている。この考えは子どもの人工論*5を満足させる。これは両親を神格化することで、「自分が所有する物すべての原因が両親にあるようにとらえるのだ」とピアジェは言っている。子どもは去勢をまず懲罰とみなすのではない。それがある種の欲求不満の性格をおびるためには、女の子がなんらかの理由からすでに自分の状況に不満を抱いている必要がある。ヘレーネ・ドイッチュが的確に指摘しているように、ペニスを見たといった外的な出来事が内的展開の指示を出すはずがないのだ。「男性器を見たということが心的外傷《トラウマ》を生じさせることもありうる。しかし、それはそういう結果を引き起こしやすい一連の経験が先立って存在するという条件においてのみ言えることである」と彼女は言っている。もし、女の子が自慰や露出の欲求を満たすことができなかったり、両親からオナニーするのを叱《しか》られたり、兄弟より愛されていない、期待されていないと感じたりすると、彼女は自分の不満をペニスの上に投影する。「男の子との身体構造の相違により女の子が何を発見するかというと、それは彼女が以前から感じていた欲求を

＊1　一八五七－一九一三、スイスの言語学者。構造主義言語学の先駆者。
＊2　〔原注〕『精神発生学と精神分析』フランス精神分析誌、一九三三年。
＊3　一八九六－一九八〇、スイスの心理学者。子どもの認知発達を研究し、発生的認識論を構築した。
＊4　あるものが同時に別のものでもある幼児的または原始的思考。
＊5　すべての物は人間が作ったものだとする幼児的思考。

確認すること、言ってみれば、その合理化である」[*1]。男の子に特権が与えられて、女の子の目にはペニスがその特権の象徴や理由に見えること、それは両親やまわりの者が男の子の価値を高めたからであるという事実をアルフレッド・アドラー[*2]は的確に強調している。彼女の兄弟は優れていると見なされ、彼自身も男であることを誇りに思っている。そうなると、女の子は男の子をうらやみ、満たされないものを感じるようになる。ときには母親に対して、まれに父親に対しても、恨みをもつ。さもなければ、ペニスは切断されてしまったのだと自分を責めたり、体内に隠されていてそのうち出てくると思って自分を慰めたりする。

ペニスの不在は、たとえ女の子が本当にそれを所有したいと思っていなくても、女の子の運命において重大な役割を演じているのは確かである。男の子がペニスから得る大きな特権は、見たりつかんだり自由にできる器官に恵まれているので、少なくともそこに部分的に自己を疎外《そがい》できるということだ。自分の肉体の神秘、その脅威、それらを彼は自分の外部に投影する。そうすることで、それとのあいだに距離をおくことが可能になる。もちろん彼はペニスに身の危険を感じるし去勢を恐れている。だが、それは女の子が自分の「内面」に対して感じる漠然とした恐れ、しばしば女の一生を通じて続く恐れよりは克服しやすい恐怖である。女の子にとっては自分の内部で起こっているすべてのことが非常に気がかりである。最初から彼女の目には自分が男よりはるかに不可解《アル》で、生命の謎《なぞ》めいた不安に深く包まれていると映るのだ。男の子には自分で確認できるもう一人の自分《テル・エゴ》がいて、そこで自分を確認するので、彼は自分の主体性を勇敢に担《にな》うことができる。彼が自己を疎外する対象でさえも、自律、超越、権力の象徴になるのだ。男の子はペニスの長さを測ったり、友だちとおしっこがどれぐらい飛ぶか比べっこしたりする。のちに勃起《ぼっき》と射精が満足と挑戦の源泉となる。しかし、女の子は自分の肉体のどの部分にも自分を具現することはできない。その埋め合わせとして、彼女のそばでもう一人の自分《アルテル・エゴ》の役目を果たすようにと、他のモノが両手に渡される。人形である。指にけがをしたとき巻く包帯もまた「人形」と呼ばれることに注目する必要がある。子どもは着物を着せられ孤立した指を喜びと一種の誇りをもって眺め、疎外のプロセスを自分の言葉でそれとなく示すからだ。しかし、ペニスという分身、その自然のおもちゃの代わりを最も満足のいくようなかたちにするのは、人間の顔をした小さな人形であり、それがないときは、トウモロコシの穂、または木切れでもよいのである。

大きな違いは、人形が一方では身体全体を表わし、他方では受動的なモノであるという点だ。そのため、女の子は自分の身体全体に自己疎外するように、またこの身体全体を生気のない与えられた条件とみなすように仕向けられる。男の子がペニスのなかに自律的主体としての自分を追求するのに対して、女の子は自分がこのように飾られたい、

＊1　〔原注〕ヘレーネ・ドイッチュ『女性の心理』参照。また、彼女はK・アブラハムとJ・H・ラム・オフィングセンなどの権威書もあげている。

＊2　一八七〇－一九三七、オーストリアの精神分析学者。

可愛《かわい》がられたいと夢見ているように、お人形を大事にし、飾り立てる。ひるがえってみると、彼女は自分をすばらしいお人形だと思っているのだ。[*1]ほめられたり叱られたり、像《イメージ》や言葉をとおして、彼女は「きれい」、「醜い」という言葉の意味を発見していく。彼女は気に入られるためには、「絵《イメージ》のようにきれい」にならなくてはならないことを知る。彼女は絵《イメージ》のようになろうとし、変装し、鏡をのぞき込み、物語のなかのお姫様や妖精《ようせい》と自分を比べる。こうした幼児的な媚態《びたい》の際立《きわだ》った一例を示しているのが、マリー・バシュキルツェフ[*2]である。彼女は三歳半とかなり離乳が遅かったために、四、五歳頃になってから、可愛いとほめられたい、他の人に気に入られたいと強く思うようになったのだが、それは必ずしも偶然ではない。離乳のショックはすでに物心のついた子どもにとっては強烈だったにちがいない。分離を強いられた彼女はそれを克服しようと、懸命に努力しなければならなかったのだ。「五歳の頃、私は母のレースのついた洋服を着て、髪には花を飾り、客間に踊りに行ったものでした。私は名バレリーナのパティパで、家中のものがそこに集まって私を見つめていました……」と日記に記している。

このようなナルシシズムは女の子にあっては非常に早く現われ、女の人生においてきわめて重要な役割を演じているので、まるで神秘的な女性本能から来ているように思われがちである。しかし、いままで見てきたように、実際は、解剖学的宿命が女の子のとる態度を定めているのではない。女の子と男の子を区別する相違があるのは事実だが、その事実を女の子が受け入れるのには多様なやり方がありうる。ペニスは確かに特権であるが、子どもがその排泄《はいせつ》機能に関心を失い、社会生活に適応するようになると、その価値は自然に下がる。もし八歳から九歳を過ぎても、彼らの目にペニスが特権を保ち続けるとしたら、それはペニスが社会的に価値を認められた男らしさの象徴となったからである。実際、ここでは教育と周囲の人々の影響は計り知れないほど大きい。子どもたちはみな、離乳による分離を気を引いたり媚《こ》びることで補おうとする。男の子はこの段階を乗り越えるよう義務づけられる。彼はそのナルシシズムを自分のペニスに集中させることで、ナルシシズムから解放される。一方、女の子の方はすべての子どもに共通する、自分を客体化する傾向のなかに留めおかれる。人形はこの傾向を助長するが、決定的な役割を果たすわけではない。男の子もまた熊のぬいぐるみや道化人形を可愛がり、そこに自分を投影することもある。ペニス、人形などのそれぞれの要因が重要性をもつのは、子どもたちの生活が全体としてどのような形態をとっているかによるのだ。

このように、「女らしい」女の基本的特徴と見なされる受動性は、ごく幼い頃から、女のなかで培《つちか》われる特徴なのだ。しかし、それを生物学的条件であると主張するのは間違いである。実際にはそれは教育にあたる者たちや社会から押しつけられる運命なのだ。男の子が無限の可能性をもつのは、他人に対して存在する彼の在り方そのものが、彼に

＊1　〔原注〕女と人形のあいだにある類似点は成年期にまで持ち越される。フランス語の俗語では女のことを人形と呼び、英語では着飾った女を「dolled up（人形のように着飾った）」していると言う。

＊2　一八六〇－八四、ロシア生まれのフランスの画家、作家。『日記』が有名。

自分に対して自分を定めるように仕向けるからである。彼は世界に向かう自由な運動として自分の存在を鍛錬しようとする。彼は他の少年たちと厳しさや独立心を競い合う。女の子を軽蔑《けいべつ》する。木によじ登り、仲間とけんかしたり、激しいゲームで彼らと対抗したりして、自分の肉体を自然を征服する一つの手段として、闘いの一つの道具としてとらえる。自分の性器を誇るように、自分の力をバランスよく使うことを自慢する。遊び、スポーツ、闘い、挑戦、試練をとおして、筋肉を自慢することを覚える。同時に暴力の厳しい訓練も受ける。殴られること、痛みをものともしないこと、幼い日の涙を拒否することを学ぶ。男の子は企て、発明し、決行する。もちろん、「他人に対して」存在するものとして自分もまた試される。自分の男らしさを問い、大人や仲間と比較して多くの悩みごとを抱えることになる。しかし、非常に重要なことは、この自分の客観的形態に対する関心と、具体的な投企《プロジェ》†のなかで自分を明確に主張したいという彼の意志とのあいだには根本的対立がないということである。することによって、もっぱら行動のみをとおして、男の子は自分を存在させるのである。

反対に、女にあっては、はじめから、自律的存在と「他者としての存在」のあいだに衝突がある。女は気に入ってもらうためには気に入られるようにしなくてはならない、自分を客体にしなくてはならないと教えられる。だから、自分の自律性をあきらめねばならない。生きた人形として扱われ、自由を禁じられる。このようにして一つの悪循環が作りあげられる。自分を取り巻く世界を発見し、把握し、理解するために自分の自由を行使しなくなればなるほど、それだけ自分の可能性を見つけられなくなり、それだけ自分を主体として思い切って確立する勇気がなくなる。もし女の子がそうしろと励まされれば、男の子と同じ溌剌《はつらつ》とした活力、好奇心、自発的精神、大胆さを示すことができるはずだ。男のような育てられ方をした時に、そういうことがしばしば起きる。その場合、彼女は多くの悩みを抱えずにすむ。[*1]興味深いことに、えてして父親が娘に施すのがこうした教育であることがわかる。男親に育てられた女は女らしさからくる欠陥の大部分を免れる。しかし、女の子を男の子とまったく同じように扱うことは慣習に反する。ある村で出会った三歳と四歳の女の子は父親によって半ズボンをいつもはかされていた。村の子どもはこぞって彼女たちを追いまわした。「あいつらは、女か男か」と。そして、確かめてみようと言いだした。それで、彼女たちはお願いだからワンピースを着せてほしいと懇願した。女の子が孤独な生活を送ろうというのでないかぎり、いくら親が男の子のような態度を許していても、周囲の人々や友だち、先生たちの顰蹙《ひんしゅく》を買ってしまうのだ。たいていは、おば、祖母、従姉妹《いとこ》たちがいて、父親の影響をうまく補ってくれるものだ。ふつうは、娘に関して父親に与えられている役割は二義的なものである。女の上にのしかかる不幸の一つは——ジュール・ミシュレ[*2]がまさに指摘していることだが

＊1　〔原注〕少なくとも幼年期のはじめにはそうである。社会の現状のなかでは、青年期には葛藤《かっとう》は逆に激しい現われ方をするかもしれない。

＊2　一七九八－一八七四、フランスの歴史家。

——、それは幼年時代に、彼女が女たちの手に委《ゆだ》ねられることである。男の子も最初は母親に育てられるが、母親は彼の男らしさを尊重する。そして早い時期に、彼は母親から離れていく。[*1]一方、母親は娘を女の世界に完全に組み入れようとする。

後の章で、母親の娘に対する関係がどれほど複雑なものであるか見てみようと思う。母親にとって娘は分身でありかつ他人である。彼女は娘を威圧的な態度で可愛がるが、一方では敵意を抱く。母親は子どもに自分の運命を押しつける。それは自分の女らしさを誇らしげにわがものと主張する一つの方法であり、同時にそれに復讐《ふくしゅう》する方法である。これと同じ行動が、男性同性愛者、ギャンブラー、麻薬常習者などなんらかの仲間集団に属していることを自慢にし、かつそれを屈辱と感じている人々に見られる。彼らは熱心に勧誘して信奉者を獲得しようとするのだ。このようなわけで、女たちは娘を任されると、傲慢《ごうまん》さと恨みが入り交じった熱心さで、彼女を自分に似た女に変身させようと懸命になる。娘の幸福を心から願っている寛大な母親でさえも、ふつうは彼女を「ほんとうの女」にする方が安全だと考える。そうすれば最も楽に社会に受け入れてもらえるからだ。それで同じぐらいの女の子たちを友だちとしてあてがい、女教師に娘を預けるのである。彼女はギリシア・ローマ時代の女性部屋さながらに円熟した女たちに囲まれて暮らす。女の運命の手ほどきとなるような本や遊びが選ばれる。女の知恵がもたらすさまざまの宝が娘に伝えられ、女の美徳が示される。料理、裁縫、家事とともに化粧、魅力、恥じらいなどが教え込まれる。動きにくくしかも大事に扱わなくてはならない高価な服を着せられ、凝った髪形を結ってもらい、行儀作法を押しつけられる。「背筋をしゃんとしなさい。アヒルみたいな歩き方はだめです」。優美になるために、活発な動作は控えなければならない。おてんば娘のやるようなことをしてはいけないと言われ、激しい運動やけんかは禁じられる。要するに、姉たちと同じ召使い女にしてかつ偶像となるよう促されるのだ。今日、フェミニズムの成果のおかげで、女が学問をしたりスポーツに打ち込むように奨励するのが当たり前になりつつある。とはいえ、それらに成功しなくても、女の子は男の子より大目にみてもらえる。人々はそれとは別の種類の完成を女の子には要求し、それで女の子は成功するのがいっそう困難になる。とにかく、彼女もやはり一人の女であり、女らしさを失わないことが求められるのである。

ものごころつくまでは比較的容易に女の子はこの運命に身を委ねている。子どもは遊びと空想のレベルで生きている。子どもは在るものをまねして遊び、行為をまねして遊ぶ。行為と存在はそれが空想のなかで行なわれているかぎりは明確に区別されない。女の子は男の子の現実の優越性に対して、自分の女としての運命に含まれていてすでに遊びのなかで果たされている約束を代償と見なすことができる。彼女はまだ子どもの世界しか知らないので、最初は母親の方が父親よりも権威があるように見える。世界を一種の母権制のようなものとして想像する。母親のまねをして、母親と一体化する。しばし

＊1　〔原注〕もちろん、多くの例外はある。しかし、男の子の成長における母親の役割については、ここで検討しないことにする。

ば女の子は役割を逆転しさえする。「私が大きくなったら、ママが小さくなるの……」と母親に本気で言う。人形は彼女の分身であるだけではない。自分の子どもでもあるのだ。本当の子どもは母親にとってはまたもう一人の自分《アルテル・エゴ》でもあるだけに、この二つの役割が両立しないことはめったにない。女の子は人形を叱ったり、罰を与えたり、慰めたりするとき、同時に、母親に対して自分を守り、彼女自身も母親の威厳を身につけるのである。彼女はこの母娘カップルの二つの要素を集約しているのだ。自分の人形を信頼し、教育し、人形に対して自分の絶対的権威を確立する。ときには腕をもぎ、たたき、虐待《ぎゃくたい》することもある。つまり、人形をとおして主体性の確立と疎外の経験をしているのである。たいていは、母親がこの空想上の生活に加わる。子どもは人形を中心に自分の母親と一緒にお父さんお母さんごっこをして遊ぶ。これは男が排除されたカップルだ。ここにもまた、生まれながらの神秘的な「母性本能」はまったくない。女の子は子どもの世話は母親がするものだと実際に確認し、まわりからもそう教えられる。今までに聞いた話や読んだ本、小さな経験すべてがそれを証明している。彼女はそうした未来を豊かなものとして思い描いて楽しむように仕向けられ、ここからはそれが具体的な形をとるように人形を与えられる。自分の「使命」を否応《いやおう》なしに押しつけられるのだ。

子どもというものが自分に与えられた運命のように見え、また、男の子より自分の「内部」に関心をもつことから、女の子はとりわけ生殖の神秘に好奇心を抱く。彼女は赤ちゃんがキャベツ畑で生まれるとかコウノトリが運んでくるとかいう話はすぐに信じなくなる。とくに、弟や妹が生まれると、赤ん坊が母親のお腹《なか》のなかでできることをすぐ知るようになる。それに、今の親は昔の親ほどこのことを秘密にしない。ふつうは、女の子はこの現象を恐ろしいと思うよりも驚嘆する。魔法のように思われるからである。彼女はまだその生理的な意味内容をすべて把握しているわけではない。まず父親の役割を知らないし、なにか食べ物を呑《の》みこんだから妊娠したのだと思っている。これはおとぎ話のテーマだ（物語の王女様が何か果物や魚を食べた後、可愛い女の子や玉のような男の子を産むのはよくある話だ）。そして、このことから一部の女たちはのちに妊娠と消化器官とを関連づけて考えるようになる。これらの問題や発見全体が女の子の関心の大部分をとらえて、その想像力を培っていくのである。典型例として、ギュスタヴ・ユングが集めた事例を引用してみよう。ここにはほぼ同じ頃にフロイトが分析したハンス少年の事例と非常に類似する点が示されている。[*1]

アンナが両親に赤ん坊がどこから来るのか質問しはじめたのは三歳頃である。それは「赤ちゃん天使たち」なのだと聞いて、最初、人は死ぬと天国に行き、赤ちゃんの姿に生まれ変わるのだと思い込んだようであった。四歳のとき、弟ができた。彼女は母親の妊娠に気づかなかったらしい。出産の翌日、母親がベッドに横になっ

＊1　〔原注〕ユング『子どもの心の葛藤』。

ているのを見たとき、戸惑いと疑いの目で母親をじっと眺めてから、ついに聞いた。「ママは死なないの？」。アンナはしばらく祖母の家にやられていたが、戻ってくると、看護婦がベッドのそばに座っていた。彼女ははじめ看護婦を嫌ったが、すぐ看護婦ごっこをして遊ぶようになった。彼女は弟に嫉妬《しっと》した。あざ笑ったり、一人話をしてみたり、言うことを聞かなかったり、おばあちゃんの家にまた行ってしまうと脅かしたりした。しばしば本当のことを言ってくれないと母親を責めた。子どもの誕生について、嘘《うそ》をついているのではないかと疑っていたからだ。子どもを「もつ」といっても、看護婦としてと、母としてとでは違っているらしいと漠然と感じていたので、母親によく尋ねた。「私もママみたいな女の人になるの？」。アンナは夜中に大声で両親を呼ぶくせがついてしまった。まわりでメッシーナ地震が大いに話題になっていたので、彼女はそれを不安の言い訳にした。そのことについて絶えず質問していた。

しかしある日、いきなり尋ねはじめた。「どうしてソフィは私より小さいの？　フリッツは生まれる前はどこにいたの？　天国にいたの？　そこで何してたの？　どうして、今になって降りてきたの？」。母親はとうとう土に草花が生えるように、お腹のなかに弟が生えたのだと説明した。アンナはこの考えに大変満足したようで、次にこう聞いた。「彼は一人で出てきたの？　――そうよ。――でも歩けないのにどうやって？　――はって出てきたの。――じゃあ、そこに穴があるの？　（自分の胸を指さした。）それとも、口から出てきたの？」。彼女は返答も待たずに、コウノトリが運んできたってことはよく知ってるわと大声で言った。そして夜になって突然こう言った。「私のお兄さんはイタリアにいるの。壊れないガラスと布でできたお家があるのよ」[*1]。それからは地震に興味を示したり、噴火の写真を見せてとせがむこともやめた。アンナは人形にコウノトリの話をまだしてはいたが、自信なさそうであった。しかしまもなく、新しい好奇心がわいてきた。父親がベッドにいるのを見て、「どうしてベッドにいるの？　パパもお腹に何か草が生えてきたの？」。彼女は夢の話をした。自分のもっているノアの箱舟の夢だった。「それでね、下のところが開くようになった蓋《ふた》があったの。小さい動物さんたち、その出口からみんな落っこっちゃったの」。実際には、彼女の箱舟は屋根が開くようになっていたのだった。そのころ、アンナはまた悪夢を見た。父親の役割を自問しているのだと察することができた。ある妊娠した女性が母親を訪ねてきた。翌日、彼女はアンナがスカートの下にお人形を入れ、頭を下にして次のように言いながらゆっくり取り出すのを見た。「ほらね、赤ちゃんが出て来るわよ。もうほとんど、ほら全部出たでしょう」。それからしばらくして、オレンジを食べながら言った。「私、それ呑みこんで、ずっと下、お腹の一番下までおろしたいの。そしたら私にも赤ちゃんができ

＊1　〔原注〕アンナの遊びのなかで大きな役割を果たしていた架空の兄のことである。

るわ」。ある朝、父親はトイレにいた。アンナは彼のベッドに飛び乗り腹ばいになって、次のように言いながら足をばたばた動かした。「ねえ、こうじゃない。パパはこうするんでしょう?」。五ヵ月のあいだ、彼女は自分の関心事を放棄してしまったかのように思われた。次いで父親に警戒心を示しはじめた。父親が自分を溺《おぼ》れさせようとしたなどと何かそういう思い込みをもったのだ。ある日、庭師の見ているところで、土のなかに種を埋めて遊んでいて、父親に聞いた。「目は顔に植えつけられたの? 髪の毛も?」。父親は生えてくる前から赤ちゃんの体のなかには、もうすでにその芽があったんだと説明した。「でも、どうやってフリッツ坊やはママのなかに入ったの? 誰がママの体に植えつけたの? 誰が体のなかにパパを植えつけたの? そして、どこからフリッツ坊やは出てきたの?」。父親は、微笑《ほほえ》みながら言った。「おまえはどう思うんだい?」。そこでアンナは自分の性器を指さした。「ここから出てきたんじゃない? ――そのとおりだよ。――でも、どうやってママのなかに入ったの? 種蒔《たねま》きしたの?」。父親はそこで、パパが種蒔きしたんだと説明した。彼女は完全に満足した様子で、翌日には母をからかった。「フリッツは小さな天使で、コウノトリが運んできたんだってパパが話してくれたわ」。アンナは以前よりずっと穏やかな様子を見せるようになった。にもかかわらず、彼女は庭師たちが立ち小便をしていて、そのなかに父親がいる夢を見たりした。また、庭師が引き出しにかんなをかけているのを見た後、彼女の生殖器にかんなをかけている夢も見た。彼女はまさに父親の正確な役割を知ることで頭がいっぱいだったのだ。五歳でほぼ完全に教えてもらって、その後は、それについてなんの不安も見せなかったようである。（『子どもの心の葛藤』）

この話は特徴的だ。一般的には、女の子は父親の役割についてここまで明確に考えたりしないし、両親もこの点に関してはまったく及び腰の態度になるものである。多くの女の子たちは妊娠ごっこをして遊ぶのに、クッションを自分のエプロンの下に隠したり、人形をペチコートのひだのあいだに入れて歩き、揺籠《ゆりかご》のなかにポンと放り投げたり、お乳をあげたりする。男の子も女の子と同じように、母性の神秘に魅せられている。子どもにはみんな「深い」想像力があり、事物の内側にある秘密の宝を予感できるのだ。どの子も、小さな人形がなかに入っている人形、箱がなかに入っている箱、中心にそのミニチュア版の複製画がはめこまれた版画など「いれ子」の奇跡を感知する能力をもっている。目の前でつぼみを開いたり、卵の殻のなかの雛《ひな》を見せたり、「水中花」が水鉢のなかで繰り広げる驚異を見たりしたら、子どもは誰でも魅了される。ある男の子は、復活祭の卵を開け、砂糖でできた小さな卵が一杯詰っているのを見て、有頂天になって叫んだ。「わあ！　ママみたいだ！」。お腹から子どもを出すこと、それは手品の技のようにすばらしいことなのだ。母親は妖精《ようせい》のすばらしい力をもっているように見える。男の子の多くはこういう特権が自分たちに拒まれていることを残念に思う。のちに、彼らが卵を巣から取り出したり、若い草木を踏みつぶしたり、自分のまわりにある生命を一種の怒りをもって破壊したりしたら、それは自分たちが生命を生み出すことができないことへの復讐なのだ。一方、女の子の方はいつかそれを生み出せると思い悦に入るのである。

こうした期待が人形遊びによって具体化されるのに加えて、家庭生活もまた女の子に自己確立の可能性を与える。家事の大部分はかなり小さな子でもできる。ふつう、男の子は家事をしなくてもよい。しかし、姉や妹は掃除、ちり払い、野菜の皮むき、新生児の入浴、鍋《なべ》の火加減を見ることなど、やってよいどころかむしろさせられる。とくに長女はたいてい母親の仕事を分担する。便利なためか、敵意やサディズムのためか、母親は自分の仕事の多くを長女に負わせる。そうやって、長女は早くから勤勉な世界に組み込まれる。自分の重要性を感じ、それに助けられて自分が女であることを積極的に受け入れる。損得勘定をしなくてすむ幸せとか、子どもらしい無頓着《むとんちゃく》さは彼女には許されない。年齢より先に女になってしまった長女は、こういう特定化が人間に課す限界をあまりにも早く体験する。青春時代にはすでに大人で、それが彼女の生涯に特異な性格を与える。過重な仕事を背負わされた女の子は早くから奴隷《どれい》のようになり、喜びのない生活を強いられるのである。しかし、能力に見合った努力のみが要求される場合には、大人のように自分も役に立つのだと誇りに思い、大人たちとの連帯を喜ぶ。この連帯感は子どもから主婦までの距離がそれほど遠くないから可能なのだ。専門的な仕事についている男は何年も修業を積むことで子どもの段階から隔てられている。父親の活動は男の子にとってはまったく謎《なぞ》に包まれている。男の子のなかには将来彼がなるような男の姿はまだほとんど輪郭を現わしていない。反対に、母親の活動は女の子にとって近づきやすいものだ。「小さいけれど、もう一人前の女だね」と両親は言う。またしばしば、女の子は男の子よりも早熟だとみなされる。実際に、女の子が大人の段階により近いとするなら、それは大部分の女たちにあっては伝統的にこの段階が幼稚な段階にとどまっているからである。事実は、彼女が自分を早熟だと思い、生まれたばかりの赤ん坊のそばで「小さな母親」の役を演じて満足しているということだ。彼女はよくもったいぶって、わかったような口をきき、命令する。子どもの領域に閉じ込められている兄弟にはえらそうな態度をとり、母親とは対等に話をする。

こうした代償を得るにもかかわらず、女の子は与えられた運命を甘受するのではない。大きくなるにつれて、男の子に対して男であることをうらやましいと思うようになる。両親や祖父母が娘より息子がほしかったという気持ちをつい見せてしまったり、妹より弟を可愛《かわい》がったりすることがある。いくつかの調査によると、大部分の親は娘より息子をほしいと願っている。周囲は男の子にはよりまじめにより尊重しながら話しかけ、より多くの権利を認める。男の子自身も女の子を軽蔑《けいべつ》的に扱う。男どうしだけで遊び、女の子は仲間に入れず、侮辱する。なかでもとくに彼女たちを「小便くさい」と呼び、こういう言葉によって少女の幼い頃のひそかな屈辱をよみがえらせるのだ。フランスの男女共学の学校では、男子のカースト的集団が女子のカースト的集団を故意に圧迫したりいじめたりする。ところが、もし女子の集団が彼らと競争や争いをしようとすれば、彼女たちの方が叱《しか》られる。男の子が自分を特別に目立たせようとしてとる行動を、女の子は二重の意味でうらやましいと思う。なぜなら、彼女たちにも世界に自分の力を明示したいという自然な望みがあり、また自分たちが強いられている男より劣った状況に異議があるからである。女の子はとりわけ木登り、ハシゴ登り、屋根登りを禁じられているのが苦痛だ。アドラーは高低の観念は非常に重要であると指摘している。空間的上昇の観念は数多くの英雄神話に見られるように精神的優越性を意味する。頂上、頂点に到達するということは、与えられた世界の向こう側に絶対的主体として立ち現われることである。男の子のあいだでは、これはしばしば挑戦のきっかけになる。こういう勇敢な行動が禁じられた女の子は、木や岩の根元に座って、勝ち誇った男の子をはるか上の方に眺めながら、身体も魂も自分は劣っていると感じる。かけっこや高跳びで後ろの方に取り残されたとき、またけんかで地面に投げ出されたり、ただのけ者にされたりするときも同じ気持ちになる。

子どもが成長するにつれて、さらに世界は広がり、男の優越性はいっそうはっきりと現われてくる。そうなるとたいてい、母親との一体化はもはや満足のいく解決策と思えなくなる。女の子がはじめは女としての自分の使命を受け入れるとしても、それはあきらめようとするからではない。反対に、支配するためである。結婚した女たちの社会が特権的に見えるから、自分も同じように主婦になりたいと思うのだ。ところが、人とつきあったり、勉強したり、遊んだり、本を読んだりして、母親の圏内から離れるようになると、世界の支配者は女ではなく男だということに気づく。この直観的認識が――ペニスの発見よりもっと確かに――女の子の自己意識を否応なしに変えてしまうのである。

性の序列をまず家庭生活の経験をとおして女の子は発見する。父親の権威は日常的に感じられるものではないにしても、絶対的であることが少しずつわかってくる。この権威はめったに使われないので、いっそう輝かしさをおびる。実際には母親が主婦として家庭をとりしきっていても、母親はたいてい父親の意志をうまく隠れ蓑《かくれみの》にする。重要なときには、母親は、父親の名において、父親をとおして、命令したり、ほめたり、罰を与えるのだ。父親の生活は不思議な威厳に包まれている。彼が家で過ごす時間、書斎、彼を取り巻く品々、彼の用事、習癖などには神聖な性格がある。家族を養うのは彼である。彼はその責任者であり長なのだ。ふつうは外で働いている。彼をとおして家庭は外の世界とつながっている。父親は、この波乱に富む、広大で、困難で、すばらしい世界を具現する。父親は超越であり、神である。[*1] これこそ、自分を抱きあげてくれる力強い

＊1　〔原注〕「彼のおおらかな人間性は私に大きな愛と極端なほどの恐怖とを抱かせたのです……」と、ノアイユ夫人は自分の父親について語っている。「まず、彼は私を驚かしました。はじめて出会う男というものは小さな女の子を驚かすものです。すべてが彼にかかっているのだということを、私はひしひしと感じておりました」。

腕のなかに、自分が身をすり寄せるその強い肉体のなかに、娘が肌で感じるものだ。かつて、イシス〔エジプト神話。死者の守護神〕がラー〔エジプト神話、太陽神〕に、地球が太陽に王座を奪われたように、母親は父親によって王座を奪われる。しかしそうなると、女の子の状況は根本的に変化する。なぜなら、彼女はいつか自分の全能の母親のような女になることを求められていたからだ。——彼女が絶対的力をもつ父になることはけっしてないだろう。彼女を母親に結びつけていた絆《きずな》は積極的な対抗意識だった。——いまや、彼女には父親が価値づけてくれるのを受け身で待つことしかできない。男の子は対抗意識をとおして父の優越性をつかみとる。一方、女の子は称賛しつつ空《むな》しい思いでその優越性を受け入れる。すでに述べたが、フロイトが「エレクトラ・コンプレックス」[*1]と呼んでいるものは、彼が主張するような性的欲望ではない。それは従属と称賛のなかで客体になることに同意した主体の完全な自己放棄である。父親が娘に愛情を見せるとき、娘は自分の存在がすばらしく正当化されたと感じる。彼女は他の人たちがなかなか手に入れられない美質をことごとく備えているのだ。彼女は満ち足りていて、神のように崇《あが》められる。生涯をとおして、娘がこの充足と平和を郷愁をもって追い求めることもありうる。この愛情が拒否されると、彼女は自分に罪があり、だから、罰を与えられたのだと永遠に感じつづけるかもしれない。もしくは、自分の価値づけを他に求めたり、父親に冷淡になるか、または敵意さえ抱くかもしれない。それに、父親だけが世界の鍵《かぎ》を握っているわけではない。男なら誰でもふつう、性的威信を分かちもっているのだ。とはいえ、彼らを父親の「代用品」と見なすべきではない。祖父、兄、おじ、友だちの父親、家族の友人、先生、司祭、医者が彼女を魅了するのは、直接に彼らが男であるからなのだ。本人の女が〈男〉に対して示す感動にあふれた尊敬は〈男〉を偶像化するのに十分であろう。[*2]

この性の序列化が女の子の目に深く刻印されるように、あらゆることが貢献している。彼女が受けた歴史や文学の教養、あやされながら聴いた歌や伝説は男を賛美している。ギリシア、ローマ帝国、フランス、すべての国家をつくったのは男たちであり、大地を発見し、大地を開墾する道具を発明したのも男たち、大地を支配し、彫像、絵画、書物でいっぱいにしたのも男たちだ。伝説、おとぎ話、物語などの子ども向け文学は男の奢《おご》りや欲望が創《つく》り出した神話の反映である。女の子が世界を探求し、そこに自分の運命を

＊1　娘の、母親への憎しみと父親への愛を言う。本書I巻一〇三頁＊1参照。

＊2　〔原注〕父親崇拝がとくに長女に見られるのは注目に値する。男ははじめて父親になることによりいっそう関心をもつものだからだ。母親が下の子にかかりきりのとき、息子を慰めるように、しばしば父親は娘を慰める。それで、娘はすっかりお父さん子になるのである。また逆に、次女は全面的に父親を独占することはできない。普通次女は、父親にも長女にも嫉妬《しっと》する。彼女は、父親のお気に入りで大きな威信をもつ長女そのものに向かうか、母親の方を向くか、家族に反抗するようになるか、外に助けを求めるかである。大家族のなかでは末娘は別のやり方で特権的地位を見つけるものだ。もちろん、いろいろな状況から父親が特別ひいきにすることもありうる。しかし、私の知るほとんどのケースが長女と次女の相反する態度についてのこの所見を裏づけるものである。

読みとるのは男の目をとおしてである。男の優位は圧倒的だ。一人のジャンヌ・ダルク[*1]に対して、ペルセウス、ヘラクレス、アキレス[*2]、ダビデ王[*3]、騎士ランスロット[*4]、デュゲクラン元帥《げんすい》[*5]、武人バイヤール[*6]、ナポレオンなど、なんと多くの男がいることか。そのうえ、ジャンヌ・ダルクの背後には大天使ミカエルという偉大な男性像が浮かび上がっている！　有名な女たちの伝記ほど退屈なものはない。それらの人物像は偉大な男たちのそれに比べてまったく生彩がない。しかも、その大部分は何人かの男の英雄の影に包まれている。イヴは自分自身のために造られたのではなく、アダムの伴侶《はんりょ》として彼の脇腹《わきばら》から引き出されて造られた。『聖書』のなかには名だたる活躍をした女はほとんどいない。ルツ〔「ルツ記」の女主人公〕は夫となる人を見つけることしかしなかった。エステル〔「エステル記」に登場するユダヤ人の女〕はペルシア王アハシュエロスの前にひざまずき、ユダヤ人たちの赦免をとりつけたが、彼女にしたところで養父モルデカイの手中にある従順な一つの道具にすぎなかった。ユディット[*7]はもっと大胆であったが、彼女もまた司祭に従っただけで、その功績には疑わしい後味の悪さがある。若きダビデの純粋で輝くような勝利には比べようもないだろう。神話の女神たちは軽薄か気まぐれで、最高神ユピテルの前ではみな震えあがる。プロメテウス[*8]は天国の火をみごとにかすめとるが、一方、パンドラ[*9]は災いの箱を開けてしまった。

おとぎ話のなかには恐るべき力をふるう魔女や老婆《ろうば》も確かにいる。なかでもアンデルセンの『天国の庭』のなかの風母神の姿は原始的な大女神を思わせる。四人の巨大な息子たちは震えながら彼女に服従している。息子たちが悪さをすると、彼女は彼らをたたき、袋に閉じ込めてしまうのだ。しかし、ここには人を引きつける登場人物はいない。英雄の支配を逃れている妖精、人魚、水の精たちの方がもっと魅力的だ。しかし、その存在は不確かで個性というものがほとんどない。彼女たちは固有の運命をもたないまま人間の世界に介入する。アンデルセンの小さな人魚は人間の女になったその日から、愛の束縛を知り、苦しみがその運命となる。

古代の伝説と同じように現代の物語のなかでも、男は特権的英雄だ。セギュール夫人[*10]の本だけが興味深いことに例外的だ。それらは母系社会を描いていて、夫が登場するときは滑稽《こっけい》な役回りとなっている。しかし通常、父親像は現実の世界と同様に栄光の輝きで包まれている。『若草物語』[*11]の女のドラマは、不在によって神聖化された父親の庇護《ひご》

＊1　一四一二－三一、百年戦争でイギリス軍を破り、フランスの危機を救う。
＊2　以上三人はギリシア神話の英雄。
＊3　前十一－前十世紀、イスラエルの王。
＊4　『アーサー王物語』のなかの最も有名な登場人物。
＊5　十四世紀、百年戦争下の元帥。
＊6　一四七六－一五二四、「怖《おそ》れを知らぬ理想の騎士」の異名をもつ。
＊7　古代ユダヤの英雄的女性。祖国を救うため、敵将ホロフェルネスを誘惑してその首を切り落とした。
＊8　ギリシア神話。天上の火を人間に与えるために盗み、ゼウスの怒りを買う。
＊9　ギリシア神話に登場する地上最初の女。
＊10　一七九九－一八七四、フランスの女性童話作家。

というかたちで展開する。冒険小説では、世界一周したり、水夫となって航海したり、ジャングルのなかでパンの木の実を食べるのは少年たちだ。重大な出来事はことごとく男が起こしたものだ。現実がこれらの小説や伝説を確証する。女の子は新聞を読んだり、大人の会話を聞いたりして、今も昔も世界を率いているのは男なんだと確認する。すばらしいと思う国家の長も、将軍も、探検家、音楽家、画家も男である。彼女の胸を情熱でときめかすのは男たちなのだ。

この威信は超自然的世界にも反映されている。女の生活のなかで宗教が演じる役割のせいで、一般的に、女の子はその兄弟以上に母親に支配されていて、宗教的影響もより多く受けている。さて、西欧の諸宗教においては、父なる神は一人の男、男性特有の特徴である白い豊かなあごひげをもつ一人の老人である[*1]。キリスト教徒にとって、キリストはさらにいっそう具体的で、金髪の長い髭《ひげ》を生やした生身の一人の男である。神学者たちによると、天使に性別はない。しかし、天使たちは男の名前をもち、美少年の姿で現われる。地上における神の使者たち、つまり、人々がその指輪に接吻《せっぷん》するローマ教皇、司教、ミサを唱え説教を行ない告解室の秘密のなかで人々にひざまずかれる司祭、彼らはみな男である。敬虔《けいけん》な女の子にとって、永遠の父との関係は、彼女が地上の父親ともつ関係に似ている。これらの関係は想像の領域で展開されるため、彼女はより完全な自己放棄さえ体験する。とくに、カトリックの教えは最も迷える女の子に影響を与える[*2]。聖母マリアは天使の言葉をひざまずいて聞き、「私は主の婢女《はしため》です」と答える。マグダラのマリアはキリストの足元にひれ伏して、女の長い髪でキリストの足をぬぐう。聖女たちはひざまずき、光り輝くキリストに彼女たちの愛を誓う。ひざまずき、香の匂《にお》いのなかで、子どもは神と天使たちの眼差《まなざ》しに、つまりは男の眼差しに身を委《ゆだ》ねる。女たちが語る官能的な言葉と神秘的な言葉の類似についてはしばしば強調されてきた。たとえば、聖女テレーズ*3はこう書いている。

おお、私の〈愛する人〉、あなたの愛によって、あなたの眼差しのやさしさを、この世で見ることがかなわなくても、またあなたの唇のえもいわれぬキスを感じることがかなわなくてもかまいません。でもお願いです。あなたの愛で私をどうか燃

＊11　（55頁）アメリカの女性作家ルイーザ・メイ・オールコットの家庭小説。

＊1　〔原注〕「一方、私は自分には神を見ることができないのだと悩むことはなくなりました。というのは少し前から、私は亡《な》くなった祖父の姿かたちに神の姿を思い描くことができるようになったからなのです。その姿は実をいうと人間でした。胴体から祖父の頭を分離させ、青い空をバックにして、白い雲をあごひげにした彼の顔を心のなかで作りあげ、さっさと神様に仕立てあげてしまったわけです」と、ヤシュ・ゴークレールは『青いオレンジ』のなかで語っている。

＊2　〔原注〕スカンジナヴィアやアングロ・サクソン諸国などのプロテスタントの国々よりも、イタリア、スペイン、フランスなどのカトリックの国々において、女たちははるかに受動的で、男に捧《ささ》げられていて、奴隷《どれい》的で屈辱を受けていることは疑いの余地がない。その大部分は女たち自身の態度からきている。聖母信仰、告解などが彼女たちをマゾヒズムへと仕向けるのだ。

＊3　一八七三－九七、フランスのカルメル会修道女。

えあがらせてください……

愛する人よ、あなたの最初の微笑《ほほえ》みの
やさしさを今すぐ見せてください。
ああ！ 燃えるような妄想のなかに私をそっとしておいてください、
そう！ あなたの心のなかに私をかくまってください！

あなたの神々《こうごう》しい眼差しに私は魅せられたい。あなたの愛の虜《とりこ》になりたい。いつか、そうなってほしい。あなたは私を愛の家に連れて行き、私の上で溶けてしまうでしょう。あなたは私をついにこの燃えるような深遠のなかに沈め、永遠に幸せな犠牲《いけにえ》にしてしまうでしょう。

しかし、以上のことから、こうした感情の吐露がつねに性的なものであると結論づけてはならない。むしろ、女のセクシュアリティが発達していくとき、子どもの頃から女が男に捧《ささ》げてきた宗教的感情がすでにそこには浸透しているのである。女の子が聴罪司祭に対して、または誰もいない祭壇の下ですら感じる震えが、のちに恋人の腕のなかで感じる震えと非常に近いことは確かだ。なぜなら、女の愛は、ある意識がそれ〔意識〕を超越する一つの存在に対して自分を客体化する経験の形態の一つであるからである。

これはまた若い敬虔な娘が教会のなかでひそかに味わう受動的な歓喜でもある。

　ひれ伏し両手に顔をうずめた若い娘は自己放棄の奇跡を知る。ひざまずくことで天に昇ることができ、神の腕に身を委ねることで雲や天使に包まれた〈昇天〉が約束される。彼女はこのすばらしい経験をもとに地上における自分の未来を作りあげていく。しかしまた、女の子は他の多くの道をとおして未来を発見することもできるのだ。それなのに男の腕のなかにうっとりと身を委ね、栄光の天国に運ばれるようにと、あらゆることが彼女を促している。彼女は幸せになるためには愛されなくてはならない、愛されるためには愛を待ち続けなければならないと教えられる。女は、「眠りの森の美女」、「ロバ皮姫」、「シンデレラ」、「白雪姫」であり、受け入れ耐え忍ぶのだ。歌や物語のなかには、危険を冒して女を探しに行く若者が登場する。彼はドラゴンをやっつけ巨人と闘う。女の方は塔やお城、庭や洞窟《どうくつ》に閉じ込められている。岩につながれ、囚《とら》われの身となり、眠り込んでいる。女は待っているのだ。いつか王子様がやってくるわ……（いつかやってくるわ、わたしの愛している人が……）、ポピュラーソングのリフレインが忍耐と希望の夢を彼女に吹き込む。女にとって一番必要なこと、それは男の心を魅了することである。たとえ勇敢で向こう見ずであっても、すべてのヒロインが切望するのはこの報酬なのだ。そしてたいていは、美貌《びぼう》以外の美徳は要求されない。女の子が自分の肉体的外見を気にしているうちに、それが本物の強迫観念になりうるということは理解できる。王女様だろうが女羊飼いだろうが、愛と幸せを手に入れるためにはつねに美しくなくてはならない。醜さは残酷にも意地悪さにつながっている。醜さが理由で不幸になったとき、運命が罰するのは彼女たちの罪なのか、それとも彼女たちの醜悪さなのかあまりはっきりしない。

すばらしい未来を約束された美しい乙女は、だいたい最初は犠牲者の役柄で登場する。ジュヌヴィエーヴ・ド・ブラバン[*1]や、グリゼリディス[*2]の話はそれほど純真無垢《むく》な話ではない。愛と苦しみが心を掻《か》き乱しながら交錯する。女が最もすばらしい勝利を手にするのは汚辱の底に落ちることによってなのだ。相手が神であろうが一人の男であろうが、女の子は最も完全な自己放棄に同意することで自分は絶対的力をもつのだということを学ぶ。彼女は最高の勝利を約束してくれるマゾヒズムを楽しむ。ライオンの爪《つめ》にひっかかれて白い肌を血で染めた聖女ブランディーヌ[*3]、ガラスの棺《ひつぎ》に死者のように横たわる白雪姫、眠り姫、気を失ったアタラ[*4]など、受け身のままで、傷つけられ、いじめられ、屈辱を受け、辱《はずかし》められる、これらのやさしいヒロインの一群が後輩たちに教えるのは、虐《ぎゃく》待《たい》され、捨てられ、あきらめた美しさが発する魅力的な威光なのだ。兄弟が英雄ごっこをして遊んでいるのに、女の子の方が進んで殉教者ごっこをするのは別に驚くことではない。異教徒たちはライオンの群れに彼女を投げ入れ、ペロー[*5]の〈青ひげ〉[*6]は髪をつかんで彼女を引きずり回し、夫である王は彼女を森の奥深くに追放する。彼女はあきらめ、苦しみ、死に絶える。そのとき、彼女の額には栄光の輝きが差してくるのだ。「まだほんの小さな子どもだったにもかかわらず、私はもう男の愛情が自分に引き寄せたい、彼らを心配させたい、彼らに救い出されたい、その腕に抱かれて死にたいと願っていました」とアンナ・ド・ノアイユ夫人[*7]は書いている。このようなマゾヒズムの夢の顕著な例はマリー・ル・アルドゥアンの『黒い帆』に見られる。

七歳のとき、どの肋骨《ろっこつ》でだったか、私は最初の男を創りました。大きくて瘦《や》せていて、とても若く、長い袖《そで》の地面に引きずるような黒いサテンの服を着ていました。その美しい金髪は肩に巻き毛となって重くたれていました……私は彼をエドモンと名づけました……ついで、彼に二人の弟を与える日がやってきました。この三人の兄弟、エドモン、シャルル、セドリックは三人とも黒い服を着て、金髪ですらっとしており、私に奇妙な幸福感を味わわせてくれました。絹の靴をはいた彼らの足があまりにきれいで、またその手があまりに華奢《きやしや》だったので、彼らの動作の一つひとつが魂をゆさぶりました……私は彼らの妹マルグリットになりました……私は兄た

＊1　欧州伝説の女性で、夫にあらぬ疑いをかけられ、森の奥へ追放された末、命を失う。
＊2　ボッカチオ、ペトラルカ、チョーサーなどの作品に扱われている模範的で温順な忍耐強い女性。
＊3　キリスト教信者の女奴隷《どれい》で、一七七年リヨンで殉教。
＊4　シャトーブリアンの小説『アタラ』の主人公。
＊5　一六二八－一七〇三、フランスの詩人、批評家、童話作家。『赤ずきん』『シンデレラ』など。
＊6　ペローの童話に登場する、六人の妻を殺した男。
＊7　一八七六－一九三三、フランスの女性詩人。

ちの気まぐれや意のままになっている自分を想像するのが好きでした。上の兄のエドモンが私の生死の鍵をにぎっているのだと空想しました。私には彼の顔を目を上げて見ることが許されてはいません。彼はささいな理由をつけては私を鞭《むち》で打ちました。彼に話しかけられると、私は恐れと悔いの念で気が動転し、何と答えてよいかわからず、ただ「はい、殿下」、「いいえ、殿下」とひたすら口ごもって言うだけでした。そうやって私は自分をおろかだと感じる妙な喜びを味わっていました……彼が私に課す苦痛があまりに強い時には、私は「ありがとうございます、殿下」とつぶやくのです。苦痛でほとんど気絶しそうになる時がありました。私は叫び声を上げないようにするため、唇を彼の手に当てました。そのとき、心が張り裂けるようなある衝動に襲われ、私は幸せのあまり死んでしまいたいという状態に達するのでした。

多かれ少なかれ、かなり早い時期に、女の子は自分がすでに恋愛できる年齢に達したと空想する。九歳か十歳で、化粧を楽しみ、ブラウスにパットを入れて胸をふくらませて、レディーの扮装《ふんそう》をする。しかし、男の子を相手に性的体験をしようとするのではまったくない。もし男の子とトイレに行って、「見せ合いっこ」遊びをしたとしても、それは単に性的好奇心からにすぎない。だが、愛の夢想の相手は大人である。純粋に想像上であっても、また現実の人間に呼び起こされたものであっても、とりわけ後者の場合、子どもは遠くからその人を愛することに満足するのだ。コレット・オードリー[*1]の思い出のなかに、こうした幼少期の夢想の適切な例が見られる。彼女は五歳のときすでに愛を見出《みいだ》したと語っている。

それはもちろん、幼少期のちょっとした性的快楽、たとえば食堂のある椅子《いす》に馬乗りしたときや寝る前に自分の体をなでたときに感じた満足とはなんの関係もありませんでした……愛の感情と快楽との唯一《ゆいいつ》の共通点は、私が周囲に両方とも注意深く隠していたことでした……その青年への私の愛は、寝る前に彼に思いを馳《は》せてあれこれすばらしい話を想像することだったのです。プリヴァで、私は次々に父の事務所の所長さんに恋しました……でも彼らがそこをやめるからといって悲嘆に暮れるようなことはけっしてありませんでした。彼らは愛の夢想の口実でしかなかったからです……夜、横になると、私は自分があまりにも幼く臆病《おくびょう》すぎることに対して復讐《ふくしゅう》しました。私はすべてを念入りに準備しました。彼を目の前に思い浮かべることは難なくできましたが、問題は自分を変えること、それも内側から自分を眺められるように変えることでした。なぜなら、私は私であることをやめて、別の女性になっていたからです。まず私は美人で十八歳でした。一つの菓子箱がずいぶん役に

＊1　フランスの現代女性作家。

立ちました。それは平たい長方形のアーモンドボンボンの箱で白い鳩《はと》に囲まれた二人の若い娘が描かれていました。私は茶色の髪を短くカールした女の子の方で、モスリンの長いワンピースを着ていました。私たちには十年間の空白期間がありました。戻って来た彼は昔とほとんど変わらず、そのすばらしい乙女を見て、とても感動しました。彼女は彼を思い出したようには見えず、いつものままで、彼を気にかけるふうでもなく、機知にあふれていました。私はこの初めての出会いのために、本当に見事な会話を作りあげたのです。その後、誤解があり、彼女の心をなかなかつかめず、彼にとっては失望と嫉妬《しっと》の残酷な時期が続きます。ついに、彼はぎりぎりのところまで追い込まれ、彼女に愛を告白しました。彼女は黙ってそれを聞き、彼がすべてを失ったと思ったそのとき、ずっと彼を愛し続けてきたと彼に伝えたのです。二人はしばらく抱き合いました。ふつう、このシーンの舞台は夕暮れの公園のベンチでした。私は二つの影が近づくのを見、ささやき声を聞くのです。同時に私は肉体と肉体の熱い触れあいを感じます。でもそれから先はすべての紐《ひも》が弛《ゆる》んだようになり……結婚にまで至ることは絶対ありませんでした……[*1]翌日、顔を洗うとき、ちょっとそのことを考えるのでした。私には鏡のなかの石鹼《せっけん》だらけの自分の顔がなぜ自分を魅了し（他のときには自分を美しいとは思いませんでした）、希望で満たしたのかわかりません。私は何時間でも、未来への道のりのはるか向こうから私を待っているように見える、ちょっとのけぞった、このぼんやりした顔をじっと眺めていたのではないでしょうか。でも急がなくてはなりませんでした。一度顔を拭《ふ》いてしまえばもう終わりで、いつもの平凡な子どもの顔が現われ、もう何も興味を引くものはありませんでした（『思い出の瞳に』）。

遊びと夢想は女の子を受動性の方向に導く。しかし、彼女は女になる前は、一人の人間存在である。そして、女としての自分を受け入れることは自分を放棄すること、去勢されることだとすでに知っている。責任放棄には心を引かれても、去勢されるのはいやだ。〈男〉、〈愛〉はまだ未来の深い霧のなかにある。いまは、女の子も兄や弟と同じように、能動性や自主性を求めている。自由の重荷は子どもにはそれほど負担ではない。責任を伴わないからだ。大人の保護のもとで自分は安全だとわかっている。自分から逃げ出したいとは思わない。生命に向かう自発的躍動や遊び、笑い、冒険への好みは女の子に母親の枠のなかを狭く息苦しいと感じさせる。母親の権威から逃れたいと思う。これは男の子が受け入れなくてはならない権威よりはるかに日常的かつ私的なかたちで行使される権威だ。シドニー＝ガブリエル・コレット[*2]が愛情こめて描いたあの『シド』

＊1　〔原注〕マリー・ル・アルドゥアンのマゾヒスト的夢想に対して、コレット・オードリーのそれはサディスト型である。彼女は、傷つき、危険な状態にいる自分の愛人を屈辱的な気分にさせて、英雄的に救い出したいと望んでいる。これは受動性をけっして受け入れず、人間であることの自律性を獲得しようとする女に特有の個人的な調子である。

〔シドは彼女の母の愛称〕の家と同じような理解にあふれ、つつましやかな権威というのは稀《まれ》なケースである。母親がある種の虐待者で、子ども相手に支配本能とサディズムを満たすという半病理学的ケース――よく見受けるケース――については言うまでもないが、娘は、母親が面と向かって自分を絶対的な主体として主張しようとするのに格好の客体なのだ。この思い上がりは子どもを激しい反抗に導く。コレット・オードリー[*1]は普通の母親に対する普通の娘の反抗心を次のように描いている。

私には真実を、たとえそれがどれほど潔白であったとしても、答えることはできなかっただろうと思います。母を前にして自分が潔白だとはけっして感じられなかったからです。彼女がいなくてはならない大人で、まだなお彼女から解放されないうちは、彼女を恨んでいました。私の奥には荒れ狂った残忍な傷のようなものがあり、その傷口がいつも開いていたのは確かです。母が厳しすぎるとか、母にはそんな権利はないとか思っていたのではありません。私はただ渾身《こんしん》の力を込めて、いや、いや、いやと思っていたのです。私が母を責めたのは、その権威のせいでも命令のせいでも独断的な禁止のせいでもありません。母が私を屈服させたいと思っていたからです。彼女はよくそう言っていましたし、言わないときでも目が、声がそう語っていました。また、母は奥さんたちに子どもは懲罰の後ではずっと従順になるものだと語っていたこともありました。これらの言葉は喉《のど》にひっかかっていて忘れることはできませんでした。吐き出すことも、飲み込むこともできませんでした。それは、この怒りは、母を前にした私の罪悪感であり、自分に恥じ入る気持ちでもありました（なぜなら、とにかく私は母が恐《こわ》かったし、自分としては反撃のつもりで、乱暴な言葉をちょっと使うか、生意気な態度をちょっととるぐらいしかできなかったからです）。でも、ともかく、それは私の勝利でもあったのです。なぜなら、傷口がそこにあるかぎり、そして無言の狂気が生きていて、それが私をとらえ、ただ、屈服、従順、懲罰、屈辱と繰り返すかぎり、私は屈服させられることはないからです。

母親が威信を失ってしまっている場合がしばしばあるが、そうなると反抗はよりいっそう激しくなる。母親は待ち、耐え、嘆き、泣き、大騒ぎする女のように見える。日々の現実のなかで、この報われない役割はなんの光栄ももたらしてはくれない。母親は犠牲者として軽蔑《けいべつ》され、ヒステリックな女として嫌われる。彼女の運命は無味乾燥な繰り返しの典型とみなされる。彼女は愚かにも人生を反復させるだけで、それが辿《たど》り着く先はないのだ。母親は主婦の役割に固執して、存在の発展をやめる。彼女は娘にとって障

＊1　〔原注〕ヴィオレット・ルデュック『窒息』、S・ド・テルヴァーニュ『母の憎しみ』、エルヴェ・バザン『蝮《まむし》を手に』を参照。
＊2　（65頁）一八七三－一九五四、フランスの女性作家。

害であり、否定である。娘は母に似たくないと思う。娘は、女優、作家、教師といった女の拘束から逃れた女たちを崇拝する。スポーツに勉強に夢中になり、木に登ったり、洋服を破ってしまったり、男の子と競争しようとする。一番多いのは、胸の内を明かすことのできる同性の心の友をつくることである。これは恋愛感情のような独占的友情で、たいていは性の秘密を分かち合うことも含んでいる。少女たちは手に入れることができた情報を交換しあったり、批評したりする。少女の一人が友だちの兄弟を好きになって、三角関係になることもよくある。こうして『戦争と平和』のなかでソーニャはナターシャの心の友で、彼女の兄ニコライを愛するのだ。いずれにせよ、このような友情は秘密に包まれている。一般的にはこの時期の子どもは秘密をもちたがるものだ。どうでもいいことまで秘密にする。そうやって、自分の好奇心に対して大人がやる隠しだてに反抗するのである。これはまた自分に重要性を与える一つの方法でもある。彼女はこの重要性をあらゆる手段を使って獲得しようとするのだ。彼女は大人の生活に介入しようとする。大人をテーマに小説を作りあげるが、その半分はでたらめだと思っているにもかかわらず、自分はそこで大事な役割を演じているのである。彼女は女友だちといっしょになって、男の子たちに対して軽蔑には軽蔑をもって報いるふりをする。別にグループを作り、彼らをあざ笑ったり冷やかしたりする。だが実際は、彼らが彼女を対等に扱えば満足する。男の子の支持を求めているのだ。彼女も特権カーストに属したいのである。これと同じような感情の動きが、原始遊牧民においては女を男の主導権に従属させるが、いまでは男の仲間入りが認められた女の子にあっては自分の運命の拒否というかたちで現われる。彼女のなかで超越性が内在性の不条理を非難しているのだ。彼女は礼儀作法に束縛され、服装で窮屈な思いをし、家事にしばられ、飛躍はことごとく止められることに苛立《いらだ》っている。この点に関して多くの調査がなされ、ほぼすべてが次のような同じ結果を出している。[*1] 男の子は全員――かつてのプラトンのように――女の子には絶対なりたくないと言い切っている。また、ほとんどの女の子は男の子でないことを残念に思っている。ハヴェロック・エリスが報告している統計によると、女の子になりたいと思っている男の子は一〇〇人に一人だが、女の子は七五％以上が性を変えたいと思っているようだ。カール・ピパルの調査によると（ボードゥアンが自著『子どもの心』で報告）、十二歳から十四歳の二〇人の男の子のうち一八人が女の子になるくらいなら、他のどんなことでもする方がましと思い、二二人の女の子のうち一〇人は男の子になりたいと思っている。その理由として次のことをあげている。「男の子の方がいい。女の人みたいに苦しまなくてすむ……お母さんからもっと愛される……もっとおもしろい仕事ができる……勉強がもっとできる……女の子を恐がらせて楽しむ……男の子を恐がらな

＊1　〔原注〕例外もある。たとえば、スイスのある学校では男の子も女の子も快適さと自由に恵まれた条件のもとで、同じ教育を共学で受けていて、全員が満足を表明している。しかし、こういう状況は例外的だ。たしかに、女の子も男の子と同じように幸せになりうるはずだ。だが、現実の社会では、事実は女の子は幸福でないのである。

くてよい……男の子の方がずっと自由だ……男の子の遊びはおもしろい……洋服で窮屈な思いをしなくてよい……」。この最後の異議はよく出される。女の子のほとんど全員が、洋服で窮屈な思いをしている、動きが自由にならない、しみのつきやすい明るい色の衣服やスカートはつねに気をつけなくてはならないといった不満をもらしている。十歳から十二歳の女の子の大部分は本当に「おてんば娘―できそこないの少年」、つまり男の子になる免許がない子どもたちなのである。彼女たちは剝奪《はくだつ》や不公平としてそのことに苦しむだけではない。彼女たちに押しつけられている制度そのものが不健全なのだ。女の子たちのうちに生命のあふれ出る活力はせき止められ、使われることのないその生命力はノイローゼに陥る。彼女たちのあまりにおとなしい活動はありあまるエネルギーを使い尽くすことはない。だから、彼女たちは退屈する。退屈なため、そしてつらい劣等感の補償をするため[*1]、ロマンチックでもの悲しい夢想に身を委《ゆだ》ねる。こうして安易な逃避趣味を身につけ、現実感覚を失っていく。興奮すると見境なく自分の感情に身を任せる。行動しないかわりに、おしゃべりをし、とりとめのない話にまじめな言葉を好んではさみこむ。顧みられず、「理解されない」、女の子たちは自己陶酔的感情に慰めを求める。小説のヒロインのように自分を眺め、賛美し、哀れむのである。彼女たちがおしゃれで芝居がかってくるのは当然だ。これらの欠点は思春期にはいっそう顕著になるだろう。不安は苛立ちや怒りの爆発、涙となって現われる。彼女たちは涙が好きである。――これはその後も多くの女たちがもちつづける趣味だ――その理由の大部分は、彼女たちが犠牲者を演じるのが好きだということにある。それは運命の厳しさに対する抗議であると同時に、自分をほろりとさせる一つの手段なのだ。「女の子というのは非常に泣くことが好きで、その状態を二重に楽しむために鏡の前に泣きに行く子がいるほどです。私はそういう子を何人か知っていました」と、デュパンルー卿《きょう》*2は語っている。

女の子のドラマの大部分は家族との関係に関わることばかりだ。彼女たちは母親とのつながりを断ち切ろうとする。母を憎む場合もあれば、保護を強く求める場合もある。彼女たちは父親の愛情を独占したがる。嫉妬深く、感じやすく、気難しい。ありそうもない話をでっちあげることもよくやる。自分はもらい子で、いまの親は本当の親でないと思うのだ。秘密の生活を両親に与えてみて、二人の関係を空想する。父親は理解されておらず不幸で、妻を理想の伴侶《はんりよ》と見ていない。父親にとって娘こそがその理想であると勝手に想像する。または逆に、母親が自分の夫を、当然なのだが、がさつで乱暴者と思っていて、彼との肉体関係を非常に嫌っているなどと想像する。空想、お芝居、子ども染《じ》みた悲劇、似非《えせ》歓喜、奇行など、これらの原因を女の不可解な塊のなかに探るのではなく、女の子が置かれた状況のなかに見出さなくてはならないのだ。

自己を主体、自律、超越として、絶対として感じている個人にとって、自己のなかに

＊1　身体的、精神的に劣っていると感じるときに、これを補い克服しようとする心理的動き。アドラーの用語。

＊2　一八〇二－七八、フランスの教育者、『女子教育についての書簡』の著書がある。

劣等性を生まれながらの本質として見出すことは奇妙な経験である。自分に対して自己を〈一者〉[†]と定めたものにとって、自分に対して自己を他者性として示されるのはなんともおかしな経験だ。人生修業を積むなかで、女の子が自分を一人の女としてとらえるようになったとき、彼女のうちに起こるのはまさにこうした経験なのである。彼女が属している領域は、いたるところ男の世界によって閉ざされ、制限され、支配されている。どんなに高くよじ登っても、どんなに遠くへ冒険を試みようとも、いつでも、頭の上には天井が、道をはばむ壁があるのだ。男にとっての神ははるか彼方《かなた》の空にいるので、男にとって神は本当には存在しない。しかし、女の子の方は人間の顔をもつ神々のあいだで生きているのである。

　こうした状況は女に特有のものではない。アメリカの黒人も同じ状況にいる。彼らは一つの文明のなかに部分的に組み込まれているのだが、その文明は彼らを劣等カーストと見なしている。ビッグ・トーマス[*1]が幼年期に恨みをもって感じたもの、それはこの決定的な劣等性であり、肌の色に記されたこの呪《のろ》われた他者性である。彼は飛行機が飛ぶのを見る。しかし、黒人であるために、空は禁じられていることを知っている。女の子は女であるために、海や極地、多くの冒険や喜びが禁じられていることを承知している。彼女は悪い側に生まれてしまったのだ。両者の大きな違いは、黒人は反抗しつつも自分の運命に耐え忍ぶ、つまりいかなる特権によってもその過酷さが贖《あがな》われないのに対し、女の子の方は共犯関係へと仕向けられることにある。すでに指摘したが[*2]、絶対的自由でありたいと欲する主体の本来的要求と並んで、実存者には自己放棄と逃避への非本来的†欲求がある。両親や教育者、書物や神話、女や男たちが女の子の目の前にちらつかせるのは受動性の喜びである。まだほんの幼い頃から、もうまわりは彼女にその喜びを味わわせる。その誘惑は徐々に狡猾《こうかつ》になり、彼女の超越への飛躍が厳しい抵抗にあってつまずけばつまずくほど、彼女は不可避的にそれに譲歩せざるをえなくなる。とはいえ自分の受動性を受け入れることで、彼女は同時に抵抗もせずに外から課せられた運命に耐えることを受け入れるのである。この運命は彼女を不安にさせる。野心的であろうが、だらしなかろうが、臆病であろうが、少年が飛び出して行くのは開かれた未来に向かってである。彼は船乗りかエンジニアになるであろう。田舎に残るか、都市に出て行くだろう。世界を見るだろうし、金持ちにもなるだろう。予測できない可能性が彼を待ち受けている未来を前にして、少年は自分を自由だと感ずる。女の子は妻、母親、祖母になるだろう。彼女は自分の母親がしたのと同じように、自分の家をもち、自分がしてもらったように、子どもの世話をするだろう。十二歳で女の子の一生はすでに決められている。彼女はそれを作り上げるのではなく、毎日見出《みいだ》していく。彼女は好奇心で一杯だが、すべての段階があらかじめ決められ、日々、その方向に否応《いやおう》なく導かれていく人生を考えるとたじろいでしまう。

＊1　〔原注〕リチャード・ライト『ブラック・ボーイ』。
＊2　〔原注〕本書Ⅰ巻二六頁参照。

だから、女の子の方が兄や弟よりもはるかに性の神秘に気をとられるのである。たしかに、兄弟たちもそれには同じくらい熱烈な関心を示す。しかし、彼らの未来のなかで夫や父親の役割は一番気がかりな事柄ではない。結婚や出産においては、女の子の運命そのものが問題になる。その秘密を予感しはじめると、彼女には自分の肉体がひどく脅《おびや》かされるものとして見えてくる。出産の魔力は消えた。なぜなら、多少とも早い時期に筋道をたてて教えてもらっていたならば、彼女には、子どもが母親のお腹《なか》のなかに偶然現われたのでも、杖《つえ》のひと振りで出てきたのでもないことがわかっているからだ。彼女はつらい思いで自問自答する。多くの場合、自分の肉体のなかで寄生体が増殖するというのは彼女にとってもはやすばらしいことではなく、恐ろしいことに思えてくる。この怪物のごとき腫《は》れ物を考えるとぞっとする。しかも、どうやって赤ん坊は出てくるのだろうか。出産の苦しみや悲鳴について誰も話してくれたことがなくても、その話を偶然聞いたり、「汝《なんじ》、苦しみのうちに産むべし」という『聖書』の言葉を読んでいる。想像すらできない耐えがたい苦痛を予想する。おへそのあたりに異常な作用が起こるのだと思いつく。胎児は肛門《こうもん》から押し出されると考えると、もう落ち着いてはいられない。出産のプロセスがわかったと思った女の子が、発作的に神経症的便秘を起こす例はよくある。正確に説明しても大した救いにはならない。腫れ物、裂傷、出血のイメージがつきまとって離れない。女の子は想像力に富んでいるため、こういう光景にはより敏感である。しかし、どんな女の子でもそれらを見たら震えてしまうはずだ。コレットは、ゾラ[*1]

の本の出産を描いた場面を読み、気を失っていたところを母親に見つけられたと語っている。

作者は出産の場面を「露骨で生々しい多くの細部描写と、解剖学的正確さをもって、またその色彩、姿勢、悲鳴を得々と」描いていて、田舎の少女のおとなしい知識ではとうてい及びもつかないことでした。私は幼い雌としての自分の運命を信じ込み、それにたじろぎ、おびえました……また、他の文章は、私の目の前に、引き裂かれた肉体や排泄物《はいせつぶつ》、汚れた血などを描き出しました……私はまるで密猟者が台所にもってきた殺したばかりの子ウサギのなかの一匹のようにぐったりとなって芝生に倒れていました。

大人がいろいろなだめても、子どもは不安のなかに取り残されたままである。女の子は大きくなるにつれて、大人の言葉をそのまま信じないことを覚える。たいてい、大人の嘘《うそ》に不意打ちされるのはまさにこの生殖の秘密についてである。彼女はまた大人たちが最も恐ろしいことを正常なことと考えているのも知っている。なにか肉体的に激しいショック（扁桃腺《へんとうせん》の切除、抜歯、メスによるひょうそうの切開）を経験したことがあっ

＊1　一八四〇－一九〇二、自然主義文学を唱えたフランスの作家。

たならば、彼女はその記憶に残る苦痛を出産に投影するだろう。
妊娠、出産が示す身体的特徴は夫婦のあいだに「なんらかの身体的なこと」が起こったのだとただちに暗示する。「血のつながった子、純血、混血」などの表現によく見られる「血」という言葉はしばしば子どもの想像力を方向づける。結婚はなにか厳粛な輸血を伴うのだと考えるのだ。だがふつうは、「身体的なこと」は大小の排泄系統とつながりがあるように見える。とくに、子どもは男は女のなかにおしっこすると考えがちだ。性行動は汚いとみなされる。子どもにショックを与えるのはこの点だ。「汚い」ものは、子どもにとって最も厳しい禁句で包み隠されてきたからだ。一体なぜ、大人が生活のなかにそれを取り入れるということが起きるのか。子どもは自分の発見のばかばかしさのせいで、最初のうちは恥ずべきことだという思いから守られる。話に聞いたり、読んだり、書いたりすることになんの意味も見出さない。すべてがありえないことに思われるのだ。カーソン・マッカラーズ[*1]の魅力的な本『結婚式のメンバー』のなかで、幼い女主人公は隣人二人が裸でベッドにいるところをたまたま見てしまう。しかし、彼女は事態の異常性そのものに妨げられて、それを重要視しないのである。

　ある夏の日曜日のことだった。マロー家のドアは開いていた。彼女にはただ部屋の一部と、たんすの一部、それにベッドの脚だけが見えた。ベッドの上にはマロー夫人のコルセットが投げてあった。ひっそりした寝室のなかで、なにか理解できない物音がしていた。彼女は敷居のところまで進んで行って、ある光景にびっくり仰天してしまった。ひとめ見るなり、「マロー夫人が発作をおこしたわ！」と叫びながら、彼女は台所に走って行った。ベレニスはホールにすっ飛んで行き、部屋をのぞき込むと口をつぐんで、ドアをバタンと閉めてしまった……フランキーはなんだったのか知りたくて、ベレニスに尋ねようとした。しかし、ベレニスはただ普通の人たちよと言っただけで、人のことを考えて、せめてドアぐらい閉めておくべきだったんじゃないかしらとつけ加えた。フランキーは人のことというのは自分のことだなと気がついたが、でもよくわからなかった。「どういう発作だったの」。彼女は尋ねた。ベレニスはただ「あのね、いいこと、普通の発作なのよ」と答えた。彼女の声の調子で、フランキーは全部はしゃべってもらえないんだとわかった。あとになって、彼女はマロー家の人たちを単に普通の人として思い出すのだった。

子どもに、知らない人には用心するように言うとき、性的な事件の説明をするときには、えてして、病人、変質者、狂人のことを話してしまうものだ。説明しやすいからである。映画館で隣の席の男に触られたり、通りがかりの男にズボンのボタンをはずして見せられたりした女の子は、あれは気がおかしい人だったのだと思う。たしかに、狂気

＊1　一九一七－六七、アメリカの女性作家。

に出会うのはいやなものだ。癲癇《てんかん》の発作、ヒステリーの発作、激しいけんかは大人社会の秩序の欠陥を示し、それを見た子どもは身の危険を感じる。それでもとにかく、調和のとれた社会のなかに、浮浪者、物乞《ものご》い、ひどい傷をもつ身体障害者がいるのと同じように、社会には異常者が何人かはいるが、社会の基盤が揺がされることはない。子どもが本当に恐怖をいだくのは、両親、友だち、先生が隠れて悪魔を祭る黒ミサを行なっているのではないかと疑う時なのだ。

はじめて、男と女の性関係について聞かされたとき、そんなことはありえないと私は大声で言いました。だって、両親も同じことをしてきたはずだなんて、彼らをとても尊敬している私には信じられませんでした。私はそんなこと気持ち悪すぎて、絶対にできないと言いました。不幸なことに、それからまもなく、両親がしているのを聞いて、自分の誤りに気づかせられたのです……それは恐ろしい瞬間でした。私は耳をふさぎながら、毛布で顔を隠しました。そしてここから何千キロも離れたところに行ってしまいたいと思いました。*1

衣服を着た威厳に満ちた人々、品位、慎み、理性を説くこれらの人々のイメージから、取っ組みあう裸の二匹の獣のイメージにどうやって移行するのだろうか。そこには大人自身による大人への異議があり、それが大人の威信を揺さぶり、空を闇《やみ》のなかに沈める。

たいてい、子どもはこのおぞましい新事実を頑固に否定する。「パパとママはそんなことはしないわ」と言い切る。あるいは性交について品位あるイメージを得ようとする。「子どもがほしくなったらね」と女の子が話していた。「お医者さんに行くのよ。洋服を脱いで目隠しをするの。見てはいけないからよ。お医者さんがパパとママを結びつけるの。うまくいくように手伝ってくれるのよ」。彼女は愛の行為を外科手術に変えてしまった。おそらく、あまりおもしろくはないけれど、でも歯医者さんの治療と同じくらいそれはまっとうなことなのだ。だが、拒否してみても、逃げてみても、不安感と疑いが子どもの心に忍び込んでくる。離乳の時と同じくらい苦しい現象が起きる。子どもを母親の肉体から引き離すのではもはやないが、子どもを囲む保護者の世界が崩れてしまうからである。子どもは、頭上を覆《おお》う屋根もなく、真夜中のような暗闇の未来を前にして、たった一人置き去りにされた自分の姿を見出す。女の子の不安を増大させるもの、それは自分にのしかかる得体の知れない不運の輪郭をはっきり描けないことだ。手に入れた情報には一貫性がないし、本は矛盾に満ちている。専門的な説明も厚い影を取り払ってはくれない。次から次へと質問がわいてくる。性行為は苦しいのだろうか？　それとも快いのだろうか？　どのくらいの時間続くのかしら？　五分、それとも一晩中だろうか？　ある女は一度抱かれただけで、母親になったとか、ときには何時間も快楽のとき

＊1　〔原注〕リープマン博士『青少年期とセクシュアリティ』からの引用。

を過ごしても妊娠しなかったとか、本で読んだことがある。みんな毎日「こんなこと」をしてるの？　それともたまになのかしら？　子どもは聖書を読んだり、辞書を調べたり、友だちに聞いたり、情報を得ようとして、暗闇と嫌悪《けんお》のなかを暗中模索する。この点に関して、興味深い資料がある。これはリープマン博士が行なった調査で、性の知識について、若い娘たちが彼に答えた回答のうちのいくつかである。

私は相変わらず漠然としてゆがんだ考えを抱いたままさまよっていました。誰一人として、母も、学校の女の先生たちもこの問題に触れませんでした。どの本もこの問題を深く扱ってはいませんでした。本を読むことで、私にとって最初はごく自然に思われていた行為のまわりに、ある種の危険と醜悪に包まれた謎《なぞ》が少しずつ織り上げられていきました。十二歳の上級生たちは下品な冗談を使って、私たち下級生クラスとのあいだに架け橋を作ろうとしました。それはどれもまだかなりあいまいで、とても嫌悪感を覚えるものでした。それで私たちは、子どもはどのようにできるのか、結婚式があんな大騒ぎをする機会なのは、男にとってあれは一回限りの出来事なのではないかとかを知ろうとして、あれこれ言い合ったものでした。十五歳のとき迎えた初潮は私には新しい驚きでした。私にも順番がきて、言ってみれば、輪のなかに引き入れられることになったのです……。

……性教育！　これは両親の家ではほのめかすこともならない言葉でした！……私はいろいろな本を探しましたが、どの方向に行けばいいのかわからないまま、探すのに苦労し苛立《いらだ》っていました……私が通っていたのは元男子校でした。男の先生にとってこの問題は存在していないようでした……ホーラムの作品『男の子と女の子』がついに真実を明らかにしてくれたのです。私の苛立ちと興奮過剰の状態は消えました。でも、私は当時とても不幸だったので、エロチシズムとセクシュアリティだけが本物の愛を形作っているのだということを、認め、理解するのにずいぶん時間がかかったのです。

私の性入門の過程。Ｉ・最初の質問と漠然とした観念（そこには贖罪《しょくざい》の観念はまったく含まれていない）。三歳半から十一歳まで……三歳半から数年間は私がした質問に回答なし。七歳のとき、雌ウサギに餌《えさ》を与えていて、赤ん坊ウサギが数匹下からはい出てくるのを突然見る……母は私に動物でも人間でも赤ちゃんは母親のお腹のなかで成長して、脇腹《わきばら》のあたりから出てくるのだと言う。この脇腹からの誕生というのは私には筋が通っているとは思われなかった……一人の子守りが受胎、妊娠、月経について多くのことを話してくれた……とうとう私は私の最後の質問として父親に彼の本当の役割について尋ねたが、彼は花粉と雌しべの漠然とした話で答えた。Ⅱ・性について知るための個人的ないくつかの試み（十一歳から十三歳）。

百科辞典一冊と医学書一冊を探し出す……しかし膨大な聞き馴れない言葉で構成された理論的な教えでしかなかった。Ⅲ・既得知識のチェック（十三歳から二十歳）ⓐ日常生活において、ⓑ専門的研究において。

八歳の頃、私は同い年の男の子とよく遊びました。あるとき私たちはそのことに触れました。私はすでに知っていたのです。というのは、女は体内にたくさんの卵をもっていて、本当に子どもがほしいと母親が思ったら、そのたびに、これらの卵の一つから一人の子が生まれてくるのだ、と母が私に話してくれたことがあったからです……その子に同じ説明をしたところ、彼はこう返事を返してきました。「君は本当にまぬけだね！　うちの肉屋さん夫婦はね、子どもがほしくなると、二人でベッドで、いやらしいことをするんだよ」。私は憤慨しました……うちには当時（十二歳半頃）お手伝いさんがいて、下品なありとあらゆる話をしてくれました。恥ずかしかったのでママには一言も漏らしませんでした。でも、男の膝《ひざ》の上に座ると、子どもが授かるのかしらと、母に聞いてみました。彼女はすべてを、可能な限りみごとに説明してくれたのです。

子どもがどこから出てくるのか、私は学校で知りました。それはなにか恐ろしいことだという感情をもちました。でもどうやって生まれるのかしら？　私たちは二人とも、そのことについていわばおぞましい考えを作り上げました。とくにひどくなったのは、ある冬の朝、学校へ行くとき、私たちに近づいてきて、暗がりのなかで性器を見せて、「どう、可愛《かわい》いと思わない」と言う一人の男に出会ってからです。私たちの嫌悪感は想像もつかないほどで、文字通り吐き気をもよおしました。二十一歳まで、私は子どもはおへそから生まれるものだと信じていました。

ある女の子が離れたところに私を連れ出し、尋ねました。「子どもがどこから出てくるのか知ってる?」。ついに、彼女ははっきり言う決心をしました。「ええっ、なんてあなたってまぬけなの！　子どもなんて女のお腹から出てくるのよ。子どもが生まれるのにはね、女は男と本当にいやらしいことするんだから！」。それから、彼女はそのいやらしいことを、もっと細かく説明してくれました。けれどもそれで、私はすっかり変わってしまいました。そういうことが起こるかもしれないと考えるのを断固として拒否しました。私は両親と同じ部屋で寝ていました……そんなある夜、信じられないことが起きているのを聞いてしまったのです。そのとき、私は恥ずかしくて、そう、私は自分の両親を恥ずかしく思ったのです。このことが私を別人のようにしてしまったのです。私は恐ろしいような道徳的苦しみを感じました。私はこうした事柄をすでに知ってしまった自分をひどく堕落した人間に思っていました。

一貫した教育がなされたとしても、問題の解決にはならないと言わざるをえない。両親や先生たちの善意にもかかわらず、性愛の経験を言葉や概念で表わすことはできない。両人はそれを生きてはじめて理解するのである。すべての分析は、それが最も真摯《しんし》なものであったとしても、どこか滑稽《こっけい》な面があり、真実を伝えることには失敗する。花々の詩的な愛や魚の結婚に始まって、ヒヨコ、ネコ、ヤギを通過して、人類にまで達するとき、生殖の神秘を理論的に明らかにすることはできる。しかし、性的快楽や性愛の神秘はそのまま残る。穏やかな血をもった女の子に、どんなふうにして愛撫《あいぶ》やキスの楽しみを説明したらいいのだろうか。家族同士ではキスをするし、それも唇にすることがよくある。だが、どうしてこの粘膜の出会いがある場合にはめくるめく陶酔を引き起こすのだろうか。それは目の見えない人に色彩をあれこれ描写するようなものだ。官能の機能に意味と統一性を与える直感的な興奮や欲望を欠いているかぎり、その機能の諸要素は不愉快でぞっとするものに思われる。

とくに女の子は、自分は処女で封印されていて、女になるためには男の性器が彼女のなかに入ってこなくてはならないとわかったとき、憤激する。露出症は広く見られる倒錯であるので、勃起《ぼっき》したペニスを見たことがある女の子は多い。いずれにせよ、彼女たちは動物の性器はすでに見ているし、遺憾ながら、馬の性器はごく普通に彼女たちの目を引いている。彼女たちがそれに恐怖心を抱いてしまうことが認められる。出産への恐れ、男性器への恐れ、結婚した人間を脅《おびや》かす「発作」への恐れ、汚らしい行為への嫌悪感、まったく意味のない行為に対する嘲弄《ちょうろう》、これらすべてがしばしば女の子に「私は結婚なんてぜったいしないわ」[*1]と公言させることになるのだ。これこそ苦痛、狂気、猥褻《わいせつ》に対する最も確実な防御法である。その時が来れば、処女を失うのも出産もそれほど恐ろしいものには思われなくなる、何百万人もの女たちがあきらめてそうしてきたし、それで体の具合が悪くなることも別になかったと、説明しようとしてもむだである。子どもが外部の出来事に恐れを抱くとき、大人はそれを取り除こうとする。だが、おまえもいつかは自然にそれを受け入れるようになると予言することによってそうするのだ。しかし、子どもがそのとき恐れているのは、ずっと先の将来に、気がおかしくなり錯乱し

＊1　〔原注〕「嫌悪感《けんおかん》でいっぱいになり、私は神様に、母性の法則に従わないことが許される宗教的使命をお与えくださるよう、懇願しました。心ならずも隠してきた嫌悪すべき秘密について長いこと考えた後、神のお告げによって、また非常な嫌悪感のせいで、〝純潔が確かに私の使命なのです〟と確信をもって結論づけたのでした」
　こうヤシュ・ゴークレールは『青いオレンジ』のなかで書いている。とりわけ穴を開けるという考えが、彼女に恐怖を抱かせている。

「だから結婚式の夜が恐ろしいのです。この発見で私は気が動転してしまいました。私が以前から感じていた嫌悪感に加えて、非常に苦しいものだと想像していたこの動作への肉体的な恐怖とが重なったからです。もし私がこちらの道を選び、出産することになったと想像したら、私の恐怖心はもっと増していただろうと思いました。しかし、子どもは母親のお腹《なか》から生まれてくるものと長いこと思っていたので、子どもは分割されてお腹から出てくるものだと信じていました」

た自分自身に出会うことなのだ。サナギになり蝶《ちょう》になる気虫の変身は子どもを不安にさせる。その長い眠りのあとも、まだなお同じ毛虫なのだろうか。輝く羽の下で、毛虫は自分とわかるのだろうか。サナギを見て、愕然《がくぜん》として物思いに沈んでしまった少女を私は何人も知っている。

それでも変身は行なわれる。少女自身にその意味はわからない。しかし、自分と世界との関係、そして自分の身体との関係において何かが微妙に変わりつつあることを理解する。彼女はかつては無関心だった接触、味、匂《にお》いに敏感になる。頭のなかで異様な映像がよぎる。鏡のなかの自分が自分でないような気がする。自分のことを「変だ」と思うし、事物もなにか「変な」様子をしている。以下はリチャード・ヒューズ[*1]が『ジャマイカの烈風』のなかで少女エミリーを描いているくだりである。

エミリーは涼しくしようと、お腹《なか》まで水に浸《つ》かって座り込んだ。すると、何百もの小魚が、彼女がちょっと体を動かすたびに、奇妙な口でつついて、彼女をくすぐるのだった。意味のない軽いキスとも言えるようなものだった。最近、彼女は人に触られるのを嫌がるようになっていた。それにしても、これはぞっとするほど嫌だった。もうこれ以上は我慢ができなかった。水から上がって服を着た。

マーガレット・ケネディ[*2]の精神的に安定しているテッサ〔小説『永遠の処女』の主人公〕

でさえも、次のような奇妙な困惑を経験している。

突然、彼女は自分をとても不幸に感じた。彼女の目は開いたドアから水が流れるように差し込んできた月の光によってくっきりと二つに切られたホールの暗闇をじっと見つめた。我慢できなかった。ぱっと立ち上がり、聞こえないような小さな叫び声をあげた。「ああ！　なんて私は世界全体を憎んでいるのかしら！」。彼女は叫んだ。静かな家にあふれているように思われたある悲しい予感にとらえられて、震えあがり、怒り、追いかけられるようにして、彼女は山のなかに身を隠そうと走っていった。小道でつまずきながら、「死にたい。死んでしまえばいいのに」と、自分自身にぶつぶつ言い始めた。

彼女は自分が何も考えずに言っているのだとわかっていた。死にたくなどちっともなかった。激しい言葉を吐けばすっきりするような気がしたのだ。

すでに引用したカーソン・マッカラーズの本のなかには、この不安な時期が長々と描写されている。

＊1　一九〇〇－七六、イギリスの作家。
＊2　一八九六－一九六七、現代イギリスの女性作家。

夏のことだった。フランキーはフランキーでいることに吐き気を感じ、疲れてしまった。彼女は放浪者で台所をうろつく役立たずになっていた。汚くて飢えていて、惨《みじ》めで悲しげな女になっていた。おまけに、罪人でもあった。……この春はなかなか終わらない奇妙な季節だった。ものごとが変わり始めていた。でも、フランキーにはこの変化がなんだかよくわからなかった……緑の木々や四月の花々には何かがあって、その何かが彼女を悲しい思いにさせたのだ。この名状しがたい悲しみのせいで、彼女は町を去るべきだったと思った……町を離れて、遠くへ行ってしまうべきだったのだ。なぜなら、今年、遅れてやってきた春は緩慢で甘ったるかったからだ。長い午後がゆっくりと流れていた。そして春のやわらかな緑が彼女に吐き気を催させた……。なにもかもがわっと泣きたいような気持ちにさせていた。ときおり朝早く、彼女は庭に出て、夜が明けるのを眺めながら、長いこと佇《たたず》んでいた。そうしていることとそれ自体が心のなかに生まれた一つの疑問のようだった。でも、空はそれに答えてはくれない。以前にはまったく気がつかなかったいろいろな事物が彼女の心に触れてくるようになった。夜、散歩していると目につく家々から洩《も》れる明かり、袋小路から立ちのぼってくる知らない声。明かりを見つめ、声を聞いた。期待のなかで、自分のうちの何かがぴんと緊張してくる。しかし、明かりは消えてしまい、声も聞こえなくなった。待っていたのに、それだけだった。こうなるのを彼女は恐れた。不意に自分に向かって自問しなければならなくなるからだ。自分は何者なのか、この世のなかでこれから自分はどうなるのだろうか、なぜ、こんなところにいるのだろう、しかもたった一人で、明かりを見たり、耳を澄ましたり、空をじっと見つめたりしているのだろうか、と。彼女は怖かった。そして、胸が妙に締めつけられた。

……彼女は町を散歩していた。目に入るもの、聞こえてくるものが中途半端《はんぱ》に思われた。彼女のなかにはあの不安が残っていた。慌《あわ》てて何かをしてみるのだが、やらなければならないようなことではけっしてなかった……春の長い夕暮れの後、町中を歩き回ったとき、メランコリックなジャズの調べのように、彼女の神経は震えていた。心臓はこわばり、止まってしまいそうだった。

この不安定な時期に何が起きるのか、それは子どもの身体から大人の女の身体になること、肉体が作られていくことだ。主体が幼児段階にとどまる腺《せん》組織発育不全の場合を除き、思春期の危機は十二、三歳頃から始まる。[*1] この危機は男の子よりも女の子の方が早く始まり、はるかに重要な変化をもたらす。女の子は不安感と不快感をもってそれを迎える。乳房や体毛組織が発達する時期には、一つの感情が生まれる。それは自慢に変わることもあるが、もともとは羞恥心《しゅうちしん》から来る感情である。突然、彼女は恥じらいを見

＊1　〔原注〕これについては本書Ｉ巻第一部第一章で文字通りの生理学的過程として描いた。

せるようになり、姉妹や母親にさえ、自分の裸を見せるのを拒否する。嫌悪感の入り交じった驚きをもって、自分の体を調べてみる。そして、不安な気持ちで、かつてはおへそと同じくらいなんの不快感も与えなかった乳首の下に現われた、少し痛くて固い芯《しん》のある膨らみを探ってみる。彼女は自分のなかに傷つきやすい一点があるのを感じて不安になる。多分、この傷は火傷《やけど》や歯の痛みと比べたらずっと軽いにちがいない。でも、ちょっと具合が悪いだけにしろ病気にしろ、痛みはつねに異常なことなのだ。それなのに、正常な場合でも若い娘の胸にはよくわからない鈍痛のような恨みが住みついている。何かが起こりつつあるのだ。それは病気ではなく、いわば存在の法則自体に組み込まれているものだが、しかし、闘いであり、引き裂かれる思いである。

たしかに、誕生から思春期まで、女の子は成長した。けれども、彼女には自分が成長したとは感じられない。一日一日、彼女にとって身体は完成された、確かなものとして存在してきた。いま、彼女は「女として形作られつつある」。この言葉そのものが嫌悪を催させる。生命現象が安定するのは、それが一つの均衡を見出《みいだ》して、その活性のない外見が花のような生気と動物の毛並みのようなつやをおびる時である。しかし、少女は胸が膨らみをおびてくると、「生きている」という言葉のあいまいさを感じる。彼女は金でもダイヤモンドでもなく、不安定で不確実な奇妙な物質で、その中心では不純な錬金術が入念に行なわれている。彼女は絹糸の束のように静かに広がる髪には慣れているが、脇の下や下腹部に新しく生えてきた毛の塊が彼女を動物あるいは藻類に変身させる。

多少とも教えられていたにもかかわらず、少女はこうした変化のなかで、彼女を彼女自身から引き離そうとする一つの運命に急《せ》きたてられる。そうやって彼女は自分自身の存在の瞬間を越える生命の循環に投げこまれていく。彼女は、自分を男や子どもや家庭という墓場に運命づける依存状態を予感する。乳房はそれ自身ではまるで慎みのない無用の増殖に思える。腕、脚、肌、筋肉、体を支える丸いお尻《しり》まで、それまではすべての用途がはっきりしていた。排尿器官と定められた性器だけが少々怪しげであったが、隠れていて他人には見えなかった。ところが、乳房はセーターやブラウスの下にこれ見よがしにある。自分と一体だと感じていたこの身体が女の子にとっては肉体として現われてくる。それは他人が眺めたり見たりする一つの物体なのだ。「あまりにも恥ずかしかったので、私は自分の胸を隠すために二年間ハーフコートを着ていました」と、ある女性が私に話してくれた。また別の女性は「私より早く大人の体つきになっていた同い年の友だちがボールを拾おうと身をかがめたときに、奇妙な狼狽《ろうばい》を感じた記憶があります。彼女のブラウスのV字カットの部分からすでに重たそうな二つの乳房が見えてしまったのです。私の体に似た彼女の体をとおして、私もこのように形作られていくのだと思い、そういう自分自身に赤面してしまったのです」。「十三歳のとき、私は素足のまま、短い洋服で歩き回っていました」と、また別の女性が語った。「一人の男がにやにやしながら、私の太いふくらはぎのことを何か言ったのです。翌日、ママは私に長い靴下をはかせ、スカートの丈も長くしました。でも、自分が見られていると突然感じたときのショックはけっして忘れることはないと思います」。女の子は自分の身体が自分のものでなくなり、自分の個性の明確な表現ではもはやないのだと気づく。彼女の身体は彼女にとって未知のものになった。と同時に、彼女は他人から一つのモノとして捕らえられるようになったのである。通りで、人は彼女を目で追い、その体つきをとやかく言う。彼女は見えなくなりたいと思う。肉体になることを恐れ、自分の肉体を見せることを恐れる。この嫌悪感《けんおかん》は多くの少女にあっては、痩《や》せたいという願望となって表われる。もはや食べるのもいやになる。それを強いられると、吐いてしまう。たえず自分の体重に気をつける。病的なほど内気になってしまう女の子たちもいる。客間に入ることも、通りに出ることも拷問《ごうもん》のようだ。ときには、そこから精神病にまで進む。典型的なのが次の病例で、『強迫観念と精神衰弱』のなかでピエール・ジャネ[*1]はナディアと呼ばれる患者について書いている。

ナディアは裕福な家庭の娘でとても聡明《そうめい》だった。洗練されていて芸術家タイプ、とりわけすばらしい音楽愛好家であった。だが、子どもの頃から、頑固で癇癪《かんしゃく》もちだった。「彼女は愛されることにすごく執着していて、両親、姉妹、使用人など誰に対しても熱烈な愛を要求した。しかし、少しでも愛情を手に入れると、すぐに無理難題を言い、あまりに傍若無人なので、人はたちまち離れていった。彼女の性格がどうにかならないかと思っていた従兄弟《いとこ》たちがからかって言ったことが、恐ろしいほど敏感な彼女に羞恥心を与えてしまい、恥ずかしさの対象が彼女の身体に局部化されてしまったのだ」。また、愛されたいという欲求は子どものままでいたい、可愛がってもらえて、なんでもわがままの言える小さな女の子でずっといたい、という願望を生じさせた。要するに、この欲求は大人になることに対する恐れを彼女に抱かせたのである……思春期の早い訪れは、羞恥心の恐怖と大人になることへの恐怖がない交ぜになって、とくに事態を悪化させることになった。「男は太った女が好きだから、私はずっとすごく痩せたままでいたい」。恥毛や胸の発達の恐怖が前出の恐れに加わった。十一歳になると短いスカートをはくようになったので、みんなにみられているような気がした。それで長いスカートをはかせてもらったが、足や腰などに恥ずかしさを感じていた。初潮の訪れで彼女は半狂乱になった。恥毛が生えはじめたとき、「こんな醜悪なものをもっているのは世界で私一人だ」と確信した。そして二十歳まで「こんな野蛮な飾りは消そうと」脱毛に精を出した。肥満にはずっと嫌悪感をもっていたので、胸の発達はこれらの妄想をいっそうひどくした。他人の肥満は別にいやではなかったが、自分となると大きな欠陥に思われた。「きれいになりたいわけではないのです。もしむくんだらと思うと恥ずかしくて恥ずかしくてたまらないのです。不幸にして太ってしまったら、誰にも姿を見られる

＊1　一八五九－一九四七、フランスの精神医学者、異常心理学者。

ことのないようにします」。というわけで、彼女は太らないためのあらゆる手段を探しはじめた。自分のまわりにあらゆる用心を張りめぐらし、誓いで自分を縛り、おまじないをした。五回でも十回でもお祈りを繰り返します、片足で五回飛びますと誓うのだった。「同じ曲で、ピアノの弱音キーに四回当たったら、大きくなることと、もう誰からも愛されないことを受け入れます」。彼女はついに食べないと決心した。「私は太ることも、大きくなることも、大人の女のようになることも望みません。なぜなら、いつまでも小さな女の子のままでいたいからです」。彼女は食べ物は一切受けつけないとおごそかに誓った。母親の懇願に譲歩して、彼女はこの誓いを破る。しかし、それからは、ひざまずいて宣誓書を書いては破って何時間も過ごす彼女の姿が見られた。十八歳で突然母親が亡《な》くなってからは、彼女は次のような節食を自分に課した。コンソメスープ二皿、卵黄一個、酢大匙《おおさじ》一杯、一個分のレモン汁入り紅茶一杯、これが彼女が一日に食べるすべてである。空腹が彼女をむしばむ。「私はお腹が空《す》きすぎて、ときには何時間も食べ物のことばかり考えて過ごしました。猛然と食べたくなって、唾《つば》を飲みこみ、ハンカチをもぐもぐ噛《か》み、床を転げまわりました」。だが、誘惑に負けなかった。どれほど彼女がきれいでも、彼女は自分の顔はむくんでいて、吹き出物が一杯出ていると言い張った。医者がそんなものは見えないと主張しても、彼女は彼には何もわからない、「皮膚と肉の間にある吹き出物に気づかないのだ」と言うのだった。彼女はとうとう家族と別れて、小さなアパートに閉じこもり、看護人と医者にしか会わなくなってしまった。まったく外に出ず、父親の訪問もしぶしぶ受け入れるだけであった。父親がある日彼女に顔色がいいと言ったことから、症状がひどくぶり返してしまった。彼女は自分の顔はまるまる太っていて、顔色はつやつやと輝き、筋肉はたくましいのではないかと恐れていたからだ。彼女はほとんどいつも暗がりのなかで暮らしていた。それほど彼女にとって見られる、つまり、目に見えるということは耐えがたいことだったのだ。

両親の態度が容姿に対する羞恥心を娘にたたきこむ原因となることはきわめて多い。ある女性が次のように打ち明けている。*1

私は家でしょっちゅう批評されるのがもとで、身体的劣等感に悩んでいました……母は極端に虚栄心の強い人で、私がつねに特別目立って見えることを望みました。私の欠点である肩、腰の張りすぎ、ぺっちゃんこのお尻や胸などを隠すために洋服屋にいつも山ほど細かい注文をつけました。何年間も首がむくんでいたため、首筋を見せることは許されませんでした……思春期のあいだ、とりわけ足がとても

＊1　〔原注〕シュテーケル『不感症の女』。

醜かったせいでいやな思いをしました。歩き方をとやかく言われ、私は苛立《いらだ》っていました……こうしたことにはたしかに当たっているものもありましたが、私はとても不幸になってしまったのです。とくに《backfisch》〔ドイツ語でおてんば娘〕であっただけよけいに不幸でした。ときにはすっかり臆病《おくびょう》になって、どうしてよいかまったくわからなくなってしまうことがありました。誰かに出会ったときまず頭に浮かぶのは、いつも「ああ、足だけでも隠せたら」ということでした。

この恥辱感が女の子の行動をぎこちないものにして、何事に対しても赤面させることになる。この赤面のせいでいっそう臆病になり、赤面そのものが恐怖心の対象となる。シュテーケルはとくにある女性をとりあげて語っている。*1 彼女は「若かった頃、病的なほどひどく赤面したので、一年間ほど歯が痛いのだと言って、顔のまわりに湿布用の包帯を巻いていた」。

ときとして、生理が始まる前の、前思春期と呼ばれる時期に、女の子がまだ自分の肉体に嫌悪を感じていないことがある。彼女は女になることを誇りに思い、自分の胸の成熟を、満足感をもって見守る。ブラウスにパットの代わりにハンカチを詰めて、姉たちに自慢して見せる。彼女はまだ自分のなかに生じている現象の意味をとらえてはいない。初潮の訪れが彼女にその意味を明らかにし、恥ずかしいという感情が表われる。それ以前にすでに羞恥心が存在する場合でも、この時期にそれが確立し、顕著になるのである。

すべての証言は次の点で一致している。子どもにとっては、事前に教えられていようがいまいが、この出来事は不快で屈辱的なものとして現われるのだ。しばしば母親が教えるのを怠ることもある。すでに述べたが、母親たちには娘に月経の秘密を明らかにするよりも、妊娠や出産、さらには性関係の秘密までも打ち明ける方が容易なのである。[*2] それは母親自身がこの女としての拘束を嫌悪しているからだ。この嫌悪感は男たちの古くからの得体の知れない恐怖心の反映であり、母親がこの嫌悪を娘たちに伝えるのである。女の子は自分の下着に怪しげなしみを見つけると、自分が下痢か致死的出血、または性病にかかったのだと思う。一八九六年、ハヴェロック・エリスが報告した調査によると、アメリカの「ハイ・スクール」の一二五人の生徒のうち、三六人が初潮を迎えたとき、それについて何も知らず、三九人は漠然とした知識しかもっていなかった。つまり半数以上が無知であったのだ。ヘレーネ・ドイッチュによれば、一九四六年でも事態はまったく変わっていなかったようである。ハヴェロック・エリスは「原因不明の病」に冒されたと思い込み、サン・トゥアンでセーヌに身を投げた少女のケースを引用している。シュテーケルも「ある母親への手紙」のなかで、月経の出血に魂を汚す不純のしるしと罰を見て、自殺しようとした女の子の話を語っている。少女が恐れるのは当然である。

＊1　〔原注〕シュテーケル『不感症の女』。
＊2　〔原注〕ヘレーネ・ドイッチュの『女性の心理』に引用されているデイリーとチャドウィックの研究を参照のこと。

自分の生命が自分から逃れていくように思えるのだ。メラニー・クライン[*1]とイギリス精神分析学派によると、少女の目に血は内臓器官の傷として映るのである。丁寧に教えられて、極端に激しい不安を感じないですむ場合でさえ、恥ずかしくて、自分を汚れていると感じる。洗面所に走って行って、汚れた下着を洗ったり隠したりする。この経験の典型的な話がコレット・オードリーの著書『思い出の瞳《ひとみ》に』に見られる。

こうした興奮のまっただなかで、激しい葛藤《かっとう》の幕は閉じた。ある晩、洋服を脱ぎながら、私は病気になったのだと思った。怖くはなかった。明日にはなんでもなくなるだろうと思って、何もしゃべらないでおいた……四週間後、その病気はぶり返し、もっとひどくなった。私はそっとパンツを浴室のドアの後ろの洗濯物入れのカゴに投げ入れに行った。すごく暑い日だったので、菱形《ひしがた》模様のタイルの床が足になまぬるかった。戻ってベッドに入ろうとしたところ、ママが部屋のドアを開けた。私にあのことを説明しに来たのだった。母の言葉がそのとき私のうちにどういう効果を引き起こしたかは思い出せないのだが、彼女が小声で話していると、カキが突然顔を出した。その好奇心に満ちた丸い顔を見ると、私はかっとなって、出て行けと叫んだ。彼女は怖《おそ》れをなして、出ていった。部屋に入る前にノックしなかったんだから、お願いだから彼女をたたいてくれと母に頼んだ……冷静でなんでも知っているやさしく幸せな母の様子を見て私はすっかりうろたえてしまった。母が行ってしまうと、私は暗澹《あんたん》とした気分に沈み込んだ。

二つの思い出が突然よみがえった。二、三ヵ月前、私たちはカキと一緒に散歩を終えて帰るところだった。ママと私たちはきこりのようにがっちりして白いあごひげをたっぷり蓄えたプリヴァの老医師に出会った。「お嬢さん大きくなられましたね、奥さん」と、私をじっと見ながら、彼は言った。即座に、私はなんだかわからないが彼が嫌いになった。その後しばらくして、パリから帰ってきたママは、小さな新しいナプキンをたんすにしまった。「それ、なあに?」と、カキが尋ねた。ママは、大人がよくする、真実のうち三つは隠したまま一つだけを明らかにして見せる時のそれらしいそぶりをした。「これはね、もうすぐコレットにいるのよ」。黙って一つも質問できないまま、私はママを憎んだ。

その夜、私はベッドのなかで何回も寝返りをうった。そんなことありっこない。目が覚めかかっていた。ママはまちがってたんだ。あれは過ぎてしまって、またやって来るなんてことはもうないわ……密《ひそ》かに変わり汚れてしまった私は、明日他人と向き合わなくてはならなかった。私は妹を嫌悪感をもって眺めた。彼女はまだ何も知らなかったし、自分で気づかないうちに突然私を圧倒する優越した存在になったからだった。次に、私は男たちを憎みはじめた。彼らはあのことをけっして経験

＊1　一八八二－一九六〇、イギリスの女性児童精神分析学者。

することはないのに知っているのだ。そしてしまいには、こんなにもおとなしく我慢している女たちをも嫌悪した。私に起っていることを彼女たちが知らされたら、みんなきっと喜ぶのだろうと確信した。「ほら、あなたの番が来たのよ」。彼女たちはこう考えるだろう。あの子もだわ、私も女の子を見ると、自分にそう言ったものだ。それからあの子もだわ。世界は私をうまく捕まえたのだ。私は不快感を抱きながら歩いた。走ろうという気にはなれなかった。大地や太陽で熱くなった緑や食べ物から変な匂《にお》いが吐き出されているような気がした……危機は去った。もうやって来ることはないだろうとあらゆる常識に逆らって再び期待しはじめた。一ヵ月後、明白な事実を認め、完全な呆然《ぼうぜん》自失のうちに今度はこの病気を決定的に受け入れなければならなくなった。それ以来、私の記憶のなかには「以前」ができてしまった。私の存在の残りの日々はもう「以後」でしかないのだった。

大部分の女の子にとって、事態は似たような経過をたどる。彼女たちの多くは周囲のものに自分の秘密を打ち明けるのをとてもいやがる。ある女友だちが話してくれたのだが、母親がいなくて、父親と女教師にはさまれて暮らしていた彼女は、生理が始まったことに気づいてもらえるまでの三ヵ月を、汚れた下着を隠して、恐れと恥ずかしさのなかで過ごしたのである。農家の女たちは動物の生命の最も過酷な側面を知っているので、何事にも動じないと思われているが、田舎では月経はまだタブーの性格をもつため、彼女たちでさえこの不運に嫌悪を抱いている。私が知っているある若い農婦は、言えない秘密を隠すために、冬中、凍りつくような小川で隠れて下着を洗い、それをまた濡《ぬ》れたまま肌にじかに着ていたのだ。似たような事実を百でも挙げることができるだろう。だが、この驚くべき不幸を告白しても、救いにはならない。「愚かものが！　おまえはまだ若すぎるよ」と言いながら、娘に乱暴に平手打ちをくわせる母親は恐らく例外ではあるだろう。しかし、不機嫌な顔をする母親はかなりいるのではないか。ほとんどの母親は子どもに十分な説明をしない。女の子は最初の月経のショックをきっかけに始まる新しい状態を前にして不安でいっぱいになる。彼女は別の苦痛に満ちた驚きが将来にまだ残されているのではないかと思ったりする。また、これからはただ男の前に立つだけで、または触るだけで妊娠するのではないかと想像する。そして、男に対して真の恐怖を感じる。わかるように説明して不安を取り除いても、そう簡単に彼女の心を平静にすることはできない。以前は、女の子は少し欺瞞《ぎまん》的だが、自分はまだ無性の存在だと思うことができた。自分のことを考えないでいることができた。ある朝起きたら、男に変わっていると夢想することさえあった。いま、母とおばが満足げな様子でひそひそ話をしている。「もうこれで、一人前の娘よ」。主婦連合の勝利だ。娘は彼女たちのものである。このようにして有無を言わせず女の側に数えられるのだ。女の子がそれを誇りに思うこともある。彼女は、自分はいよいよ大人になったのだ、自分の生活が一変するだろうと考える。たとえば、ティド・モニエは次のように語っている。

私たちの何人かは夏休みのあいだに「一人前の娘」になっていた。学校でなるものもいた。そうなると、彼女たちが自分の臣下を迎え入れる女王みたいに堂々と便座に座っている校庭のトイレに、私たちは一人ずつ「血を見に」行くのだった（『わたし』）。

しかし、女の子はまもなく幻滅する。なぜなら、彼女には何の特権も得られず、人生は相変わらずだということに気づくからだ。唯一《ゆいいつ》新しいのは、毎月繰り返される不潔な出来事だけである。自分はこういう運命を宣告されているのだと知って、何時間も泣く子もいる。彼女たちの憤《いきどお》りをいっそう激しいものにするのは、この恥ずかしい欠陥を男に知られているということだ。少なくとも女の屈辱的な条件は男には神秘のヴェールで覆《おお》われていてほしいと思う。でも、だめだ。父も兄弟も従兄弟も、男たちは知っているし、時には冗談の種にしたりする。女の子のうちにあまりにも肉体を感じさせる自分の身体への嫌悪感《けんおかん》が生じたりまたは増大するのは、まさにこういう時である。最初の驚きが去っても、だからといって、毎月の不愉快な思いが消えるわけではない。毎回、女の子は自分自身から立ち昇る、むっとする腐ったような臭《にお》い――沼地やしおれたスミレの匂い――を前にして、子どもの頃の擦り傷から出た血ほど赤くない、怪しげな血を前にして、同じ嫌悪を感じる。昼も夜も、着替えのこと、下着やシーツに気をつけること、多くの細々した不快で実際的問題の解決をいつも考えていなくてはならないのだ。節約に心掛けている家庭では、生理用ナプキンを毎月洗い、ハンカチの束の間に置く場所も決まっていた。となれば、洗濯女やお手伝い、母親、姉など洗濯をする人の手に自分から出たこれらの排泄物《はいせつぶつ》を委《ゆだ》ねなければならなかっただろう。薬局で売られている「カメリア」や「エーデルワイス」など花の名前のついた箱入りのナプキン類は使用後は捨てられるようになっている。しかし、旅行や保養、遠足に行った場合、便器にナプキン使用禁止と明記されていて、ナプキンの始末はそれほど容易ではない。『精神分析日記』の小さい主人公は生理用ナプキンに対する嫌悪を書いている。[*1]生理のときには姉の前でさえも、彼女は暗がりのなかでしか洋服を脱ごうとはしない。この面倒で邪魔な物体は激しい運動の最中にずれることがある。道の真ん中でパンツがずり落ちそうになるよりひどい屈辱だ。こんな恐ろしい予想が精神衰弱からくる奇癖を引き起こすこともある。一種の自然の悪意によって、出血の初めは気がつかないで過ぎるが、たいていその後に不快感や苦痛が始まる。若い娘には生理不順が多い。散歩の途中で、通りで、友だちの家で、突然生理になる恐れがある。シュヴルーズ夫人[*2]のように、洋服や座席を汚してしまう危険があるのだ。そうなる可能性に絶えず怯《おび》えながら暮らしている娘たちもいる。

*1　〔原注〕クララ・マルローによる仏訳より。
*2　〔原注〕フロンドの乱のあいだ、男に変装していたシュヴルーズ夫人は馬に乗って長時間、向こう見ずな戦いをした後、鞍《くら》の上の血のしみを見つけられ、正体を見破られてしまった。

若い娘は、この女の欠陥に強い反発を感じれば感じるほど、粗相《そそう》や内緒話の恐るべき屈辱に自分がさらされまいとして、ますます用心深くそれを意識せざるをえないのだ。

ここに、リープマン博士が若者のセクシュアリティに関する調査で得た一連の回答がある。*1

十六歳で初めて生理になったとき、朝、それを確かめながら、とても怖くなりました。実をいうと、いつかそうなることは知っていました。でも、とても恥ずかしくて半日いっぱい横になっていました。あれこれ聞かれても、「起きられないの」としか答えませんでした。

まだ完全に十二歳になっていませんでしたが、初めて生理になったとき、私は驚きのあまり口がきけませんでした。恐怖で呆然自失の状態でした。母は毎月あるものなのよと、そっけなく教えてくれただけでした。それで、私はこれはとても汚いものなのだと考えました。そして、男にはそれがないということを認めることができませんでした。

この出来事があって、母は私に教える決心をしたのです。もちろん月経のことも一緒にです。それで、私は二度目の失望を感じました。というのも、生理になるや、私は大喜びで寝ている母のところに走って行きました。「ママ、私、なったわ！」と叫びながら、彼女を起こしました。「起こしたのは、そのためなの」と、ママは答えただけでしたから。それにもかかわらず、このことは私の人生における本当に一大異変なのだと思いました。

そういうわけで、初めて生理になったとき、血が数分たっても止まらないことを確かめると、かつてないほどの強い恐怖を感じました。それでも、誰にも、母にも一言も言いませんでした。ちょうど十五歳になったばかりでした。それに、痛みはほんの少ししかありませんでした。一度だけあまりのひどい痛さに気を失ってしまい、自分の部屋の床に三時間あまりも倒れたままだったことがあります。でも、そのこともまた何も話しませんでした。

初めて生理になったのは、私が十三歳ぐらいの頃でした。クラスメートとはすでにその話をしていたので、私にも大人の仲間入りの番が回ってきたと得意に感じていました。かなりもったいぶって、体育の先生に今日は生理ですから授業は受けられませんと説明しました。

＊1　〔原注〕W・リープマン博士『青少年期とセクシュアリティ』参照。

私に教えてくれたのは母ではありません。私が生理になったのは十九歳になってからで、下着を汚してしまって、叱《しか》られるのがこわくて、それを畑に埋めに行きました。

十八歳になっていました。その年、初めて月経になりました。[*1] 私は何も教えられていませんでした……夜、激しい腹痛をともなったひどい出血があって、私は一時も休むことができませんでした。朝になるとすぐ、胸をどきどきさせて、母のところに走って行きました。そして、泣きながらどうしたらいいのか尋ねました。「もっとはやく気がついて、こんなにシーツやベッドを汚さないようにしなくちゃだめでしょう」。こう厳しく叱られただけでした。説明の代わりはこれだけだったのです。当然ですが、私はいったいどんな罪を犯したのかとあれこれ考え、恐ろしく不安になりました。

私はそれがどういうものかすでに知っていました。私はそれをじりじりしながら待っていたのです。というのも、これで母が子どもの作り方を私に教えてくれると思っていたからです。その日がやってきましたが、母は沈黙したままでした。それでも、私は喜びで一杯でした。「これでおまえも子どもができるね。おまえは一人前の女なんだよ」と、自分に言ったものでした。

この危機はまだ傷つきやすい年齢のときに起きる。男の子は十五、六歳で初めて思春期に達する。女の子が女に変わっていくのは十三から十四歳頃だ。しかし、ここから、男の子と女の子の経験の基本的な相違が生まれるのではない。この相違はまた、女の子の場合に不快な衝撃を与える生理現象にあるのでもない。思春期は男と女では根本的に違った意味をもっている。なぜなら、思春期が彼らに予告する未来が同じものではないからである。

たしかに、男の子もまた、思春期には自分の身体を厄介な存在と感じる。しかし、幼年時代から自分の男らしさに誇りをもっているため、それに向かって堂々と自己形成の時期を乗り越えていく。彼らは脚に生えた、自分たちを男にする毛を誇らしげに見せあう。これまでになく、彼らの性器は比較と挑戦の対象となる。大人になるということは変身することであるが、変身は彼らを怖気《おじけ》づかせる。多くの若者は自由の厳しさを知らされたとき、不安を感じる。だが、男の威信に行き着くことは喜びなのだ。反対に、女の子は、大人になるためには、女であることが彼女に課す限界のなかに閉じこもらなくてはならない。男の子は生えてくる体毛のなかに無限の約束を見て感嘆する。女の子は

＊1　〔原注〕ベルリンの貧しい家庭の少女のケース。

自分の運命を阻《はば》む「突然始まった出口のない深刻な事態」の前で呆然とする。ペニスは社会的状況から特権的価値を引き出す。同じように、この社会的状況が月経を呪《のろ》われたものにするのである。女であることを象徴し、月経は女であることを象徴している。女であるしるしが恥ずべきこととして迎えられるのは、女であることが他者性と劣等性を意味するからである。女の子の人生はつねに女の子にとってそうした何か漠然とした本質によって決定されるものとして現われる。ペニスの不在はこの本質を具体的に示すものではない。股間《こかん》から流れ出る赤い血のなかに現われるのがこの本質なのだ。すでに、彼女が自分の条件を引き受けていた場合には、喜びをもって月経を受け入れる。月経になると……「さあ、これでおまえも一人前の女だね」と。この条件をつねに拒否してきた場合には、血というかたちで示される評決が彼女を打ちのめす。たいていの場合、女の子は躊躇《ちゅうちょ》する。だが、月々の汚れは彼女を嫌悪と恐怖に向かわせる。「女である、というあの言葉が意味するのはこれなんだわ！」。これまで漠然と外部から彼女にのしかかっていた運命、それがいま彼女のお腹《なか》のなかに潜んでいる。逃れる方法はない。追い詰められたように感じる。性の平等な社会では、女の子は月経を大人の生活に入るための女の子に特有な手段としか考えないだろう。男でも女でも、人間の身体はもっと不快な他のさまざまな束縛を経験している。しかし、人はそれに容易に順応する。なぜなら、そうした束縛はみなに共通していて、誰もそれが重大な欠陥を示すとは思わないからである。月経が若い娘に嫌悪感を引き起こすのは、それが彼女を去勢されたものと劣ったもののカテゴリーのなかに追いやるからである。この失墜感は彼女に重くのしかかることになる。人間であるという自尊心を失わなかったならば、彼女は出血する自分の身体に誇りをもち続けただろう。そして、彼女がその自尊心をもち続けることができたら、自分の身体に対する屈辱感は和らぐだろう。スポーツ、社会、学問、宗教の諸活動をとおして超越への道を切り開く若い女は、去勢されていること〔ペニスがないこと〕を自分を特徴づけるものと見なさないだろう。彼女はそれをたやすく克服する。この時期にこれほどしばしば若い娘が精神病を発現するのは、想像を絶する試練を彼女に強いる目に見えない運命を前にして、自分がまったく無防備だと感じるからである。自分が女であることは、彼女の目には病気、苦痛、死を意味し、この運命に彼女は身がすくむのだ。

こうした不安をわかりやすく説明している事例がある。H・ドイッチュがモリーという名で記述した患者の例である。

モリーが精神の変調に苦しみ始めたのは、十四歳の時だった。彼女は子どもが五人いる家庭の四番目の子であった。父親は非常に厳しく、食事のたびに娘たちにやかましかった。母親は不幸せだった。両親のあいだに会話がないのはしょっちゅうであった。兄弟の一人は家を出てしまっていた。モリーは才能豊かな子で、タップダンスがうまかった。内気で、家庭の雰囲気をつらく感じていた。彼女は男の子に恐怖心を抱いていた。姉は母親の反対を押し切って結婚した。モリーは姉の妊娠に強い興味をもった。姉は難産で鉗子《かんし》を使わなければならなかった。彼女はお産の一部始終を知り、女は産褥《さんじょく》で死ぬことがよくあると聞いて、とてもショックを受けた。彼女は二ヵ月間、乳児の世話をした。姉が家を出るとき、ひどいけんかがあり、母親が気絶した。モリーも気を失った。彼女は教室でクラスメートが気を失うのを見たことがあった。死や気絶の観念が頭にこびりついてしまった。初潮を迎えたとき、母親に気まずそうに言った。「あれが来たわ」。そして、姉とナプキンを買いに行った。通りで、一人の男に会い、彼女は顔を伏せた。一般的な仕方で、自分自身に対する嫌悪感を表わしたのである。生理期間中痛みはなかった。いつも彼女は母親にそれを隠そうとした。ある時、母親はシーツのしみを見つけて、生理なのかと尋ねた。そうだったのだが、彼女は否定した。ある日、姉に言った。「もう、なんでもできるのよ。子どもを産むことだってできるわ」。「それには男の人と暮らさなくてはね」と、姉が言った。「だって、私は二人の男の人と暮らしてるわ。パパとお姉ちゃんの旦那《だんな》さんよ」

父親は、レイプを恐れて、娘たちだけで夜外出することを許さなかった。こうした心配は、男というものは恐ろしい存在なのだというモリーの考えを助長することになった。初潮を迎えてから、妊娠することへの恐怖、お産で死ぬことへの恐怖が非常に激しくなり、部屋から出るのを次第に拒むようになった。一日中ベッドにいたいと望むようにさえなった。無理に外に出そうとすると、心配のあまり、ひどい発作を起こした。家から離れなくてはならなくなると、発作に襲われ、気絶した。自動車やタクシーが怖く、もう眠ることもできなくなった。夜に泥棒が家に入ってくると信じ、わめき、泣いた。食欲異常があり、ときどき気絶を防ぐためといってめちゃくちゃに食べ過ぎてしまった。また、閉じ込められたと感じたときには、怖がった。もはや学校にも行けず、通常の生活を営むこともできなくなった。

同じような話がある。月経の発作に関わる話ではないが、ここには少女が自分の内部に対して感じる不安が現われている。ナンシーの話だ。[*1]

その女の子は十三歳頃、姉ととても仲がよかった。姉が内緒で婚約、結婚したとき、その秘密を打ち明けられて、彼女は得意になった。大人の秘密を分かち合うことは、大人として認められることである。彼女は姉の家でしばらく暮らした。しかし、赤ちゃんを「買う」つもりだと聞かされて、ナンシーは義理の兄とこれから生まれる子どもに嫉妬《しっと》を感じた。また大人につまらない隠し立てをされる子どもの扱いに戻るのは我慢できないことだった。彼女は内臓に異常を感じはじめ、盲腸の手

＊1　〔原注〕ヘレーネ・ドイッチュ『女性の心理』からの再度の引用。

術を受けたいと言い出した。手術は成功したが、病院に入院しているあいだナンシーはひどい興奮状態にあった。嫌っていた看護婦と激しい言い争いをした。彼女は医者を誘惑しようとし、デートに誘い、挑発的態度をとり、神経発作を起こして、女として自分を扱うように要求した。数年前の弟の死は自分の責任だと自分を責めた。とくに、盲腸はまだとられていなくて、胃のなかにはメスが置き忘れられていると思い込んでいた。ペニー銅貨を飲み込んでしまったという嘘《うそ》を口実にして、レントゲン写真をとってくれと要求した。

手術願望――とくに盲腸切除願望――はこの年頃によく見られる。こんなふうに女の子はレイプ、妊娠、出産に対する恐怖を表わすのだ。お腹のなかに何か漠然とした脅威を感じて、自分たちを狙《ねら》っている得体の知れない危険から外科医が救い出してくれるのを期待するのである。

女の子に女の運命を告げるのは月経の始まりばかりではない。他のよくわからない現象が彼女のうちに生じる。それまでは、女の子の官能性はクリトリスにあった。オナニーは女の子にあっては男の子ほど一般的ではないのかどうか、それを知るのはむずかしい。最初の二年間、たぶん生後数ヵ月ぐらいで彼女はそれを行なうようになる。二歳ぐらいになるとやめて、ずっと後になってまた再び始めるようだ。その身体構造からして、男の肉体に植えられた陰茎の方が隠れた粘膜よりも自慰を誘う。しかし、子どもは体操器具や木によじ登ったり自転車にまたがったりすることから、衣服の接触や遊びで偶然こすることがあったり、また、クラスメートや年上の子や大人から教えてもらったりして、こうした感覚を発見し、しばしばそれをまたよみがえらせようと努める。いずれにせよ、快感は、それが達成されたときには、自律的感覚である。なぜなら、それは子どものあらゆる気晴らしがもつ軽さと無邪気さを備えているからだ。[*1] 彼女はこうした性的快感と自分の女としての運命をまったく関連づけなかった。男の子との性的関係は、それがあったとしたら、大部分は好奇心に基づくものだ。そしていま、彼女はこれまで経験したことのないあやしい興奮が肉体を貫くのを感じる。性感帯の感受性が発達する。女には性感帯が多くあるので、体全体が性感帯と考えることもできる。家族の愛撫《あいぶ》や無邪気なキス、洋服屋や医者、美容師の何気なく触れる手、髪の毛やうなじにかけられる親しげな手が彼女にそれを教える。彼女は男の子や女の子との遊びや対立関係のなかで、さらに深い興奮をおぼえて、しばしばみずからそれを追い求める。それで、ジルベルトはシャンゼリゼでプルーストと争った。[*2] また、女の子はダンスのパートナーの腕のなか

＊1　〔原注〕これはもちろん、両親の直接的、間接的介入や宗教的ためらいが入り込むことで、罪の意識を作ってしまうという非常に多くあるケースを除いてである。「悪い習慣」から解放するという名目で、子どもがよく受けるお仕置のうち、ぞっとするような例が巻末にあげられている。

＊2　マルセル・プルースト『失われた時を求めて』第一篇「スワン家のほうへ」の第三部で、スワン家の娘、ジルベルトがシャンゼリゼ公園で、話者〔プルースト〕の女友だちとなる場面。話者の心に初恋が芽ばえる。

や母親の天真爛漫《らんまん》な眼差《まなざ》しに奇妙なけだるさをおぼえるのだ。それに、箱入り娘ですらもっと明確な経験にさらされる。「申し分のない」階層では、これらの嘆かわしい出来事に人々は申し合わせたように口をつぐむ。しかし、祖父、父親とまでは言わないにしても、家族の友人やおじ、従兄弟《いとこ》などのある種の愛撫は、母親が思っているよりはるかに有害である。先生、司祭、医者があつかましかったり、無遠慮だったりする。こういう経験を綴《つづ》った話が、ヴィオレット・ルデュック〔現代フランスの女性作家〕の『窒息』とS・ド・テルヴァーニュ〔現代フランスの作家〕の『母の憎しみ』、ヤシュ・ゴークレールの『青いオレンジ』に見出せる。シュテーケルはとくに祖父がしばしば危険であると見ている(『不感症の女』)。

私は十五歳でした。お葬式の前日、祖父が家に泊まりに来ていました。翌朝、母はもう起きていました。一緒に遊びたいからベッドに入ってもいいかいと祖父は私に尋ねました。私は何も答えずに跳び起きました……男を怖いと思うようになりました。と、このようにある女性は語っている。

もう一人の若い女性は八歳か十歳のころ、七十歳の老人である祖父に性器をいじられたときに受けた深刻なショックを思い出す。彼は膝《ひざ》の上に彼女を抱き、膣《ちつ》に指をすべりこませた。子どもはとてつもない苦痛を感じたが、けっしてそのことをしゃべらなかった。その時から、彼女は性に関するすべてに非常な恐怖心を抱くようになった。

これらの出来事は女の子に恥辱感を抱かせるために、語られることなく過ぎてしまうのが普通である。しかも、両親に打ち明けたとしても、しばしば、彼女を叱るという反応しか返ってこない。「ばかなことを言うんでない……いやな子だね」。彼女はまた見知らぬ人たちの奇妙な行動についても口をつぐんでいる。ある少女はリープマン博士に次のように語った。[*1]

私たちは靴屋の地下に一部屋間借りしていました。家主は一人のとき、しばしば、私を探しにやってきては、腕に抱き、前後にこまかく体を揺すりながら、それはとても長いキスをしました。おまけに彼のキスは軽いものではありませんでした。口の中に舌を突っ込んでくるのです。こんなことをするので、私は彼が嫌でたまりませんでした。でも、とても怖かったので、私は一言も漏らしませんでした。

大胆なクラスメートや不品行な女友だちのほかにも、映画館で女の子の膝に擦り寄っ

＊1　〔原注〕リープマン『青少年期とセクシュアリティ』。

てきた膝もあれば、夜、電車のなかで脚をなでた手もある。通りがかりににやにや冷やかす若い連中もいれば、通りで後をつけてくる男もいる。抱きしめてきたり、見えないようにさっと触れてくることもある。彼女たちはこれらの突然の出来事の意味がわからない。十五歳の頭のなかでしばしば奇妙な混乱が起きる。理論的な知識と具体的な経験とが一致しないからである。ある女性はうずきと欲望の痛みのすべてをすでに経験ずみなのにもかかわらず、フランシス・ジャム[*1]が作り上げたクララ・デルブーズのように、母親になるには男のキスだけで足りると思っている。また、ある女性は生殖器の解剖学的構造について、正確な知識をもっているにもかかわらず、ダンスの相手が彼女を強く抱きしめたとき感じたうずきを頭痛と取り違えた。たしかに今日では、若い娘たちはかつてよりずっといろいろな情報を与えられている。しかしながら、思春期になっても性器に排尿以外の使い道があることを知らない娘が一人ならずいると断言する精神科医もいる。[*2]いずれにせよ、彼女たちは性的興奮と性器の存在とのあいだを関連づけることがほとんどないのだ。なぜなら、男の勃起《ぼっき》のようにこの相関関係を明らかにしてくれるような明確なしるしが何もないからである。男や愛に対するロマンチックな夢と示される生々しい事実とのあいだにこれほどの断絶があるために、彼女たちはそこに何の統合も作り出せないでいる。ティド・モニエは男の体がどんな構造をしているのか確かめて、友だちに話す約束をしたと語っている。

私はわざと父の部屋にノックをせずに入って、こう言ってみたのです。「あれは、もも肉を食べる時の骨につける柄に似ているわ。巻物みたいで、丸いものがくっついてるの」。説明するのは困難でした。そこで絵を描いてみました。三枚も描きました。そして、友だちがそれぞれ下着に自分用に隠してもち帰り、ときどきそれを見てはぷっと吹き出したり、物思いにふけったりしたのです……私たちのような無邪気な少女に、どうして、感傷的な歌や美しくてロマンチックな物語とこの物体とを関連づけることなどできるでしょうか。物語のなかでは、愛は完全なる尊敬であり、はじらい、ため息、手へのキスであって、そんな物体は男にないかのように純化されてしまっているのですから。(『わたし』)

それでも、読書、会話、目にした光景、小耳にはさんだ言葉をとおして、女の子は自分の肉体のうずきに意味を与える。彼女は呼びかけ、欲望する。熱、戦慄《せんりつ》、汗ばみ、はっきりしない不調のなかで、彼女の肉体は新しい不安な側面をもつ。若い男が自分の性愛の傾向を主張するのは、自分が男であることを喜んで受け入れるからである。男にあっては性的欲望は攻撃的、捕捉《ほそく》的である。彼はそこに自分の主体性と超越性の確立を見る。彼は自分のクラスメートにその欲望を誇る。彼の性器は彼にとって依然として官能

＊1　一八六八－一九三八、フランスの詩人。
＊2　〔原注〕ヘレーネ・ドイッチュ『女性の心理』。

のうずきだが、彼はそれを自慢に思う。彼を雌の方に投げ出す衝動と世界に投げ出す衝動とは同じ性質のものであり、彼もまたそこに自己を認める。反対に、女の子の性生活はつねに闇《やみ》に隠されていた。彼女の官能性に変化が現われ、それが肉体全体に広がってくると、その秘密は悩みとなる。彼女はうずきをまるで性病のように耐え忍ぶ。それは能動的ではなく、一つの状態である。彼女は、どんな自主的決断をもってしても、想像のなかでさえ、それから自分を解き放つことはできない。捕え、弄《もてあそ》び、犯すことを空想しない。彼女は待ち受けるものであり、呼び寄せるものであるからだ。彼女は自分を依存的なものと感じる。疎外《そがい》された肉体のなかにあって、自分が危険な状態にあると感じる。

なぜなら、彼女の漠然たる希望、幸せな受動性の夢が、自分の肉体は他人のためのものであることをはっきりと彼女に示すからだ。彼女は自分の内在性においてしか性体験をもちたいと思わない。彼女が呼び求めるものは、もう一つの肉体の手や口との接触であって、手や口や見知らぬ肉体ではない。彼女は自分の相手の姿《イメージ》を陰のなかに置いておくか、または理想のもやのなかに沈める。しかし、その存在が自分につきまとうのをどうすることもできない。男に対する彼女の若者らしい恐怖や衝動はかつてないほどあいまいで、だからこそいっそう不安な性格をおびていた。以前は、そうした恐怖や衝動は子どもの体《オルガニスム》と大人になる未来とのあいだの深い亀裂《きれつ》から生まれていた。しかしいまは、それらの原因は若い娘が自分の肉体に感じるこうした複雑さそのものにあるのだ。

彼女は自分が所有される運命にあるのは、自分がそれを願ったからだと理解する。それで、彼女は自分の欲望に抵抗する。彼女は自ら同意して獲物になった恥ずべき受動性を望むと同時にひどく恐れる。男の前で裸になることを考えると、不安で気が動転する。しかし同時に、そうなれば男の視線にどうしようもなく自分がさらされるだろうと予感する。捕らえ、触れる手は視線よりももっと威圧的な存在だ。手は彼女をいっそう脅《おびや》かす。だが、肉体の所有の最も明白で憎むべき象徴は男性器による貫通である。若い娘が憎むのは、自分自身と一体であるこの肉体に、革に穴を開けるように穴を開けられること、また、布を引き裂くように肉体を引き裂かれることなのだ。とはいえ、それに伴う傷や痛み以上に若い娘が拒否するのは、傷や痛みが押しつけられたものであるということだ。「男によって貫通されるという考えにはぞっとする」と、かつてある少女が私に言った。男根への恐怖が男に対する嫌悪感《けんおかん》を生み出すのではない。だが、その恐怖は嫌悪感の確証であり、象徴である。貫通の観念は、もっと一般的な形で内部に猥褻《わいせつ》で侮辱的感覚をもち込む。その代わりに恐怖がそのきわめて重要な要素となるのである。

若い娘の不安は悪夢となって彼女を悩まし、幻覚となってつきまとう。レイプされるという考えが、多くの場合強迫観念となるのは、彼女が自分のうちに知らぬ間に忍び込む迎合に気づくときである。強迫観念は多少とも明瞭《めいりよう》な多くの象徴をとおして夢や行動に現われてくる。少女はいかがわしい目的で潜んでいる泥棒を見つけるのが怖くて、寝る前に部屋を調べまわる。家に強盗が入った音を聞いたような気がする。窓からナイフをもった押し込み強盗が入ってきて、そのナイフが彼女の体を貫通する。程度の差はあれ、男たちは彼女に恐怖心を与える。彼女は父親に対してある種の嫌悪をもち始める。タバコの匂《にお》いがもう我慢できない。彼の後で浴室に入るのもいやだ。父親を深く愛しているとしても、この生理的衝動はよくあることだ。しばしば末娘に見られるように、まるで父親を憎んでいるかのように彼女は非常に苛立《いらだ》った表情をする。精神科医が若い女性患者にたびたび見出《みいだ》したと言う一つの空想がある。一人の年配の女の目の前で、彼女の同意のもとに、自分が男に犯されていると想像するのだ。彼女たちが自分の欲望に身を委《ゆだ》ねる許しを母親に象徴的に求めているのは明白である。なぜなら、彼女たちに最も重くのしかかる束縛の一つが偽善の束縛だからである。というのも女の子が「純粋」とか純潔に身を捧《ささ》げるのは、自分のうちや自分の周囲に生命や性の神秘的なうずきを見出すまさにその時だからだ。オコジョ〔イタチに似た小獣〕の冬毛のように純白で、水晶のように透明であるようにと、彼女は透けるオーガンジーの洋服を着せられ、部屋はドラジェ菓子の色の壁紙で飾られ、彼女が近づくと、人々は声をひそめる。みだらな本を読むことも禁じる。ところが、「忌《い》まわしい」欲望や映像を胸に秘めていないマリアの娘は一人としていない。彼女は親友にさえ、また自分自身にもそれを隠そうと努力する。彼女はこれからはそれを自分に禁止して、生き、考えるほかないのだ。自分自身に対する不信は彼女を陰険で不幸で病的な感じにする。そして、もっと後には、こうした抑制と闘うことはきわめてむずかしくなるだろう。しかし、なにもかも抑圧するにもかかわらず、彼女は言葉に尽くしがたい過《あやま》ちの重みで押し潰《つぶ》されそうな気がする。女に変身すること、それを恥辱感のみならず、後悔の念のなかで彼女は甘受するのである。

思春期は、女の子にとって、つらい混乱の時期であるということがよくわかる。彼女は子どものままでいたくはない。だが、大人の世界は恐ろしくかつ面倒なものに思われる。こうコレット・オードリーは語っている。

ですから、私は大きくなりたいと思っていました。でも、私が目にしていた大人の生活を送りたいと本気で思うことはまったくありませんでした……私のなかで大きくなりたいという意志が培《つちか》われていったのはこんなふうにしてでした。大人の条件をけっして引き受けず、両親や主婦や家庭的な女や家長とけっして連帯することなく、大人になりたいと思ったのです。

彼女は母親の束縛から解放されたいと思っている。しかし、また保護されたいという欲求も非常に強い。自分の良心に重荷となる過失、つまり、自慰行為、怪しげな友情、悪書を読むことは彼女にとってこの逃げ場を必要なものにするのだ。十五歳の少女が女友だちに書いた次の手紙は特徴的だ。[*1]

＊1　〔原注〕ヘレーネ・ドイッチュによる引用。

ママは私がX家での大舞踏会で長いドレスを着てほしいって思っているのよ。初めての長いドレスよ。私がいやがっているのでママは驚いているの。最後だから、私に短いピンクのドレスを着させてってお願いしたの。こわいの。もし私が長いドレスを着ると、ママは長い旅行に出掛けてしまって、いつ帰ってくるかわからないような気がするの。ばかみたいでしょう。それと、ときどきママはまるで私が小さな子みたいに、私のことを見るのよ。ああ！　もしママが知ったら！　私の手をベッドに縛りつけて、軽蔑《けいべつ》すると思うわ！

シュテーケルの著書『不感症の女』のなかに女の子ども時代に関する注目すべき資料がある。ウィーンのある《Süsse Mädel》〔可憐《かれん》な小娘〕が、二十一歳頃に書いた詳細な告白である。これはこれまでばらばらに検討してきたすべての時期の具体的な総括となっている。

五歳のとき、私は最初の遊び友だちにリシャールという六、七歳の男の子を選びました。私はいつも、どうやって、男の子とか女の子とか、子どもを見分けるのか知りたいと思っていました。イヤリングでよとか、鼻で見分けるのよとか言われていました……何か隠されているなという感じでしたが、その説明に満足していました。突然リシャールがおしっこをしたいと言いました……彼におまるを貸してあげることを思いつきました。彼の性器を見ると、私にとってはまったくびっくりするようなものだったので、大喜びで叫んでしまったのです。「あら、そこに、リシャール、何もっているの？　まあ、なんて可愛《かわい》い！　あらまあ、私も一つほしいわ」。と同時に、大胆にもそれに触ってしまいました……。二人はおばにその場を見つかり、それからはしっかり監視されることになる。九歳で、彼女は八歳と十歳の二人の男の子と結婚式ごっこやお医者さんごっこをする。みんなが彼女の生殖器に触り、ある日、男の子の一人がペニスで彼女に触れ、自分の両親も結婚したとき同じことをしたのだと言った。「私はかんかんに怒りました。やめてよ、とんでもないわ。そんな汚いことやったりしないわ！」。彼女は長いあいだこの遊びを続け、この二人の少年と、愛と性の深い友情関係をもつことになる。ある時、おばがそれを知って、ひどい騒ぎになり、少年院に入れると脅された。彼女は好きだったアルチュールに会えなくなり、とても苦しんだ。勉強をしなくなり、字の形も乱れ、目つきも悪くなる。彼女はワルターそしてフランソワと新しい友情関係を育《はぐく》みはじめる。

ワルターは私の思考と官能のすべてを占領してしまいました。書き取りノートの宿題をしながら、彼の前に立ったり座ったりして、スカートの下に手を入れて触らせてあげるようになりました……母がドアを開けると、彼は手を引っ込め、私はそのまま書き取りを続けていたのです。ついに私たちは、男と女のノーマルな関係をもちました。でも、私は彼に多くを許したわけではありません。私の膣に彼が挿入するとすぐに、誰かがいると言って、彼から自分の体を引き離しました……そのことが罪だなんて思いもしませんでした。

彼女の男の子との交際は終わった。残されているのは、女の子との友情関係だけである。

私は、大変育ちがよく教養のあるエミーに夢中になりました。一度、十二歳のときのクリスマスに、私たちはなかに自分たちの名前を彫り込んだ小さな金のハートを交換しました。私たちは「永遠の忠誠」を誓い合って、それを一種の婚約だと考えていました。私の知識はエミーによるところが大きいのです。彼女は私に性の問題について教えてくれました。私は第五級〔日本の中学二年〕のとき、子どもを運ぶコウノトリの話をすでに疑い始めていました。子どもはお腹《なか》から出てくると信じていましたし、出てくるためには切開しなくてはならないと思っていました。エミーが、とくにマスターベーションの話をしたときは、本当に驚きました。学校では、福音書の何節かが、性の問題について私たちの目を開いてくれました。たとえば、聖母マリアが聖女エリーザベトに会いに来たときの、「お腹のなかの子どもが喜んで飛びはねていた」とか、『聖書』のなかの他の好奇心を引くようなくだりとかです。私たちはそれらのくだりにアンダーラインを引きました。それが見つかって、学習態度の評価で悪い点をとってしまうところでした。彼女はまたシラーが『群盗』のなかで語っている「九ヵ月の思い出」を私に見せてくれました。エミーの父が転勤になり、私はまた一人になってしまいました。私たちは自分たちで作り出した秘密の言葉で手紙をやりとりしました。ひとりぼっちで、さみしくて、私はユダヤ人のヘデルという女の子を好きになりました。一度エミーにヘデルと学校から出てくるところを偶然見られてしまいました。彼女は嫉妬《しっと》から、私にけんかをふっかけてきました。私は商業学校に入学するまでヘデルと一緒でした。私たちは、将来義理の姉妹になることを夢に見ている親友でした。というのは、学生だった彼女のお兄さんの一人を、私は好きだったからです。彼に話しかけられると、混乱してばかな返事をしてしまうほどでした。夕暮れ、ヘデルのお兄さんがピアノを弾いているとき、彼女と小さな長椅子《ながいす》に座ってぴったり寄り添いながら、私はなぜだかわからないまま熱い涙を流していました。

ヘデルと友情を結ぶ前に、私は数週間ぐらい、エラとかいう貧乏人の娘と付き合いました。彼女はベッドの音で目が覚めて、両親が〝向かい合って〟いるところを見てしまったのです。父親が母親の上に横になると、母親は恐ろしいほどの叫び声をあげ、父親は「用心のために早く体を洗っておいで」と言ったのよと、私に教えに来ました。私はその父親の行動を気にするようになり、通りでは彼を避けるようにし、彼女の母にはとても同情をしました（それほど叫ぶのだから、よほど苦しかったに違いないと思っていましたから）。別のクラスメートとペニスの長さについて話したこともありました。十二センチから十五センチあると聞いたこともあります。被服の時間に、私たちは物差しをもって、スカートの上から問題のあの場所からお腹に沿って計ってみようとしました。当然、少なくともおへそのあたりまできましたので、結婚すると文字通り串刺《くしざ》しにされるのだと思い、恐ろしくなりました。彼女は雄犬と雌犬の交尾を見ている。「馬が道端でおしっこをしていると、目を離すことはできませんでした。ペニスの長さに驚いていたのだと思います」。彼女はハエを観察し、田舎では、動物を観察する。

十二歳のとき、ひどい扁桃腺炎《へんとうせん》にかかり、知り合いの医者に診てもらいました。ベッドのそばに座ると、突然毛布の下に手を入れ、ほとんど〝あの場所〟に触ってきたのです。私は「恥ずかしくないのですか！」と叫んで、飛び起きました。母が飛んで来ると、医者は大変気まずそうな様子で、無礼なお嬢さんですね、ちょっとふくらはぎをつねろうとしただけなのにと言いました。私は彼にあやまらせられたのです……ついに生理が始まり、父が血だらけの私のナプキンを見つけたときには、恐ろしい騒ぎになりました。なぜ、清潔な男である彼が「こんな汚《けが》れた女たちと暮らさなくてはならないのか」と。生理になって、なにか悪いことをしたような気がしました。

十五歳のとき、彼女は別の女友だちと〝家族の誰にも読まれないようにと速記で〟手紙のやりとりをするようになった。

私たちを魅了したものについて、書かなくてはならないことがたくさんありました。彼女はトイレの壁で見つけたたくさんの落書きを私に知らせてきました。私はその一つを覚えています。「愛の崇高な目的とは何か？　棒の先でくっつく二つのお尻《しり》さ」。私の想像のなかでは、愛はあれほど崇高なものだったのに、この落書きは愛の価値を糞便《ふんべん》にまで引きずり降ろしてしまった。だから、覚えていたんです。私はけっしてそこまでは行くまいと決心しました。若い娘を愛する男がそんなことを彼女に要求できるわけがありません。十五歳半で、私には弟ができました。ずっと一人っ子だったので、やきもちを焼きました。友だちはいつも弟の体がどうなっているか見てきてくれと言いました。でも、私は彼女が望むような情報を与えることが全然できませんでした。この時期、もう一人の女友だちが結婚式の夜のことをいろいろ話してくれました。その後、私は好奇心から結婚してみたいと考えるようになりました。ただ〝馬のようにあえぐ〟という彼女の描写が、私の美的感覚を傷つけました……私たちの仲間のうちで、愛する夫から服を脱がされ、ベッドに運んでもらうために、結婚したいと願わなかったものがいるでしょうか。それほど心引かれるものだったのです……。

これは正常なケースで病的ではないにもかかわらず、この子どもは例外的に「倒錯」的性質をもつと恐らく言われるのであろう。彼女は他の子ほど監視されていないだけである。「育ちのよい」若い娘たちの好奇心や欲望が行動に現われないからと言って、妄想や遊びのかたちでそれが存在していないとは言えない。私はかつて、非常に敬虔《けいけん》で面食らうほど純真な少女と知り合いになった。彼女は——母性と信心にすっかり浸った完全なる女性、となるのだが——ある夜、姉に震えながら、こう打ち明けた。「男の人の前で服を脱ぐのって、どんなにか、それはすばらしいのでしょうね！　ちょっと、私の夫になってみてちょうだい」。感動のあまり打ち震えながら、彼女は服を脱ぎ始めた。どんなに教育しようと、女の子が自分の肉体を意識したり、運命を夢見たりするのを妨げることはできない。せいぜいできるのは厳しく抑制することぐらいである。だがそれはその後の性生活全体に重くのしかかることになるだろう。望ましいのは、逆に、彼女が冷静に恥辱感を持たずに自分自身を受け入れるよう教えることである。

これで、思春期にどんな葛藤《かっとう》が若い娘を引き裂くのかがよくわかった。彼女は自分が女であることを受け入れずに、「大人の女」になることはできないのだ。彼女は、自分の性が去勢され固定された生を自分に宣告していることをすでに知っていた。そしていま、自分の性を不純な病気、漠然とした罪のかたちで見出している。若い娘の劣等感は、なによりもまず、不在としてとらえられた。ペニスの欠如は汚辱と過失とに変えられてしまったのだ。彼女は傷つけられ、恥辱感をもち、不安にさいなまれ、罪の意識にとらわれながら、未来に向かって歩み出すのである。

第二章　娘時代

女の子は、子ども時代を通じて束縛され、去勢されてきた。にもかかわらず、自分を自律した個人としてとらえてきた。両親や友人との関係のなかで、勉強と遊びのなかで、自分を超越的存在†として見出《みいだ》していた。将来受け身の存在になるだろうと思い描くだけだったのだ。だがひとたび思春期になってしまうと、将来は近づいて来るだけではない。肉体に根を下ろし、最も具体的な現実となる。つねにそうだったように、将来は逃れられない性質のものである。思春期の青年が大人の年齢に向かって積極的に進むのに対して、若い娘の方はこの予知できない新しい時代の始まりをうかがっている。すでにこの時代の策謀は張りめぐらされていて、時が彼女をそこへ導いていく。子どもであった過去からもう切り離されてしまった娘にとって、現在は過渡期としか思われない。そこにどのような納得のいく目標も見つけられない。だが、目前のさまざまな用事だけは見出している。多少とも偽りの姿で、彼女の青春は待つことに費やされる。娘は〈男〉を待っている。

たしかに、青年もまた女を夢に描き、求めている。だが、女は彼の人生の一つの要素にすぎないだろう。女は彼の運命のすべてを現わすものではないからだ。子どもの頃から女の子は、女として自分を実現したいと望んでいたにせよ、女であることの限界を乗り越えたいと望んでいたにせよ、自己の成就《じょうじゅ》と逃避を男に期待してきた。彼の顔はペルセウス〔ギリシア神話の英雄〕や聖ゲオルギウス*1のようにまばゆい。彼は解放者だ。金持ちにして権力者であり、幸福の鍵《かぎ》を握っている。おとぎ話の〈すてきな〉王子さまなのだ。彼に愛撫《あいぶ》されたら、母の膝《ひざ》で眠っていたときと同じように、〈生命〉の大きな流れに運ばれているような気持ちになるだろうと彼女は予感する。そのやさしい威厳に身を委《ゆだ》ねて、彼女は父の腕のなかで感じていたのと同じ安らぎを取り戻すだろう。そうして、抱擁と眼差《まなざ》しの魔術が彼女をふたたび偶像に固定するだろう。彼女はつねに男の優位を納得させられてきた。この男の威信は子どもじみた幻想ではなく、経済的および社会的基盤によって支えられている。男たちはまちがいなく世界の主人である。誰もが若い娘に男の家来になることが身のためであると言い聞かせる。両親は彼女にそうするよう勧め、父親は娘がかち取った成功を誇り、母親は恵まれた将来が約束されたと思う。友人たちは仲間のなかで男性の賛辞を最も多く集める女性をうらやみ、賞賛する。アメリカのカレッジでは、女子学生の優劣は掛けもちしている「デート」の数で評価される。結婚は名誉あるキャリアであるばかりか、他の多くのキャリアほど大変ではない。結婚だけが女に完全な社会的尊厳を獲得させ、愛人としての、また母としての性的な自己実現を可能にするからである。まさにこのようなかたちで、周囲の人々は娘の将来を思い描き、娘自身も自分の将来を思い描くのである。彼女にとって、夫――またはある場合には保護者――の獲得が最も大切な計画であるのは衆目の一致するところだ。男にとって、〈他者〉は女のうちに具体的姿をとって現われるように、女の目に、〈他者〉は男のうちに具体的姿をとって現われる。しかし、女にとって、この〈他者〉は本質的なものとして姿を現わし、女は男〔この〈他者〉〕に対して自分を非本質的なものとしてとらえる。娘は両親のいる家庭から、母の支配から解放されるだろう。だが、自分の未来を開くのは、能動的な征服によってではなく、新しい主人の腕のなかでふたたび受動的に従順になることによってである。

女の子がこのような自己放棄を甘受するのは、肉体的にも精神的にも男の子よりも劣るようになり、彼らと競えなくなるからだとしばしば言われてきた。つまり、むだな競争はあきらめて、自分の幸福を確実にしようと上層カーストの成員の一人にそれを委ねるのであると。実際は、その恭順は生まれつきの劣位からくるのではなく、逆に、恭順が女の子のすべての無能力を生むのである。恭順の原因は過去の少女時代、彼女を取り巻く社会、そしてまさに彼女に勧められる未来にあるのだ。

たしかに、思春期に娘の体形は変わる。身体は前よりも虚弱である。女の生殖器は傷

＊1　二七〇頃－三〇三頃、ローマの軍人。十四救難聖人の一人。ドラゴンを退治した伝説上の勇者。

つきやすく、その働きは微妙だ。不慣れでうっとうしい乳房は重い。激しい運動をするとき、乳房はその存在を思い出させる。一緒に揺れて、苦痛だ。この頃から、女の筋力、持久力、敏捷性《びんしょうせい》は男に劣るようになる。ホルモンの分泌《ぶんぴつ》がアンバランスなために、神経と血管運動が不安定になる。月経時の変化はつらい。頭痛、だるさ、下腹部の痛みで苦しくなったり、あるいは通常の活動ができなくなることさえある。これらの不調に精神的な動揺が加わる。神経質になり、いらいらして、毎月、半ば自分であって自分でないような状態で過ごすことがよくある。中枢《ちゆうすう》による神経系と交感神経系のコントロールは安定しなくなる。血液循環の不調やある種の自家中毒によって、身体は、壁となって女と世界を隔て、熱い霧となって女に重くのしかかり、その息をつまらせ、切り裂く。調子の悪い、受け身のこの肉体をとおして、全世界は耐えがたい重荷となる。苦痛に胸をふさがれて途方にくれた娘は、自分が他の人々にとってそれまでとは異なる存在であることから、自分自身にとっても自分でないような感じになる。統一性は解体し、瞬間はもはや結びあわされず、他人は抽象的な認知によらなければもう認知することもできない。鬱《うつ》病的妄想の場合と同様に、論理性が損われずそのまま残っていれば、それは器官の変調のなかでむき出しになる情動の存在をはっきり示すのに役立つだろう。以上の事実はきわめて重要である。しかし、女がこれらの事実に重要性を与えるか否《いな》かは、これらの事実をどのように意識するかにかかっている。

男の子たちが暴力とは何かを実際に学習し、攻撃性や権力への意志、挑戦への志向を発展させるのは十三歳頃である。まさにこの時期に女の子の方は乱暴な遊びをあきらめる。女の子は前と同じようにスポーツをすることはできる。しかし、専門化し人為的ルールに従わねばならないスポーツは、習慣的で自然な力を使うものとは違う。それは生活の外側にあって、敵味方入り乱れた乱闘やけんかの予期せぬエスカレートほど、世界や自分自身について肌で教えてはくれない。スポーツをする少女は、仲間をやっつけた少年が感じる勝ち誇った気持ちを体験することはけっしてない。そのうえ、多くの国々では、娘たちの大半がスポーツの訓練をまったく受けていない。もみ合いや激しいけんかが禁じられているので、彼女たちは自分の肉体に対して受け身の態度を取るしかない。乳児期におけるよりもはるかにきっぱりと、若い娘たちは自分に与えられた世界を越えて姿を現わすのを、他の人々より優れていると示すのをあきらめねばならない。つまり、娘たちには可能性の限界を探り、それに果敢に挑戦し、それを広げることが禁じられているのだ。とくに、若者にきわめて多い挑戦的態度は娘にはほとんど見られない。たしかに女どうしは比較し合う。しかし、挑戦はこのような受動的な比較とは別のものである。なぜなら、二つの自由は、世界に対する影響力をもち、その限界を押し広げたいと思っているかぎり、真っ向から対立するからである。仲間より高く登ること、降参させること、それは大地全体に対して自分の主権を主張することである。このような征服的な行動は娘には許されない。とりわけ、暴力は許されない。おそらく、大人の世界では、暴力は平時には大きな役割を果たすことはないだろう。とはいっても、暴力は大人の世界につきまとっている。暴力の可能性を背景に秘めた男の行動は数多くある。街角ではよくけんかが起こるが、たいていはおさまる。だが、男が自分の主権を確認するには、拳《こぶし》のなかに自己主張の意志を実感できれば十分なのだ。自分を客体にしようとする、あらゆる侮辱、あらゆる企てに逆らって、たたいたり、殴られる危険を冒すという有効な手だてが男にはある。他者によって超越されるままにならず、自分の主体性のなかに戻るのだ。暴力は男たちそれぞれが自分自身に、自分の情熱に、自分自身の意志に同意していることを示す真の試金石である。暴力を完全に否定することは、すべての客観的真実が断たれることであり、抽象的な主観性に閉じ込められることである。筋肉をとおさない怒りや反抗は想像上のものにとどまる。心の動きを大地のうえに刻めないというのは耐えがたい欲求不満である。

アメリカ合衆国の南部では、黒人が白人に対して暴力を用いることは絶対に不可能である。この禁止命令が神秘的な「黒人魂」を解く鍵である。白人社会のなかでの黒人の感じ方、白人社会に適応するために黒人がとる行動、黒人が求めている補償など、黒人の感じ方と行動の仕方のすべてが、黒人に強いられている受動性から説明される。ドイツ軍占領時代に、たとえ挑発された場合でも、ドイツ人兵士に対する乱暴な行動は慎もうと決心したフランス人たちは——(利己的な慎重さによるものにせよ、そうせざるをえなかったにせよ)——根底から覆《くつがえ》されてしまった世界における自分たちの状況に気づいたのだ。彼らの状況は、彼らを客体に変えてしまった他人によって左右されるものとなり、彼らの主体性はもはや自分を具体的に表現する手段をもたず、副次的現象でしかなかったからである。

このように、世界は、威圧的に自分自身を立証することが許される青年にとってと、感情を直接発揮できない若い娘にとってでは、まったく異なった様相をもっている。一方は、たえず世界を問題にし、いつでもあらかじめ与えられた条件に反抗することができ、だから条件を受け入れるときには自分が積極的にそれを認めたのだと感じる。他方は、世界を耐え忍ぶだけである。世界は彼女ぬきで決定され、その姿は不動である。このような身体的な無力さはより一般的な内気さとなって現われる。娘は自分の身体で確かめられなかった力を信じることができず、思い切って企てたり、反抗したり、考え出したりしないのだ。従順さや諦《あきら》めを運命づけられて、社会のなかですでに定められた位置を受け入れるしかない。物事の秩序をはじめからある条件と考える。ある女性は、思春期のあいだ執拗《しつよう》な自己欺瞞《ぎまん》によってずっと自分の身体的な弱さを否定していたと、私に語った。身体的な弱さを認めることは、たとえ知的領域や政治的領域においてすら、何かを企てる意欲と勇気をなくすことだったのだ。私が知っている娘は、少年のように育てられ、並はずれて強靭《きょうじん》で、自分のことを男と同じくらい強いと信じていた。彼女はとてもきれいだったにもかかわらず、毎月生理痛に苦しんでいたにもかかわらず、自分が女であることをまったく意識せず、ぶっきらぼうで活気にあふれ、少年のように主体的だった。彼女は少年のように大胆だった。たとえば、子どもや女性が乱暴されるのを見ると、町中でもためらうことなくげんこつを固めて割って入った。一、二の不幸な経験から、暴力は男の味方だと気づいた。自分の弱さのほどがわかったとき、自信の大部分は消えてしまった。それが変化の始まりで、彼女は女らしくなるように、受け身のまで自己実現するように、依存を受け入れるように仕向けられたのである。もはや自分の身体が信じられなくなること、それは自分自身への信頼を失うことである。どんな主体も自分の身体を自分を客観的に表現するものと見なしていることを理解するには、若者たちが自分の筋肉に認めている重要性を見ればよい。

若者の性的な衝動は、彼に自分の身体から引き出される自尊心を確認させるだけである。彼はそこに自分の超越と力のしるしを見出す。娘も自分の欲望を認めることができる。だが、たいていの場合、このような欲望には恥ずかしさがつきまとっている。身体全体が不快な影響をこうむる。まったく子どもだった彼女が自分の「内部」に対して抱いた不信感によって、月経の開始は疑わしい性格のものとなり、それが月経の開始を忌《い》まわしいものにする。月経のはじまりが引き起こす精神的態度こそが、月経の拘束をひどく困難《ハンデイキャップ》なものにするのである。一定期間自分にのしかかる脅威が彼女にはとても耐えがたく思われると、自分の不都合が知られたらどうしようという恐れから、遠出や気晴らしを諦めてしまうだろう。この不都合が抱かせる嫌悪感《けんおかん》が身体にも影響を及ぼし、その不調と苦痛を増大させる。

すでに述べたように、女性生理学の特徴の一つは、内分泌と神経調節が密接に関係している、つまり相互作用があることである。女の身体——とりわけ娘の身体——は、いわば精神生活とその生理学的実現とのあいだに距離がないという意味で「ヒステリックな」身体なのである。娘が思春期の変調を発見することによって引き起こされる精神的動揺が、この変調を大きくする。自分の体が疑わしいものに思われ、それを不安な気持ちで見張るので、病気のように見えてくる。すなわち、自分の体は病気なのだということになる。すでに述べたように、たしかに、この身体は弱い。そこに生じる文字どおり器官的な変調もある。しかし、産婦人科医は異口同音に患者の一〇人に九人は気で病んでいる、つまり、彼女たちの不調には生理学的実体がまったくないか、器官の変調それ自体が精神的態度によって引き起こされたものであると言っている。女の身体を苦しめるのは、ほとんどの場合、女であるという不安なのだ。

女の生物学的状況が女にとってハンディキャップになるのは、それをどのようにとらえるかによっていることがわかる。神経の虚弱さや血管運動の不安定も、それらが病的なものにならなければ、女がどのような職業に就くことも妨げない。男のあいだでも、体質は非常に多様なのだから。月に一日か二日の身体の不調はたとえつらくても障害物ではない。実際、多くの女がそれに順応している。とくに月一回の「不運」によっていっそう嫌な思いをしかねない女たち、たとえばスポーツ選手、旅行家、きつい仕事をしている女たちもそれに順応している。大部分の職業は女が出せる力以上の力を必要としていない。また、スポーツにおいてめざす目標は、身体的能力と無関係な成功ではなく、それぞれの身体にふさわしい完成を達成することである。フェザー級のチャンピオンにはヘビー級のチャンピオンと同じ価値があり、スキーの女性チャンピオンは彼女より速く滑る男性チャンピオンに劣るわけではない。両者は二つの異なるカテゴリーに属しているからである。自分にふさわしい達成に積極的に関心をもち、男と比較して自分にハンディキャップがあると感じることが最も少ないのは、まさに女性のスポーツ選手である。いずれにせよ、肉体的な弱さのせいで女は暴力の修業を体験できない。だが、もし、女が自分の身体をとおして自己主張ができ、別のやり方で世界のなかに登場できるならば、このような欠陥は容易に補われるだろう。泳ごうとも、尖峰《せんぽう》に登ろうとも、飛行機を操縦しようとも、自然の力と闘い、危険を冒し冒険を試みようとも、彼女は世界を前にして、私が語ってきたように弱気になったりはしないだろう。女にきわめてわずかな出口しか残しておかない状況全体においてこそ、こうした女の個別性は、直接的にではなく、子どものときから女の心に根をはってきた劣等コンプレックスを強固にするかたちで、その意味をもってくるのである。

　この劣等コンプレックスは女の知的完成にも重くのしかかっている。思春期が始まると、女の子は知的領域と芸術的領域で男の子に差をつけられるようになるとしばしば指摘されてきた。それには多くの理由がある。最もよく見られる理由の一つは、若い娘はその兄弟には与えられる周囲からの激励に出会うことがないというものだ。それどころか、人々は娘もまた一人の女であることを望み、彼女は職業上の責務と女であることに由来する責務を背負わなければならない。ある職業学校の女の校長は、この点に関して次のように指摘した。

娘は突然働いてお金を稼ぐ存在になる。彼女には、もはや家族とはまったく関係のない新しい望みがある。相当な努力を要することもかなり多い……夜、くたくたに疲れきり、頭は昼間の出来事がすべて入った詰め物のようになって、家族のもとに帰る……そこで、彼女はどのように迎えられるのだろうか。母親は彼女をすぐに使い走りにやる。終えなければならないやりかけの家事があるし、自分の洋服の手入れもしなければならない。彼女はずっと心から離れない自分の思いを自由にできない。自分を不幸だと思い、自分の状況と、家で果たすべき義務がなにもない兄弟の状況を比較して、憤慨する。[*1]

母親が学生や実習生である娘にためらいもなく強制する家事あるいは浮世の義理は、娘を過労状態に追いやる。戦時中に、私がセーヴル〔パリ南西部の町〕の女子高等師範学校の入学試験のための指導をしていた生徒たちが、学業のうえにさらに加わる家の用事に押しつぶされるのを見てきた。たとえば、一人の生徒は脊椎《せきつい》カリエスに、もう一人は

＊1　〔原注〕リープマン『青少年期とセクシュアリティ』からの引用。

髄膜炎になった。母親は――いずれ述べるが――娘の解放にひそかな敵意を抱き、程度の差はあれ故意に娘を束縛しようとする。少年が一人前の男になるためにする努力には敬意が払われ、すでに彼には大きな自由が認められている。娘は家にいるよう要求され、外出が監視される。娘が自分の娯楽や気晴らしを自分で手に入れることはけっして奨励されないのだ。女だけの長めの小旅行、徒歩や自転車旅行を計画したり、あるいはビリヤードやペタンク〔南仏起源の球技〕のようなゲームにふける女たちを見るのは稀《まれ》である。

教育からくる自主性の欠如に加えて、慣習が女の自立を困難にしている。女が街でうろついていたら、まじまじと見られ、男に声をかけられる。私が知っている娘たちは、けっして臆病《おくびょう》ではないが、自分たちだけでパリの街を散策しても楽しみを見出《みいだ》せない。たえず邪魔され、つねに警戒していなければならないからだ。彼女たちの楽しみはそれですべて台無しにされる。もし女子学生が、男子学生がやるように、集団で賑《にぎ》やかに坂道を下って行ったら、物笑いの種になる。大股《おおまた》で歩いたり、歌ったり、大声で話したり、ばか笑いしたり、リンゴを食べたりすることは挑発であり、彼女たちは侮辱されるか、付きまとわれるか、声をかけられるだろう。無頓着《むとんちゃく》は即座に無作法になる。女の義務であり、「育ちのよい娘」の第二の本性となっているこの自己抑制は、自発性を殺してしまう。生き生きしたありあまる活力は抑制される。その結果、緊張と倦怠《けんたい》が生じる。この倦怠は伝染しやすい。それで、娘たちはお互いにすぐに飽きて、自分たちの狭い関係に互いに執着しなくなる。そしてこれが、彼女たちにとって男の子と一緒にいることがあれほど必要となる理由の一つなのである。このように自己充足できないことから内気さが生じ、それは生活全般に広がり、勉強の面にさえはっきりと現われる。娘たちは輝かしい勝利は男に取っておかれると考え、あえて高望みはしない。すでに述べたように、十五歳の女の子は少年と自分を比べて、「男の子の方がいい」と言い切る。このような確信はやる気をなくさせ、怠惰と凡庸へと向かわせる。ある娘が――男に特別な尊敬の念などまったくもっていなかったのだが――ある男を卑怯《ひきょう》だと言ってなじった。その娘は、彼女自身もひどく意気地がないと指摘されると、愛想よく「まあ、女は別よ」と言ったのである。

このような敗北主義の根本的な理由は、若い娘が自分の将来に責任があると考えていないことと、自分の運命を左右するのは結局自分ではないのだから、自分に多くを要求してもむだだと思っていることにある。自分が男よりも劣っていることを知っているから男に身を捧《ささ》げるのではなく、男に捧げられているからこそ、自分は劣っているのだという考えを受け入れて、彼女は劣ったものになるのである。

というのも、男から見て若い娘が価値を得るのは、人間としての価値を増すためではなく、彼らの夢に合わせて自己形成をするからである。まだ世間知らずのときには、そのことを必ずしも理解しているわけではない。その結果、少年たちと同じような攻撃性を表に出すことがある。むき出しの権威や思い上がった率直さで彼らを支配しようと試みるが、このような態度によってほとんど確実に挫折《ざせつ》に導かれる。最も卑屈な者から最も傲慢《ごうまん》な者まで、娘たちはすべて、好かれるためには誇りを捨てなければならないことを知る。母親たちは娘たちに、これからは男の子を仲間として扱ってはならない、彼らに言い寄ってはならない、受け身の役割をあえて受け入れなさいと、厳しく言う。友情や好意をそれとなく示したいならば、細心の注意を払って、主導権をとっていると思われないようにしなければならない。男はおてんば娘も才女気どりも才女も好きではない。過度の大胆さや教養や知性、過度の個性は男をたじろがせる。たいていの小説では、ジョージ・エリオット[*1]が指摘しているように、男性的な性格の褐色の髪の女に勝つのは、金髪の愚かなヒロインである。また『フロス河の水車場』〔エリオットの小説〕で、〔主人公の〕マギーはこの役割を逆にしようとして失敗し、結局は死んでしまい、スティーブンと結婚するのは金髪のルーシーである。『モヒカン族の最後』[*2]では、主人公の心をとらえるのは生気のないアリスであって、気丈なクララではない。『若草物語』では、好感のもてるジョーはローリーにとっては幼友だちにすぎず、彼はつまらない巻き毛のエミイに愛を捧げる。女らしいとは、無力で、軽佻《けいちょう》浮薄で、受け身で、従順であると示すことである。少女は自分の身を守り、身なりを整えなければならないばかりか、自発性を抑え、その代わりに、年長の女たちが教えてくれるしとやかさと見せかけの魅力を身につけなければならないだろう。自己主張はすべて、女らしさと誘惑の機会を減少させるのだ。

若い男の人生への出発を比較的容易にするのは、人間としての使命と男としての使命が矛盾しないからである。すでに子ども時代がこの幸せな運命を予告していた。若い男が社会的な価値と同時に男性的な威信を獲得するのは、独立および自由として自分を実現することによってである。野心家は、ラスティニャック[*3]のように、金と名誉と女を一挙に得ようとする。彼は、女たちは権力があって有名な男をもてはやすと、繰り返し言っては自分を発奮させている。若い娘はどうかといえば、若い男とは逆に、文字どおりの人間としての条件と女としての使命とのあいだに分裂を抱えている。思春期が、女にとってきわめて困難で決定的な時期であるのはそのためである。それまでは自律した個人であったが、自分の主権をあきらめなければならないのだ。兄弟たちのように、彼女は過去と未来のあいだで、より深刻なかたちで引き裂かれるだけではない。さらに、主体、活動、自由であるという本来の要求と、他方の、受け身の客体として自己を受容するよう促す彼女の官能の傾向と社会の要求、とのあいだで葛藤《かっとう》が起きるのだ。若い娘は自発的に自分を本質的なものとして把握している。それでは、どのようにして彼女は非本質的なものになろうと決心するのだろうか。しかし、私が〈他者〉としてしか自己実現できないのなら、どのようにして自分の〈自我〉を捨てるのだろうか。これが身をさいなむジレンマであり、このジレンマに直面してこれから女になる娘は悪戦苦闘する。

＊1　一八一九―八〇、英国の女性作家。
＊2　アメリカの作家、クーパー（一七八九―一八五一）の小説。
＊3　バルザックの『人間喜劇』の登場人物。立身出世主義者の典型。

欲望から嫌悪へ、希望から恐怖へと揺れ、望んでいるものを拒絶しながら、子どもとしての自立の時期と女としての服従の時期のあいだで相変わらず宙づりになっている。つまり、この安定のなさが、思春期の終わり頃に、青い果実の酸《す》っぱい味を娘に教えるのである。

若い娘は、これまでにした選択に従って、非常にさまざまなやり方で、自分の状況に立ち向かう。将来の家庭の主婦である「小さな妻」はこの変身をたやすく甘受するかも知れない。しかしながらまた、「小さな母親」という自分の条件から権威への志向を引き出し、それが彼女を男の束縛に対する反抗へと導くこともありうる。彼女は、性愛の対象と召使いになるのではなく、母権制を築くこともできるのである。こうしたことは、非常に若くして重大な責任を引き受けた長女の場合にしばしば起きる。「おてんば娘――できそこないの少年」は、自分が女であることを発見して、ときには激しい失望感を味わい、そのまま同性愛に至ってしまうこともある。しかし、自立と暴力のなかで彼女が求めていたのは、世界を所有することであった。だから自分が女であることによってもつ力、母親としての経験、つまり自分の運命の一部をそっくり放棄することは望まないかもしれない。普通は、いくらかの抵抗を経て、娘は自分が女であることに同意する。すでに、子どもっぽい媚《こ》びを示す時期に、父親の前で、あるいは、性的な夢想のなかで、受け身でいることの魅力を知った。彼女はその力を発見する。自分の肉体に抱く羞恥心《しゅうちしん》に、やがて虚栄心が加わる。彼女の心をゆり動かしたあの手、彼女の心をかき乱したあの眼差（まなざ）し、それは訴えであり、祈りであった。娘には自分の身体が魔力をもっているように思われる。それは宝であり、武器である。それを誇りに思う。自律した子ども時代の数年間はたいてい消えている媚びが復活する。化粧を試みたり、髪を結ってみたりする。乳房を隠すかわりに、大きくするために寄せ合わせる。鏡のなかで微笑《ほほえ》みの練習をする。恋のときめきと魅力とは密接に関係しているので、性的な感覚が目覚めていない場合には例外なく、その主体には人に気に入られたいという願望がまったく見られない。

実験が示すところによれば、甲状腺《こうじょうせん》不全に苦しみ、したがって、感情が鈍磨した無愛想な患者が、甲状腺の抽出液の注射によって元気になっている。患者たちは笑い出し、陽気になったり、しなをつくるようになるのだ。大胆にも唯物論《ゆいぶつろん》的形而上学《けいじじょう》を信じ込んだ心理学者たちは、媚びは甲状腺によって分泌《ぶんぴつ》される「本能」であると明言してきた。しかし、このような漠然とした説明は、乳児期に関してと同様にここでも有効であるとは言えない。事実は、粘液質、貧血など器官上の欠陥の場合には必ず、身体は重荷として耐え忍ばれるということだ。自分にとって疎遠《そえん》で敵対的となった身体は何も望まず、何も約束しない。だが、身体がそのバランスと活力を取り戻すと、ただちに、主体は身体を自分のものと認め、身体をとおして他者へ向かって自己超越する。

若い娘にとって、性的な超越とは、獲物を手に入れるために、自分が獲物になることである。彼女は客体になり、自分を客体として把握する。驚きとともに自分の存在のこのような新しい面を発見する。それで、彼女には自分が二重化するように思われる。自分とぴったりと一致するのではなく、いまや彼女は自分の外部で存在し始める。このようにして、ロザモンド・レーマンの[*1]『ワルツへの招待』で、オリヴィアは鏡のなかに見知らぬ顔を発見する。それは突然彼女自身に向かい合って立つ彼女—客体である。そのことに、動揺を感じたが、それはすぐに消え去って、感動となった。

　しばらく前から、こんなふうに彼女が足の先から頭のてっぺんまで自分を見つめるときには、特別な感動が生じていた。思いがけない、めったにないかたちで、彼女は自分の前に見知らぬ女、新しい存在を見るということがあったのだ。

　それは二、三回繰り返して起きた。彼女は鏡のなかの自分を見つめ、自分を見ていた。でも、何が起きたのだろうか……今日、彼女が見たのはまったく別のものだった。それは暗くしかも同時に輝いてもいる神秘的な顔であり、動きと力に満ちあふれ、まるで電流が走り抜けたような長く豊かな髪だった。体は——ドレスのせいで——見事にほっそりとしているように思われた。ひきしまり、晴れやかで、しなやかであるとともに落ち着いている。つまりは生き生きしているのだ。目の前には肖像画のようなバラ色の服を着た若い娘がいた。鏡に映ったその部屋のすべてのものが、「これはあなたですよ……」とつぶやきながら、彼女を縁どり、描き出しているようであった。

オリヴィアを魅惑するのは約束であった。それを彼女は自分の子どもの頃の夢が認められるこの像、そして彼女自身でもあるこの像のなかに読みとったように思った。しかし、若い娘は、まるで別の娘の身体のように自分を驚嘆させるこの身体を肉体的存在として慈《いつく》しむ。彼女は自分自身を愛撫《あいぶ》する。肩の丸み、肘《ひじ》の内側をなで、胸、脚を見つめる。孤独な楽しみというのが夢想の言い訳になり、そうやって愛情をこめて自分を所有しようとする。青年の場合には、自己愛と所有すべき客体に向かって自己を投げだす性愛の衝動とのあいだに対立があるが、彼のナルシシズムは概して性的に成熟すると消え去る。それに対して、女は自分にとってと同様に恋人にとっても受け身の客体なので、その性愛には根源的なあいまいさがある。複合的な衝動のなかで、女は、男たちの賛辞をとおして、自分の肉体を賛美しようとする。この肉体は男たちのためにあるのだから。女は魅了するために美しくありたいと、あるいは自分が美しいことを確かめるために魅了しようとするのだと言えば、事は明快になるだろう。自分の部屋で独りきりになっているとき、客間で視線を引きつけようと試みるとき、彼女は男への欲望と自己愛とを分けることがないのだ。このような混乱はマリー・バシュキルツェフにはっきりと見られる。すでに述べたように、離乳が遅かったために、彼女は他のどの子どもよりもはげしく他人から見つめられたい、いい子だと思われたいと望むようになった。五歳のときか

＊1　一九〇一‐九〇、イギリスの女性作家。

ら思春期の終わりまで、彼女は自分の愛のすべてを自分の像《イメージ》に捧げ、自分の手、顔、優雅さを熱烈に賛美し、「私は私のヒロインです……」と書いた。彼女は、聴衆が驚嘆して見てくれるように、そして、その代わりに勝ち誇ったまなざしで彼らを見下すために、歌姫になりたいと思っていた。しかし、この「自閉症」は現実離れした夢となって現われる。十二歳から、彼女は恋をしている。それは愛されたいからであり、相手に抱かせたい熱愛のなかに自分が自分に捧げた熱愛の確認をひたすら求めたいからである。彼女は、恋しているH公爵《こうしゃく》が、一度も言葉をかわしたことがないにもかかわらず、自分の足元にひれ伏すのを夢みている。「あなたは私の輝きに目を奪われ、私を愛するでしょう……あなたは私がそうありたいと望むような女性にのみふさわしい方なのです」。これは私たちが『戦争と平和』のナターシャに見る両面感情《アンビヴァレンツ》*1と同じである。

　ママも私のことをわかっていない。ああ、まったく、私ってなんて頭がいいんだろう。「このナターシャは本当に魅力的だ」。自分のことを三人称で呼び、非常に男らしく立派な男性があたかもその驚きを口にしているかのように続けた。「彼女にはすべてがある、彼女のためにすべてがある。利発で、親切で、おまけにきれいで、器用だ。彼女は泳ぎ、乗馬を見事にこなし、歌もすばらしい。そう、すばらしく、と言っていい！」……

　その朝、彼女はこのような自己愛に、自分に対する賞賛に立ち戻っていた。これは彼女のいつもの精神状態だった。「なんてこのナターシャはすてきなんだ」と、彼女は男性三人称集合名詞で言った。「彼女は若くて、きれいで、声も美しく、誰にもいやな思いをさせない。だから、彼女をそっとしておいてあげよう！」

また、キャサリン・マンスフィールド[*2]も、ベリルという登場人物をとおして、ナルシシズムと女の運命の一つであるロマネスクな願望が緊密に混ざりあうさまを描いた。

食堂で、薪《まき》の火のちらちらする微光に照らされて、ベリルはクッションに座ってギターを弾いていた。彼女は自分のために弾き、小声で歌い、自分を見つめていた。火のほのかな光が靴の上で、ギターの真っ赤な胴の上で、そしてその白い指の上できらめいていた……「もし私が外にいて、窓ごしに家のなかを眺めたら、こんなふうな私を見て、とても感動するだろう」と夢想にふけっていた。彼女はずっと音を弱めて伴奏した。もはや歌うことはなく、聞いていた。「はじめて私が幼いあなたに会ったとき、ああ、あなたは本当にひとりぼっちだと思っていたのね。あなたは小さな足をして、クッションの上に座り、ギターを弾いていた。とんでもないわ、けっして忘れたりはしない……」。ベリルは顔を上げ、歌いはじめた。

＊1　同一の対象に対して相反する態度や感情をとること。
＊2　一八八八－一九二三、イギリスの女性短編作家。

月さえも疲れはてて。

しかし、誰かが扉を強くたたいた。女中が真っ赤な顔をのぞかせた……あーいやだ、彼女はこのばかな娘に我慢できないのだろう。薄暗い客間に逃げ込んで、部屋のなかを行ったり来たりしはじめた。ああ、彼女は苛立《いらだ》ち、落ち着きを失っていた。マントルピースの上には鏡が掛けられていた。両腕を支えにして、青白い自分の像を見つめた。なんと彼女は美しいのだろう。だがそれに気づく者は誰もいなかった、誰も……。ベリルは微笑み、それが本当に可愛《かわい》い微笑みだったので、また微笑んだ……。

(『前奏曲』)

このような自己崇拝が自分の肉体への熱愛となって現われるのは、なにも若い娘だけにかぎらないのだ。若い娘は自分のすべてを所有し、賞賛したいと望んでいる。それこそがこれらの〔出版を予想しない〕私的な日記をとおして追求される目的である。そこに彼女は自分の心情を進んで吐露するのだ。たとえば、マリー・バシュキルツェフの日記は有名であり、この種の日記の典型である。若い娘は、ついさっき自分の人形に話しかけていたように、自分の日記帳に話しかける。それは友だち、心の許せる友だちであり、あたかもそれが一人の人間であるかのように呼びかける。ページとページのあいだには、両親や仲間、教師に隠している真実が書き込まれる。そして、書き手は独りでうっとりとなる。ある十二歳の女の子は二十歳まで日記をつけたのだが、冒頭に次のように記した。

私は小さな日記帳
優しく、きれいで、口が堅い、
あなたの秘密はなんでも私に打ち明けて
私は小さな日記帳[*1]

娘たちのなかには、「私の死後にのみ読むこと」、あるいは「私の死後には焼却すること」などと書いておくものもいる。青春前期の女の子にあって発達する秘密への鋭い感覚は、秘密の重要性をいっそう大きくする。彼女は執拗《しつよう》に孤独のなかに閉じこもる。そして、自分では真の自己と思っているが、実際には想像上の人物でしかない隠れた自己を、周囲の人々に明かすまいとする。たとえば、トルストイのナターシャのように踊り子に、マリー・ルネリュがしたように聖女に、あるいは単に彼女自身というこの特別優れた女になったつもりになる。このようなヒロインと、彼女の両親や友人が彼女と認め

＊1　〔原注〕ドベス『思春期自立危機』からの引用。

る客観的な顔とのあいだには、つねに非常に大きな落差がある。だから、自分は理解されていないと思い込む。それで、自分自身との関係はより熱の入ったものにならざるをえない。彼女は孤立状態にうっとりし、自分を型破りで、優れていて、特別だと思う。未来はいまの凡庸な生活に仕返しするかのようにすばらしいはずだと期待する。こうした窮屈でいじけた生活から夢によって脱出する。彼女は夢見ることがずっと好きだった。だから、これまで以上にこの性向に身をまかせるだろう。自分を怖気《おじけ》づかせる世界を詩の決まり文句で覆《おお》い隠し、男性を月の光やバラ色の雲やビロードの夜で飾り、自分の肉体を大理石や碧玉《へきぎょく》や螺鈿《らでん》の寺院になぞらえる。そして、自分自身に幼稚な夢物語を物語る。娘がこれほどしばしば愚かな行為にふけるのは、世界への手がかりをもたないからである。行動するべきならば、はっきりと自分の行動を見極められなければならない。それなのに、霧のなかで待ってしまうのだ。若い男も夢を見る。とりわけ、自分が積極的な役割を演じる冒険を夢見る。娘は冒険より奇跡を好み、物と人の上にぼんやりとした魔法の光をふりまく。魔法の観念は、一つの受動的な力の観念である。若い娘は受動性を運命づけられているために、にもかかわらず力を得たいと望むので、魔法を信じるほかないのだ。男を服従させる肉体の魔法を、なにもしなくても彼女を満たしてくれる運命一般の魔法を信じなければならない。現実の世界については、彼女はそれを忘れようとする。

「時々、学校で、どんなふうにしてかわからないけれども、説明されているテーマから逃れて、夢の国に飛び立つのです……」と、ある娘は書いている。[*1]「その時には、甘美な空想に浸っているので、完全に現実の観念を失ってしまいます。椅子《いす》に釘《くぎ》づけになり、気がつくと、自分が部屋にいるのにびっくりしてしまいます」。「詩を書くより夢想にふける方がずっと好きです」と、別の娘は書いている。「頭のなかですてきなおとぎ話のあらすじをとりとめもなく考えたり、星明りに照らされた山々を見ながら伝説を考えだしたりする方が好きです。それは、より漠然としていいいいいいて、安らげて元気がでるような気がするから、それだけすばらしいのです」。夢想は病的なかたちをとって現われることがあるし、また次に示す場合のように存在全体を侵すこともある。[*2]

マリー・B……は、頭がよく夢見がちな子どもであるが、十四歳頃にはじまる思春期に、誇大観念をともなった精神的興奮の発作にみまわれる。「突然、彼女は両親に自分はスペインの王妃なのだと宣言し、尊大な態度をとり、カーテンを身にま

＊1　〔原注〕マルグリット・エヴァール『思春期の女性』からの引用。
＊2　〔原注〕原典はボレル、ロバン『病的な夢想』。ミンコフスキイ『精神分裂病』からの引用。

とい、笑い、歌い、指図し、命令する」。二年間、このような状態が月経中に繰り返し現われた。それから八年間は、正常な生活を送ったが、非常に夢見がちで、贅《ぜい》沢《たく》が大好きで、しばしばつらそうに「私は勤め人の娘なんだわ」と言った。二十三歳頃無気力になり、周囲の人々を軽蔑《けいべつ》し、野心的な考えを表明するようになった。あまりにも衰弱したので、聖アンナ精神病院に収容され、八ヵ月間過ごした。それから、家族のもとに帰り、そこで三年間床についた。「不愉快で、意地悪で、粗暴で、気まぐれで、何もせず、周囲のすべてのものに本物の地獄の生活を味わわせた」。彼女は再び聖アンナ精神病院に連れて行かれ、もはやそこから出ることはなかった。ベッドに伏せったままで、何に対しても関心をもたなくなった。一定の期間——月経の時期に対応するように思われる——彼女は起き、毛布を身にまとい、芝居がかった態度をとり、もったいぶり、医者に微笑みかけ、あるいは彼らを皮肉っぽく眺めた……マリーの言葉はしばしばある種の官能性を表わし、また、彼女の尊大な態度は誇大妄想的な考え方を現わしていた。彼女は次第に夢想にはまり込み、その間、彼女の顔には満足の微笑みがよぎった。マリーはもはや化粧をまったくせず、自分のベッドさえも汚した。「彼女は奇妙な飾りを得意げに身に着ける。下着を着けず、裸身をさらしていないときには、しばしばシーツが掛かっていない毛布にくるまり、頭を銀紙でできた王冠で飾り、腕、手首、肩、くるぶしには紐《ひも》状とリボン状のおびただしい数のブレスレットを着けた。そして同じような指輪が指を飾った」。

こんなふうであるにもかかわらず、ときには、自分の状態について完全にはっきりした意識で打ち明けることがある。「かつて経験した発作を思い出します。心の底で、これは本当ではないのだとわかっていました。私は、人形で遊びながら、人形が生きていないことをよく知っていて、でも生きていると思いたい子どものようでした……自分の髪を結い、ゆったりとしたひだのある服を身にまといました。それは私を楽しませ、それから少しずつ、心ならずもという感じでしたが、魅せられたようになりました。それは夢を生きているようでした……ある役を演じる女優みたいでした。私は想像の世界にいたのです。それは私が生きたいくつもの人生で、そして、これらの人生のすべてにおいて、私は主役でした……ああ、私はなんとたくさんの異なった人生を生きたことでしょう。ある時は、金縁眼鏡をかけたとてもハンサムなアメリカ人と結婚し……私たちは大邸宅をもち、それぞれに自分の部屋がありました。なんとすばらしい祝宴を催したことか……私は穴居人時代を生きました……かつて放蕩三昧《ほうとうざんまい》の生活もしました。一緒に寝た人の数をすべて数えたことはありません。ここの人たちは少し遅れています。私が裸になって太ももに金のブレスレットを着けるのを理解できないのです。以前は、大好きな男友だちがいました。私の家で宴会を催しました。花が、香水が、オコジョの毛皮がありました。男友だちは工芸品、彫像、自動車をくれました……シーツのなかで裸になるとき、私はかつての生活を思い出します。芸術家として、鏡のなかの自分を熱愛していました……恍惚《こうこつ》のなかで、私は私が望むとおりのものでした。愚かなこともやりました。モルヒネ中毒、コカイン中毒にかかったのです。何人かの愛人がいました……彼らは夜になると私の家へ忍び込んできました。二人で来ました。彼らは理髪師を連れてきて、そして、郵便葉書を見ていました」。彼女はまた医者のうちの一人が好きで、自分は彼の愛人だと言い切っている。彼女には三歳になる娘がいたらしい。また六歳の娘もいるが、とても裕福で、いまは旅をしている。父親は非常にシックな男性である。「同じような話がこの他にも十ほどある。どれも彼女が想像のなかで体験した作りものの生活の話である」。

このような病的な夢想はなによりも、自分にふさわしい人生を送っていると思えず、また存在の真実に立ち向かうのを恐れる若い娘のナルシシズムを満たすためのものであったことがわかる。マリー・B……は、思春期の多くの女性に共通した、補償の過程を極限まで押し進めたにすぎない。

しかしながら、自分に捧《ささ》げるこの孤独な崇拝だけでは、若い娘には十分ではない。自分を開花させるためには、他人の意識のなかに存在することが必要だ。彼女はしばしば仲間に救いを求める。もっと幼いときには、母親の囲いから逃げ出し、世界、とくに性的世界を探検するために、心の友が支えてくれた。いまでは、心の友は、彼女をその自我の限界から救い出す客体であると同時に、彼女に自我を返す証人でもある。お互いに裸体を見せ合い、乳房を比べる女の子たちもいる。おそらく、寄宿生たちのこうした大胆な遊びを描いた『制服の処女』のシーンが思い浮かぶだろう。彼女たちは漠然とあるいは歴然と愛撫を交わしている。コレットが『学校のクロディーヌ』で描いたように、またそれほどあからさまではないが、ロザモンド・レーマンが『砂ぼこり』で示したように、ほとんどすべての娘には同性愛的傾向がある。このような傾向はナルシスト的歓喜とほとんど変わらない。相手のうちに、それぞれの娘が渇望《かつぼう》するのは、自分自身の肌の柔らかさや端正な曲線である。また逆に、娘が自分自身に抱く熱愛には、一般的な女らしさへの崇拝が含まれる。性的に、男は主体である。だからふつう、男たちは自分たちとは異なる客体へと彼らを向かわせる欲望によって互いに引き離されている。だが、女は欲望の絶対的な客体である。それで、高等学校や各学校、寄宿学校、職場においてたくさんの「特別な友情」が花開く。あるものは純粋に精神的であり、また他のものはぎこちないながらも肉体的である。前者の場合は、女友だちのあいだで互いに心を開き、打ち明け話を交わすことがとりわけ大切にされる。最も情熱的な信頼の証《あかし》は意中の女性に自分の日記を見せることである。性的な抱擁はないが、友だちどうしでこのうえない優しさを示し合い、また、しばしば遠回しに自分の気持ちを身体的な証に託して与え合う。このようにして、ナターシャはソーニャへの愛を証明するために赤く焼けた定規で自分の腕を焼いた。二人はとくにさまざまなやさしさを込めた名前で呼び合い、熱烈な手紙を交換する。たとえば、ここにニューイングランドの清教徒であるエミリィ・ディッキンソン[*1]が女友だちに書いた手紙がある。

今日は一日中あなたのことを考え、昨夜も一晩中あなたの夢を見ました。夢のなかで、私はあなたと一緒にこの上なくすばらしい庭を散歩していました。私はあなたがバラの花を摘むのを手伝っていましたが、私の籠《かご》はけっして一杯になりませんでした。それで、こうして日がな、あなたと散歩ができるように祈っています。そして、夜が近づくと、私は幸せな気持ちになります。私と闇《やみ》と私の夢とけっして一杯にならない籠をつなぐ時間が来るのをいらいらしながら待ちわびています……

『思春期の女性の心』で、マンドゥースは同じような手紙を多数引用している。

いとしいスザンヌ……私はここに『旧約聖書』の「ソロモンの雅歌」の数節を書き写したいと思っています。あなたはなんと美しい、わが友よ、あなたはなんとうるわしい。神秘の許嫁《いいなずけ》、あなたはシャロンのバラ、谷間の百合《ゆり》にどれほど似ていることか。そして、神秘の許嫁のように、私にとってあなたは平凡な乙女にはるかに優《まさ》る存在でした。あなたは象徴、たくさんの気高く美しいものの象徴でした……そしてそれゆえ、汚《けが》れなきスザンヌよ、私はあなたを純粋に献身的な心で愛しています。そこには何か宗教的なものがあります。
別の少女はさほど気高いとは言えないときめきを日記のなかで告白している。

私はそこで、私の腰はその小さな白い手に抱き締められ、私の手は彼女の丸みのある肩の上にかけられ、腕は彼女のむき出しの生温かい腕の上におかれ、彼女の柔らかい胸に押しつけられていた。私の目の前で、彼女の可愛い口がその小さな歯をのぞかせながら少し開いた……私は震え、顔が焼けるように熱くなっているのを感じた。*2

エヴァール夫人も『思春期の女性』のなかで、このような真情の吐露を数多く集めている。

私の最愛の妖精《ようせい》、愛《いと》しい人へ。私の可愛い妖精。ああ、私をまだ愛していると言ってください。私があなたにとってつねに忠実な友であると言ってください。私は寂しい、あなたをとても愛しているの、ああ、私のL……あなたに私の思いを打ち

＊1　一八三〇－一八六、アメリカの女性詩人。
＊2　〔原注〕マンドゥース『思春期の女性の心』からの引用。

明けられない、十分に言い表わせない。私の愛を語るための言葉がないのです。私が感じていることに比べれば、偶像崇拝などという言葉では足りません。ときどき心臓が破裂しそうになります。あなたに愛されること、それは高望みというもので、ありえないことのように思われます。ああ、私の可愛い人、言ってください。あなたはこれからもずっと私を愛してくれるのかしら。……

娘たちはこのような熱烈な愛情から、思春期の若者特有の罪深い愛へと簡単に移っていく。ときには、二人の娘の一方が他方を支配し、サディズム的な権力をふるうことがある。しかしたいていは、侮辱も争いもない相互的な愛である。与えられ受け入れられる喜びは、二人でカップルになる前の、それぞれがお互いに別々に愛情を抱いていたときと同じように無垢《むく》のままである。けれども、この汚れのなさそのものが味気ない。思春期の娘が実際の人生に入って、〈他者〉に近づきたいと思うとき、彼女は自分のために父の眼差《まなざ》しという魔法をよみがえらせたいと願い、神のごときものの愛と愛撫《あいぶ》を求める。娘は、男ほど未知でも恐ろしくもないが、男の威信を分かちもつ一人の女に向かう。たとえば、職業をもち、自活し、ある種の社会的な信用を得ている女は、男と同じくらい魅力的だろう。女学生の心に女教師や女の生徒監督に対する「炎」がどれほど数多く灯《とも》されたかはよく知られている。『女性連隊』で、クレメンス・デーン[*1]は灼熱《しゃくねつ》の激しい情熱がとる清らかなかたちを描いている。娘が心の友に深い恋心を打ち明けることもある。二人はそれを共有し、それぞれがいままで以上に激しく恋心を感じているのを誇りに思うことさえある。というわけで、女学生はお気に入りの仲間に次のような手紙を書く。

私は風邪をひいて、ベッドにいます。私にはXさんのことしか考えられません……女性をこれほど愛したことはありません。すでに一学年のとき彼女をとても愛していました。でも今では本当の恋です。私はあなた以上に夢中だと思っています。彼女を抱きしめているような気がしています。半ば気を失いそうに。また学校に戻れて彼女に会えるのを喜んでいます。[*2]

もっと多いのは、娘が自分の感情を熱愛の対象そのものに大胆にも告白する場合である。

親愛なるマドモワゼル、私はとても言葉に言い表わせないような状態であなたと向き合っています……あなたとお会いしていないので、あなたとお会いするためなら、なにもかも投げ捨ててしまえるほどです。絶えずあなたのことを考えています。

＊1　一八八七－一九六五、イギリスの女性作家。
＊2　〔原注〕マルグリット・エヴァール『思春期の女性』からの引用。

あなたを見かけると、私の目は涙であふれ、隠れてしまいたくなります。私はあなたにとってあまりにも取るに足りない存在で、あまりにも無知です。あなたが私に話しかけてくださるとき、私は当惑し、感動します。妖精の優しい声と、愛情のこもった、いいようのないもののざわめきを聞くような気がします。私はあなたのちょっとした仕草をうかがい、もはや会話にはならない、取るに足りないことをつぶやきます。親愛なるマドモワゼル、あなたはきっと訳がわからないとおっしゃるでしょう。でも、とてもはっきりしているのです。それは私が心の底からあなたを愛しているということなのです。[*1]

ある職業学校の女の校長は次のように語っている。[*2]

　私自身の青春時代に、若い女教師の一人がお弁当を包んできた紙を生徒同士で奪い合ったこと、またその切れ端に二〇ペニッヒものお金を払ったことが思い出されます。彼女の期限切れになった地下鉄の切符もコレクターの女の子たちの熱中の対象でした。

　愛される女は男の役割を演じなければならないので、結婚していない方がよい。結婚しているからといって必ずしも恋する若い娘の気をそぎはしないが、気詰りを感じる。

自分の崇拝の対象が夫または恋人の支配下にあるように見えるのがいやなのだ。しばしばこのような情熱はひそかに、あるいは少なくともまったくプラトニックに繰り広げられる。とはいえ、具体的な性愛への移行は、愛される対象が男である場合よりもこちらの場合の方がはるかに容易だ。たとえ同じ年頃の友人との気楽な経験がなかったにしても、女の肉体は娘を怖がらせない。彼女は姉妹や母との関係で、愛情にごくわずかな官能性が入り込んだ親密さをしばしば経験してきた。愛する女性のかたわらで、うっとりみとれるうちに、愛情は性的歓《よろこ》びへと気づかないかたちで移っていくだろう。『制服の処女』のなかで、ドロテア・ヴィークがヘルタ・ティーレの唇に接吻《せっぷん》したとき、このキスは母性的なものであると同時に性的なものであった。女たちのあいだには、羞恥心《しゅうちしん》を和らげる共犯性がある。一般的に、一方が他方のうちに呼びおこす性的興奮には暴力的なものはなにもない。同性愛の愛撫には破瓜《はか》も挿入もない。彼女たちは、不安を感じる新たな変身を必要とせずに、子ども時代のクリトリス型の性愛を満たすのだ。疎外《そがい》†されていると深く思わずに、娘は受動的な対象としての使命を果たすことができる。それがルネ・ヴィヴィアン[*3]が次のような詩で表現していることである。この詩で、彼女は「劫《ごう》罰《ばつ》を受けた女たち」とその女の恋人たちの関係を描写している。

＊1　〔原注〕マルグリット・エヴァール『思春期の女性』からの引用。
＊2　〔原注〕リープマン『青少年期とセクシュアリティ』。
＊3　一八七七－一九〇九、フランスの女性詩人。

私たちのからだは彼女たちのからだにとって親しい鏡、
私たちの夢のような口づけはほのかに甘く
私たちの指は頬の産毛《うぶげ》を押しつぶすこともない
そして、帯がほどけるとき、
私たちは恋人にして姉妹。（『つながれた手の時』）

また次の詩において、

私たちは優美さと繊細さが好きなのだから
私はあなたを自分のものにしても、あなたの乳房を傷つけたりはしない……
私の口があなたの口を激しく嚙《か》むことなどありはしない。（『残り香』）

「乳房」とか「口」とかいう語を詩に使うのは不適切であるが、これらの語を用いて彼女がその友人にはっきりと約束するのは、友人を暴力的に自分のものにしないということである。また、思春期の娘がしばしば初恋を男性よりはむしろ年上の女性に捧げるのは、部分的には暴力、レイプに対する恐怖のせいである。男性的な女は娘にとっては父と母を同時に体現する。父という面で言えば、そのような女は権威や超越を手にし、価値の根源と尺度であり、現実の世界の彼岸に姿を現わす。彼女は神である。しかし、彼女はやはり女のままである。思春期の娘が子どもの頃に母の愛撫からあまりにも早く引き離されたとしても、あるいは逆に、あまりにも長いこと母によって甘やかされたとしても、彼女は兄弟たちと同じように温かい乳房を夢想する。自分の肉体に似たこの肉体のなかに、離乳によって打ち砕かれた生命との直接的な融合を心おきなく取り戻す。そして、彼女を包んでくれるこの他人の眼差しによって、彼女を個別化している分離が乗り越えられる。もちろん、すべての人間関係は衝突を、すべての愛は嫉妬《しっと》をともなう。とはいえ、処女と最初の男の恋人とのあいだに起こる困難の多くは、ここでは取り除かれている。同性愛の体験は本当の愛のかたちをとることもある。この経験は思春期の娘にとても幸せな安定をもたらすこともあるので、彼女はこれを永続させたい、繰り返したいと思う。または、その郷愁的な思い出を持ち続けるだろう。さらに、こうした同性愛の性向を明らかにするかもしれないし、生じさせるかもしれない。[*1]

しかし、たいていの場合、同性愛の経験は一つの段階を示すにすぎないだろう。その容易さそのもののせいで見切りがつけられるのだ。年上の女性に捧げる愛のなかに、娘は自分自身の未来を渇望する。だから、偶像に一体化したいと思う。だが、並外れた優越性がないかぎり、偶像はたちまち霊気を失う。偶像の正体がはっきりし始めると、年

＊1　〔原注〕本書第四章を参照。

下の女は判断し比較する。自分に似ていて怖くないというまさにその理由から選ばれた他者は、ずっと必要とされるほどの他者ではない。男神たちは、彼らの天空がはるか彼方《かなた》にあるために、より安定して鎮座している。好奇心や官能性が思春期の娘をより激しい抱擁を求める方向に向かわせる。ほとんどの場合、彼女は最初から同性間の恋愛《アヴァンチュール》経験を過渡的段階、通過儀礼、待ち時間としか見なさなかった。彼女は愛、嫉妬、怒り、虚栄、喜び、苦しみを演じた。それは多少とも一般的に認められた見方からすれば、夢見るがまだ思いきってしたことのない、あるいは体験する機会のなかった恋愛《アヴァンチュール》を大した危険も冒さず真似《まね》たということなのだ。娘は男に捧げられている。それを知っている。そして、女としての普通の完全な運命を生きたいと思う。

男は娘を魅惑するが、怖がらせもする。彼に抱く矛盾した感情に折り合いをつけるために、娘は、彼のなかの自分を脅《おびや》かす雄の部分と恭《うやうや》しく崇拝する輝かしい神性とを切り離す。男の子の仲間に対してはつっけんどんであまり付き合わないようにするが、はるかかなたにいるすてきな王子さまを偶像のように崇拝する。たとえば、映画俳優の写真をベッドを見おろす位置に張りつける。それは、亡《な》くなったかあるいは生きている、だがいずれにせよ近づけない、偶然見かけた面識のない、そしてけっして再会しないことがわかっているヒーローである。このような愛はいかなる問題も引き起こさない。多くの場合、彼女が実際に近づくのは社会的または知的威信はあるが、その肉体は性的なうずきをかきたてないような男である。少し変わり者の老教授などだ。このような年齢の男たちは思春期の娘が閉じ込められている世界の外で注目を集めているので、彼女はひそかに彼らのようになりたいと思い、神に身を捧げるつもりで彼らに献身できる。このような献身には屈辱的なところがまったくなく、肉欲において彼らを欲しているのではないから、気がねなくできる。小説じみた恋する女は、意中の人が風采《ふうさい》の上がらない、醜い、少々滑稽《こっけい》な男でもえてして受け入れる。より安心できるからだ。彼女は自分と彼を隔てる障害を嘆くふりをする。だが本当は、彼に現実的な関係を求めるのは不可能であるので、だからこそ彼を選んだのである。このようにすれば、恋愛を抽象的で純粋に主観的な経験にできるし、それが彼女の純潔を脅かすこともない。胸は高鳴り、彼女は不在の苦しみ、そばにいる苦痛、悔しさ、希望、恨み、熱狂を味わう。だが、現実には何もなかった。彼女自身は何もしなかった。選ばれる偶像は遠くにいればいるほど輝くというのは面白い事実である。毎日会っているピアノの教授が変わり者で醜いというのは好都合だ。だが、手の届かない世界で生きている外国人を好きになるならば、ハンサムで男らしい方がよい。重要なのは、どちらの場合にも性的問題は起こらないということである。このような頭のなかでの恋愛は、〈他者〉が現実には存在せずに、性愛が本人の内在†においてのみ現われるようなナルシシスト的な態度を持続させ、堅固にする。思春期の娘はそこに具体的な経験をうまく避けられる口実を見出《みいだ》すから、しばしば並外れて強烈な想像上の生活を繰り広げるのである。彼女は自分の幻想と現実を混同することを選ぶ。その他の例のなかでも、ヘレーネ・ドイッチュは非常に意味深い例を報告している（『女性の心理』）。それはきれいで魅力的な娘の例である。彼女ほどならば少なくともたちまち言い寄られただろうが、自分の周囲にいる若者との交際をことごとく拒んでいた。にもかかわらず、彼女は十三歳のときに、十七歳の少年をひそかに崇拝することにしたのだが、彼はどちらかといえば醜く、彼女に言葉をかけたこともなかった。彼女は彼の写真を一枚手に入れ、そこに自分自身で献辞を書き、三年間毎日、口づけや情熱的な抱擁を交わしたという想像上の体験を日記に綴《つづ》った。それらのなかには、ときには涙の場面もあり、実際に彼女は赤く泣き腫《は》らした目をしていた。それから、二人は仲直りをして、彼女には花が贈られたなどなど。転居によって彼と離れると、彼女は彼に手紙を書いたが、送ったことは一度もなく、自分自身で返事を書いていた。この話が、彼女が恐れていた現実の体験に対する防御だったことはきわめてはっきりしている。

この例はほとんど病的である。しかし、ヘレーネ・ドイッチュは、この例を拡大してみせることで、通常見受けられる一つのプロセスとして描いているのだ。マリー・バシュキルツェフに、想像上の愛情生活を示す衝撃的な例を見ることができる。彼女は自分の愛人だと言い張っていたH公爵《こうしゃく》とは話をしたこともなかった。実を言うと、彼女が望んでいるのは自分の自我の高揚である。だが、彼女は女であったので、しかもその時代に、彼女が所属していた階級のなかで女であったから、自律した存在であることによって成功を勝ち取るなどというのは、問題外だった。十八歳のとき、彼女ははっきりと書き留めている。「私は男だったらよかったとC宛《あて》の手紙に書いています。私はひとかどの人物になれると思うけれど、ペチコートをはいてどこへ行けるというのでしょう。結婚が女には唯一《ゆいいつ》のキャリアなの。男にはいくらでも可能性があるけれど、女にはただ一つしかない。トランプで親元のお金がゼロと同じなのよ」。だから、彼女には男の愛が必要なのだ。だが、男が自分に至高の価値を付与できるためには、彼自身が至高の意識でなければならない。彼女は次のように書いている。「私より程度の低い男では、私はけっして満足できないでしょう。金持ちで自立心の強い男性には誇りとある種の心地よい雰囲気があるのです。自信のある人には勝利の雰囲気のようなものがあります。私はHのあのわがままで、尊大で、冷酷な雰囲気が好きなのです。彼にはネロ*1のようなところがありました」。さらに、次のように書いている。「愛する男の優越性を前にして女がこのように自分を無にできるというのは、優れた女が体験できる自尊心のこのうえない喜びにちがいありません」。このように、ナルシシズムはマゾヒズムに導く。この結びつきはすでに、青ひげ、グリゼリディス、殉教した聖女たちのことを夢想する子どものうちに見出されるだろう。自我は他者によって他者に対するものとして形成される。したがって、他者が権力があればあるほど、自我も富と権力をもてる。自我は主人を魅了することによって、主人がもっているすべての徳を自分のうちに包み込む。ネロに愛されたなら、マリー・バシュキルツェフはネロになっただろう。他者を前にして自己を無

*1　三七－六八、ローマ皇帝。

にすることは、他者を自分のうちに同時に自分に対して現実化することである。本当のところは、こうした無への憧《あこが》れは、存在したいという傲慢《ごうまん》な意志なのである。事実は、マリー・バシュキルツェフは、その人をとおして自分を無にしてもよいと思えるほどすばらしい男に会ったことがなかったのだ。自分自身が作り上げた、遠くに離れたままの神の前でひざまずくのと、生身の男に身を委《ゆだ》ねるのとはまったく別のことである。多くの娘たちはずっと現実世界を介して自分たちの夢を実現しようとしてきた。彼女たちは、地位、功績、知性の点で他のすべての人より優れていると思われる男を求める。彼女たちは、すでにこの世で地位を獲得し、権威と威信を享受《きょうじゅ》している年上の男を望む。財産や名声が彼女たちを魅了する。選ばれた男性は絶対的な〈主体〉のように思われ、彼への愛をとおして、彼の栄光とかけがえのなさが彼女にも波及するだろう。彼のもつ優越性が、娘が彼に抱く愛を理想化する。したがって、彼女が自分を彼に捧《ささ》げたいと願うのは、彼が一人の男だからではなく、このような選り抜きの存在だからである。「超人と結婚したいけれども、男しか見つからないのよね」と、最近ある女友だちが言っていた。こうした高望みから、娘はあまりにも平凡な求婚者をはねつけ、性の問題を巧みに避ける。また、彼女は夢想のなかで、なんの危険もなしに、イメージとして彼女を魅了する自己像を慈《いつく》しむ。だが、そのとおりに実際なろうなどとはまったく思っていないのだ。たとえば、マリー・ル・アルドゥアンは、本当は彼女の方が独裁的であったにもかかわらず、一人の男に完全に捧げられた犠牲者としての自分を想像するのは楽しかったと語っている。

夢のなかでは誰も知らない生まれつきの性質をあれほど発揮したのに、実生活ではなんだか恥ずかしくて、どうしても出せませんでした。自分というものがわかってみると、私はたしかに傲慢で、がさつで、結局のところうまく適応できないのでした。

私は必要なときにはいつも自己放棄をして、自分のことをただ義務に生きる偉い女、一人の男を愚直なまでに愛し、その男のどんなささいな気持ちも察するように努める偉い女、とよく思いました。私たちは見るも無残な貧乏生活のただなかで頑張っていました。夫は仕事で身をすりへらし、夕方には、げっそりやつれて帰宅しました。私は明かりもつけずに窓辺で夫の衣類を繕い、目を悪くしました。煙の充満する狭い台所で、夫のためにいく皿か、みすぼらしい料理をこしらえました。たった一人の子の命は、たえず病気に脅かされていました。それでも私の唇には優しく苦悩に満ちた微笑がいつもかすかに浮かんでいましたが、実はいやいやながら黙って私を支えた勇気は、目にすさまじい表情となって現われていました。(『黒い帆』)

こうしたナルシシズムの自己満足のほかに、もっと具体的に指導してくれる人や師の必要を感じる娘もいる。両親の支配から脱すると、それまで馴染《なじ》みのなかった自律というものにすっかり戸惑ってしまう。彼女たちはそれを否定的なかたちでしか用いることができない。気まぐれになり無茶をする。あらためて自由を放棄したくなる。良識的な男が、気まぐれで鼻っ柱が強く、反抗的で手に負えない娘を愛情深く手なずける話は、通俗小説や映画によくあるテーマで、この紋切型に男も女も感激する。とくに『なんと可愛《かわい》い子』のセギュール夫人の話などがそうだ。ジゼルは子どものころ、あまりに寛大な父親に愛想が尽きて厳格な老おばを慕った。少女になると、口うるさい青年ジュリアンの影響を受ける。ジュリアンは彼女の本当の姿をえぐり出してみせ、恥じ入らせ、矯正しようとする。彼女は無気力な金持ちの公爵と結婚し、夫の傍らにいるあいだは非常に不幸だった。だが、未亡人になって師とする人の注文の多い愛を受け入れたとき、ついに歓喜と悟りの境地を見出すのだ。ルイーザ・オールコットの『良き妻たち』（『若草物語』第二部）では、自立心の旺盛《おうせい》なジョーが、自分の軽率な行為を未来の夫に厳しく非難されて、惚《ほ》れ込む。彼もまたよく叱《しか》り、ジョーはいそいそと謝り、従うのだ。ハリウッド映画は、アメリカの女たちの自尊心を傷つけるにもかかわらず、恋人や夫が、手のつけられない女の子たちを厳然たる暴力で手なずけるのを何度も見せてくれた。往復びんたをくわし、さらにお尻《しり》をたたくのが誘惑への確実な道のようだ。しかし、現実には精神的な愛から性愛への移行は単純ではない。多くの女は、多かれ少なかれ認められているとおり、幻滅が恐ろしいので情念の対象に近づくのを注意深く避ける。英雄、巨人、半神が娘に吹き込んだその恋に応《こた》え、それを現実の経験にしようとすると、娘は怖気《おじけ》づく。偶像が一人の男になると、がっかりして背を向ける。「面白い」あるいは「かっこいい」男を誘惑しようとあらゆる策を講じるコケティッシュな娘もいるが、あまりにも露骨な感情が返ってくると、逆に苛立《いらだ》つ。近寄りがたく見えたから好きだった。恋に落ちれば月並みになるのだ。「ふつうの男と同じだわ」。娘は男が零落したと恨めしく思う。それは、処女の感受性をたじろがせる肉体的な接触を拒否する口実となる。たとえ〈理想の男〉に身を任せても、無感覚のまま抱かれている。シュテーケルによれば、「〈理想の男〉が本性を現わして〝乱暴な獣〟になるので、想像していた愛の体系はすっかり壊れる。このような場面の後に、興奮した娘が自殺することもある」(『不感症の女』)。娘は、男が友だちに言い寄りはじめるとその男を好きになることがよくある。妻帯者を選ぶこともかなり多いが、これもまた不可能な愛を好むからだ。娘はうかつにもドン・ファンにひっかかる。この誘惑者に服従し、どんな女も絶対に引き止めておけない男の気持ちをつなぎ止めたいと思い、改心させてみせると望みをつなぐ。とはいえ、実はこの企てに失敗することは彼女にもわかっていて、それこそが男を選択した理由の一つなのだ。現実の完全な愛を、結局は永遠に知ることができない娘もいる。彼女たちは到達不可能な理想を一生求めるだろう。

これは、若い娘のナルシシズムと、彼女のセクシュアリティによって運命づけられる経験とのあいだに葛藤《かっとう》があるからだ。女は、自己放棄のただなかで自分を本質的なものとして見出すという条件でのみ、自分を非本質的なものとして受け入れるのだ。客体となることによって、女は偶像となり、そのなかに誇らしげに自己を認める。だが、非本質的なものに戻るように強いる冷酷な弁証法は拒否するのだ。女は人が手にすることのできるモノではなく、魅惑する財宝でありたい。見られ、触れられ、傷つけられる肉体としての自分を見つめるのではなく、魔法の息吹《いぶき》を放つすばらしい崇拝物《フエテイツシユ》として現われたい。こうして、男は獲物になる女を可愛がるが、鬼のようなデメテル[*1]からは逃げ出すのだ。

男の気を引き、賞賛の的《まと》になると得意そうにする女は、逆に男に巧みに引き寄せられると憤慨する。思春期になって羞恥心《しゅうちしん》を学んだが、羞恥心には男の気を引こうとする気持ちと虚栄心がない交ぜになっている。男の視線は彼女を得意がらせると同時に傷つける。見せているところだけしか見てほしくないのだが、眼差《まなざ》しはいつもあまりに鋭い。このように一貫性がないので男は狼狽《ろうばい》する。胸元、脚を見せびらかしているのに、見られると顔を赤らめて怒る。男を挑発して喜ぶが、男に欲望が起こったとみると、嫌悪感《けんおかん》もあらわに身を引く。男の欲望は侮辱でもあり賞賛でもある。自分の魅力に責任を負えると感じるかぎり、魅力を自由に使いこなしているように見えるかぎりは、勝利に酔いしれる。しかし、顔かたち、肉体が差し出され、受け身のものとなると、それを欲しがる相手の無遠慮な自由からそれを隠したがる。これこそ羞恥心本来の深い感覚であり、これは思いがけないほどに、最も大胆な嬌態《きょうたい》にも混ざっている。女の子は、自分の自主的行動が受け身の状態の自分を示しているのに気づかないために、驚くほど大胆なことがある。だから、それに気づくと、すぐに怖気づいて怒る。視線ほどあいまいなものはない。距離を置いていれば、この距離のために、敬意を抱いているように見える。だが視線は知覚した像をこっそり独占する。経験にとぼしい若い女はこの罠《わな》にかかってもがく。身を任せかけるがすぐに緊張し、自分のなかの欲望を殺してしまう。まだ迷っている肉体には、愛撫《あいぶ》はときに優しい快楽として、ときに不快なくすぐりとして感じられる。最初は接吻《せっぷん》に感動するが、それからとつぜん笑いだす。愛想を言ったあとで、いちいち反抗する。接吻させておいて、わざとらしく口を拭《ふ》く。にこやかに優しくしたかと思うと、とつぜん皮肉っぽく冷淡になる。約束しながらわざと忘れたりする。マチルド・ド・ラ・モル〔スタンダール『赤と黒』の登場人物〕がそうだ。彼女はジュリアン〔『赤と黒』の主人公〕の美貌《びぼう》と類《たぐい》まれな資質に魅せられて、恋愛をつうじて並外れた運命に到達したいと思っているのだが、自分自身の官能や外部の意識に支配されるのは断固拒否する。卑屈であるかと思えば傲慢になり、哀願するかと思えば軽蔑《けいべつ》する。与えた分をすぐに取り戻す。マルセル・アルラン[*2]が描写した『モニック』もそうだ。彼女はときめきを罪と混同する。彼女にとって愛は恥ずべき自己放棄であり、血は沸き立つのにその熱を嫌い、従いながらも反発するのだ。

＊1　ギリシア神話の女神。冥府《めいふ》の王に娘を誘拐され、娘を捜すために各地をさまよった際、アテネの近郊エレウシスに、みずからの神殿を築き、秘儀を行なうように命じたという。

＊2　一八九九－一九八六、フランスの作家。

「青い果実」が男から身を守るとき、子どもっぽい恐るべき性質を見せる。たいてい、若い娘は野性味半分、賢さ半分の姿で描かれてきた。とくに、コレットは『学校のクロディーヌ』で、また『青い麦』のなかで魅力的なヴァンカの姿のなかに、それを描いた。ヴァンカは目の前に広がる世界に燃えるような関心をもちつづけ、そこに女王然と君臨する。だが彼女は好奇心と、男に対する官能的でロマネスクな欲望もまたあわせもっている。ヴァンカは茨《いばら》で引っかき傷をつくり、エビを取り、木登りをするが、男友だちのフィルの手が触れるとびくっとする。身体が肉体となるときめき、女として初めて自分を女だと感じるときめきを知る。ときめいて美しくなりたいと思いはじめる。ときおり髪を結い上げ、化粧をし、透けるオーガンジーを身につけ、男の気をひくおしゃれを楽しみ、誘惑するのをおもしろがる。とはいえ、他者に対してばかりでなく自分に対しても存在したいと思うので、ときには、ひどい古着をはおり、場違いなパンツをはいてみっともない格好をする。彼女のうちには媚態《びたい》を非難し、それを責任放棄と考える部分もある。だから、わざと指にインクをつけ、髪もとかさず、だらしのない姿で現われる。ヴァンカはこうした反抗のために自分がぎこちなくなっているのを感じて悔しい。それで、苛立ち、赤面し、不器用さを倍加させたあげく、誘惑の試みが挫折《ざせつ》したのを憎悪する。この段階にくると、若い娘はもう子どもでいたいとは思わない。しかし、大人になることは受け入れず、自分の幼稚さを責めたり、女としてのあきらめを後悔したり、それを交互に繰り返す。彼女は終始一貫拒否の態度をとり続ける。

これこそ若い娘の性格を示す特徴で、これが若い娘の行動を解く鍵《かぎ》の大部分を与えてくれる。自然や社会が割り当てた運命を彼女は受け入れない。だが、積極的に拒絶するわけではない。世界との闘いを始めるには、あまりに内部が分裂しているのだ。現実逃避するか、かたちばかりの抗議をするだけにとどまる。若い娘のさまざまな欲望の裏には、それぞれ不安がつきまとう。未来を手に入れるようになりたいと渇望《かつぼう》するが、過去を断ち切るのは怖い。一人の男を「もつ」ことを願うが、男の獲物になるのはいやだ。そして、それぞれの恐怖の後ろには欲望が隠れている。レイプには嫌悪を抱くが、受け身でありたいと切望する。だから、欺瞞《ぎまん》と策略をめぐらさざるをえない。若い娘は、あらゆる種類の否定的な強迫観念をもつ傾向があり、それが欲望と不安の両面性となって現われるのだ。

冷笑は、思春期の娘〔十－十八歳くらい〕に非常によく見受けられる抗議のかたちの一つだ。女子高校生や売り子、お針子などは、恋愛やみだらな話をするとき、あるいは自分たちの好きな人のことを話すとき、男とすれ違うとき、恋人どうしが抱き合っているのを目にするとき、「吹き出す」。私は、ただ笑うために、わざとリュクサンブール公園〔パリの公園〕の恋人たちの小道を通る小学生の女の子たちを知っている。また、私が知り合った別の女の子たちは、重そうなお腹《なか》に乳房の垂れた太った女たちを見つけて笑うために、蒸し風呂《ぶろ》に通っていた。女の体を嘲弄《ちょうろう》すること、男を笑いものにすること、愛を笑うこと、それはセクシュアリティを否認する一つの方法だ。こうした笑いは、大人に挑戦しながら自分自身の戸惑いを克服する一つの方法だ。性の危険な魔法を消すために、イメージや言葉を使って遊ぶ。たとえば、私は、第四級〔日本の中学三年生〕の生徒たちが、ラテン語のテキストに腿という言葉を見つけて「吹き出す」のを見たことがある。ましてや少女は、抱擁されたり愛撫されたら、相手の鼻先で、あるいは仲間とともに、仕返しに笑う。ある晩、鉄道のコンパートメントで、乗客の会社員が思わぬ幸運に有頂天になって、二人の少女に代わる代わる甘い言葉をかけていたのを思い出す。少女たちは合間合間にけたたましく笑って、性を意識したしぐさと羞恥心のない交ぜになった思春期のふるまいを見せていた。娘たちは、大笑いと同時に言葉に救いを求める。その下品さに男の兄弟でも顔を赤らめるような語彙《ごい》を口にする娘もいる。おそらく知識が生半可なため、使う表現があまり鮮明なイメージを喚起しない分だけ怖気づかないのだ。もっとも、その目的はイメージの形成を妨げることではないかもしれないが、少なくともイメージから毒気を抜くことにある。女子高校生の語り合う卑猥《ひわい》な話は、性本能を満足させるよりも性行為を否定することに、はるかに向けられる。性行為を機械的な操作かほとんど外科手術のように見て、おもしろおかしく考えようとする。

しかし、笑いと同じように、下品な言葉を使用するのは抗議であるだけではない。それはまた大人への挑戦であり、一種の冒瀆《ぼうとく》であり、故意にやる悪意ある行動なのだ。若い娘は自然と社会を拒否しながら、それらを挑発し、多くの奇妙な行動をとおして、それらに果敢に立ち向かうのだ。少女にみられる奇食癖はよく指摘される。鉛筆の芯《しん》、封《ふう》緘《かん》用の固形糊《のり》、薪《まき》の切れ端、生きたエビを食べ、アスピリンの錠剤を何十錠も呑《の》み込み、さらにハエ、クモを食べる。私はそんな一人の娘と知り合いになった。彼女は非常に落ち着いてきていたが、コーヒーと白ブドウ酒のひどい混合液を作り、我慢して飲んでいた。あるときは酢に浸した角砂糖を食べていた。また別の娘だが、サラダにジムシ〔コガネムシの幼虫〕を見つけながら毅然《きぜん》として食べるのを見たことがある。子どもはみんな、目や手、さらに深く口や胃で世界を体験するのが好きだ。だが、思春期の女の子は、消化の悪い、ぞっとするようなもののなかに世界を探検するのがとりわけ好きだ。非常にしばしば、「むかつく」ようなものに引かれる。ある女の子は、気が向いて身だしなみを整えればきれいでコケティッシュなのに、なんでも「汚く」見えるものに、ほんとうに心を奪われていた。昆虫に触り、汚れた生理用品を眺め、擦り傷の血を吸うのだ。不潔なものをいじるのは、明らかに嫌悪を克服する一つの方法である。こうした感情は、思春期には非常に重要性をもつ。女の子はあまりに肉感的な自分の体に、月々の血に、大人の性行為に、自分が捧げられる男に嫌悪を抱く。嫌悪感を催させるあらゆるものと、まさになれなれしくして楽しむことにより、それを否定するのだ。「毎月、血を流さなければならないのだから、傷口の血を飲んで、血なんて怖くないってことを証明するわ。ひどい試練に耐えなければならないのだから、ジムシぐらい食べられるわ」。こうした態度は、この年頃によくある自傷のなかに、より顕著なかたちで見られる。娘はかみそりで腿《もも》を切り、タバコの火で火傷《やけど》し、切り傷、すり傷をつくる。私の娘時代のある友人は、退屈な園遊会に行かなくていいように、なたをふるって足の骨を折り、六週間、床に就いたほどだ。このサド゠マゾ的行為は、性体験の先取りであると同時にそれに対する反抗だ。このような試練に耐えることにより、これから来るかもしれないどんな試練にも強くなり、そうやって初夜を含めた試練をことごとく取るに足りないものにする必要があるのだ。若い娘がナメクジを胸に載せるとき、アスピリンを一瓶呑み込むとき、わが身を傷つけるとき、彼女は未来の恋人に挑戦している。私が自分にしていることよりひどいことなど、あなたは私にできないわ、と。これは傲慢《ごうまん》でわびしい、性のアヴァンチュール入門だ。

受動的な獲物になるように運命づけられた若い娘は、苦痛と嫌悪を耐え忍ぶことにまで、自由を主張する。ナイフが切り傷を作り、消し炭の火傷を自らにつきつけるとき、彼女は処女を失わせる貫通に抗議している。それを無効にすることで抗議しているのだ。彼女は、自分の行動において苦痛を受け入れるのだからマゾヒストではあるが、しかし、なによりもサド的である。自律的主体として、この従属的な肉体を、服従を宣告された肉体を鞭打《むちう》ち、嘲弄し、虐待《ぎゃくたい》するのだから。彼女は肉体を嫌っていながら、肉体と自分を区別しようとしない。というのも、彼女はこうしたあらゆる局面で、ほんとうに自分の運命を拒否することはないのだ。サド゠マゾ癖は根本的な欺瞞を含んでいる。女の子がサド゠マゾ癖にふけるのは、拒否をとおして女の未来を受け入れるからだ。自分をまず肉体として認めるのでないのなら、憎々しげに自分の肉体を深く傷つけることはないだろう。激しい怒りの破裂も、その底にはあきらめがある。少年が父親や世界に反抗するときは、効果的に暴力をふるう。仲間に言いがかりをつけ、殴り合う。げんこつによって主体であることを明確にする。自分を世界に認めさせ、世界を超越するのだ。しかし、若い娘には自分を主張し、自分を認めさせることが許されないので、まさにそのために、心のなかにあれほどの反抗心が生まれるのだ。彼女は社会を変えようとも、社会から浮かび上がろうとも思わない。束縛されていることを知っており、少なくともそう思っており、多分そう望んでさえいる。だから、壊すことしかできない。憤怒《ふんぬ》のなかには絶望がある。いらいらする晩にはコップやガラス、花瓶を割る。これは運命を克服するためではない。かたちばかりの抗議にすぎないのだ。少女は現在の無力をとおして、未来の隷従《れいじゅう》に反逆する。おまけに少女の怒りの爆発は無駄骨で、束縛から解放するどころか、しばしば束縛を強めるだけなのだ。自分自身に対する、あるいは自分を取り巻く世界に対する暴力は、つねにマイナスの性格をもっている。効果をもたらすというより、人目を引いてしまう。岩に登ったり、仲間と殴り合う少年は、肉体的な苦痛や傷、瘤《こぶ》を、自分が没頭している積極的な活動の取るに足りない結果とみる。少年はわざわざそれを求めもしなければ、そのために逃げもしない（劣等感のために女と同じ状況に置かれた場合以外は）。

一方、少女は苦しむ自分を見つめる。暴力や反抗の結果に興味をもつよりも、むしろ自分自身の心のなかに暴力や反抗への性向を求める。子どもの世界からほんとうに脱出できないのか脱出したくないのか、そこにしっかり錨（いかり）を下ろしたままなので、倒錯症が起きる。籠《かご》から出ようとするより、むしろ籠のなかでもがく。少女の態度は否定的で内省的で象徴的なものでしかない。倒錯症が困ったかたちで出る場合もある。盗癖のある生娘はかなり多い。盗癖は非常に説明しにくい「性的昇華」だ。たしかに、万引をする娘にあっては、法律に違反してタブーを犯す意志、禁じられた危険な行為のもたらす陶酔がきわめて重要だ。しかし、これには二つの側面がある。権利がないのに物を盗るのは、傲慢に自律性を主張し、盗品と盗みを非難する社会を前にして主体として振る舞い、既成の秩序を拒否し、その番人に挑戦することである。だが、この挑戦にはマゾヒスト的な側面もある。万引をする娘は危険を冒すことに、捕まれば落ちる奈落《ならく》に引かれる。捕まる危険があるから盗みは非常に官能的な魅力をもつのだ。だから、非難に満ちた視線のもとで、肩に置かれた手の下で、恥辱のなかで、娘は客体として助けを求めることなく完全に自己を実現するのだ。獲物になる不安のなかで捕まらずに盗むこと、それは思春期にある女のセクシュアリティの危険な遊びだ。

若い娘に見られる倒錯した違法行為のすべてに、これと同じ意味がある。もっぱら匿《とく》名《めい》の手紙を送る娘がいる。周囲の人をだまして喜ぶものもいる。十四歳の少女は、ある家に幽霊が出ると村中を信じ込ませた。彼女たちは自分の力をこっそり試し、社会に反抗し、挑戦し、仮面を剝《は》がされる危険を同時に楽しむ。これは快楽の非常に重要な要素なので、たいていは自分から仮面をはずす。さらにやっていない過《あやま》ちあるいは罪を認めることさえある。客体になることを拒否しているうちにふたたび客体になってしまうのは驚くにあたらない。これはあらゆる否定的な強迫観念に共通する過程だ。ヒステリー性麻痺《まひ》の場合、患者は麻痺を恐れながら、麻痺を望み、すると実際に麻痺が起きる。これはたった一つの感情の動きから生じる。つまり、麻痺のことを考えるのをやめなければ治らない、ということだ。精神衰弱患者のチックも同様だ。若い娘が偏執、チック、反抗、倒錯症といったタイプの神経症患者に似るのは、その自己欺瞞の深さのためだ。すでに指摘した欲望と不安の両面感情のせいで、若い娘たちのなかには多くの神経症の症状が見受けられる。たとえば「家出」はかなり頻繁に行なわれる。あてもなく出て行って親の家から遠く離れてさまよい、二、三日後に自分から帰ってくる。それはほんとうの出発、家族との断絶という真実の行為ではない。単なる脱出劇で、まわりの人から、ずっとかくまってあげると言われると、たいていはとても戸惑ってしまう。ちょっと離れたいだけで、そんなことは望んでいないのだ。家出は、ときに売春の幻想と結びつく。娼婦《しょうふ》になるのを夢見て、多かれ少なかれおずおずと、その役を演じる娘もいる。派手な化粧をし、窓に寄りかかり、通行人に流し目をする。場合によっては家を出る。芝居が行き過ぎて現実と混同するのだ。この行為には性的欲望に対する嫌悪、罪の意識が現われていることがよくある。「こうした考え、欲望をもつのだから私は娼婦のようなものだ、私は娼婦だ」と彼女は考える。ときにはそこから解放されようとする。けりをつけよう、最後まで行ってやれ、と思う。どんな男にも身を任せ、性行為は大したことではない、と自分に証明しようとする。

同時に、こうした態度が、母親の厳しい貞節を嫌っているにせよ母親自身の身持ちが悪いのではないかと疑っているにせよ、娘の母親に対する敵意を表わしていることがしばしばある。あるいは、無関心すぎる父親に対する恨みを表明しているのだ。いずれにせよこの強迫観念には――すでに触れた、そしてこれによく結びつけられる仮想妊娠の場合と同じように――精神衰弱性幻惑の特徴である、反抗と共犯のもつれ合った錯乱が見出《みいだ》される。娘がこうした行為すべてにおいて、自然と社会の秩序を越えようとはせず、可能性の限界を広げようとも価値基準を変えようともしないのは、注目すべきである。境界と掟が保全されている既存の社会の真ん中で、反抗を示すだけで満足している。これはよく「悪魔的」と定義される態度で、本質的に、現実のごまかしを前提としている。善は嘲弄されるために認められ、規則は違反するために定められ、聖なるものは、冒瀆が可能になるように敬われるのだ。若い娘の態度の大部分は、自己欺瞞という不安の闇《やみ》のなかで、彼女が世界と自分自身の運命を受け入れながら拒否していることから説明される。

それでも、娘は置かれた状況に消極的に異議を唱えるだけではない。その不十分なところを補おうともする。娘は未来に脅《おびや》かされ、現在に不満だ。女になるのを躊躇《ちゅうちょ》する。まだ子どもであることに苛立《いらだ》つ。すでに過去とは別れた。だが、新しい生活には参加していない。時間はつぶれるが、何をするわけでもない。何をするわけでもないから何をいもつわけでもないし、何ものでもないのだ。娘は茶番とまやかしでこの空白を埋めようとする。ずるくて嘘《うそ》つきで「作り話」をする、とよく非難される。事実は、秘密と嘘が彼女の運命なのだ。女は、十六歳で、すでにつらい試練を経ている。思春期、月経、性の目覚め、最初のときめき、最初の情熱、恐怖、嫌悪《けんお》、いかがわしい経験、こうしたものすべてを心に閉じ込めた。注意深く秘密を守ることを学んだのだ。生理用ナプキンを隠し、月経を秘密にしなければならないというだけで、すでに嘘へと誘《いざな》われる。『過去の人々』という小説のなかでキャサリン・アン・ポーター[*1]は、一九〇〇年頃のアメリカ南部の娘たちはダンスパーティーに行くとき、月経を止めるために食塩とレモンの混合液を飲んでは気分が悪くなっていた、と書いている。隈《くま》のできた目、手の感触、たぶん、匂《にお》いから自分の状態が相手の青年にわかるのではないかと思い、そう考えると気が動転してしまったのだ。股間《こかん》に血のついた下着を感じるとき、もっと一般的にいえば、自分が肉体であるという生来の不幸を知ったとき、アイドル、妖精《ようせい》、遠い国のお姫様を演じるのはむずかしい。羞恥心《しゅうちしん》とは、自分が肉体としてとらえられることを反射的に拒否することであり、偽善に通じている。しかしとくに、思春期の娘に強いられる嘘とは、自分を不安定でばらばらの存在のように感じ、自分の欠陥を知っているのに、自分が客体であるかのように、それも見事な客体であるかのように装《よそお》わなければならない

＊1　一八九〇－一九八〇、アメリカの女性作家。

ことだ。化粧、パーマ、ゲピエール〔ウエストを締める下着〕、「パット入り」ブラジャーは嘘である。顔そのものが仮面になる。技巧的にいかにも自然な表情を漂わせ、受け身でうっとりとしたふりをする。女の機能が発揮されているときの姿態をとつぜん見つけて、その日頃の様子を知っていたりすると、もうこれ以上の驚きはない。彼女の超越性†は変節し、内在性†を模倣する。視線はもはや感じとるのではなく、映し出す。身体はもう生きるのではない。待つのだ。すべての身振り、微笑が呼びかけになる。若い娘は無防備で、どうにでもなり、もう差し出された花、摘み取られる果実でしかない。男は釣り上げられたくて、娘をそそのかして餌《えさ》をまく気にさせる。そのあと男は苛立ち、非難する。しかし、手練手管のない少女に対しては冷淡そのもので、反感さえ抱く。男は罠《わな》を張る女にしか誘惑されない。差し出されている女の方が獲物をねらうのだ。受け身は企てに役立ち、娘は弱さを自分の力の道具とする。正面切って攻撃するのは禁じられているから、駆け引きと計算をするしかない。しかも、娘の強みはただで差し出されているように見えることだ。だから、不実だ、裏切り者だと非難されることになるだろう。たしかにそうだ。だが、男が支配を要求するから、男に服従の神話を捧《ささ》げざるをえない、というのもほんとうだ。それに、そんなときに最も本質的な主張を断念するようにと娘に要求できるだろうか。媚《こ》びはもともと変質するしかないだろう。それに、娘はただ単に熟慮の末の策略によってごまかすのではない。すべての道はふさがれ、するのは許されず、あるべきである、というのだから、どうしようもない不運が頭上にのしかかっているのだ。子どもの頃は踊り子や聖女を気取った。のちには自分自身を気取る。真実とはいったい何か。娘が閉じ込められている領域では、これは意味のない言葉だ。真実、それはあばかれた現実であり、暴露は行為によってなされる。しかし、娘は行動しない。

若い娘にとって、日常生活の平凡な記録よりも、自分自身について自分に物語る――そして他人にもしばしば物語る――絵空事の方が、自分のなかに感じている可能性をよく表わしてくれると思われる。若い娘には自分の大きさを計る手段がない。それで、芝居をして自分を慰める。ある人物を演じ、その人物に重きをおかせようとする。明確な活動をとおして個性を発揮することができないので、突飛な行動で目立とうとする。この男社会で自分には責任がなく、取るに足りない存在であるのを知っている。だから、「もめごとを起こす」ほかに本気ですることがないのだ。ジロドゥー[*1]のエレクトラ[*2]はいつももめごとを起こす女だ。本物の剣で実際に殺人をなしとげるのはもっぱらオレステスの役目なのだから。娘は注意を引いて員数に入るために、子どものようにいざこざや怒りで疲れ果て、傷つき、ヒステリー障害を起こす。他人の運命に介入するのも員数に入るためだ。手段はなんでもよい。秘密をあばき、秘密をこしらえ、裏切り、中傷する。生活そのものに救いを見出せないから、生きていると感じるためには、周囲に悲劇が必

＊1　一八八二―一九四四、フランスの作家。
＊2　ギリシア神話。父アガメムノンを殺した母クリュタイムネストラを、弟オレステスに協力して殺害する。

要なのだ。気まぐれなのも同じ理由からだ。私たちが生み出す幻想、心を紛らわすイメージは矛盾している。行動だけが多様な時間を統一する。若い娘はほんとうの意志ではなく、ただ欲望を抱き、脈絡もなくあちらからこちらへと飛び移る。この脈絡のなさがときに危険になるのは、夢想のなかで参加しているだけなのに、瞬間ごとに、自分のすべてをかけて参加するからだ。娘は非妥協的で要求の多い立場をとる。決定的なもの、絶対的なものを好む。未来を自由にできないので、永遠なるものを手に入れようとするのだ。マリー・ルネリュは「けっしてあきらめまい。いつでもすべてを望もう。人生を受け入れるためには人生が好きでなければならない」と書く。ジャン・アヌイ[*1]のアンチゴーヌ〔ギリシア神話。オイディプスの娘〕は、この言葉に答えて「すべてを、いますぐ望みます」と言う。この子どもじみた帝国主義は、自分の運命を夢見る人だけに見られる。夢は時間と障害物を消滅させるが、現実性の乏しさを補うために過激になる必要がある。ほんとうの計画をもつ人はみんな有限性を知っているが、これはその人に具体的な力がある証拠なのだ。若い娘は自分に属するものが何もないからすべてを受け取りたがる。このために、大人、とくに男の前で、「恐るべき子ども」の性格が出るのだ。若い娘は、人が現実の世界に組み込まれるときに課せられる制限を認めない。制限を越えてごらんと、人を挑発するのだ。たとえば、ヒルデ[*2]はスールネスが王国をくれるのを待つ。王国を征服しなければならないのはヒルデではない。だから、あくまでも王国をほしがる。スールネスに、かつて建てられたうちで最も高い塔を建てて、「建てたところまで高く登っていく」ことを要求する。彼は登るのをためらい、めまいを恐れる。地上に残って見守るヒルデは偶発性と人間の弱さを否定し、現実が大きな夢に制限を加えるのを許さない。彼女には大人がいつもこせこせと用心ばかりしているように見える。自分は危険にさらすものを何ももたないから、どんな危険を前にしてもしり込みすることがない。夢のなかで途方もない大胆な試みをして、ほんとうに私と同じことができるかと、大人を挑発する。実際の試練にかけられる機会がないから、反駁《はんばく》をおそれることなく最もすばらしい勇気の持ち主を気取る。

しかしまた、この抑制のないところから不安定さが生まれる。彼女は自分が無限であると夢想する。とはいえ、他人の賞賛のまとになると思う人物のなかに自分を疎外《そがい》する。人物の選択は他人の意識に左右される。自分と同一視するこの分身、受け身でその存在の影響を受けるこの分身のなかにあって、彼女は危うさにさらされる。それで怒りっぽくて、虚栄心が強いのだ。その人が少しでも批判され、からかわれると、自分自身が危うくなる。彼女が自分の価値を引き出すのは、自分の努力ではなく気まぐれな支持によるる。それは個々の活動によって決まるのではなく、世評という全体の声で定まる。だから、数量的に計算できるように見える。商品はありふれてしまえばその価格は下がる。たとえば、若い娘が傑出して、例外的で、注目に値し、並外れているのは、ほかに誰も

＊1　一九一〇‐八七、フランスの劇作家。『アンチゴーヌ』はその代表作。
＊2　〔原注〕イプセン『スールネス建築士』参照。

そういうものがいないときだけなのだ。仲間はライバル、敵である。仲間をけなし、否認しようとする。若い娘は嫉妬《しっと》深くて意地悪だ。

　思春期の娘が非難される欠点は、どれも彼女の状況を現わしているにすぎないことがわかる。希望と野心を抱く年頃に、生きる意欲、現実に場所を得ようとする意欲が高まる年頃に、自分が受動的で従属的であるのを知るというのはつらい条件だ。女はこの自信に満ちた年頃に、自分にはどんな征服も許されず、自分を否認しなければならず、自分の未来が男たちの意志にかかっているのを知るのだ。社会的なことでも性的なことでも、新しい息吹《いぶき》が女のなかに目覚めても、満たされないままでいるよう強いられる。生の躍動も精神の躍動もすべて、すぐに阻《はば》まれてしまう。心の安定を取り戻すのに苦労するのはもっともだ。情緒不安定、涙、ヒステリーは、生理的な弱さの結果というより、深刻な不適応のしるしなのだ。

　しかし、若い娘が本来†の道でない無数の他の道を通って逃れるこの状況、これを若い娘が真正に受けとめることもある。自分の欠点にうんざりする。だがときには、独特の長所に驚かされる。どちらも源は同じだ。若い娘は世界の拒絶を、不安な待ち時間を、自分の無意味さを踏み台にする。そしてそのとき、自分の孤独と自由のなかから浮かび上がることができる。

　娘は心を明かさず、苦悩し、錯綜《さくそう》した葛藤《かっとう》にさらされる。こうした複雑さは娘を豊かにする。娘の内面生活は兄弟より奥深く展開する。自分の心の動きに兄弟より注意を払うので、心はいっそう陰影と変化に富むようになる。外部の目的に向かっている少年たちよりも、心理的感覚は豊かだ。娘は、自分を世界に対立させるこうした反抗に重みを加えることができる。真面目《まじめ》と順応主義の罠はよける。周囲の人々が共謀してつく嘘は、娘の皮肉に出会い、鋭い目で射貫かれる。娘は日々、自分の条件の両義性を経験する。だから、不毛な抗議を越えて、定着している楽観主義、型にはまった価値観、偽善的で安心させる道徳を問い直す勇気をもてるのだ。これが、『フロス河の水車場』のなかで、あのマギーが示してくれた感動的な例であり、ジョージ・エリオットはヴィクトリア朝のイギリスに対して抱いた青春時代の疑いとけなげな反逆をマギーに込めたのだ。男の主人公たち——とくにマギーの兄トム——は、みんなが受け入れている考え方をあくまで肯定し、道徳を形式的な規則に固定する。マギーはそこに活気ある息吹を吹き込もうとし、それらを引っくり返し、孤独の果てまで行き、そして硬直化した男の世界の彼方《かなた》に、純粋な自由として現われてくる。

思春期の娘はこの自由を消極的にしか使えない。だが、娘の柔軟な思考は、貴重な感受性を生み出すことができる。そこで、娘は献身的で、注意深く、ものわかりがよく、愛情豊かに振る舞う。ロザモンド・レーマンの描く女主人公たちは、こうした素直な心の広さのせいで際立《きわだ》っている。『ワルツへの招待』では、まだ内気でぎこちなく、男の気をそそるには程遠いオリヴィアが、翌日デビューする社交界を、感動に満ちた好奇心をもって探求するさまが見られる。かたわらに次々とやって来る踊り相手の言うことを心底から聞き、彼らの望むとおりに答えようとし、彼らのこだまとなり、感動に震え、差し出されるものすべてを受け入れる。『砂ぼこり』の女主人公ジュディも、同じような魅力的な資質の持ち主だ。彼女は子ども時代の楽しみごとを捨てない。夜、公園の小川で一糸まとわず泳ぐのが好きだ。自然、本、美、人生を愛する。ナルシストのように自分を崇《あが》めたりしない。嘘がなく、自己中心的でないジュディは、男たちをとおして自分の自我を称《たた》えようとはしない。ジュディの愛は与えることなのだ。男だろうと女だろうと、ジェニファーだろうとロディだろうと、魅《ひ》かれればどんな人物にも愛を捧げる。自分を失うことなく自分を捧げる。自立した学生の生活を送り、自分の世界、自分の計画をもっているのだ。しかし、少年と違うのは、その待つ姿勢、優しい従順さだ。ジュディはそれでも微妙に〈他者〉の方を向く。〈他者〉は、彼女の目には素晴らしい広がりをもっているように見え、ジュディは隣の家族の青年たち全員、彼らの家、彼らの姉妹、彼らの世界を一度に愛してしまうほどだ。友としてではなく〈他者〉としてのジェニファーに引かれるのだ。そして、ロディとその従兄弟《いとこ》たちを、彼らに順応し彼らの望みに合わせせられる素質によって魅了する。彼女は忍耐、温和、甘受そして沈黙の苦悩だ。

マーガレット・ケネディの『永遠の処女』のなかで、飾らず、野性的で献身的なテッサは、慈《いつく》しむ人々を心に受け入れるそのやり方によって、ジュディとは違うが、また魅力的に見える。テッサは何事も自分から放棄するのを拒む。装身具、化粧品、偽装、偽善、わざとらしいお愛想、慎重さ、女の従順さが大嫌いだ。愛されたいと願うが、仮面はつけない。ルイスの気分に従う。だが、卑屈にならない。ルイスを理解し、一緒になって感動する。しかし、もし口論すれば、テッサを愛撫《あいぶ》で服従させられないのはルイスが知っている。居丈高で虚栄心の強いフローレンスは接吻《せっぷん》で征服されるのに、テッサの方は、恋をしながら自由であるという驚くべきことに成功し、そのために、敵愾心《てきがいしん》も傲《ごう》慢《まん》さももたずに愛することができる。飾り気のなさは、技巧がもつあらゆる魅力をそなえている。けっして気に入られるために自分を損なわず、卑下せず、あるいは客体に自分を固定したりしない。音楽的創造に全存在をかけた芸術家たちに囲まれていても、自分のなかにそうした貪欲《どんよく》な悪魔を感じない。全身全霊で彼らを愛し、理解し、助けることに没頭する。努力しなくても、優しく自然な寛大さからそうしているのであり、だから、他人のために我を忘れても、完全に自律しているのだ。この純粋な本来性†のおかげで、思春期の葛藤を免れている。世界の厳しさには苦しむかもしれないが、自分自身の内部は分裂しない。のんきな子どものように、そして同時に、非常に賢明な女のように、調和がとれているのだ。繊細で寛大で、感受性が鋭くて情熱的な娘は、大恋愛をする準備がすっかり整っている。

　恋愛に出会わなければ、詩に出会うことがある。娘は行動しないのだから、見て、感じて、記録する。ある色、ある微笑が心の琴線に触れる。というのも、娘の運命は外部に、すでに建設された町に、成熟した男の顔の上に散らばっているのだから。娘は青年よりも夢中になって、同時になんの見返りを求めずに、触れ、味わうのだ。人間の世界にうまく溶け込めず適応しにくいので、子どものようにそれを見ることができる。ものごとに影響力をもつことだけに関心をもつのではなく、その意味にこだわる。ものごとの変わった特徴、思いがけない変貌《へんぼう》をとらえる。自分のなかに創造する勇気を感じることはめったになく、しばしば自己表現する技術にも欠けている。しかし、会話、手紙、随筆、書きなぐったもののなかに独創的な感受性の見られることがある。若い娘は、まだ超越性が損なわれていないから、熱心にものごとに身を投じていく。そして、何もなしとげていないし、何者でもないために、飛翔《ひしよう》にはますます熱がこもる。空虚で無限の娘が、無のただなかにあって到達しようと求めるもの、それは〈全〉である。だから、彼女は〈自然〉に独特な愛を捧げる。思春期の青年よりもいっそう自然を崇拝する。制圧されない、人間的でない〈自然〉は、非常に明瞭《めいりよう》に、存在するもの全体を示す。思春期の娘はまだ世界のどんな小さな部分も手に入れていない。手に入れていないせいで、世界は丸ごと娘の王国なのだ。それを所有するとき、娘は誇らしげに自分自身も所有する。コレットはしばしばこの青春の大饗宴《だいきようえん》の話を書いた。

なぜなら、私はもう夜明けが好きになっていたので、ご褒美《ほうび》に母は許してくれた。私は三時半に起こしてもらい、両腕に一つずつ空の籠《かご》をもち、小川の小さな起伏に隠れている菜園の方へ、イチゴ、クロスグリ、とげのあるグーズベリーの方へと行ったものだ。

三時半にはあらゆるものが本来の、湿ってあいまいな青色のなかにまどろんでいて、砂道をおりていくと、重みでよどんだ霧が、まず私の脚を、それから形のよい小さな上半身を包み、体のどの部分よりも感じやすい唇、耳、鼻へと漂ってくる……私はこの道でこの時刻に私の価値を、言葉につくせない恵みを感じ、最初に吹く風、最初の小鳥、昇ったばかりでゆがんだ、まだ楕円形《だえんけい》の太陽と共謀しているような気がしたものだ……私は最初のミサの鐘で帰宅した。とはいえ好きなだけ食べ、たった一匹で狩りをする犬のように森のなかを大きく一回りし、私の大切な、忘れられた二つの泉の水を味わってからのことだったが……（『シド』）

メアリー・ウェッブ[*1]もまた『ドーマーの森の家』のなかで、若い娘が見慣れた風景にくつろいで味わう熱烈な歓喜を描いている。

家のなかの空気があまり険悪になると、アンバーの神経は切れんばかりに緊張した。そのようなとき、アンバーは丘を通って森まで行ったものだ。すると、ドーマーの人々は掟《おきて》の支配下に生きているのに、森は衝動だけで生きているように見えた。アンバーは自然の美にすっかり目覚め、美を独特に認識するようになった。共通点

＊1　一八八三－一九二七、イギリスの女性作家。

が見えはじめた。もう自然は小さな細部をたまたま寄せ集めたものではなく、ある調和、厳粛で荘厳《そうごん》な一編の詩なのだ。ここは美が支配し、花や、星の光でもない光が輝いていた……神秘的で魅力的なかすかなわななきが、光のように森中を駆けぬけたように思われた。……アンバーがこの緑の世界に行くのは、なにか宗教儀式のようだった。すべてが穏やかなある朝、アンバーは〈小鳥の果樹園〉に上った。こせこせしていらだたしい一日が始まる前に、彼女はよくそうした……小鳥の世界の常軌を逸した支離滅裂に、いくらか元気を取り戻したものだ……ついに〈森〉の頂上に到着する。すると、たちまち美との格闘になる。自然との会話には、アンバーにとって文字通りなにか戦いのようなもの、「お前が私を讃《たた》えるまで、お前を行かせないよ……」と命じる、なにか気配のようなものがあった。野生のリンゴの木の幹に寄り掛かっていると、一種の心の聴覚によって、アンバーはとつぜん樹液が上っていくのを感じた。それは非常に生き生きとして力強く、潮のように鳴っている気がした。そのあと、花が房状になって咲く木の下をそよ風が駆けぬけると、現実の音に、風変わりな葉の演説に目覚めた……花びら、葉っぱの一枚一枚が音楽を口ずさんでいるようだった。そして、この音楽もまたそのゆかりの深さを思い出させるものだった。優しくふくらんだこれらの花は、その可憐《かれん》さからすればあまりに重厚なこだまに満ちているように思えた……丘のうえからかぐわしい風がさっと吹いて枝のあいだに滑り込んだ。形があり、形の死すべき運命を知っている事物は、そこを通る、形のない、表現できない事物を前にして、おののいた。これがあるおかげで森はもはや単なる集団ではなく、星座のような、輝かしいひと揃《そろ》いのまとまりなのだ……これ自体が、持続的で不変の存在のなかに自己を保っていた。このことは、自然が生息するこの場所でアンバーを引きつけ、息がとまるほどの好奇心でとらえた。そのために、いま、アンバーは独特な恍惚感《こうこつかん》のなかで動けなくなっていた……

エミリィ・ブロンテ[*1]やアンナ・ド・ノアイユのような、さまざまな女が青春時代に──さらにその後生涯を通じて──同じような情熱を経験した。

引用した文章は、思春期の娘が畑と森にどんな救いを見出《みいだ》すかをよく示している。父親の家では母親、決まり、習慣、日常の惰性が支配しており、娘はこうした過去に別れを告げたい。今度は自分が絶対的主体になりたい。しかし、社会的には、妻になることによってしか大人の生活に到達できない。娘は自己放棄と引きかえに解放を手に入れる。他方、動植物のあいだでは娘は人間だ。家族と男から同時に解放され、主体、自由なのだ。森の秘密のなかに自分の魂の孤独のイメージを、平原の広い地平線に超越の明確な姿を見出す。自分自身、あの果てしない荒れ地であり、空にそびえるあの木の梢《こずえ》である。

＊1　一八一八－四八、イギリスの女性作家。

見知らぬ未来に向かうあの道、それを辿《たど》ることができるし、辿るだろう。丘の頂上に座り、足元に広がり、差し出された世界の富をすべて支配する。水のきらめき、光のゆらめきを通して、これまで知らなかった歓喜、涙、恍惚を予感する。池のさざ波、太陽の黒点は、彼女自身の心の冒険を、娘に漠然と予告しているのだ。匂《にお》い、色は不思議な言語をしゃべるが、その言語の「生」という言葉が、申し分のない明瞭さで浮かび上がってくる。存在は、役所の帳簿に登録される抽象的な運命であるだけでなく、未来であり、肉体という財産である。肉体をもつことはもう恥ずかしい欠陥とは思われない。思春期の娘は、母親の視線のもとで拒絶するあの欲望のなかに、木のなかをのぼる樹液を確認する。もう呪《のろ》いはとけ、葉や花との類似性を堂々と主張する。娘は花冠をくしゃくしゃにして、生身の獲物が彼女の空の手をいつか満たすことを知るのだ。肉体はもう汚《けが》れではない。歓喜と美なのだ。空や荒れ地と融合した娘は、世界を活気づけ、燃え立たせるあの判然としない息吹であり、ヒースの一枝だ。土に根を下ろした個人、無限の意識である娘は、精神であり生命だ。その存在は、大地そのものの存在のように、絶対的で決定的だ。

娘はときおり〈自然〉の彼方に、なおいっそう遠大でまばゆい現実を求める。神秘的恍惚に浸りたいと思う。信仰の時代には、多くの若い女の魂が神に、自分たちの存在の空白を埋めてくれるように求めた。シエナの聖女カタリナ〔十四世紀イタリアのドミニコ会修道女〕、アヴィラの聖女テレサ〔十六世紀スペインの修道女〕は、幼年期にその天性を現わした。[*1]ジャンヌ・ダルクは若い娘だった。その他の時代なら、最高の目標となったのは人間だ。だから、神秘的な気持ちの高まりは明確な計画となって現われる。しかしやはり、絶対に対する若い欲求はロラン夫人、[*2]ローザ・ルクセンブルク[*3]のなかに火をともし、その火が彼女たちの生を養った。娘は隷属《れいぞく》のなか、欠乏のなか、拒否の奥底から、最も大胆な試みを汲《く》み出すことができる。詩に出会う。ヒロイズムにも出会う。社会にうまく溶け込めないという事実を受け止める一つのやり方は、その限られた地平線を乗り越えることだ。

もって生まれた豊かさと力、幸運な環境のために、大人の生活に入ってからも思春期の情熱的な計画を続けられる女も何人かはいる。しかし、これは例外だ。ジョージ・エリオットがマギー・タリヴァーを、マーガレット・ケネディがテッサを死なせてしまうのは理由のないことではない。これはブロンテ姉妹[*4]が体験した厳しい運命だ。若い娘は弱くてもたった一人でも世界に立ち向かうので感動を誘う。だが世界の力はあまりに強い。強情に世界を拒否していると挫折《ざせつ》する。辛辣《しんらつ》さと機知の独創性でヨーロッパを魅惑したベル・ド・ゾイレン[*5]に、求婚者たちはみなたじろいだ。譲歩をいっさい拒否したの

＊1　〔原注〕女の神秘的信仰の特異な性格については後述する。
＊2　フランス革命で夫とともに活躍。反対派に処刑される。
＊3　一八七〇－一九一九、ポーランドの社会主義者、経済学者。
＊4　シャーロット、エミリィ、アン。イギリスの女性作家三姉妹。

で、長いあいだやむなく独身だったが、彼女は「処女と殉教者」という表現は冗語法〔同義の表現を繰り返し用いること〕だと明言していたから、独身というのは重荷だった。こうした頑固さは珍しい。多くの場合、娘は闘いがあまりに一方的であるのを知って、結局譲歩する。ディドロ[*1]はソフィー・ヴォラン[*2]に「あなた方はみな十五歳で死ぬのです」と書き送っている。闘いが――たいていそうであるように――かたちばかりの反抗でしかなかったとき、敗北は確実だ。少女は、夢のなかでは要求が多く、希望に満ちているが受動的で、大人の憐《あわ》れみ混じりの微笑を誘う。大人は娘をあきらめに導くのだ。そして、実際、反抗的で風変わりな子どもと別れたのに、二年後に再会すると、落ち着いて、女の一生に同意する準備ができている。これはコレットがヴァンカに予言する運命だ。モーリヤック[*3]の初期の小説の女主人公たちも、このように描かれている。思春期の危機は、ラガーシュ博士[*4]が「喪の仕事」と呼ぶものに似た、一種の「仕事」である。娘は子ども時代を、自分という自律した絶対的なあの個人を、ゆっくり埋葬する。そして、大人の生活におとなしく入っていく。

もちろん年齢だけで、はっきり類別できるわけではない。一生、子どもっぽい女もいる。ここに記した行動は、ときには年齢を重ねたあとまで続く。しかしながら、全体として十五歳の「若い娘」と「年頃の娘」には大きな違いがある。後者は現実に適応している。もうほとんど想像によって動くことはなく、以前ほどには自分のなかで分裂していない。マリー・バシュキルツェフは十八歳の頃、次のように書いた。

青春時代の終わりに近づけば近づくほど、無感動が私をおおうようになる。私はすべてに心をかき乱されていたものだが、いま私の心をかき乱すものはほとんどない。

イレーヌ・ルウェリオティはこう書きとめる。

男に受け入れられるためには、男のように考え、行動しなければならない。そうしないとあなたは嫌われ者になり、孤独があなたの運命となる。私はいまは孤独はもうたくさん、大勢の人に、私のまわりどころか私と一緒に、いてほしい……いまを生きること、そしてもう存在するのをやめること、待ち、夢見て、口を閉じ体を動かさずすべてを自分のなかで語ること。

＊5　（199頁）一七四〇－一八〇五、シャリエール夫人の愛称で、ゾイレンの美女の意味。
＊1　一七一三－八四、フランスの啓蒙《けいもう》思想家。
＊2　一七一七頃－八四、ディドロの愛人。
＊3　一八八五－一九七〇、フランスの作家。
＊4　一九〇三－七二、フランスの精神分析学者。

さらに次のように記す。

あまりにお世辞を言われたり言い寄られたりするので、私は非常に野心的になった。それはもう十五歳の頃の、おののき感嘆するような幸福ではない。人生に仕返しをする、のしあがるという、冷たく厳しい一種の陶酔だ。恋のまねごとをし、愛するふりをする。だが、愛しはしない……より知的に、より冷静になり、日常もより明敏になる。心は失われていく。割れ目のようなものが生じた……私は二ヵ月で子ども時代に別れを告げた。

次の十九歳の娘[*1]の打ち明け話も、ほとんど同じ調子だ。

ああ、今世紀と相入れないような心の状態と、その今世紀からの呼びかけとのあいだに、かつてなんという葛藤《かっとう》があったことか！　いまは穏やかな心持ちだ。新しい偉大な思想は、それぞれ私のなかに入って不快な大混乱を引き起こしてたえず破壊と再構築を繰り返すのではなく、すでに私のなかにあったものと見事に適合する……いま私は理論的思考から日常生活へと、ゆっくりと立ち止まることなく移っている。

娘は——とくに醜くないかぎり——結局、自分が女であることを受け入れる。そして、たいていは、最終的に自分の運命に落ち着くまで、そこから引き出される快楽と勝利を気ままに享受《きょうじゅ》して幸福だ。どんな義務もまだ要求されず、責任もなく自由な待ち時間にいて、といって、現在は一つのステップに過ぎないのだから、娘にとってそれは空白とも期待外れとも思われない。化粧と恋の戯《たわむ》れにはまだ遊びの軽さがあり、未来の夢がその無意味さを隠してくれる。ヴァージニア・ウルフ[*2]は、夜会に出ている一人のコケティッシュな娘の印象をそのように描く。

暗がりのなかで私は自分が輝いているのを感じる。絹のストッキングをはいた両足がやさしくこすれ合う。ネックレスの宝石がのどもとにひんやりとおさまっている。着飾って、用意はできたわ……髪は理想的にカールしている。唇は念入りに赤く塗ってある。階段を上がって行くあの男の方や女の方たちの仲間入りをしても大丈夫。あの方々は私の仲間。私がみなを見つめたように、私はみなの視線にさらされて、みなの前を通る……この香りのなかに、輝きのなかに、巻いていた葉を広げるシダのように、私は開く……私のなかに無数の能力が生まれるのを感じる。私は

＊1　〔原注〕ドベス『思春期自立危機』。
＊2　一八八二‐一九四一、イギリスの女性作家。

次々とお茶目になったり、陽気になったり、しょんぼりしたり、ものうげになったりする。深い根を張ってはいるけれど、私はゆらめく。全身金色になって、あちらに揺れて、その青年に「いらっしゃいな……」と言う。近づいて来る。私の方に来るわ。いままでに経験したことのないときめきの瞬間。どぎまぎする。私はゆらめく……サテンのドレスを着た私と、黒と白ずくめの青年が、こうして一緒に座っていると、私たち素敵でしょ。私の仲間は、男の方も女の方もみな、いまは私をしげしげ見ているかもしれない。こんどは私がみなを見てあげる。私はあなた方の一人。ここは私の世界……ドアが開く。ひっきりなしに開く。この次開いたらたぶん、それで私の人生はすっかり変わる……ドアが開くわ。「あら、いらっしゃい」と、大輪の金の花のように、私がその青年の方に身をかがめて言うと、その青年は私の方に来る。(『波』)

しかし、若い娘は成熟すればするほど母親の権威に圧迫されるようになる。もし、家で家事に従事する生活をしていれば、手伝いでしかないことに悩み、自分の家庭、自分の子どものために働きたいと思うだろう。しばしば、母親に対するライバル意識がつのる。とくに、弟妹がまだ生まれるようだと、姉はいらいらする。母親の「兵役は終わった」、これからは自分が子を作り、権力をふるう番だ、と思っているのだ。もし、家の外で働いていれば、帰宅すると自律した個人でなく、まだ単なる家族の一員のように扱われるのに悩む。

以前ほど空想にふけったりせず、恋愛よりも結婚のことをはるかに考えはじめる。もう未来の夫をきらびやかな栄光で飾りたてたりしない。娘が望むこと、それはこの世に安定した場を得ること、妻の生活を始めることなのだ。V・ウルフは田舎の裕福な娘の夢想をそんな風に描く。

もうすぐ、スイカズラのまわりをミツバチが飛びまわる暑い昼時になると、恋人が来るわ。あの人がたった一言発すると、私は一言だけ答える。私のなかにできたものをあの人にみなあげよう。子どもをもつわ。エプロンを付けた女中とほうきをもった下働き女中を雇うわ。台所をもつわ。病気の子羊をバスケットにいれて温めにいったり、ハムが梁《はり》からぶら下がっていたり、数珠《じゆず》つなぎのタマネギが輝いている台所を。私は母と同じようになるわ。黙って、青いエプロンを付け、手に戸棚の鍵《かぎ》をもつの。(『波』)

同じような夢は、哀れなプルー・サーンにも取りついている。

一度も結婚しないというのは実に恐ろしい運命だと思ってました。娘はみな結婚します。そして娘が結婚するときは一軒の家とたぶん、夕方、夫の帰ってくる時刻にともすランプを調達します。ろうそくしかなくてもまったく同じこと、窓のそばに置きますから。すると、夫は「妻がいる、ろうそくを付けたな」と思います。そして、いつかビギルディ夫人が葦《あし》の揺籠《ゆりかご》を作ってくれる日が来ます。そしてまたいつか、厳かできれいな赤ん坊がお目見えし、洗礼式の招待状が送られます。そして、隣人たちは、女王蜂《ばち》のまわりのミツバチのように、母親のそばに駆けつけます。ものごとがうまくいかないとき、私はよく「なんでもないわ、プルー・サーン、いつかあなたは自分の蜜房《みつぼう》の女王になるわ」とひとりごとを言ったものです。（メアリー・ウェッブ『貴重なる災い』）

大部分の年頃の娘にとって、勤勉な生活をしていようとうわついた生活をしていようと、父親の家に閉じ込められていようとある程度解放されていようと、夫――本気の恋人でもよいが――を射止めることが次第に緊急の仕事となる。これに気を取られていると、しばしば、女の友情にとってまずいことになる。「親友」は特権的な場を失う。娘は友だちのなかに、相棒よりもむしろライバルを見る。知的で才能に恵まれているのに、自分を「彼方《かなた》の国のプリンセス」のように思ってしまった娘を私は知っている。彼女は詩や随筆のなかに自分をそのように描いた。幼なじみに未練はない、と率直に認めていた。醜くてばかな友だちは気に入らなかった。魅力的な友だちは怖かった。男をじりじりしながら待つというのはたいてい駆け引き、奸計《かんけい》、屈辱を意味し、娘の前途に立ちふさがっている。エゴイストで冷酷になる。そして、〈すてきな王子様〉の登場が遅れると、嫌悪感《けんおかん》と気難しさとが生まれる。

若い娘の性格と行動は、彼女の状況を説明している。だから、状況が変われば思春期の娘の姿も違ったものになる。今日では、自分の運命を男に委《ゆだ》ねず、自分の手に握ることもできる。勉学、スポーツ、職業研修、社会活動、政治活動に没頭すれば、男に対する強迫観念から解放されて、恋愛や性の葛藤に心を奪われることはずっと少なくなる。とはいえ、若い娘が自律した個人として自己実現するには、青年よりはるかに苦労する。すでに指摘したとおり、家族も慣習も若い娘の努力に手を貸さない。そのうえ、たとえ自立を選ぶにしても、彼女の人生において男や恋愛がある程度の場を占めることになる。なにかの仕事にすっかり打ち込むと、女の人生に失敗するのではないかと心配になることも、よくあるだろう。こうした感情に自分でも気づかないことは多い。しかし、それは存在し、固まっていた意志をゆるがし、限界を示すのだ。いずれにせよ仕事をもつ女は、仕事上の成功と、まったくの女としての成功を両立させたいと願う。だからといって、かならずしもお化粧やお洒落《しゃれ》に多くの時間を割かなくてはならないわけではない。だが、もっと重大なのは、これが女のきわめて重要な関心事を分裂させることだ。男子学生は授業のないとき、たわむれにあれこれ考えて楽しむが、そこから最良の思いつきが生まれる。女の夢想はまったく別の方向に向かう。女は自分の容姿のこと、男のこと、恋愛のことを考えるだろう。彼女は学業、職業に必要最低限しか割かないが、この分野では余計なものが最も必要なのだ。ここで問題なのは、精神的な弱さや集中力の不足ではなく、関心が分裂し、両立困難なことなのだ。悪循環がここから始まる。女が夫を見つけ、あまりに簡単に音楽や勉強、仕事を投げ出すのを見て驚かされることがよくある。これは彼女が自分の計画にほんのわずかしか身を入れていなかったので、やりとげても大した利益が見出《みいだ》せないからだ。すべてが一致して彼女の個人的野心を抑えようとする。しかも、大きな社会的圧力が、結婚に社会的地位、正当性を見出すように彼女を仕向ける。彼女がこの世に自分の場を自分で創造しようとしないのは、あるいはおずおずとしか創造しようとしないのは当然である。完全な経済的平等が社会に実現されないうちは、また、一部の男たちが握っている特権を妻や愛人として女が行使するのを慣習が許しているうちは、女のなかに受動的な成功の夢は生きつづけ、自分自身の自己実現は抑えられるだろう。

しかし、娘がどのようなかたちで大人の生活に近づいても、見習い期間はまだ終わらない。ゆっくりとなされるにしてもいきなりにしても、性の通過儀礼を受けなければならない。それを拒否する娘たちもいる。性的なつらい事件が子ども時代に強い影響を及ぼしていると、そして、不用意な教育のせいで彼女たちのなかに性に対する嫌悪がじわじわ根を下ろしてしまうと、男に対して思春期の娘の嫌悪感をもちつづける。そんなつもりはないのに、いつまでも処女のままの女もいる。しかし、大部分の場合は、多少とも年齢を重ねると、娘は性的運命をまっとうする。これにどう向かい合うかは明らかに娘の過去全体と密接に関係している。しかし、そこには思いがけない事態から生まれる新しい経験もあり、それに対して娘は自由に反応する。これから私たちが検討しなければならないのは、この新しい段階である。

第三章　性の入門

女の性の入門は、ある意味では男と同じようにごく幼少期から始まる。口唇《こうしん》期、肛門《こうもん》期、性器期から成年期まで、理論と実践の見習い期間が連続するかたちで続く。しかし、若い娘の性愛の体験は、それまでの性的活動の単なる延長ではない。それはたいてい、思いがけず不意にやって来る。そして、かならず新しい事件となって過去を断ち切る。そこを通過するとき、若い娘に突きつけられる問題はどれも差し迫った深刻な様相で現われる。この危機はある場合にはあっさり解決されてしまうが、自殺か発狂によって、自分で自分にけりをつけるほかないという悲劇的事態になることもある。いずれにしても、女はそれに対する対処の仕方によって、自分の運命の大半を縛ることになる。どの精神科医も、女にとって性愛の開始はきわめて重要であるとする点では一致している。それが女の残りの全人生に影響をもたらすからだ。

ここにおける状況は、男と女とでは生理的、社会的、心理的観点から見て、非常に異なる。男が子どもの性欲《セクシュアリティ》から成熟期に移行するのは比較的単純だ。性愛の快感は内在的†な実在のなかに実現されるのではなく、超越的†な存在に向けられ、客体化されるからだ。勃起《ぼっき》はこの欲求の現われである。性器、手、口、身体全体で男は自分を相手に差し出すが、この活動の最中でも、男は知覚する客体と操作する道具を前にして、ほとんどいつも主体であり続ける。男は自律性を失うことなく他者の方に身を投げだす。男にとって女の肉体は獲物だ。そして、男は、自分の官能性があらゆる客体に要求する資質をこの肉体のうえにとらえる。多分、男はそれらの資質を自分のものにすることはできないだろうが、少なくともそれらを抱きしめることはできる。愛撫《あいぶ》、接吻《せっぷん》はほぼ完全な失敗でしかない。しかし、この失敗自体が刺激であり喜びなのだ。愛の行為はその自然な完成であるオルガスムスのなかにその統一性を見出す。性交には明確な生理学的目的がある。男は射精によって自分を悩ませる分泌物《ぶんぴつぶつ》を放出する。性的興奮のあとには、つねに快感をともなう完璧《かんぺき》な解放が得られる。だが、たしかに快感だけが目的だったわけではない。あとに失望が来ることもよくある。欲望は、満たされたというより消えたのだ。いずれにせよ決定的な行為が全うされたのに男の体は無傷であり、男が種《しゅ》に果たした貢献は、自分自身の喜びと一体となっている。

　女の性愛ははるかに複雑で、女の状況の複雑さを反映する。すでに見たように[*1]、種の利益は雌の個別の目的とかけ離れており、雌は種としての力を個体生活に組み込まずに、

＊1　〔原注〕本書Ⅰ巻第一章を参照。

種の犠牲となるのだ。この矛盾は人間の女において頂点に達する。それはとくに二つの器官、クリトリスと膣《ちつ》の対立に現われる。小児期の女の性愛の中心は前者だ。膣で感じる女の子もいると主張する精神科医がいるが、この意見は疑わしい。いずれにしろそれには二次的な重要性しかないだろう。クリトリス系統は成年期になっても変化せず、[*1]女は一生涯この性愛の自律性を保つ。クリトリスの痙攣《けいれん》は男のオルガスムスと同じように、ほとんど機械的に得られる一種の性行為後の勃起消退である。しかし、これは正常な性交とは間接的にしか関係せず、生殖になんの役割も果たさない。

女は膣によって性的関係を結び、妊娠する。膣は男の介入があって初めて性愛の中心になるが、男の介入はいつも一種のレイプだ。かつて、女は、実際にか形式だけかはともかく、略奪によって子どもの世界から引き離され、妻の生活に投げ込まれた。女を少女から妻に変えるのは暴力だ。だから、少女の処女を「奪う」といい、花を「手折る」〔破瓜《はか》〕というのだ。破瓜は、連続的に発展していって心地よく到達したものではなく、過去との断絶であり、新しい循環《サイクル》の始まりだ。そうなると、快感は膣の内側の表面の収縮により得られるが、この収縮が、明確で決定的なオルガスムスに変わるのだろうか。この点についてはまだ論議されている。解剖学的なデータは非常にあいまいだ。たとえば、キンゼー報告によれば「解剖学と臨床医学は、膣内の大部分に神経が分布してないことを十分に証明して」おり、「膣内の多くの外科手術は麻酔薬の助けを借りずに行なえる。膣内部の神経は、クリトリス底部に近い内壁の部位に局限されていることが証明された」。だが、この神経の分布している部位を刺激するほかに、「とくに膣の筋肉が収縮するとき、雌〔女〕は膣内に客体が侵入しているのに気づく。しかし、こうして得られる満足は、おそらく神経が性的に刺激されたというより筋緊張が関係している」というのだ。とはいえ、膣の快感が存在することは間違いない。それに膣での自慰行為自体、――成年の女においては――キンゼーが言うよりはるかに多いように思われる[*2]。だが、たしかなのは膣の反応は非常に複雑な反応で、精神―生理学的反応と言えることだ。なぜなら、それは神経系統全体に関係するだけでなく、主体が生きる状況全体にも関わるからだ。つまり膣が反応するためには、その個人が心から同意することが要求されるのだ。最初の性交で始まる新しい性愛の循環《サイクル》が確立するには、まだ輪郭はできていないがクリトリス系統をも包み込む形の形成、神経系の一種の「モンタージュ〔組み立て〕」が必要だ。この形が形成されるには長い時間がかかるし、まったく作り出されないことも

＊1　〔原注〕一部の未開民族のあいだでしきたりとなっている陰核切除が行なわれないかぎり。

＊2　〔原注〕人工ペニスは、現代から古典古代、さらにそれ以前まで遡《さかのぼ》って、絶えることなく使用されていたことが確認される。以下に列挙するのは、近年、膣《ちつ》や膀胱《ぼうこう》内部から発見され、外科手術によって取り出されたものだ。鉛筆、封印用の蠟《ろう》、ヘアーピン、糸巻、骨製の針、髪用のこて、縫い針と編み針、針を入れる筒、コンパス、クリスタルの栓、ろうそく、コップ、フォーク、爪楊枝《つまようじ》、歯ブラシ、ポマードの瓶（シュレーダーが引用する例では、瓶にコガネムシがはいっていたので日本の燐《りん》の玉のようだった）、卵など。当然ながら大きなものは既婚の女の膣のなかから発見された（ハヴェロック・エリス『性心理研究』第一巻）。

ときにはある。女が、一方は少女時代の自立を保つ循環《サイクル》、他方は自分を男と子どもに捧《ささ》げる循環《サイクル》、この二つの循環《サイクル》のあいだで選択の余地をもつというのは驚くべきことだ。通常の性行為はたしかに女を男と種に従属させる。攻撃的な役割をもつのは男――ほとんどすべての動物と同じように――で、女は男の交接を受け入れる。ふつう、女はいつでも男につかまえられうるが、男は勃起している状態でなければ女をつかまえられない。処女膜以上にしっかり女を封じてしまう膣痙攣のような徹底的な抵抗を除けば、女の拒絶は乗り越えられる。膣痙攣の場合でも、男は筋力で肉体をどうにでも従わせることができ、肉体から満足を得る方法が残されている。女は客体なので、動かなくてもそれで生来の役割が根本的に変わることはない。ベッドを共にする女が性交を望んでいるのか、ただ従っているだけなのか、多くの男は知る気も起こさないほどだ。死んだ女と寝ることさえできる。性交は男の同意なしにはありえないし、その自然な結末は男の満足だ。女はまったく快感を感じなくても妊娠する。そのうえ、女にとって妊娠は性の過程の最後を示すどころでない。逆に、この瞬間に種が要求する女の仕事がはじまる。それは妊娠、出産、授乳というかたちで、ゆっくりと多くの苦労をともないながら、なしとげられるのだ。

こうみると、男と女の「解剖学的運命」は根本的に異なっている。両者の精神的社会的状況も、やはり異なっている。家父長制の文明は女を貞操に捧げた。男が性欲を満足させる権利は多かれ少なかれ公然と認められたのに対して、女は結婚に閉じ込められた。

女にとって肉体的行為は、法典、秘蹟《ひせき》によって神聖化されていないものであれば、過失、堕落、敗北、弱さだ。女には貞節と名誉を守る義務がある。もし女が「身を任せ」たり「落ち」たりすれば、軽蔑《けいべつ》を招く。それにひきかえ、女をものにした男には浴びせられる非難のなかにさえ、賞賛が含まれるのだ。

原始時代の文明から今日にいたるまで、人々はいつも、女にとってベッドは「勤め」であり、男は贈物をするか生活費を保証してそれに謝意を示せばよい、としてきた。しかし、勤めること、それは主人をもつことであり、この関係にはまったく相互性がない。結婚の構造も、売春婦たちの存在もその証拠であり、女は身を任せる。それに対して報酬を与えることで、男は女を手に入れるのだ。男が自分より劣った女を支配し、自分のものにするのを禁じるものは何もない。召使いとの情事はいつも黙認されてきた。だが、運転手、庭師に身を任せたブルジョア女性の社会的地位は下がった。アメリカ南部の人々は、あれほど人種偏見が強いのに、南北戦争前もいまも、黒人の女と寝るのは慣習上いつも許されてきたし、領主然とした傲慢《ごうまん》さでこの権利を行使する。もし、白人女性が奴隷《どれい》制の時代に黒人と関係をもったら殺されていただろうし、いまならリンチされるだろう。女と寝たと言うために、男は女を「手に入れた」とか「ものにした」と言う。逆に誰かを「支配下にいれた」と言うために「セックスした」と下品に言うこともある。ギリシア人は、男を知らない女を「パルテノス・アデモス」、屈服しない処女と呼んでいた。ローマ人は、メッサリナ[*1]がどの愛人からも快感を得なかったから、彼女を「征服できない」と形容した。ということは、愛する男にとって愛の行為は征服であり勝利だ。勃起は、ひとごとだと意志的行為のつまらない茶番のように見えることが多いにしても、自分のこととなると、誰でも少しうぬぼれをこめて考える。男の性愛用語は軍隊用語に発想を得ている。愛する男は兵士のように血気にはやり、性器は弓のように引きしまり、射精し「発射する」とき、それは機関銃であり大砲だ。男は攻撃、襲撃、勝利という言葉を使う。男の性的興奮のなかには、なにかしらヒロイズム志向がある。

ベンダ[*1]は、「生殖行為は、ある存在が別の存在によって占領されることにあり、一方には、征服者という考え、他方には、征服されたモノという考えを起こさせる。だから、どんなに文明が進んでも恋愛関係を論じるときは、戦争の概念に愛の概念をぴったり重ね、征服、攻撃、襲撃、包囲とか、防衛、敗北、降伏という言葉を使う。生殖行為とは、ある存在がもう一つの存在を汚《けが》すことだ。汚す側には一種の誇りを、そして、汚される側には同意の上であってもいくらか屈辱の念を起こさせる」(『ユリエルの報告』)と書いた。この最後の文は新たな神話を導入する。つまり、男は女を汚すというのだ。実は、精液は排泄物《はいせつぶつ》ではない。「夜の汚れ〔夢精〕」と言うのは、これでは生来の目的からはずれるからだが、コーヒーが薄い色のドレスにしみをつけるからといって、これはゴミだとか、それは胃を汚す、と言いたてる人はいない。逆に、「体液で汚れている」のは女で、女が男を汚すのだから女は汚れていると主張する男もいる。いずれにしろ、汚す者であるということは、どうにでも解釈されるあいまいな優越性にしかならない。男の有利な状況は、実際は、その生物学上の攻撃的な役割が、長として、主人としての社会上の役割と一体化していることから来ている。生理学的なさまざまな差異は、社会的役割をとおして全面的な意味をもつのだ。この世界は、男が支配者だから、男は自分の欲望の激しさを支配のしるしとして主張する。精力絶倫の男のことを、彼は強いとか、たくましいと言う。これは男を活力、超越性として指し示す形容辞だ。逆に、女は単なる客体だから、女のことは、彼女は熱いとか冷たいと言う。つまり、女は受動的な性質しか発揮できないのだ。

こうしてみると、女が性欲に目覚める風土は、青年が自分のまわりに見る風土とはまったく異なっている。そのうえ、女がはじめて男に立ち向かうとき、女の性愛の姿勢は非常に複雑だ。処女は欲望を感じないとか、官能を目覚めさせるのは男だ、とよく言われるが、これは正しくない。この伝説もまた、男の支配志向を暴露している。男は相手の女に自主性がないこと、男に対する女の欲望さえも自律的でないことを望むのだ。実際には、男の場合も、女に触れて欲望をかき立てられることはよくあるし、逆に、大部分の若い娘は、指一本触れられたことがなくても、熱烈に愛撫を求める。イサドラ・ダンカン[*2]は『わが生涯』のなかで次のように書いている。

＊1　（215頁）二五頃－四八、ローマ皇帝クラディウスの妃。愛人と陰謀を企て処刑される。
＊1　一八六七－一九五六、フランスの思想家。本書Ⅰ巻一七頁参照。
＊2　一八七八－一九二七、モダン・ダンスを創始したアメリカの女性舞踊家。

前日には少年のようだった腰が丸みをおび、かぎりない期待に胸をふくらませている自分を、体内を突きあげてくる呼びかけを体中で感じました。その意味はあまりに明らかでした。夜は眠れず、熱っぽく苦しく寝返りをうち、興奮したものでした。

シュテーケルに自分の人生の長い告白をした若い女は次のように語る。

私は情熱的に男とつきあいはじめました。私には「神経のくすぐり」(原文のまま)が必要でした。情熱的な踊り手である私は目を閉じて、この快感に完全に身を委《ゆだ》ねながら、踊ったものでした……官能が羞恥心《しゅうちしん》に打ち勝ったので、私は踊りながら一種の露出症的趣味を示しました。最初の一年間、私は情熱的に踊りました。私は眠るのが好きでよく眠りましたし、毎日、たいてい一時間マスターベーションをしたものでした……汗だくになって、疲れて続けられなくなって寝入るまで、私はよくマスターベーションをしたものでした……私はうずうずしていて、私を落ち着かせてくれる人なら誰でも受け入れたでしょう。私は人間ではなく男を求めていたのです。(『不感症の女』)

処女のうずきはどちらかというと明確な欲求となって現われない。処女は自分が何を望んでいるのかはっきりわからないのだ。彼女のなかには子ども時代の攻撃的な性愛が生き残っている。最初の衝動はつかむことだったし、まだ抱きしめたい、所有したいという欲望をもっている。自分が渇望《かつぼう》する獲物、彼女はそれが味覚、嗅覚《きゅうかく》、触覚をとおして価値として認められる性質をそなえていることを願う。なぜなら、性欲は孤立した領域ではなく、官能の夢と喜びの延長なのだから。男の子も女の子も、青年も娘も、なめらかなもの、クリーム状のもの、サテンのようなつやのあるもの、ふわふわしたもの、弾力性のあるものが好きだ。崩れたり分解したりしないで、力が加わるとたわみ、視線にさらされ指が触れるとするりとすべりぬけてしまうものが好きだ。女も男と同じように、あれほどよく乳房にたとえられる砂丘のぬくもりのある柔らかさ、絹の軽い手ざわり、羽根布団《はねぶとん》のうぶ毛のような柔らかさ、花や果物のビロードのような柔らかさに魅了される。そして、とくに若い娘はパステル調の淡い色、チュールやモスリンの軽さを大切にする。ごわごわの布、砂利、小石、苦味、きつい匂《にお》いは好まない。まず愛撫し大切にするのは、兄や弟と同じように母親の肉体だ。そのナルシシズムのなかで、漠然となのかはっきりとなのかはともかくとして、同性愛的経験のなかで、若い娘は主体のように存在し、女の肉体を所有しようとしていたのだ。男と向き合うとき、彼女は、手のひらや唇で、積極的に獲物を愛撫したいという欲望をもつ。だが固い筋肉、ざらざらしたたいていは毛むくじゃらの肌、不快な匂い、粗削りの顔だちをした男には欲望をそそられず、嫌悪感《けんおかん》さえ覚える。これを表現しようとしてルネ・ヴィヴィアンは次のように書いた。

私は女、私は美しいものに権利がない
……私は男の醜さを押しつけられた
あなたの髪の毛、あなたの瞳《ひとみ》は私に禁じられた
というのも、あなたの髪の毛は長く、かぐわしいから

最も強い女にあって、つかむ性癖、所有する性癖が残ると、それはルネ・ヴィヴィアンのように同性愛に向かうだろう。または、女のように扱える男にだけ愛着を感じるだろう。たとえば、ラシルド[*1]の『ヴィーナス氏』の女主人公は、若い愛人を買って情熱的に愛撫《あいぶ》して楽しむが、破瓜は許さない。十三、四歳の少年あるいは子どもを愛撫するのが好きで、成人した男には体を許さない女もいる。しかし、大部分の女にあっては、子ども時代から受動的な性欲もまた発達してきたのが認められる。女は抱かれ、愛撫されるのを好み、そして、とくに思春期以後は男の腕のなかで肉体になりたいと思う。ふつう、主体の役割は男のものだ。女はそれを知っている。「男は美しくなくてもよい」と繰り返し聞かされた。女は男のなかに客体の不活発な性質ではなく、男らしいたくましさ、強さを求めなければならない。こうして、女は自分のなかで分裂する。たくましい

抱擁によって自分がわななくモノに変えられてしまいたいと思う。だが同時に、荒々しさ、強さを、不快を感じながら耐えなければならず、それは彼女を傷つけるのだ。彼女の官能性は肌と手の両方に局部化され、そして一方の要求ともう一方の要求は、部分的に対立する。彼女はできるかぎり妥協を選ぶ。男らしいが十分に若くて魅力的で欲望をそそる客体である男に身を任せる。彼女の渇望するあらゆる魅力は美少年に見出《みいだ》せるだろう。「ソロモンの雅歌」の妻の歓喜と夫の歓喜には均衡がある。妻は夫のなかに、夫が妻のなかに求めるもの、地上の動物相と植物相、宝石、小川、星を認めるのだ。しかし、彼女にはこれらの宝を手にとる方法がない。身体構造のために宦官《かんがん》のように不器用で無力でいるほかない。つまり所有したいという欲望はあってもそれを具現化する器官がないから挫《ざ》折《せつ》する。しかも男は受動的な役割を拒否する。そのうえ、若い娘が成りゆきから男の獲物になって男の愛撫に興奮を感じても、自分が見つめ愛撫する側にまわると少しも楽しくない、というのはよくあることだ。欲望に混じる嫌悪には、男の攻撃性に対する恐怖だけでなく、奥深い欲求不満の感情があることは十分に言われていない。男なら触れたり見たりする喜びは、いわゆる性の快感と溶け合うのに、女は性的快楽を自発的な官能の躍動に逆らって獲得しなければならないのだ。

受動的な性愛の諸々の要素そのものが両義的だ。接触ほどあいまいなものはない。手

＊1　一八六〇－一九五三、フランスの女性作家。

で何をいじくろうと平気なのに、草や動物が触れるのをいやがる男は多い。絹やビロードに触れると、女の肉体は、ときに心地よく震え、ときにぞっとする。私の青春時代のある友だちは、桃を見ただけで鳥肌が立ったのが思い出される。うずきから心地よいくすぐりに、不快感から快感へと、たやすく変わる。体を抱きしめる両腕は、保護し守ってくれるが、また、閉じ込め息を詰まらせもする。処女がおかれる状況は矛盾しているので、この両義性はずっと続く。彼女の変身を果たす器官は封印されているからだ。肉体の不確かな燃えるような願いは、性交がなし遂げられるまさにその場所を除いて、身体全体に広がる。処女が能動的な性愛を満足させることのできる器官はない。しかも、処女は自分を受動性に捧げさせる器官を実際に試したことはない。

とはいえ、この受動性はまったくの不活発ではない。女がときめくためには性感帯の神経支配、いくつかの勃起《ぼっき》組織の膨張、分泌《ぶんぴつ》、体温上昇、脈と呼吸の昂進《こうしん》といった能動的な現象が器官内に起こらなければならない。欲望と性的快楽には、男と同じように女にも生命の消耗が要求される。女の欲求は影響を受けやすいが、ある意味では能動的で、それは筋緊張、神経緊張が高まることに現われるのだ。活力のないやつれた女はつねに不感症だ。だが、これは体質的な不感症かどうかを調べることが問題だ。なるほど、女の性愛能力に関しては心理的要因が主導的な役割を果たす。しかし、生理的な弱点や生命力の乏しさが、とりわけ性的無関心となって現われるのはたしかなのだ。逆に、もし生命力が意志的活動、たとえばスポーツに消費されれば、それが性的欲求になることはない。スカンジナヴィアの女は健康で頑丈だが不感症だ。「色好みの」女は、イタリアの女やスペインの女のように物憂《ものう》さと「火」を両立させる女、つまり、熱烈な生命力をすっかり肉体に流し込むような女だ。自分を客体にすること、受け身にすることは、受け身の客体であることとはまったく別のことだ。つまり恋をする女は眠る女でも死んだ女でもない。恋をする女には、たえず落ちこんではたえず甦《よみがえ》る躍動がある。躍動が落ちこむと恍惚《こうこつ》が生まれ、欲望はそこに生きつづける。だが、情熱的であることと身を任せることのあいだの均衡はすぐに崩れる。男の欲望は緊張であり、神経と筋肉が張りつめている肉体に侵入することができる。つまり姿勢や動作は器官の意志的協力を要求し、器官を邪魔するどころかしばしば助ける。反対に、すべての意志的努力は、女の肉体が男と「結ばれる」のを邪魔する。だから、女は本能的[*1]に動きと緊張を要する性交の体位を拒む。あまりに度々、あまりに急に位置を変えたり、わざとらしい活動——身ぶりあるいは言葉——が要求されたりすると恍惚が壊れるのだ。猛《たけ》り狂う勢いの激しさから痙《けい》攣《れん》、引きつり、緊張の起こることがある。女は引っかき、あるいは噛《か》みつき、その体はいつにない力を出して突っ張る。だが、この現象はある絶頂に達したとき起こるだけで、絶頂に達するのは、はじめにどんな指令も——精神的にも生理的にも——なく、活発な全精力が性に集中できるときだけだ。つまり、若い娘にとってされるがままになってい

＊1　〔原注〕心理的次元の理由でとっさに態度が変わることもあるが、それは後述しよう。

いればそれでよいのではない。おとなしくて、無気力で、心がそこになければ、若い娘は相手も自分自身も満足させられない。娘の清らかな肉体も、タブー、禁止、偏見、要求を詰めこまれた意識も乗り気になれない情事において、娘には積極的な関わりが求められるのだ。

これまで書いてきたような条件のもとで、女の性愛開始は容易でないのがわかる。すでに見たように、子ども時代や青春時代に起きた出来事が、女のなかに根深い抵抗を生むこともかなり多い。こうした抵抗をどうしても克服できないこともある。たいていの場合はそれを無視しようとするが、その結果、若い娘のなかに激しい軋轢《あつれき》が生まれる。厳しい教育、罪の恐怖、母親に対する罪悪感が強い障害となる。多くの階層において、処女にはつねに高い値が付けられるので、法律婚の外で処女を失うのは本当の災難のように見える。誘惑にのって、不意をつかれて、身を任せる娘は、辱《はずかし》めを受けているのだと考える。「初夜」とは、ふつう娘が本当に選んだのではない男に処女を引き渡し、性の入門全体を数時間――あるいは一瞬間に――要約しようというもので、これまた生やさしい体験ではない。一般的には、どんな「通過」も、その決定的で不可逆的な性質のために不安をかき立てる。つまり、女になること、それはお手あげの状態で過去と断絶することだ。ところが、この通過は他のどんな通過よりも劇的だ。昨日と明日のあいだにただ溝を作るのではない。若い娘の生活の大部分が展開していた空想の世界から娘を引き離し、現実の世界に投げ込むのだ。ミシェル・レリス[*1]は、闘牛との類比から初夜の床を「真実の闘牛場」と呼ぶ。処女にとってこの表現は十全で極めて恐ろしい意味をもつ。口説かれ交際し、婚約していた期間中、彼女がどれほど未発達だったとしても、相変わらず礼儀正しさと夢想の、なれ親しんだ世界に暮らしていた。求婚者はロマンチックな言葉か少なくとも丁重な言葉を話した。まだごまかしがきいた。それがとつぜん、本当の目で見られ、本当の手でつかまれる。こうした視線、こうした抱擁の冷徹な現実に、彼女は怖気《おじけ》づく。

解剖学的運命と慣習の両方により、導き手の役割は男に与えられる。たぶん若い童貞の男には、やはり最初の愛人が導き手となる。しかし、彼には勃起がはっきり表明する性愛の自律性がある。彼の愛人は、彼がすでに渇望していた客体、すなわち、女の肉体を現実に彼に委ねるだけなのだ。娘は自分自身の体を自分に知らしめるために男を必要とする。娘の依存ははるかに根源的だ。男はふつう、相手を金で買おうと、まがりなりにも言いよってそそのかそうと、初体験のときから活動し決断する。逆に娘は大部分の場合、言いよられ、そそのかされる。たとえ彼女の方がまず男を挑発したにしても、男がその関係を引き受けなおす。男は年上で経験を積んでいることが多い。それに、彼女にとって新しい、この情事の責任を取るのは男だということが一般に認められている。

＊1　一九〇一－九〇、フランスの作家、民族学者。

男の欲望の方が攻撃的で絶対的なのだ。恋人だろうと夫だろうと、彼女をベッドまで導くのは男で、そこではもう身を任せ、従うほかない。彼女は頭のなかでこの権威を認めていたにしても、実際にそれに耐えなくてはならないときパニックに陥る。まず自分を飲み込みそうなあの視線が恐ろしい。彼女の羞恥心はある部分は、教育の結果だが、その根はやはり深い。男も女もみな自分の肉体に恥ずかしさをもっている。動かない単なる存在、正当化されない内在のなかで、肉体は、事実性†の不条理な偶然のように他人の視線にさらされて存在する。だが、それでも肉体は自分自身であり、人は肉体を他者のための存在にしまいとする。それを否定しようとするのだ。勃起していなければ女に裸を見られるのはたまらない、と言う男がいる。事実、勃起によって肉体は活動、権力になり、性器はもう無力な客体ではなく、手や顔のように主体の尊大な表現となる。これは、若い男が羞恥心のせいで機能停止になってしまうのが、女に比べてはるかに少ない理由の一つだ。攻撃的な役割のために、男はそれだけ視線にさらされなくてすむ。また仮にそうなっても、愛人から求められるのは不活発な性質ではないから、男は評価が下されるのをほとんど恐れない。つまり男のコンプレックスはむしろ愛の力強さ、快感を上手に与えられるかどうかに向かう。少なくとも男は身を守ること、ゲームに勝とうとすることはできるのだ。女は肉体を意志に変えることができない。つまり肉体を視線から守りきれなくなると、無防備のままそれを委ねる。愛撫してもらいたくても、見られ触られるのだと思うと抵抗を感じる。乳房やお尻《しり》はとくに肉付きがよくむっちりしているのでなおさらだ。服を着ていても背中から見られるのは耐えられないという大人の女は多い。恋をしたうぶな娘が自分の体を見せる気になるまでに、どれほど抵抗感を克服しなければならないか容易に想像される。たぶん、フリュネ〔前四世紀、アテナイの高級娼《しょう》婦《ふ》〕のような女は視線を恐れず、それどころか得意気に脱ぐ。彼女の美しさは彼女の着物なのだ。だが、たとえフリュネのようであっても、娘はそうしたことにまったく確信がもてない。男の賛美が若い虚栄心を満たしてくれないかぎり、自分の体に尊大な誇りをもつことはできない。そして、娘がたじろぐのはまさにそのことだ。恋人は視線よりさらに恐ろしい。恋人は裁判官だ。ありのままの彼女の姿を彼女自身に見せる。自分の姿にうっとりしていても、娘はみな男の判定が下るときには自信がなくなる。だから、暗がりを求め、シーツで身を隠す。鏡のなかの自分の姿に見とれていたとき、娘はまだ自分を夢見ていた。男の目をとおして自分を空想した。いま、その目はそこにある。ごまかせない。逆らえない。不可解な自由が判断を下し、その判断は絶対的なのだ。性愛体験の現実の試練のなかで子ども時代、青春時代の強迫観念は、ついに発散されるか、または永久に凝固するかだ。多くの娘たちが太すぎる足、貧弱すぎたり大きすぎる胸、細すぎる腰、いぼに悩んでいる。あるいは人に言えないなんらかの奇形を心配している。シュテーケルは次のように言う。

どんな娘も、自分で認めるのもはばかられるような、あらゆる種類の奇妙な不安を抱えている。どれほど多くの娘が肉体的に異常だという強迫観念に悩み、正常な体だという確信をもてずに密《ひそ》かに苦しんでいるかを信じてもらえないだろう。たとえば、ある娘は「下の口」があるべき場所にない、と思っていた。性の関係はへそをとおして行なわれると思っていたのだ。へそがふさがっていて指がはいらないのを悲しく思っていた。また別の娘は自分は両性具有だと思っていた。また別の娘は自分が不具で、けっして肉体関係をもてないと思い込んでいた。(『不感症の女』)

このような強迫観念に無縁でも、彼女たちは、自分に対しても誰に対しても存在しなかった肉体のある部分、とにかく絶対に存在しなかった自分の肉体のある部分が、とつぜん明るみに出てくるような気がして怯《おび》える。若い娘が自分のものとして受け入れなければならないこの見知らぬ姿かたちは、嫌悪を招くか、無関心を招くか、皮肉を招くか、男の判断を甘受するしかない。賭《かけ》はなされたのだ。だから男の態度は非常に強い影響をもつだろう。男の熱意、優しさは、女に自分自身に対する自信を与え、その自信はあらゆる反証に耐えぬくだろう。彼女は八十歳になるまで、ある晩、男の欲望で開花した西インド諸島のあの花、あの鳥のつもりでいるのだ。逆にもし恋人または夫が不器用で、彼女にコンプレックスを抱かせてしまうと、しつこいノイローゼに結びつくことがよくある。そして恨みを感じ、それは頑固な不感症となって現われる。これに関してシュテーケルは驚くような例を報告している。

三十六歳のある婦人は十四年来ひどい腰痛《ようつう》に悩み、何週間も床に就かなければならないほどだ……彼女は初夜にはじめてこの激痛を感じた。破瓜《はか》のとき大きな痛みを伴ったが、夫は「だましたな、処女じゃない……」と叫んだ。痛みはこのつらい場面の固着だ。この病気は夫への罰であり、夫はありとあらゆる治療に大金をつぎ込まなければならなかった……この婦人は初夜に感じなかったし、結婚生活のあいだもずっと感じないままだった……彼女にとって初夜はその後の全生涯を決定する恐ろしい心的外傷《トラウマ》だったのだ。

ある若い婦人がいくつかの神経障害とくに絶対不感症のために私の診察を受けに来ている……初夜に夫は彼女を見て「あっ、すごい大根足だな」と言ったらしい。それから彼は性交に挑戦したのだが、彼女は痛いだけで何も感じなかった……彼女は不感症の原因が初夜の侮辱であることをよく知っている。

別の不感症の婦人は、初夜、夫に深く傷つけられた、と言う。彼女が服を脱ぐのを見て「やせっぽっちだなあ」と言い、それから愛撫したらしい。彼女にとってこの瞬間は忘れがたく、恐ろしかったようだ。なんという乱暴。

Z・W夫人もまた完全な不感症だ。初夜の大きな心的外傷《トラウマ》は、最初の性交後に夫が「大きな穴だな、だましたな」と言ったことらしい。

視線は危険だが、手はまた別の脅威だ。女はふつう暴力の世界には近寄れない。若い男が子ども時代に、思春期のけんかをとおして乗り越えた試練を経験したことがない。つまり、他者の影響力が及ぶ肉体というモノでいる試練を。それなのにいま彼女はつかまえられ、男の方が絶対に勝つとっくみあいに引きずり込まれる。彼女はもう自由に夢見たり、後ずさりしたり、術策を弄《ろう》することができない。男の手に委《ゆだ》ねられ、男の意のままになる。一度もレスリングをしたことがないのに、レスリングにも似た抱擁に恐れおののく。彼女は婚約者の、友人の、同僚の、行儀がよくて礼儀正しい男の愛撫に身を任せた。それなのに、その男は見覚えのない、利己主義者の強情な様子をしている。もうこの見知らぬ男に対して打つ手はない。娘の初体験が本当のレイプとなり、男がとんでもない乱暴な態度を示すことは稀《まれ》でない。とくに田舎は風習が粗野で、半ば同意、半ば抵抗のうちに、農家の娘がどこか溝の窪地《くぼち》で、恥ずかしさと恐ろしさのなかで処女を失うことはよくある。いずれにしろ、あらゆる階層あらゆる階級で、利己的で一刻も早く快感を得たい恋人が、または妻の抵抗を侮辱のように思って傷つき、破瓜がうまくいかなければ猛りくるいかねない、結婚の権利をかさに着た夫が、処女を手荒に扱うことは珍しくない。

それに、たとえ男が謙虚で礼儀正しくても、最初の挿入はいつもレイプだ。若い娘は唇による乳房の愛撫を願っているから、またたぶん、腿《もも》のあたりにすでに知っている、ないしは予感している喜びを渇望《かつぼう》しているから、男の性器はとつぜん彼女を引き裂き、招かれざるところに入り込む、というわけだ。性的快楽の夢の成就《じょうじゅ》についに達するのだと思い込んでいたのに、性器の秘密の場所に予期しなかった痛みを感じ、夫または恋人の腕のなかで気を失う処女の痛ましい驚きが、しばしば書かれてきた。夢は消え、ときめきは去り、愛は外科手術のようになるのだ。

リープマン博士が集めた告白のなかから、[*1]典型的な話を次に取りあげよう。下層階級に属する、性的に非常に無知な娘の話だ。

「私は接吻《せっぷん》をかわすだけで、子どもができるかもしれないとよく思いました。満十八歳のとき、ある男性と知り合いになり、俗に言う、ほんとうの熱々でした」。

彼女は彼といっしょによく外出したが、話をしているうちに彼が、男は性関係なしに生きることはできないのだし、結婚できるだけの状況にならないかぎり男は誰か娘と関係をもたざるをえないのだから、彼女が自分を愛しているなら身を任せるべきだ、と言いだした。彼女は反対した。ある日、彼は一夜を共に過ごす遠出を計画した。彼女は彼に手紙を書き、「これは自分にとって失うものがあまりに大きすぎる」と繰り返し訴えた。約束の日の朝、彼女はその手紙を彼に渡したが、彼は読まずにポケットにしまい、ホテルに連れていった。彼は彼女を精神的に支配してい

＊1　〔原注〕フランス語で『青少年期とセクシュアリティ』という題で出版された。

たし、彼女は彼を愛していた。彼女は彼についていった。

「私は催眠術にかかったようでした。彼女は彼にについていったようでした。道中、かんべんしてちょうだいと頼みました……どうやってホテルまで行ったか、何もわかりません。ただ一つ残っている記憶は、体中が激しく震えていたことです。相手は私を落ち着かせようとしました。でも私は、長いあいだ抵抗し、そのあと、やっと平静になりました。もうそのとき私は自分の意志をどうこうすることができず、心ならずもされるがままでした。その後、外に出たとき、すべては単なる夢で、私はちょうど夢から覚めたところのような気がしました」。

彼女はこの体験を繰り返すのを拒み、その後九年間、男を知らなかった。九年後に彼女は一人の男と出会って、結婚を申し込まれ、同意した。

この場合、破瓜は一種のレイプだ。だが同意の上でも、それがつらいこともある。若いイサドラ・ダンカンがどんなにのぼせて悩んだかはよく知られている。彼女はすばらしく美しい俳優に出会い、一目惚《ぼ》れし、彼の方も彼女に熱心に言い寄った。

私もときめきを感じ、頭はくらくらし、もっと強く彼を抱きしめたいという押さえがたい欲望が体のなかを上ってきました。ついにある晩、彼は自制心を失って怒りくるったようになり、私は抱かれてソファーに連れていかれました。恐怖にかられ、エクスタシーにうっとりし、それから、痛さのあまり叫び声をあげ、愛の手ほどきを受けました。告白すれば、第一印象はぞっとする恐怖、何本もの歯を一度に抜かれたようなひどい痛みでした。最初は手足をもがれ、拷問《ごうもん》を受けているような気がするだけでしたが、彼自身が感じているらしい苦痛に哀れを誘われて、逃げ出せませんでした。……（翌日）、そのときの、私にとっては苦しいだけの体験が、殉教者のような私のうめきと叫びのなかで再開されました。体が壊れてしまうような感じでした。（『わが生涯』）

彼女は間もなく、まずこの愛人を相手に、その後はほかの愛人たちを相手に楽園を経験するようになり、それを情熱的に書いている。

しかしながら、少し前の処女の空想と同じことで、現実の体験で最大の役割を演ずるのは痛みではない。挿入という行為の方がもっと重要なのだ。男は性交に外部器官しか巻きこまない。女は自分自身の内部まで侵される。たぶん女の秘密の暗闇《くらやみ》に、不安を感じないで身を投じる青年は多くない。彼らは洞窟《どうくつ》、墳墓の入口に立つ子どものおびえ、万力の歯、鎌《かま》、狼《おおかみ》の罠《わな》を前にした子どもの恐怖をふたたび感じる。彼らは大きくなったペニスが粘膜の袋にはまってしまうかもしれないと思う。女はいったん挿入されてしまえばこうした危険は感じない。だがその代わり、肉体が疎外《そがい》されるのを感じるのだ。「立ち入り禁止」と宣言して、地主は土地の、主婦は家の権利を主張する。とくに、女は超越性[†]を奪われているから私生活を大事に守る。寝室、たんす、きれいな小箱は侵しがたいものなのだ。コレットは、ある日、年増の娼婦が「部屋に男を入れたことなんてないわ。男とやるのに、パリは十分広いもの」と言った、と書いている。彼女は他人の立ち入りを禁止した狭い土地を、自分の体の代わりに、とにかく所有していた。逆に、若い娘は自分の所有物として自分の体しかもたない。これが彼女の最も貴重な宝物だ。その宝物に入る男はそれを彼女から奪う。この奪うという俗語は、現実の体験に裏づけられる。彼女は予感していた屈辱をつぶさに体験する。支配され、服従させられ、征服されるのだ。ほとんどすべての雌と同じように、彼女は性交のあいだ男の下にいる。[*1] アドラーは、その結果、劣等感が生まれることを非常に強調した。子ども時代から、上方の観念、下方の観念は最も重要だ。木登りは立派な行為だ。天は大地の上にあり、地獄は下にある。下がる、下りる、これは下落することであり、上るのは高揚することだ。レスリングでは相手の両肩をマットにつけた方が勝ちとなる。さて、女はベッドの上に敗北の姿勢で横たわる。男が手綱とくつわで御する動物のように馬乗りになったりすれば、さらにひどい。いずれにしろ、女は自分が受け身であるのを感じる。愛撫され、挿入されて女は性交に耐えるのに、男は積極的に自分の体を動かす。たぶん、男性器は意志が命令する横紋筋ではない。鋤《すき》の刃でもなければ剣でもなく、ただの肉だ。だがこれは、男が女に伝える自発的な運動だ。男は行き、帰り、止まり、繰り返すのに、女は男をおとなしく受け入れる。愛の体位を選び、性交の時間と頻度を決めるのは——女が未経験者ならとくに——男なのだ。女は自分が楽器になったような気がする。自由はすべて相手にあるのだ。これが詩的に表現されると、女はヴァイオリンに、男はそれを奏《かな》でる弓になぞらえられる、と言われる。バルザックは「愛において女は、精神面はさておいて、竪琴《たてごと》を弾ける男にだけ秘密を漏らす竪琴のようなものだ」と言う。[*2] 男は女を相手に快感を得る。男は女にそれを与える。こうした言葉自体、相互性を含んでいない。男の性的興奮に輝かしい性格を与え、女のときめきは恥ずべき降参だとする集団表象が、女にはしみ込んでいる。女の性的体験はこの不均衡を確認する。

思春期の男と女では、自分の肉体についての感じ方が大きく違うことを忘れてはならない。男はそれを平静に受け入れ、その欲望を誇らしげに主張する。女にとって、それは、ナルシシズムがあるにもかかわらず、なじみのない不安な荷物なのだ。男の性器は指のように清潔で単純だ。それは無邪気に見せびらかされるもので、男の子は仲間に、自慢げに挑発するように見せることがよくある。女の性器は隠され、さいなまれ、粘液を出し、濡《ぬ》れていて、女自身にとっても不可解だ。毎月出血し、ときに体液で汚され、

＊1　〔原注〕たぶん体位を逆にすることはある。しかし、初体験で、男がいわゆる正常位で行なわないことはめったにない。

＊2　〔原注〕『結婚の生理学』。ジュール・ギュイヨンも『実験恋愛必携』のなかで夫について次のように言っている。「彼は自分の手と弓で、快い調べあるいは不協和音を奏《かな》でる吟遊音楽家だ。この観点から見ると、妻は、調律の善《あ》し悪しによって快い音や調子外れの音を出す、まさに何本かの弦をもつ楽器だ」。

秘められた危険な生命をもっているのだ。女がその欲望を自分のものと認めないのは、女はたいてい自分をそこに認めないからだ。女の欲望はおずおず表明される。男は「勃《ぼっ》起《き》する」のに、女は「濡れる」。まさにこの言葉に、おしっこをしたかったのにみすみすうっかりそのままにしていたために、ベッドを濡らしてしまった、幼い頃の思い出が重なる。男は無意識の夢精に対して同じ嫌悪感《けんおかん》を味わう。尿や精液など、液体を発射するのが屈辱なのではない。これは能動的な作用だ。だが、液体が受動的に漏れると屈辱だ。なぜなら、そのとき身体はもう筋肉、括約筋、神経が脳の命令を受け、自覚ある主体を表現する有機体ではなくて、しびんであり、不活性物質でできた、機械的な気まぐれに翻弄《ほんろう》される収水タンクなのだから。もし肉体が——古壁や死体がじめじめするように——じめじめしていると、肉体が液体を放出しているようには見えず、液化しているように見える。これは崩壊の過程であり、嫌悪を催させる。女の性的興奮、これは貝の弱々しい痙攣《けいれん》だ。男は血気にはやるのに対し、女は忍耐するしかない。ずっと受け身のまま待ちながら、それが情熱になることもある。男はワシやトビのように獲物に襲いかかる。女は、昆虫や子どもが足を取られてしまう食虫植物や沼地のように、じっと狙《ねら》う。吸引、吸盤、腐植土であり、そして松脂《まつやに》、鳥もちであり、動かずに人の気を引く、べとべとした呼びかけだ。少なくとも自分のことをひそかにそう感じている。だから、彼女のなかには、自分を服従させようとする男に対する反抗ばかりでなく、内面の葛藤《かっとう》がある。教育と社会を起源とするタブーや禁止に、性愛体験そのものから来る嫌悪、拒絶が重なる。両者が相まって強化される結果、かなりしばしば、女は最初の性交後、自分の性的運命に対して以前よりいっそう反発心をもつようになる。

そのうえ、もう一つの要因が男を冷淡にし、性行為を重大な危険に変えてしまう。それは子どもの脅威だ。大部分の文明において、婚外子は未婚の女にとって社会的経済的に大きな障害となるので、娘が自分の妊娠を知って自殺したり、未婚の母が新生児を殺したりすることが起きる。こうした危険は性行為に対する強力な歯止めとなり、多くの娘は慣習の要求する婚前の純潔を守る。歯止めが不十分だと、娘は恋人に身を任せるが、恋人が自分のお腹《なか》に隠す恐ろしい危険におびえる。シュテーケルはとくに、性交のあいだじゅう「何も起こりませんように、何も起こりませんように」と叫んでいた娘の例を取りあげている。結婚していても、女が子どもを望まなかったり、女の健康が十分でなかったり、若い二人にとって子どもは荷が重すぎたりすることはよくある。恋人なり夫なり、彼女が相手を全面的に信頼していなければ、女の性愛は用心のあまりすくんでしまう。あるいは、心配しながら男の行動を見守り、性交が終わるとすぐトイレに駆けこんで、心ならずも体内に入れられた命ある芽をお腹から出さなければならないだろう。この衛生的な作業は愛撫という官能的な魔術とはっきり対立し、一つの同じ喜びに溶け合っている二つの肉体を、きっぱりと引き離す。このとき、男の精液は有毒な芽、汚れのように見える。女は汚れたしびんを洗うように自分の体を洗うのに、男はまったく無傷のままベッドで休んでいるのだ。ある若い離婚した女性が私に、楽しさすらはっきりしない初夜のあと、夫はのんきにタバコに火をつけたのに、自分は浴室に閉じこもらなければならなかったときの嫌悪感を話してくれた。この瞬間に夫婦の崩壊は決まったようだ。イチジク洗浄器、灌注器《かんちゅうき》、ビデに対する嫌悪感は、よくある女の不感症の理由の一つだ。もっと確実でもっと便利な避妊法があれば、女の性の解放に非常に役立つ。こうしたことが広く行なわれているアメリカのような国では、結婚まで処女でいる娘の数は、フランスよりはるかに少ない。彼女たちは愛の行為のなかでもっと自然になれるのだ。しかしそれでも若い女はやはり、自分の肉体を一つのモノのように扱う前に、嫌悪感を克服しなければならない。男に「貫通される」のをぞっとせずには受け入れなかったのと同じように、女は男の欲望を満足させるためにあきらめていそいそと「蓋《ふた》をされ」たりしない。自分の子宮に封印するなり、精子に死をもたらす蓋のようなものを自分に付けるなり、肉体や性器のあいまいさを意識している女は、この冷たい事前工作にうっとうしさを感じるだろうし、避妊具の使用を嫌悪感をもって見る男も大勢いる。性行動のさまざまな瞬間を正当化するのは性行動全体だ。性愛の力をまとって身体が輝いているときは、詮索《せんさく》すれば不快な行動が、自然らしく見える。だが逆に、身体と行動がばらばらで意味のない要素に分解されると、これらの要素はたちまち不潔、猥褻《わいせつ》になる。恋をする女なら、愛する男との結合、融合として挿入を喜んで体験するだろう。だがもし、それがときめき、欲望、快感の外で行なわれると、子どもの目に外科的な汚れをおびてみえたその性質がよみがえる。これは、避妊具を慎重に使用した結果起きることである。いずれにせよ、すべての女にこうした用心ができるわけではない。多くの娘は妊娠の脅威に対する手だてを全然知らずに、自分の運命が身を任せる男の好意にかかっていることに不安を感じている。

数多くの抵抗をとおしてこうむる試練が非常に重い意味をおび、しばしばおそろしい心的外傷《トラウマ》を生みだすのはもっともである。潜在している早発性痴呆《ちほう》症が、最初の情事によって現われることもかなり多い。シュテーケルはその例をいくつかあげている。

十九歳のM・G嬢は突然はげしい錯乱におちいった。私は彼女が自分の部屋でわめきながら、いつまでも次のように繰り返しているのを見た。「いやよ！　いや！　いやよ！」彼女はドレスをはぎとり、裸で廊下を走ろうとした……精神病院に入れなければならなかった。そこで錯乱はおさまり、緊張病《カタトニー》の症状に変わった。この娘はタイピストで、働いている会社の代理人に恋していた。一人の女友だちと二人の同僚と一緒に田舎に出かけた。同僚の一人が彼女に「ただふざけるだけだから」と約束して、彼の部屋で夜を明かすように求めた。彼は三晩続けて処女を犯すことなく、彼女を愛撫したらしい……彼女は「犬の鼻面《はなづら》のように冷たい」まま、それは卑《ひ》猥《わい》な行為だと言い放った。ほんのわずかのあいだ、彼女は情欲をかきたてられ、アルフレッド、アルフレッド！（代理人の名前）と叫んだらしい。彼女は後悔した（母が知ったらなんと言うだろうか）。家に帰ると、彼女は頭痛を訴えて寝込んでしまった。

L・X嬢はすっかり落ち込んで、よく泣くし、食べないし、眠らなかった。幻覚をもちはじめて、もはやまわりの人々を認知しなくなった。窓の手すりに飛びあがって通りへ飛びおりようとした。そこで療養所に送られた。私はその二十三歳の若い娘がベッドに座っているのを見た。彼女は私が入っていっても気づかなかった。顔つきには不安と恐怖が表われていた。身を守ろうとするかのように両手を前方につきだし、組んだ両脚は痙攣したように動いていた。彼女は叫んだ。「いや！ いや！ いや！ けだもの！ こんな人たちは逮捕しなけりゃ！ 痛い！ ああ！」。それからわけのわからない言葉が続いた。突然表情が変わり、両目は燃え、接吻のように口を前につきだし、両脚は動きをとめて力なくゆっくり開き、むしろ快楽を表わす言葉を発した……発作は静かなとめどない涙のクライマックスのうちに終わった……病人はまるでワンピースをまとっているかのように寝巻きをひっぱり、いつまでも「いや！」を繰り返していた。病気のとき、既婚の男の同僚がよく訪ねてきて、はじめ彼女はそれをうれしく思っていたのだが、やがて自殺の誘惑を伴う幻覚をもつようになっていたことがわかった。彼女は治癒したが、もうどんな男も近づけず、きちんとした結婚の申込みも拒絶した。

ほかのケースで、同じような引き金で発生した病気でもこれより軽いのもある。次にあげる例では、処女を失ったことへの後悔が、最初の性交のあとの精神的動揺のなかで主要な役割を演じている。

二十三歳のある娘はさまざまな恐怖症にかかっている。フランツェンバートで、接吻かトイレでの接触で妊娠するのではないかという恐れから病気は始まった……たぶん、男がマスターベーションをしたあと水中に精液を少し残した、と言って、彼女は目の前で浴槽を三度洗うように要求し、また正常な姿勢で排便しようとしなかった。そのうち処女膜が破れるのではないかという恐怖症が起こり、踊ったり、飛びあがったり、柵《さく》を越えたりしようとせず、小股《こまた》でしか歩こうとしなかった。杭《くい》があるのに気づくと不器用な動作をして、処女を失うのではないかと恐れ、震えながら遠回りした。彼女のもう一つの恐怖症は、汽車のなかや群衆のなかで男にうしろから陰茎を挿入されて処女を奪われて妊娠するのではないかということだった……病気の最後にはベッドや肌着に針があってそれが膣《ちつ》に入るのではないかと恐れた。毎晩、病人は部屋の真ん中で裸になり、不幸な母親はつらい下着検査に励まなくてはならなかった……彼女は、婚約者への愛情は確かなものだといつも言っていた。分析によって次のことが明らかになった。彼女はもう処女ではなく、それが婚約者にわかっていまわしい結果になるのを恐れ、結婚をのばしていたのだった。彼女はテノール歌手に誘惑されたことを婚約者に打ち明け、その婚約者と結婚し、病気は治った。*1

他の例では――官能的満足によって補償されない――後悔が精神的錯乱を引き起こしている。

二十歳のH・B嬢は女友だちとイタリアへ旅行したあと、ひどい抑鬱《よくうつ》症状を示している。彼女は部屋から出ようとせず、一言もしゃべらない。療養所に連れて行かれたが、そこで状態は悪化した。自分の悪口を言う声を聞いたり、みんなが自分を嘲笑《ちょうしょう》している、などと思い込んでいた。両親の家に連れ戻されたが、部屋の隅にじっとしているだけだった。彼女は医者に尋ねた。「どうして私は罪が犯される前にやってこなかったのでしょうか」。自分は死んでいる。すべてが消え失《う》せ、すべてが破壊されてしまった。自分は汚《けが》れていた。もはや音符の一つも歌えず、世界との橋は断たれているという……H・B嬢の婚約者が、ローマで彼女に会い、長い抵抗ののち彼に身を任せたことを打ち明けた。彼女は激しく泣いた……その婚約者とはまったく快感が得られなかったと彼女は告白した。彼女を満足させる新しい恋人を得て結婚したときに、H・B嬢は治癒した。

本書ですでにその子ども時代の告白を要約した「ウィーンの可憐《かれん》な小娘」〔第一章一二二頁参照〕は、大人になる初体験をとても印象的に、くわしく語っている。――大人になる前の情事は非常に早熟なものであったが――それでもなお、この小娘の「入門」はまったく新しい性格をもつことに気づくだろう。

十六歳のとき私はある会社に入りました。十七歳半のとき初めての休暇があり、それは私にとってすばらしい時期でした。いろいろな男から言い寄られました……私は会社の若い同僚を愛しました……一緒に公園に行きました。一九〇九年四月十五日のことでした。彼はベンチに並んで腰かけさせました。私に接吻《せっぷん》し、唇を開くように強く言いましたが、私は口をひきつったように固く閉ざしていました。それから、私の上着のボタンをはずしはじめました。私はこころよくそれを許したかったのですが、バストが貧弱なことを思い出しました。私はもし触られたら感じたはずの官能的興奮をあきらめたのです……四月七日に、既婚のある同僚から一緒に展覧会を見に行こうと誘われました。夕食にワインを飲み、私は少し慎みをなくし、誤解されるような冗談を言いはじめました。彼は私がいやだと言っているのに、馬車を呼び、私を押し込み、馬が走りだすや私に接吻しました。彼はだんだん馴《な》れな

＊1　〔原注〕シュテーケル『不感症の女』。

れしくなり、ますます手を進ませます。力の限り抵抗しましたが、彼が目的を達したかどうかすらもう思い出せません。翌日、会社に行きましたが、気持ちは動揺していました。彼は私がつけたひっ掻《か》き傷だらけの手を見せました……彼はもっと会いに来るように言いました。それほど気乗りはしませんでしたが、好奇心はいっぱいで、言われたとおりにしました……彼が私の性器に近づくと、私は身をふりはらって自分の席に戻りました。しかし一度、私より策士の彼は先手を打って、おそらく指を私のヴァギナのなかに入れました。痛くて泣きました。それは一九〇九年六月のことで、私は休暇に出かけました。私は女友だちと旅行をしました。二人の旅行者に偶然出会って、一緒に行かないかと誘われました。私の連れになった男は私の友だちに接吻しようとして、げんこつをくらいました。彼は私の方にやって来て、うしろから私をはがいじめにして接吻しました。私は抵抗しませんでした……彼は私に一緒に来るように誘いました。私は手を彼にゆだね、森の奥に入っていきました。彼は接吻しました……彼が私の性器に接吻したので、私はとても憤慨しました。私は言いました。「どうしてそんないやらしいことができるの?」。私は彼の陰茎をもたされました……私はそれを愛撫しました……突然、彼は私の手をどけて、何が起きているのか私に見せないようにハンカチをあてました……二日後、私たちは一緒にリージングへ行きました。人里離れた野原で、彼は突然上着を脱ぎ、草の上に敷きました……私は倒され、彼は片脚を私の両脚のあいだに入れました。まだ自分の立場が危険だとは思いませんでした。私は「私の一番きれいな洋服」を脱がされるならいっそ殺してほしいと思いました。彼はとてもみだらになり、卑猥な言葉を使い、警察に言うといっておどしました。私の口に彼の手を押しあて、そして、ペニスを挿入しました。私は死ぬときが来たのだと思いました。胃がひっくり返るような思いでした。ついに、彼が終わったとき、私は彼を許せると思いはじめました。私は横たわったままだったので、彼は私を起こさなければなりませんでした。彼は私の目と顔を接吻でおおいました。私は何も見えず、何も聞こえませんでした。彼が支えてくれなかったら、私は目が見えない状態で倒れ、車の下敷きになっていたでしょう……私たちは二人きりで二等車のコンパートメントにいました。彼はまたズボンの前を開いて、私の方に向かってきました。私は叫び声をあげ、車両のなかを一番あとのステップまで駆け抜けました……ついに彼は私を追うのをやめ、げびた甲高い声で笑いました。私は、自分が何が良いことか知らない愚かな娘だという自戒の念を込めて、あの笑いをけっして忘れないでしょう。彼は私が一人でウィーンに帰るままにしておきました。ウィーンに着くと私は急いでトイレに行きました。腿《もも》にそって何か温かいものが流れるのを感じたからです。ぎくっとしました。血のあとを見たのです。家でそれをどのように隠そうか？　私はできるだけ早く寝て、何時間も泣きました。ペニスを押しこまれたために、ずっと胃の圧迫を感じていました。私のおかしい様子と食欲不振が何かあったことを母に悟らせました。私は母にすべてを打ち明けました。母はそんなに怖がることはないと……同僚は、私を慰めるために、できるかぎりのことをしました。彼は暗くなる夕方を利用して私と公園を散歩し、そして私のスカートの下を愛撫《あいぶ》しました。私は許しましたが、ただ、ヴァギナが濡《ぬ》れてくるのを感じるとすぐ身を離しました。とても恥ずかしかったからです。

彼女は何度か彼とホテルに行ったが、彼と寝ることはなかった。彼女はある大金持ちの若い男と知り合い、彼との結婚を望んだ。彼と寝たけれども、なにも感じず、嫌悪感をもった。同僚との関係をむし返したが、その男にもうんざりし、そして斜視になり、やせ始めた。サナトリウムに送られるが、そこで、ロシアの青年とあやうく寝るところだったが、最後の瞬間に彼をベッドから追い出した。ある医者と、またある軍人と、彼女は関係しかけたが、完全な性関係には同意していない。精神的な病になったのは、その当時で、彼女は治療しようと決心した。治療後、自分を愛するある男に身を任すことに同意し、そのあと彼と結婚した。結婚生活で彼女の不感症はなくなった。

多くの類似した事例から選んだこれらのいくつかの例では、相手の男の粗暴が、少なくとも情事の突発性が、いつも心的外傷《トラウマ》や嫌悪《けんお》を引き起こす原因になっている。性の入門に最も好ましい場合とは、暴力も不意打ちもなく、決まった指示や正確な期日もなしに、若い娘が少しずつ羞恥心《しゅうちしん》に打ち勝って、相手の男と親しくなり、その愛撫を好むようになるときである。そのためには、アメリカの若い娘たちが享受《きょうじゅ》し、フランスの娘たちがいま獲得しようとしている風俗の自由を認める以外ない。フランスの娘たちは「ネッキング」も「ペッティング」もほとんど知らずに完全な性関係に入っていく。性の入門がタブー的な性格をもたなければもたないほど、若い娘が相手に対して自由に感じれば感じるほど、そして、相手の支配的性格が目立たなければ目立たないほど、入門は容易だ。相手の恋人も若くて、未経験で、内気で、対等ならば、若い娘の抵抗は少なくなる。しかしまた、女への変貌《へんぼう》は徹底しないだろう。たとえば、『青い麦』のなかで、コレットの登場人物ヴァンカはかなり乱暴に処女を奪われた翌日に平静さを示したので、男友だちのフィルが驚く。それは彼女が「所有された」と感じなかったので、逆に、処女から解放されたことに誇りをもち、動転するような混乱など感じなかったのだ。実際、フィルが驚くのはまちがいで、彼の女友だちは男を知ったわけではないのだ。クロディーヌ[*1]はルノーの腕に抱かれて踊ったあとで、もっと傷ついている。まだ、「青い果実」の段階にとどまっているフランスの女子高校生の話を聞いたが、彼女は男友だちと一夜を過ごした翌日、女友だちのところに駆けつけて告げた。「私、C……と寝たのよ。とてもおもしろかったわ」。あるアメリカの中学校の教師が、そこの生徒たちは女になる

＊1　コレットの自伝的小説クロディーヌ・シリーズの主人公。

ずっと以前から処女ではなくなっている、と言っていた。彼女たちの相手は彼女たちの羞恥心を傷つけるにはあまりにも彼女たちを尊重し、彼女たちのうちに魔をよびさますにはあまりにも若く、彼自身非常に恥ずかしがりやである。性愛体験に身を投じ、それを何度も繰り返して、性の不安を逃れようとする娘たちがいる。そのようにして、自分の好奇心や強迫観念から解放されたいのだ。しかし多くの場合、彼女たちの行動はかたちだけのもので、それが、他の娘たちが先回りして浸る幻想と同じように、そうした行動を現実感のないものにしている。挑戦、恐れ、清教徒的な合理主義に基づいて体を与えるのは、本当の性愛体験を実現することではない。危険もなく深く味わうこともなく、代用品に到達するだけだ。ときめきは表面的で、快感が肉体を満たしていないので、性行為に不安も羞恥心もともなわない。このようにして処女を失うと、いつまでも若い娘の状態にとどまる。そして、享楽的で威圧的な男と向かい合うようになったとき、彼女たちが処女のような抵抗をすることもありうる。いまのところ彼女たちはまだ一種の思春期にいる。愛撫されるとくすぐったく、接吻されると笑い出すことがあり、肉体的な愛を遊びのように見て、それを楽しむ気になっていないと、恋人の欲求はすぐにわずらわしく卑猥に思えてくる。彼女たちは嫌悪や恐怖症や娘時代特有の羞恥心をもちつづけている。この段階を乗り越えないと――アメリカの男たちの言うには、アメリカの女の多くのケースだそうだが――若い娘たちは半・不感症の状態で一生を送ることになる。興奮と快楽のなかで自己の肉体化に同意する女にしか、真の性的成熟はないのだ。

けれども、燃えやすい気性の女なら困難はすべて解消すると考えてはならない。逆に、こうした女は激しすぎるのだ。女の性的興奮は男の知らない強烈さに達することができる。男の欲望は激しいが局部化されていて、男は欲望のために——おそらく痙攣《けいれん》の瞬間を除いて——自意識を失わない。女は反対に自分がまったく無になってしまう。多くの女にとって、この変貌は愛の最も官能的で最も決定的な瞬間だ。しかし、その変貌はまた魔的で恐ろしい性格をもっている。男は抱いている女を前にして恐怖を感じることがある。それほど女はわれを忘れ、錯乱の虜《とりこ》になっているように見える。女が感じる興奮は男の攻撃的狂熱よりずっと根源的変質である。この熱が女を羞恥心から解放するのだが、目が覚めたときには、羞恥心と恐怖を起こさせもする。女がその熱をよろこんで、また誇らかに受け入れるには、少なくとも快感の炎となって歓《よろこ》びにあふれなければならないだろう。女が欲望を見事に満たしたならば、その欲望は自分のものと主張できるだろう。そうでなければ、女は欲望を怒りをこめて拒絶する。

ここで、女の性愛の非常に重要な問題にふれる。すなわち、女の官能的生活の出発点において、女の自己放棄が激しく確実な歓びによって補償されないということである。もしそのように補償されて天国の門が開かれるのならば、女はもっとたやすく羞恥心も自尊心も捨て去るだろう。しかし、すでに見たように、破瓜《はか》は娘時代特有の官能性の幸福な成就《じょうじゅ》ではない。それどころか、それは大変異様な現象なのだ。膣快感はすぐには始まらない。シュテーケルの統計——これは多くの性科学者と精神分析学者が確証している——によれば、最初の性交から快感を得る女はわずか四％で、五〇％は数週間、数ヵ月、また数年もたたないと膣快感に達しない。心理的要因がここでは根本的役割を演じている。女にあっては、意識的事実とその事実の器官による表現とのあいだに普通は距離がまったくないことが多いという意味で、女の体はとりわけ「ヒステリック」である。精神的な抵抗は快楽の現われを妨げる。この抵抗は何ものによっても補償されないので、いつまでも続き、だんだん強くなることが多い。多くの場合、悪循環になる。恋人の最初の不手際《ふてぎわ》、ひとこと、不器用な動作、傲慢《ごうまん》な薄笑いが蜜月《みつげつ》のあいだずっと、あるいは夫婦生活にすら影響する。すぐ快感を経験できなかったことに失望して、娘はそのことに恨みをもち続け、その恨みのせいでもっと幸福な経験をしたいという気がなくなってしまう。

なるほど、正常な満足が得られなくても、男はいつでもクリトリスの快感を与えることができ、その快感は、教訓的言い伝えとは逆に、女に弛緩《しかん》と鎮静をもたらすことができる。しかし、女の多くはそれを拒否する。膣快感よりもっとそれは押しつけに思えるからだ。なぜなら、女は自分自身の満足のことしか考えない男のエゴイズムに苦しむが、また女に快楽を与えようとする露骨な意志にも傷つけられるからだ。シュテーケルは言う。「他者を楽しませること、それは他者を支配することを意味する。誰かに身を任せること、それは自分の意志を放棄することである」。うまくいった正常な性交のように、快楽が男自身の得る快楽から自然に流れ出すように思えるなら、女はそれをずっとたやすく受け入れるだろう。「女は相手が自分を従わせようと望んでいないとわかれば、喜んで従う」と、さらにシュテーケルは言っている。その意志を感じると、女は逆らう。女の多くは手で愛撫されるのをいやがる。しかし反対に、その意志を感じると、快感に関わらない一個の道具であり、活動であって、肉体ではないからだ。手はそれが与える快感に関わらない一個の道具であり、活動であって、肉体ではないからだ。性器も欲望が浸透した肉体ではなく、巧みに利用される道具のように見えると、女は同様の反感を抱く。それに、代償行為はすべて、彼女には女の正常な感覚を知ることができないのだということを認めているように思えるだろう。シュテーケルは数多く観察したあとで、いわゆる不感症の女の欲望はすべて次のような基準に向かうと指摘した。すなわち「彼女たちは正常な女のようにオルガスムスを得たいと望んでいる。他のすべてのやり方は彼女たちを精神的に満足させない」。

だから、男の態度はきわめて重要になる。男の欲望が激しく粗暴だと、相手は男の腕のなかでまったくの物体に変えられたように感じる。しかし、自制がすぎてあまりに淡白だと、男は肉体になりきらない。男は女が自分に影響を与えることなく客体になることを要求する。いずれの場合も女の自尊心は反抗する。女が、肉体の客体への変貌と主体としての要求を両立させるためには、自分が男の獲物となりつつ、また男を自分の獲物としなければならない。女が頑固な不感症になるのが非常に多いのはそのためだ。恋人が魅力に欠けていたり、冷ややかだったり、なげやりだったり、不器用だったりすると、女の性欲を呼び覚ますのに失敗するか、あるいは女を満たされないままにしてしまう。しかし、恋人が男っぽくて熟練していても、拒否の反応を引き起こすこともある。女は男の支配を恐れるのだ。気が小さくて、才能のない、あるいは半ば不能であっても、恐怖を与えないような男とでなければ快感を見出《みいだ》せない女たちもいる。恋人をとげとげしくさせたり恨ませたりするのは男には簡単だ。女の不感症の最も普通に見られる原因は恨みである。ベッドで、女は、自分が受けたと思っているあらゆる侮辱に対してばかにしたような冷淡さで仕返しする。女の態度にはしばしば攻撃的な劣等コンプレックスがある。あなたは私を愛していないから、私にはどうせ気にいらない欠点があるのだから、私は軽蔑《けいべつ》されているのだから、私も愛や欲望や快楽に身を任せたりしない、というわけである。こうして、男が女をいい加減にあつかって屈辱を与えたり、嫉妬心《しっとしん》をかきたてたり、いつまでも愛を打ち明けなかったり、女は結婚したがっているのに恋人にしておくといったような場合、女は男と自分自身とに対して同時に復讐《ふくしゅう》する。不満の種は突然現われ、はじめはよかった関係の途中でもこうした反動が起きることがある。このような敵意を引き起こした男がその敵意に自分で打ち勝つのは稀《まれ》だ。けれど、愛と尊敬の説得力ある証《あかし》をたてて、状況を変えることもある。恋人の腕のなかで警戒心強くかたくなだった女が、結婚指輪をはめると変わってしまうのはすでに見た。幸せになり、おせじを言われ、良心にやましいところがなくなると、女はいっさい抵抗しなくなるのだ。しかし、恨みがましい思いを抱いている女を幸福な人妻に一変させてしまうのは、新しく出現した丁重で、自分を愛してくれる、思いやりのある男である。彼が女を劣等コンプレックスから解放してやれば、女は彼に激しく身を任せるだろう。
シュテーケルの著書『不感症の女』は、とくに女の不感症における心的要因の役割を証明しようとしている。次にあげるいくつかの例は、不感症が、きわめて多くの場合、夫や恋人に対する恨みからの行動であることを示している。

G・S嬢はある男が自分と結婚してくれるのを待ちながら、彼に身を任せていたが、「自分は結婚に執着しているわけではないし、束縛されたくない」ということを強調していた。彼女は自由な女を気取っていた。実際は、彼女の家族と同様、彼女も道徳の奴隷《どれい》だったのだ。しかし、恋人は彼女の言うことを信じて一度も結婚の話をしなかった。彼女の意固地はだんだん強くなり、なにも感じなくなってしまった。ついに男が結婚を申し込んだとき、彼女は自分が無感覚症だと打ち明け、もう結婚の話は聞きたくないといって復讐した。もはや幸福になりたいとは思っていなかった。待ちすぎたのだった……彼女は嫉妬にさいなまれていた。そして、傲慢な態度で彼の申し込みを拒絶するために、彼が申し込んでくるのをじりじりして待っていたのだ。それから、その恋人をきわめつけのやり方で罰してやろうと、ただそのために自殺しようとした。

そのときまで夫と快感を感じていたのだが、とても嫉妬ぶかいある女が、自分の病気中、夫が自分を裏切っていると思い込んでいた。退院したら夫に冷たくしていようと決心する。夫は自分を尊重しないで必要なときしか用いようとしないから、これからはもう夫に興奮させられてなるものかと。帰宅してから彼女は不感症になった。はじめ興奮させられないようにちょっとしたトリックを使った。彼女は夫が自分の女友だちを口説いていると想像した。やがて、苦痛がオルガスムスにとって代わるようになった。

十七歳の娘がある男と関係をもち、強い快感を得ていた。十九歳で妊娠した彼女は、恋人に結婚するように求めた。彼は決心がつかず、中絶をすすめたが、彼女は拒否した。三週間後、彼は彼女と結婚する気になったと宣言し、彼女は妻になった。しかし、彼女は三週間苦しんだことで絶対許せず、不感症になった。のちに、夫と話し合うことで、不感症は克服された。

N・M夫人は、夫が結婚して二日後に昔の愛人に会いにいったことを知った。それまで彼女が感じていたオルガスムスは永久に消えた。彼女はもう夫に気にいられないのだという固定観念をもつようになった。自分は夫を永久に失望させたのだと思ったのだ。彼女にとって、それが不感症の原因だった。

ある程度長く時間がたってから、女が自分の抵抗を乗り越えて、膣《ちつ》快感を知っても、困難がすべてなくなるわけではない。なぜなら、女の性欲のリズムと男の性欲のリズムは一致しないからだ。女はオルガスムスに達するのに男よりずっと時間がかかる。

男全体のおそらく四分の三が、性関係が始まってから二分のうちにオルガスムスを経験する――とキンゼー報告は伝えている。高い階層の女たちの多くは、その境遇が性的状況にきわめて不向きで、オルガスムスを知るにはかなりの刺激を十分から十五分必要とすること、またかなりの数の女が一生を通じてオルガスムスを一度も体験しないことを考えるなら、当然、男は相手と調和できるようにするために射精しないで性的行為を引きのばすための非常に特殊な能力を必要とする。

インドでは、夫は妻への性行為の義務を果たしながら、自分自身の快感を抑えて、妻の快感を引きのばすためにパイプをふかすのが普通だそうである。西洋では、カザノヴァのような男が自慢するのはむしろ「回」数で、彼の最高の自慢は相手にもうやめてと言わせることだ。エロスの伝統によれば、こういうことは誰もがそうそう成功できる快挙ではない。とかく男たちは連れ合いのすさまじい要求を嘆く。それは狂熱的な子宮、人食い鬼、飢えた女だ。彼女が満たされることはけっしてない。モンテーニュはこうした見解を『エセー』の第三巻（第五章）に示している。

女たちはわれわれとは比較にならないほど愛の営みにたけ、熱心である。はじめは男でのちに女になった昔のある僧侶《そうりよ》もそのように証言している。……さらにわれわれの知るところでは、かつて別々の時代ではあるが、その道の巧者で名をとどろかせたローマのある皇帝[*1]とある皇后[*2]が、自身の口からそう語っている（この皇帝は一夜で捕虜にした乙女一〇人の処女を奪った。だが、皇后の方は、欲望と好みにまかせて、相手を次々に変え、一夜に実に二十五回も成し遂げた）。

陰門は収縮し、興奮の余韻に火照《ほて》りながら男たちに飢《つ》かれ、心は満たされぬまま退いた。[*3]

また別に、カタロニアで、ある妻が夫の求めがあまりに過ぎると訴え出た。私の考えによれば、これは、妻がそのことを不快に感じたからではない。（というのも、信仰における以外の奇跡を私は信じないからだ）……それで、アラゴンの女王がかの注目すべき判決を下された。聡明な女王は熟慮のうえの審議を重ねたのち……正当にして必要な限度として、その回数を一日六回と定めた。容易に守れる、したがって永遠かつ不変の形式を定めるため、女性の欲望を大幅に抑えてしまったということである。

実際に女の快感は男の快感とはまったく様相が違うということなのだ。膣快感がやがて決定的なオルガスムスに達するかどうかは正確にはわからないことはすでに述べた。この点について女の告白はあまりない。正確に述べようとしている場合でも、非常にあいまいなままにとどまっている。反応はそれぞれかなり違うようだ。確実なことは、男にとって性交にははっきりした生物学的な目的である射精があるということである。この目的をめざすのは、非常に複雑な他の多くの意図をとおしてであるのは確かである。しかし、目的がひとたび達せられれば到達点とみなされ、欲望の充足ではないにしても、少なくともその消滅とみなされる。逆に女の場合、目的ははじめから明確でなく、また生来、生理的であるよりも心理的なものだ。女は興奮を、一般には快感を望むが、女の肉体は愛の行為の終わりをはっきり現わさない。女にとって性交が完全に完了しないのはそのためである。それはどんな目的も宿してはいないのだ。男の快感は急上昇する。そしてある域に達すると完成し、そしてオルガスムスのうちに突然消滅する。その性行為の構造は限定され、不連続である。女の快楽は体全体に広がり、生殖器官にだけ集中

＊1　ティトゥス・イリウス・プロクルスのこと。プロブス帝の時代に王位を奪おうとしたが、淫蕩《いんとう》にふけり失敗して死刑にされた。
＊2　ローマ皇帝クラディウスの妃、メッサリナ。愛人と通じ、陰謀を企てたために処刑された。
＊3　〔原注〕ユウェナリス。

されているのではない。それで、実際のオルガスムスよりむしろ膣の収縮が波動系統を形成し、それがリズミカルに生まれ、消え、つくりなおされ、ときどき絶頂に達し、混乱し、けっして完全に消滅することなく元に戻る。女にあってはどんな最終段階も定められていないので、快感は無限をめざす。その結果、女の官能性の能力の限界になるのは、はっきりした満足感よりむしろ、神経や心臓の疲労とか心理的な満喫であることが多い。満たされても、疲れきっていても、女はけっして完全に解放されない。ユウェナリス[*1]の言葉によれば、「疲れても、なお、飽きることなし」である。

男は相手に自分のリズムを押しつけようとしたり、夢中になってオルガスムスを与えようとすると、大きな過《あやま》ちを犯す。たいていの場合、女が女特有のやり方で享受《きょうじゅ》している快楽のかたちを破ることにしかならないことが多いからだ。[*2]そのかたちは、かなり柔軟に自分で自分に一つの終わりを与えることができる。つまり膣や生殖系統全体に局部化されているある種の痙攣《けいれん》や体全体から発するある種の痙攣は解消させることができるのである。こうした痙攣がかなり規則的に、オルガスムスと同一視できるほど激しく起こる女たちもいる。しかし、恋している女は男のオルガスムスのなかに自分の気持ちをしずめ満足させる終結を見出すこともできる。そしてまた、断続することなくスムーズにエロスの形状がおだやかに消滅することもある。成功に必要なのは、細心だが単純すぎる多くの男たちが思い込んでいるように、快感の数学的な同時性ではなくて、複数のエロスの形状を生じさせることなのだ。女を「歓ばせる」のは時間と技巧、つまり激しさの問題だと想像するものが多い。彼らは女の性欲が女の状況全体によってどれくらい条件づけられているか知らないのだ。

女の快楽はすでに言ったように、一種の呪術《じゆじゆつ》のようなもので、相手にすっかり身を委《ゆだ》ねることを要求する。言葉や身ぶりが愛撫《あいぶ》の魔術にさからうと、呪術は霧散してしまう。女がしばしば目を閉じる理由の一つはそれである。生理学的には瞳孔《どうこう》の拡大を埋め合わせるためのすばやい反応なのである。しかし、暗がりのなかでも女は瞼《まぶた》を閉じる。女はあらゆる背景を消し去り、その瞬間の、自分自身の、恋人の、独自性を消し去って、母の胸のように定かでない肉体の闇《やみ》のただなかで、自分を失ってしまいたいのである。そしてとくに、女は、男と自分を向かい合わせる分離を消滅させて、男と融合したいと願うのだ。すでに言ったように、自分を客体にしつつ、主体のままでいたいと思う。全身が欲望であり、官能のうずきであるゆえに男より深く自分を無にする女は、相手との結合によってしか主体でいられない。二人にとって受けることと与えることとは、一つにならなければならない。男が与えずに取るだけにとどめたり、あるいは快感を得ないで与

＊1　六七頃－一三〇頃、古代ローマの詩人。
＊2　〔原注〕ロレンスはこの二つのエロスのかたちの対照をよく見た。しかし、彼のように、女はオルガスムスを知ってはならないと言い切るのは独断である。オルガスムスをなんとしても引き出そうとするのが誤りならば、『翼ある蛇』のドン・シプリアーノのように、とにかくオルガスムスを拒もうとするのも誤りである。

えるだけだと、女は操られたと感じる。女は〈他者〉として自分を実現するや、非本質的†な他者となる。女は他者性を否定しなければならない。だから、互いの肉体が離れる瞬間は女にとってはいつもつらいのだ。男は性交のあと、さびしいと、あるいは楽しいと感じるにせよ、自然によってだまされたと感じるか、それとも女を征服した気になるにせよ、いずれにしても肉体を否認する。彼は廉潔《れんけつ》な身体に戻り、眠ったり、入浴したり、タバコをふかしたり、大気のなかに出かけて行きたくなる。女は、自分を肉体にした呪術が消えてなくなるまで、肉体の接触を引きのばしていたい。離れるのは新たな乳離れのように身を切られるほどつらい。女はあまりにも唐突に身を離す恋人を恨む。しかしもっと女を傷つけるのは、ひととき信じていた融合を疑わせるような男の言葉である。マドレーヌ・ブルドゥークスの語ったところによると、ジルの妻は夫に「いった？」と聞かれると、体をこわばらせて夫の口に手をあてる。言葉は快楽を内在的で分離した感覚にしてしまうので、たいがいの女はいやがるのだ。「もういい？　もっと？　よかった？」と質問すること自体が別離を表明し、愛の行為を男がその方向を決める機械的作業にかえてしまう。そしてそれこそは男が質問する理由なのだ。融合や相互性よりもはるかに、男は支配を求める。カップルの結合が解かれると、男はふたたび唯一《ゆいいつ》の主体になる。このような特権を放棄するには、大きな愛情と寛大さが必要である。男は、女が心ならずも辱《はずかし》められ所有されたと感じるのを好む。男はいつも女が得るよりも少し多くを取りたいのだ。愛の行為を一つの闘争だと考えさせるようなたくさんのコンプレックスを男が引きずっていなければ、女は多くの困難を避けられる。そうなれば、女はベッドを闘技場のように考えなくてもよくなるだろう。

けれども、ナルシシズムや自尊心と同時に若い娘には支配されたいという欲望も見られる。マゾヒズムは女の特性の一つで、そうした性向のおかげで女はそのエロスの宿命に適応できるのだという精神分析学者もいる。しかし、マゾヒズムの概念は非常に錯綜《さくそう》しているので、私たちはそれを細かく検討しなければならない。

精神分析学者たちは、フロイトにしたがって、マゾヒズムを三つの形態に分ける。第一は苦痛と快楽との結合のなかにあり、第二は女がエロスの面で男に依存することの承諾であり、第三は自罰のメカニズムに立脚しているという。破瓜《はか》と分娩《ぶんべん》では快楽と苦痛が結合しているゆえに、また、女は自分の受動的な役割に同意しているのだから、女はマゾヒストというわけである。

まず最初に、苦痛に官能的価値を与えるのは受け身の従順な行為をすることではまったくないことに注意しなければならない。しばしば、苦痛は苦痛を感じている個人の活力を高めたり、興奮と快感の激しさそのもので麻痺《まひ》した感覚を蘇生《そせい》させるのに役立つ。それは肉体の闇に輝く鋭い光であり、冥界《めいかい》で恍惚《こうこつ》としている恋する男をただちにもう一度冥界へ落とすために、引きあげる。苦痛はふつう、性愛の狂熱の一部をなす。相互的な歓《よろこ》びのための肉体であることに陶然としている二つの肉体は、できるかぎりの方法で、出会い、結合し、向かい合おうとする。性愛のなかには、自己遊離と陶酔とエクスタシーがある。苦痛もまた自己の限界をうち破る一種の超越であり、激発なのだ。苦痛はつねに饗宴《きょうえん》では大きな役割を演じる。心地よいものと苦しいものが相通じていることは周知のとおりである。愛撫は拷問《ごうもん》となりうるし、刑罰が快感を与えることもある。抱きしめることから、かんたんに噛《か》んだり、つねったり、ひっかいたりできるようになる。こうした行為は一般的にはサディズム的なものではない。それらは破壊ではなく融合への欲望を表わしている。それらに耐える主体も、否認されたり辱められたりするのではなく、結合を求めている。もっとも、こうした行為は男性的な特徴なのではない。まったく違うものである。事実、苦痛は隷従の表明としてとらえられ望まれる場合にのみ、マゾヒズム的な意味をもつのだ。破瓜の苦痛に快感がないのははっきりしている。女は誰も出産の苦しみを恐れているが、幸いに最新の方法によって苦しまなくてすむようになった。苦痛は女のセクシュアリティにおいても、男のセクシュアリティにおけるのとまったく同じ位置を占めている。

女の従順さは、これもまた非常にあいまいな観念である。すでに見たように若い娘はだいたい想像のなかで、半神、英雄、男の支配を受け入れるものだ。しかし、それはまだナルシシズム的な遊びにすぎない。そうした権威の肉体的な表現を実際に身にこうむる覚悟がそれでできるわけではまったくない。その反対に、若い娘は彼女の感嘆し尊敬する男をこばみ、風采《ふうさい》のあがらない男に身を任せるというのはよくあることである。具体的な行為の鍵《かぎ》を幻想のなかに求めるのはまちがっている。幻想は幻想であるかぎり、つくりだして愛撫するものだからである。恐怖とうっとりした気分が入り交じった思いでレイプを夢見る少女は、レイプされるのを欲望しているわけではない。そんな出来事が起きたら、耐えがたいほどの破滅だろう。すでにマリー・ル・アルドゥアンにこの分裂の典型的な例を見た。彼女は次のように書いている。

> けれども自分を消し去る途上で、私が鼻をつまみ胸をどきどきさせてでなければ入れないある領域が残っていた。それは愛の官能の追求を越えて、即物的な官能の快楽へ私をみちびく領域なのだ……夢のなかで密《ひそ》かに犯さなかったおぞましい行為は一つもない。できるかぎりの方法で自分を確認したいという欲求に苦しんでいた（『黒い帆』）。

マリー・バシュキルツェフの場合も思い出す必要がある。

> 私は生涯を通じて、自分の意志で、なんらかの見せかけの支配のもとに身をおこうとしてきた。しかし、私が試してみた人はみな、私と比べると平凡すぎて、嫌悪《けんお》をいだくだけだった。

一方、女の性的役割の大部分が受動的なものであるのは事実である。しかし、その受動的な状況を直接に生きることは、男の普通に見られる攻撃性がサディスト的でないのと同様、マゾヒスト的なのではない。女は、愛撫、興奮、挿入を、自分自身の快楽へ向けて超越することができ、そうすることで自分の主体性を確立する。また、恋人との結合を求め、自分を彼に与えることもでき、それは放棄ではなく自分を乗り越えることを意味する。マゾヒズムは個人が他人の意識によって純粋なモノにされ、自分でも自分をモノとして想像し、モノになったつもりになろうと決めるときに現われる。「マゾヒズムは自己の客体性によって他者を魅惑する試みなのではなく、他人に対する自己の客体性によって自分自身を魅惑する試みである」[*1]。マルキ・ド・サド[*2]のジュリエットや『閨《けい》房《ぼう》の哲学』の若い処女は、できるかぎりの方法で男に身を任せるが、彼女たち自身の快楽が目的なので、まったくマゾヒストではない。チャタレイ夫人やケイト〔ロレンス『恋する女たち』の主人公〕は男に身を任せることに同意しているのだからマゾヒストではない。マゾヒズムを語るには、自己が設定されていなければならず、この自己が疎外《そがい》された分身となり、それが他人の自由に基づいて生み出されたと見なされなければならない。

こうした意味で、実際に、ある種の女たちには本当のマゾヒズムが見出《みいだ》せるだろう。若い娘にはその傾向がある。なぜなら、若い娘はナルシシストになりやすく、またナルシシズムは自分の自我《エゴ》のなかに自分を疎外することで成り立つからだ。若い娘が性愛入門の最初から激しい興奮と欲望を感じるならば、彼女は自分の経験を本当に生きたことになり、その経験を彼女が自己と呼んでいる観念的な的《まと》へむけて投影するのをやめるだろう。しかし、不感症だと自己は自分を主張しつづける。その場合、自己を一人の男のモノにすることは失敗だと見なされる。ところで、「マゾヒズムは、サディズムと同様、有罪を認めることである。たしかに、自分が客体であるという事実だけで私は有罪なのだ」。このサルトルの考え方は自罰というフロイトの観念に通じる。若い娘は自分を他人に委ねるのを罪だと思い、恥辱と屈従をことさらおおげさに考えて自分を罰する。すでに見たように、処女は未来の恋人に刃向かうが、やがて服従するようになるという理由で、さまざまな苦痛を自分に課して、自分を罰する。恋人が現実に現われてもあくまでもこの態度を続ける。不感症そのものが女が自分にも相手にも加える懲罰として現われることはすでに見た。虚栄心を傷つけられた女は相手と自分自身を恨んで、自分に快楽を禁じるのだ。マゾヒズムの場合、このような女はひたすら男の奴隷《どれい》となり、男に崇拝の言葉を言い、辱められ殴られたいと思う。彼女は疎外されることに同意したその勢いに駆られて、ますます自分を深く疎外する。これはあきらかに、たとえば、マチルド・ド・ラ・モルの行動である。彼女はジュリアンに身を任せたことを後悔している。そのために、ときどきジュリアンの足下にひれ伏したり、彼のどんな気まぐれにも従おうとしたり、自分の髪を彼に捧《ささ》げたりするのだ。しかし同時に、彼女は自分に対するのと同じように、彼に反抗する。彼の腕のなかにいても氷のように冷たいのだろう。マゾ

＊1　〔原注〕ジャン＝ポール・サルトル『存在と無』。
＊2　一七四〇－一八一四、フランスの作家、思想家。

ヒストの女は男にうわべだけ身を任せても、快感をさえぎる新たな障害をつくってしまう。そして一方で、彼女はこうした快感を知ることができないということによって、自分自身に復讐《ふくしゅう》するのである。不感症からマゾヒズムへの悪循環は永久に続くこともあり、その場合には、補償としてサディズム的な行動をともなう。また、性愛の成熟が不感症やナルシシズムから女を解放したり、性的受動性を引き受けて、その受動性を演じるのではなく、直接生きるということもある。なぜなら、マゾヒズムの逆説とは、主体が自分を捨てる努力をするときでさえ絶えず自分を再確認することだからである。主体が自分を忘れられるのは、なにも考えず他者に自分を与えるときであり、他者に向かう自発的な運動においてである。だから、女の方が男よりマゾヒズムの誘惑に駆られるというのは本当だ。受動的な客体という性愛の面での女の状況は女に受動性を演じるように仕向ける。その演技は、自罰である。女は、ナルシシズム的反抗とその結果である不感症によって、自罰に導かれるのだ。実際、多くの女、とくに若い娘はマゾヒストである。コレットは、初恋の体験を語りながら、『私の修業時代』のなかで告白している。

若さと無知も手伝って、私はまず陶酔することから始めた。罪深い陶酔、若い娘の醜悪で不純な感情のほとばしりだった。ようやく年頃になるかならないかで、壮年の男の目を楽しませ、玩具《がんぐ》となり、卑猥《ひわい》な傑作になるのを夢見る娘は多くいる。彼女たちは、思春期特有の神経症、つまり、チョークや炭をちびちびかじったり、歯磨きの水を飲んだり、みだらな本を読んだり、手のひらにピンを刺したりする習慣をともなう欲望を満足させつつ、その見苦しい欲望の罪をあがなうのである。

これ以上の言い方はできないが、マゾヒズムとは若者特有の倒錯の一つである。それは女の性的運命によって生じる葛藤《かっとう》のほんとうの解決にはならず、その運命のなかで七転八倒しつつその運命を逃れようとする一つのやり方なのだ。マゾヒズムは女の性愛の正常で幸福な成熟を表わすものではまったくない。

この成熟は、――恋愛、愛情、快楽の追求のうちに――女が自分の受動性を克服して、相手と相互的な関係をつくることを前提とする。男女のたたかいがあるかぎりは、男と女の性愛の非対称性は解決できないさまざまな問題を生みだす。こうした問題は女が男に欲望と尊敬を同時に感じるときにたやすく解決できる。男が女の自由を認めつつ肉体として女を欲しがるなら、女は客体になる瞬間に自分を本質的なものと再発見し、自らが同意した服従のなかでどこまでも自由である。そのとき、恋人たちはそれぞれのやり方で共通の快楽を知ることができる。それぞれが相手のうちにその源泉をもちながら、自分のものとして快感を得るのだ。受け取ると与えるという言葉はその意味を交換し、喜びは感謝となり、快感は愛情となる。具体的で肉感的なかたちをとって、自己と他者の相互的な認識が他者と自己の最もとぎ澄まされた意識のなかで実現する。自分のなかにある男の性器は自分自身と一体のように感じるという女たちがいる。ある男たちは自分を自分が侵入している女であるように感じる。こうした表現はあきらかに不正確だ。他者の次元は残っている。けれども、他者がもう敵の性格をもっていないのはたしかだ。性行為に感動的な性格を与えるものは、この分離における身体の結合の意識である。自分たちの限界をともに情熱的に否定しまた肯定する二つの存在は、似ているけれども違っているだけに、それだけ衝撃的である。この差異がしばしば両者を切り離し、ふたたび結合したときに深い感動の源泉となるのだ。女を燃えさせる動かぬ炎、女はその逆の姿を男の激情のなかに見つめる。男の強さとは、女が男におよぼす力である。この生命の膨脹した男の性器は、男に快楽を与える女の微笑が男のものであるように、女のものでもあるのだ。男であることと女であることがもっている豊かなものはすべて反映し合い、互いに相手をとおして取り戻され、揺れ動く恍惚の結合をつくりあげる。このような調和に必要なものは洗練された技巧ではなく、むしろ、直接的な官能の魅力を基盤にした、身体と精神との相互的な寛大さである。

しばしば、この寛大さは、男の場合は虚栄、女の場合は臆病《おくびょう》によって妨げられる。女はさまざまな抑圧を克服しないかぎり、この寛大さを発揮できないだろう。女の場合、一般的に性的成熟がかなり遅れるのはこのためだ。女が官能的に頂点に達するのは三十五歳頃である。残念ながら結婚していると、その頃には夫は妻の不感症には馴《な》れきっている。女はまだ新しい恋人を誘惑することもできるが、容色は衰えはじめている。時間はない。多くの女がやっと自分の欲望を本気で受け入れようと決心するときには、すでに男の欲望をそそらなくなっている。

　女の性生活はさまざまな条件のなかで展開するが、それらの条件はこれまであげてきたあらかじめ与えられた条件だけに支配されているのではなく、女の社会経済的状況全体に支配されている。そうした背景をぬきにして、女の性生活の研究を先に進めようとしても抽象的になるだろう。とはいえ、いままでの検討から広く有効な結論がいくつも出てくる。性愛の経験は最も衝撃的なやり方で人間に人間の条件の両義性を発見させる経験の一つである。人間はそのなかで、肉体として精神として、また他者として主体として自分の経験をするのである。この対立は女の方が劇的性格をおびる。女はまず自分を客体としてとらえ、すぐには快感に確かな自律性を見出さないからだ。女は女の肉体の条件を受け入れながら、超越する自由な主体の威厳をどうしても取り戻さなければならない。これは困難で危険に満ちた企てなのだ。しばしば挫《ざ》折《せつ》する。しかし、女の状況そのものの難しさが、男だと担《かつ》がれやすいまやかしから女を守ってくれる。男は、その攻撃的な役割とオルガスムスに満たされた孤独に含まれる偽りの特権にとかくだまされがちである。男は自分をまったくの肉体として認めるのをためらうのだ。女の方が自分自身について本当の体験をする。

　受け身の役割には多少とも正確に適応するにしても、女は能動的な個人としてはいつも満たされない。女が男をうらやむのは彼の所有する器官のためでなく、彼の獲物のためである。男がやさしく、愛情のある、柔らかな感覚的世界、女性的な世界で生きているのに、女は困難で厳しい男性的な世界で生きるというのは、奇妙な逆説である。女の手は柔らかな肉体、溶けそうな果肉、若者、女、花々、毛皮、子どもを抱きしめたい欲望をもちつづけている。自分自身の一部を自分の意のままにできるし、男にゆだねる宝とおなじ宝を自分ももちたいと思う。多くの女に多少とも潜在的にではあるが同性愛の傾向があるのは、これで説明がつく。複雑な原因が合わさって、この傾向がとくに強く現われる女もいる。女たちがみな、社会が唯一公認する昔ながらの解決策をそのまま受け入れて、自分の性の問題を解決しているわけではない。非難される道を選んだ女たちのことも、私たちは考察しなければならない。

第四章　同性愛の女

同性愛の女というのは地味なソフト帽をかぶり、短髪で、ネクタイをしめていると、とかく想像する人がいる。彼女たちの男性的特徴はホルモンの不均衡を表わす異常であるというわけだ。このように同性愛の女と男っぽい女を混同することほどまちがったことはない。ハレムの女、高級娼婦《しょうふ》、最も意識的に「女らしい」姿をとっている女たちのなかには多くの同性愛者がいるし、逆に、「男のような」女たちの多くは異性愛者である。性科学者と精神医学者が、この日常的に観察される事柄が何を示唆《しさ》しているかを確証している。つまり、「呪《のろ》われた女たち」の大多数はまさに他の女たちと同じような体質をしているのだ。彼女たちのセクシュアリティはけっして「解剖学的宿命」によって決定されるのではない。

たしかに、生理的条件が特異な状況を生じさせるという事例もある。男女のあいだには厳密な生物学的区別は存在しない。もともとは同じ体細胞形質が、遺伝子的に方向づけられているホルモン作用によって変化するのである。だが、胎児の発生過程でこの方向づけが変わることもあり、その結果、男と女の中間体が生じる。男でもなかには男性器の成熟が遅れているために外観は女のように見えるという者もいる。したがって、ときとして少女——とりわけスポーツ好きの少女——が少年に変わるということも見受けられるのだ。ヘレーネ・ドイッチュは、ある若い娘について次のような経緯を語っている。その娘はある既婚女性に熱烈な思いをよせ、彼女を連れて逃げて一緒に暮らしたいと思っていたところ、ある日、実は自分が男であるということに気づき、そのおかげで愛する人と結婚して子どもも何人か作ることができたという。しかし、ここから、女性同性愛者はすべて見せかけの姿をとった「隠れた男」であると結論してはならないだろう。二種類の生殖器官の原基をあわせもつ両性具有者が女性的なセクシュアリティの持ち主であるという場合もよくある。私もその一人を知っている。それはナチスによってウィーンから追放された人で、自分は男しか好きでないのに、異性愛の男にも同性愛の男にも好かれないと嘆いていた。「男性的な」女は男性ホルモンの影響によって男性的な第二次性徴を呈し、発育不全の女の場合は、女性ホルモンが不足しているため発育が完成されずにいる。これらの特徴が多少なりとも直接的に同性愛の性向を生じさせることはありうる。強力で、攻撃的で、旺盛《おうせい》な活力にめぐまれた人物は能動的に行動したがり、一般に受動性を拒む。容姿にめぐまれず、体つきが不格好なために、男性的な性質を身につけることで自分の弱点を埋め合わせようとする女もいるし、性感が未発達なために、男の愛撫《あいぶ》を望まない女もいる。しかし、解剖学的構造やホルモンは結局のところ、一つの状況を規定するにすぎず、その状況を乗り越えるために対象を設定するわけではない。ヘレーネ・ドイッチュは彼女が第一次世界大戦中（一九一四－一八）に治療にあたったポーランド人の負傷兵の事例もあげている。その兵士は実は際《きわ》だった男性的特徴をもつ若い娘であった。彼女は看護婦として従軍し、男性を装《よそお》ってのちに軍人になるのに成功した。とはいえ、ある兵士——のちに結婚する相手——を恋するようになり、そのために男性同性愛者と思われていた。彼女の男性的な行動は女性的官能性と矛盾するものではなかった。男そのものも、もっぱら女しか求めないというわけではない。男性同性愛者の身体構造が完全に男性的なものでありうるという事実は、男性的特質をそなえた女がいても、そのために彼女が必然的に同性愛へと導かれるわけではないということを意味している。

生理的に正常な女の場合についても、女は「クリトリス型」と「ヴァギナ型」に区別され、前者は同性愛の性向をもつといった説がしばしば主張される。しかし、すでに見たように、幼児の性感はすべてクリトリス的であり、この性感がこの段階に固定するか、変化するかということはどんな解剖学的条件ともかかわりない。また、幼児期の自慰が原因でのちにクリトリス系が優勢になるという説もしばしば主張されるが、この説も正しくない。現在、性科学は子どもの自慰をまったく正常な、広く知られる現象と認めている。女の性感の形成は——すでに見たように——生理的要因の包みこまれた心理的問題であり、しかも、この心理的問題は実存に対する本人の総合的な態度にかかっているのである。マラニョン[*1]は、性欲は「一方向的」であり、男の場合は完成した形態に達しているが、女の場合は「道半ばに」とどまっていると考えている。ただ女性同性愛者だけは男と同じくらい豊富なリビドー[*2]をそなえもち、したがって女性同性愛者は「高等な」女性類型であるという。実際は、女の性欲は独自の構造をもっているのであり、男と女のリビドーを序列化するのは不合理である。性欲の対象の選択は女がそなえもつエネルギーの量とはまったくかかわりないのである。

精神分析学者は、同性愛は心理的現象であり器質的現象ではないと見なすという点で大きな功績をたてた。とはいえ、彼らにおいては、同性愛はやはり外的な事情によって決定されるものとして現われている。もっとも彼らは同性愛についてあまり研究してはいない。フロイトによれば、女の性愛の成熟にはクリトリス段階からヴァギナ段階への移行が不可欠であり、この移行は少女が最初母親に抱いていた愛着が父親に移しかえられるという移行と対をなしている。さまざまな理由で、この発達が妨げられることもある。女は自分が去勢されているということを受け入れないと、自分にペニスがないことを隠し、母親に固着したまま、母親の代理を求めるという。アドラーの場合は、この停滞は受動的にこうむる偶発事ではない。それは主体が望んだことであり、その主体は、強い意志をもって、成熟を意図的に拒み、自分がその支配を受けまいとする男と同一化しようとするのだという。幼児期への固着にしろ男性的抗議にしろ、いずれにしても同性愛は未完成なものとして現われている。だが実際には、同性愛の女は「できそこないの」女ではないし、同じように「高等な」女でもない。個人の歴史は宿命的に進行するものではない。動きのあるたびに、過去が新たな選択によってとらえなおされるのである。ただし、選択の「正常さ」は選択にいかなる特権的な価値ももたらさない。選択の評価は、その本来性†に基づいてなされるべきなのだ。同性愛は女にとって、自分の条件を回避する手段となることもあれば、自分の条件を引き受ける手段となることもある。精神分析学者の大きな誤りは、教化的な順応主義によって、結局は同性愛を非本来的†な態度としてしか考察していないことである。

　女とは、客体になるように求められている実存者である。主体としての女は、男の身体を基準としては満たされない攻撃的な官能性をそなえている。そこから、女の官能性が克服しなければならない葛藤《かっとう》が生じる。女を獲物として男に委《ゆだ》ねながら、女の腕に子どもを抱かせることで女に主権を回復させるというシステムが正常なものと見なされている。しかし、この「自然主義」は、多少なりともよく考えられた社会的利害の要請に基づいたものである。異性愛そのものは別の解決法も可能にしている。女の同性愛は、女の自律性と女の肉体の受動性とを両立させるための数ある試みの一つである。それに、自然をひきあいにだすならば、自然的には女はすべて同性愛者であると言える。たしかに、同性愛の女の特徴は男を拒否すること、女の肉体を好むことである。しかし、思春

＊1　一八八七－一九六〇、スペインの医者、作家。
＊2　フロイトが仮定した、性衝動に基づくエネルギー。ユングでは心的エネルギー全般を指す。

期の娘は誰もが性器挿入、男の支配を怖がり、男の肉体に対してある程度の嫌悪感《けんおかん》を抱く。逆に女の肉体は、男と同じように彼女にとっても、欲望の対象となる。すでに述べたように、男は自分を主体と定めると、ただちに自分を分離したものと定める。他の男を所有するべき物とみなすのは、その男について、またそれと連動して自分自身についても、理想の男性像を侵害することである。反対に、自分を客体と認めている女は同類の女と自分自身を獲物とみなす。男性同性愛者は男女の異性愛者に敵意を抱かせる。というのも、異性愛者は男が支配的主体であるよう求めるからである。[*1] 逆に、男女とも自然的に女性同性愛者のことは寛大に考える。「実を言えば、これはまったく不愉快でないライバル関係だ。反対に、それは私を楽しませてくれるし、私は不謹慎にもそれをからかっている」と、ティリー伯爵《はくしゃく》[*2]は語っている。コレットも、クロディーヌがレズィと作っているカップルを前にしたルノーに、これと同じように愉快気で無頓着《むとんちゃく》な態度をとらせている。[*3] 男は、攻撃的でない同性愛の女よりも、能動的で自律した異性愛の女に不快感を抱く。男の特権に抗議するのは、こうした異性愛の女だけなのだ。女性同性愛は伝統的な性区分の形態にはまったく反していない。大半の場合、女性同性愛は女であることを拒否しているのではなく、それを受け入れているのである。すでに見たように、思春期の娘の場合には、同性愛は、まだ体験する機会や勇気のない異性愛の代用品として現われている。同性愛は一つの段階、見習い期間であり、同性愛にひたすら熱中している娘が、将来、きわめて熱烈な妻、愛人、母親になることもある。したがって、女性同性愛者について説明するべきことは、その選択の肯定的な側面ではなく、否定的な側面である。つまり、女性同性愛者の特徴とは女を好む性向をもっていることではなく、この性向しかもっていないことである。

しばしば――ジョーンズ[*4]とエナール[*5]の説にならって――同性愛の女は二つの類型に分類される。一方は「男を模倣したがる」という「男性」型、もう一方は「男をおそれる」という「女性」型である。たしかに、大ざっぱに言って、女性同性愛には二種類の傾向があると見なせる。受動性を拒否する女たちがいる一方、受動的に抱かれるために女の腕を選ぶ女たちがいるのである。しかし、これらの態度は互いに反応しあっている。選ぶ対象との関係、拒否する対象との関係は、互いに他方の関係によって説明される。以下に見るように、多くの理由から、上記の区分はかなり恣意《しい》的なもののように思われ

＊1　〔原注〕異性愛の女が特定の男性同性愛者に友情を抱くことがよくある。というのも、異性愛の女はこうした性的かかわりのない関係に安心感や気晴らしを見出《みいだ》すからだ。しかし全体として、異性愛の女は、自分自身や他の男のなかにある、至上権を有する男を受動的なモノにおとしめるような男に対して敵意を抱く。

＊2　一五五九－一六三二、ドイツ皇帝軍の将軍。

＊3　〔原注〕注目に値するのは、イギリスの法律では同性愛が男の場合には刑罰の対象となっているが、女の場合には犯罪と見なされていないという点である。

＊4　一八七九－一九五八、イギリスの精神分析学者。

＊5　一八八六－一九六九、フランスの精神分析学者。

る。

「男性的な」女性同性愛者を「男を模倣する」意思によって定義づけるのは、彼女を非本来性†と定めることである。精神分析学者が、男—女というカテゴリーを現在の社会が規定しているとおりに受け入れることによって、どれほど多くのあいまいなものを作りだしたかは、すでに述べた。事実、男は今日、陽性ならびに中性、つまり男性ならびに人間であるが、一方、女はたんに陰性、つまり女性であるにすぎない。だから、女は、人間として行動するたびに、自分を男と同一視していると言われる。女がスポーツ活動、政治的活動、知的活動をしたり、他の女に欲望を抱くことは「男性的抗議」と解釈される。女がそれに向かって自分を超越†する諸価値は考慮されず、そのため当然、女は主観的態度で非本来的な選択をしていると見なされることになる。こうした解釈の仕方は次のような大きな誤解に基づいている。つまり、雌の人間にとっては女らしい女になることが自然なことであると認められているのだ。そして、この理想像を実現するには異性愛者であるだけでは十分でなく、さらには母親になっても十分でない。「ほんとうの女」とは、かつてカストラート[*1]を作ったのと同じように、文明が作る人工的な産物である。媚《び》態《たい》、従順さといった、いわゆる女の「本能」は、男に男根的《ファルス》自尊心が教え込まれるのと同じように、女に教え込まれるのである。男は男という使命をつねに受け入れるわけではない。女も自分に割り当てられている使命をそれほどすなおに受け入れるわけではなく、それには正当な理由がある。「劣等コンプレックス」、「男性コンプレックス」という観念は、ドニ・ド・ルージュモンが[*2]『悪魔の分け前』のなかで語っている挿話を連想させる。ある淑女が、自分が野原を散歩していると鳥たちが襲ってくると思い込んでいた。数ヵ月にわたる精神分析療法も彼女の強迫観念を消すことはできなかった。その頃、彼女につきそって病院の庭にいた医師は、彼女の思い込みではなく、本当に鳥たちが彼女を襲ってくるのに気づいたのだった。女は自分が傷ついていると感じる。というのも、実際に、女らしくさせるためのさまざまの禁止事項が女を傷つけているからである。自発的には、女は完全な人間、主体、自分の前に世界と未来が広がっている自由性になろうと決める。女であることが今日、去勢を意味しているかぎり、こうした選択は男性的なものの選択と混同される。ハヴェロック・エリスとシュテーケルの記録している女性同性愛者――最初の事例はプラトニックなもの、次の事例は明白なもの――の告白には、この二人の人物が憤慨しているのは女性としての特定化であるということがはっきりと見てとれる。

> その一人は次のように言っている。覚えているかぎり昔から、私は自分を女の子だと思ったことは一度もなくて、たえず落ち着かない気持ちでいました。五、六歳の頃、他人がどう考えようと、私は男の子でないとしても、ともかく女の子ではな

＊1　ソプラノ音声を保持するため、少年時代に去勢された歌手。十七、十八世紀に流行。
＊2　一九〇六－八五、西欧の恋愛の情念を論じたスイスの評論家。

いのだと思いました。……私は自分の体の構造をわけのわからない災難のように思っていました。……よちよち歩きができるようになった頃、金槌《かなづち》と釘《くぎ》に興味をもち、馬の背に乗りたがりました。七歳の頃、自分の好きなことはどれも女の子にはふさわしくないものなのだということがわかりました。私は少しも幸せでなく、よく泣いたり怒ったりしました。……男の子、女の子を話題にした会話には腹がたってたまりませんでした。……日曜日はいつも、兄弟の通っていた学校の男の子たちと外出しませんでした。十一歳の頃、……私の行状の報いとして、私は寄宿学校に入れられました。……十五歳の頃、どんな方面のことを考えるにしても、私の見方はいつも男の子の見方でした。……私は女の人がかわいそうでなりませんでした。……私は女の保護者、援助者になったのです。

シュテーケルの記録にある女性同性愛者の場合はこうだ。

六歳まで彼女は、まわりの人がいくら言っても、自分は男の子で、理由はまだわからないが女の子の服装をしているのだと信じ込んでいた。……六歳のとき、彼女は「中尉《ちゅうい》になろう。そして、神さまが長生きさせてくださったなら、元帥《げんすい》になるんだ」と思った。彼女は、自分が馬に乗り、軍団を率いて町を出ていくという夢をよく見た。とても聡明《そうめい》だった彼女は、師範学校から女子中等学校に転校させられたのを残念に思った。彼女は女性的になるのをおそれていたという。

こうした反抗はけっして同性愛になる宿命につながるわけではない。自分の偶然的な身体構造のせいで自分の嗜《し》好《こう》や願望が禁じられているということを知ったとき、ほとんどの少女が同じように憤慨し絶望感を抱く。コレット・オードリーは十二歳のとき、自分はけっして船乗りになることができないのだと知って怒りを感じた（『思い出の瞳に』）。やがて女になる人間が、性別のせいで自分に制約が課せられていることに憤慨するのはまったく当然のことだ。なぜ彼女はそれらの制約を拒否するのかと問うのは、問題の立て方がまちがっている。問題は、むしろ、なぜ彼女はそれらの制約を受け入れるのかを理解することにあるのだ。彼女の同調は、彼女の従順さ、気の弱さからきている。しかし、社会のもたらす補償が十分なものと思えない場合には、このあきらめの気持ちは反抗の方向をたどりやすい。こうしたことが起こるのは、思春期の女の子が自分のことを女として容姿にめぐまれていないと思う場合である。解剖学的な条件が重要になるのは、とりわけ、こうした回り道を経てのことなのである。醜い、不格好な女、またはそう思い込んでいる女は、自分に生まれつきその素質があるとは感じられない女としての運命を拒否する。しかし、男性的態度をとるのは女らしさの欠如を補うためであると言えば、まちがいになるだろう。というよりむしろ、思春期の女の子にとって、自分に犠牲にするよう求められる男性的な利点にひきかえ、自分に認められる機会はあまりにも貧弱なものに思えるのだ。女の子はみな、男の子の着やすい服をうらやましがる。鏡に映る自分の姿、その姿のなかに見てとれる将来の可能性のせいで、女の子には自分の服のごてごてした飾りがしだいに大切なものではなくなっていく。鏡が変わりばえのしない顔をそっけなく映して見せるとすれば、その顔が何も約束していないとすれば、レース飾りやリボンはじゃまで、そのうえ、滑稽《こっけい》な制服のようなものでしかなく、「おてんば娘—できそこないの少年」はあくまで男の子でいようとする。

たとえ容姿にめぐまれた美しい女でも、独自の投企《プロジェ》†に身を投じている女、あるいは、一般に自分の自由を主張する女は、他の人間のために自分を放棄するのを拒む。そうした女は自分の内在†的な存在のなかにではなく、自分の行為のなかに自分自身を認める。彼女をその肉体だけに限定してしまう男性的欲望は、若い男の子にショックを与えるのと同じように、彼女にもショックを与える。従順な女の友人たちに対して彼女は、男性的な男が受動的な男性同性愛者に対して感じるのと同じような嫌悪を感じる。彼女が男性的態度をとるのも、部分的には、そうした友人たちとともに複雑さすべてを拒否するためである。彼女は男の服装、男のふるまい方、男の言葉使いをし、女友だちとカップルをつくって自分が男役を演ずる。この芝居は、たしかに、「男性的抗議」である。しかし、それは副次的な現象として現われている。自然発生的なもの、それは征服的で支配的な主体が自らを官能的な獲物にするという考えに対して感じる憤慨である。スポーツ好きの女には同性愛者が多い。筋肉、動き、ばね、躍動である身体、彼女たちはこうした身体を受動的な肉体としてとらえはしない。身体は魔法のように愛撫を求めはしない。身体は世界をとらえる手がかりであり、世界の物体ではないのだ。対自的[†]な身体と対他的な身体とのあいだにある溝は、この場合、越えることができないもののように見える。行動的な女、「しっかりした」女にも同じような抵抗が見受けられる。そのような女にとって、たとえ官能的なかたちであっても、自分を放棄するのは不可能なのだ。男女の平等が具体的に実現されていれば、こうした障害はたいていの場合なくなるだろう。しかし、男はいまだに自分の優越性をかたく信じ込んでいるし、女がそのように考えていないとすれば、これは女にとって迷惑な確信である。しかし、最も意志的な、最も支配的な女たちがほとんどためらいなしに男に立ち向かうということは指摘しておかなければならない。いわゆる「男のような」女はたいてい、明白な異性愛者である。そうした女は自分が人間であるという権利の主張を否認するつもりはない。しかし、自分が女であることで負い目を感じるつもりもなく、男の世界に近づくこと、そのうえ、それを自分の支配下におくことに決める。彼女の頑健な官能性は男性的な荒々しさにたじろぐことはない。男の身体に快楽を見出《みいだ》すために彼女が克服しなければならない抵抗感は、臆病《おくびょう》な処女の場合よりも少ない。きわめて粗野な、きわめて動物的な性質の持ち主は性交の屈辱感を感じない。大胆な気質の知的な女はこうした屈辱感を認めない。自分に自信のある、好戦的な気性の女は、自分が勝つと確信している決闘によろこんで身を投じる。ジョルジュ・サンド[*1]は若い男、「女性的な」男をとくに好んだ。しかし、スタール夫人[*1]が愛人たちに若さと美貌《びぼう》を求めたのは、かなり年配になってからにすぎない。精神力の強さで男たちを支配し、彼らの賛美を尊大な態度で受け入れる彼女は、彼らの腕に抱かれても自分を獲物と感じる必要はまったくなかったのだ。ロシアの女帝エカテリーナ二世のような女性君主はあえてマゾヒスト的な陶酔に浸ろうということすらあった。こうした駆け引きにおいても、いつも彼女だけが支配者であったのだ。男装をして、馬でサハラ砂漠を駆けめぐったイザベル・エベラルツは、何人かのたくましい狙撃兵《そげきへい》に身を任せたときも、屈辱を受けたとはまったく思わなかったという。男に従属したくないと思う女は、つねに男を避けるどころか、むしろ、男を自分の快楽の道具にしようとする。好都合な状況――大部分は相手の男にかかっている――のもとでは、競争という考えそのものが消え去り、女は、女であるという自分の条件を、男が男であるという自分の条件を生きるのと同じように、満足しきって生きることになるだろう。

しかし、能動的な個性と受動的な女という役割を調和させるのは、やはり、女の場合の方が男の場合よりもはるかにむずかしい。こうした努力で身をすりへらすよりも、努力を試みるのをあきらめてしまう女が多い。女の芸術家や作家には同性愛者が多い。それは、彼女たちの性的独自性が創造的エネルギーの源になっているとか、その卓越したエネルギーの存在を現わしているということではない。むしろ、彼女たちは、重大な仕事に没頭しているため、女の役割を演じたり、男と闘ったりするのに時間を費やす気にはならないということなのだ。男性の優位を認めてはいないので、彼女たちはそれを認めるふりをしたり、わざわざそれに抗議したりしようとは思わない。彼女たちは官能的快楽に休息、やすらぎ、気晴らしを求める。敵対者の姿をとって現われる男のパートナーからは遠ざかっている方が得策だと思う。そして、そうすることによって彼女たちは女であることにまつわる束縛から解放されるのだ。もちろん、異性愛の経験の性質が「男性的な」女に自分の性を受け入れるか、それとも拒否するかの選択を決心させる場合が多い。男の侮蔑《ぶべつ》は醜い女の自分は醜いという気持ちを固めさせる。愛人の傲慢《ごうまん》さは自尊心の強い女を傷つけることになる。すでに検討した不感症の理由――恨み、悔しさ、妊娠の不安、妊娠中絶によって引き起こされた心的外傷《トラウマ》など――がすべてここにも見出される。こうした理由は、女が男に接するときの不信感が大きいほど、それだけ重みを増すのである。

しかし、支配的な女に関する場合は、同性愛がいつでも完全に満足のいく解決策として現われるわけではない。支配的な女は自分を確立しようとしているのだから、自分の女としての可能性を全面的に実現しないことには気がすまない。異性愛の関係は彼女にとって自分が縮小されることであると同時に豊かになることであるように思える。自分の性にともなう限界を否定することによって、彼女は別のやり方で自分を制限しているという結果になる。不感症の女が快感を否定しながらも快感を求めているのと同じよう

＊1　（283頁）一八〇四－七六、フランスの女性作家。ミュッセ、ショパンとの恋愛が有名。
＊1　一七六六－一八一七、フランスの女性作家。

に、同性愛の女もたいてい、正常で完全な女になるまいと思いながらも、そうした女になりたいと思っているようだ。こういったためらいは、シュテーケルの調べた女性同性愛者の事例にはっきりと現われている。

先に見たとおり、彼女は男の子としか遊ばず、「女性的になる」のを拒んでいた。十六歳のとき、若い娘たちと最初の関係を結んだ。彼女は相手の娘たちに対して深い軽蔑の気持ちを抱き、そのせいで、彼女の性愛はすぐにサディスト的な性格をおびるようになった。尊敬していた一人の級友に熱烈な思いをよせたが、プラトニックなものであった。肉体関係をもった娘たちには嫌悪《けんお》を感じていた。彼女はむずかしい勉学に熱中した。最初の同性愛の大恋愛に失恋した彼女は、ただ単に官能的な経験に猛烈ないきおいで没頭し、酒を飲みはじめた。十七歳のとき、若い男と知り合い、結婚した。しかし、その男を自分の妻であると考えていた。彼女は男装し、酒も勉学もつづけた。彼女ははじめ膣痙攣《ちつけいれん》を起こし、性交でオルガスムスに達することはけっしてなかった。彼女は自分の体位を「屈辱的」だと思っていた。攻撃的で能動的な役を演じるのは、いつも彼女の方であった。「彼を熱烈に愛して」いながら、彼女は夫を捨てて、ふたたび女たちと関係を結んだ。男性の芸術家と知り合い、身を委《ゆだ》ねたが、やはりオルガスムスは得られなかった。彼女の生活ははっきりと断絶した周期に分かれていた。ある時期には、執筆し、創作者として働き、自分を完全に男だと感じている。その時期には、時おり、サディスト的に女と寝る。次に、女としての時期がくる。彼女はオルガスムスに達したいと思って、精神分析を受けたのである。

女性同性愛者は、それとひきかえに誇らしい男性的特質を獲得することができるならば、女性的特質を失うことになんなく同意できるかもしれない。ところが違う。彼女は明らかに男性器を欠いたままなのだ。手で愛人の女の処女を奪ったり、人工ペニスを使って性交のまねごとをすることはできる。とはいえ、自分が去勢者であることに変わりはない。女性同性愛者がそのことに深く悩む場合もある。女としては不完全であり、男としては不能であるという不安感は時として精神病となって現われる。ある患者はダルビエに次のように語っている。「私に何か挿入するためのものがついていれば、もっとうまくいくでしょうに」（『フロイト学説と精神分析的方法』）。別の患者は自分の乳房が固ければいいのにと思っている。女性同性愛者が自分の男性的な弱点を横柄《おうへい》さ、自己露出的な態度で補おうとすることがよくあるが、これは、実際は、内的な不均衡を表わしているのである。また女性同性愛者が、他の女を相手に、「女性的な」男や自分の男性的特徴にまだあまり自信のない青年期の男が女とのあいだに保つ関係とまったく似通った関係を結ぶのに成功することもよくある。このような運命の最も際《きわ》だった事例の一つは、クラフト＝エビングの報告している「サンドール」の場合である。彼女はこの方策によって完全な均衡に達していたが、ただ、この均衡は社会の介入によって破られたのであった。

サロルタは風変わりな一族として有名なハンガリー貴族の家に生まれた。父親は彼女を男の子として育てた。彼女は乗馬や狩りなどをしていた。こうした感化は寄宿学校に入れられる十三歳のときまで続いた。学校時代、彼女はイギリス人の少女に恋し、自分は男だと称して少女と出奔した。彼女は母親の家にもどったが、まもなく、「サンドール」と名のって、男装し、父親と旅にでた。彼女は男性的なスポーツに熱中し、酒を飲み、売春宿に通った。彼女は自分がとくに女優や、身寄りのない女、それもできるだけ青春期をすぎている女にひきつけられるのを感じていた。彼女は本当に「女性的な」女が好きだったという。彼女はこう語っている。「私は詩的なヴェールをまとって現われる女性的な情熱が好きでした。女がまったく厚かましいふるまいをするのには嫌悪を感じました。……私は女の衣服、また、一般的に、女らしいものすべてに対して言いようのないほどの反感を抱いていました。でも、それはもっぱら私自身について、私自身のなかにあるものについてだけのことでした。なぜなら、逆に、私は女性に熱情を感じていたのですから」。彼女は女と数多くの関係を結び、その女たちのために多額の金を費やした。また、その間に、首都の二大新聞に寄稿していた。彼女は十歳年上の女と三年のあいだ夫婦のように暮らし、その女に別れを認めさせるのに非常に苦労した。彼女は相手に激しい情熱を抱かせるのだった。彼女は若い女性教師を好きになり、結婚式のまねごとをして一緒になった。婚約者とその家族は彼女のことを男だと思っていた。義父は将来の婿《むこ》のペニスが勃起《ぼっき》しているのに気づいたと思い込んでいた（おそらく、人工ペニスだったのだろう）。彼女は形式的にひげをそっていたが、彼女の下着に月経の血のあとを見つけた小間使いが鍵穴《かぎあな》からのぞいてサンドールが女であることを確信した。正体をあばかれたサンドールは投獄されたが、無罪になった。彼女は最愛の人マリーと引き離されているのを深く悲しみ、独房からマリー宛《あて》にきわめて情熱的な手紙を書き送った。彼女はまったく女性的な体つきをしていなかった。骨盤が非常にせまく、腰のくびれがなかった。乳房は発達していたし、性器も完全に女性のものであったが発育不全であった。サンドールは十七歳まで月経がなく、月経現象に深い嫌悪感を抱いていた。男と性関係をもつと考えるとぞっとした。だが、彼女の羞恥《しゅうち》心《しん》が発揮されるのはもっぱら女と一緒にいるときだけであり、彼女は女よりも男と寝床をともにする方を好んだほどであった。とはいえ、自分が女として扱われると非常に気詰まりであったので、女の服装にもどらなければならなくなったときには、非常な不安におそわれた。彼女は自分が「二十四歳から三十歳くらいの女たちにまるで磁力に引かれるように引きつけられる」のを感じていた。彼女が性的満足を得るのはもっぱら相手の女を愛撫《あいぶ》するときだけで、自分が愛撫されるときはまったくだめであった。場合によっては、麻屑《あさくず》を詰めた靴下を人工ペニスとして使った。彼女は男を嫌悪していた。彼女は他人の倫理的評価にとても敏感で、豊かな文才、広い教養、並はずれた記憶力にめぐまれていた。

サンドールは精神分析を受けてはいないが、たんなる事実の報告からも、際だった点がいくつか明らかになる。彼女は、「男性的抗議」をするのではなく、自分の受けた教育と体質のおかげで、ごく自然に、自分のことをいつも男だと思っていたようだ。父親が彼女を旅につれていき自分とともに生活させるというやり方は、明らかに決定的な影響を及ぼした。彼女の男性的特質は非常に確実なものであったので、彼女が女に対して両面感情《アンビヴァレンツ》を示すことはまったくなかった。彼女は男として女たちを愛したのであり、自分が女たちによって妥協させられていると感じはしなかった。彼女は女たちをまったく支配的で能動的な仕方で愛し、相互性は認めていなかった。しかし、彼女が「男を嫌悪した」ということ、とりわけ年配の女を深く愛したということは強い印象を与える。これは、サンドールが母親に対して男性的なエディプス・コンプレックスを抱いていたということを示唆《しさ》している。彼女は、ごく幼い娘の小児的態度、つまり、母親とカップルになっていて、いつか母親を保護し、支配したいという願望を育《はぐく》んでいるという態度を永続させているのである。子どもが母の愛に満たされなかった場合、この愛を求める欲求が大人になってからも終生つきまとうということがよくある。父親に育てられたサンドールは愛情豊かな、いとしい母親というものに憧《あこが》れをもったはずであり、のちに、他の女たちを通じてそうした母親を求めたのだ。このことは、彼女の目には神聖な性格をおびているように見えた「身寄りのない」年配の女たちに対する彼女の尊敬の念、「詩的な」愛情と結びついた、他の男たちに対する彼女の根深い嫉妬心《しっとしん》を説明づけている。彼女の態度はまさに、ヴァラン夫人[*1]に対するルソーの態度、シャリエール夫人[*2]に対する若き日のバンジャマン・コンスタン[*3]の態度である。感受性の強い、「女性的な」青年たちもまた、母性的な愛人に頼る。女性同性愛者にも、多少なりとも際だった人物像として、こうしたタイプがよく見受けられる。彼女たちは、母親に敬服するあまり、あるいは母親を嫌悪するあまりに、自分を母親とけっして同一視することがなかったが、しかし、女になることを拒否しながらも、自分のまわりに女性的な保護がほしいと思っているのだ。この暖かい母体の内部から、彼女は男の子のような大胆さをもって世界へと飛び出すことができる。彼女は男のようにふるまうが、男としては弱さがあり、この弱さゆえに年上の愛人の愛情をほしいと思う。このカップルは威厳のある年配の女と青年という古典的な異性愛カップルを再現することになる。

精神分析学者は女性同性愛者がかつて母親とのあいだに保っていた関係の重要性を的

＊1　一七〇〇－六二、ルソーの保護者、愛人。
＊2　一七四〇－一八〇五、オランダ生まれ。スイスのフランス語圏の女性作家。
＊3　一七六七－一八三〇、フランスの作家。『アドルフ』、『シャリエール夫人への書簡』など。

確に指摘している。思春期の娘が母親の支配を逃れるのに苦労するという場合は二種類ある。心配性の母親に熱心に庇護《ひご》されてきた場合と、深い罪責感を吹き込む「悪い母親」に虐待《ぎゃくたい》されてきた場合である。第一の場合には、母娘の関係はたいてい、同性愛すれすれのところにあった。彼女たちは一緒に眠り、互いに愛撫したり、乳房にキスしあったりしていたのだ。娘はこれと同じ幸福を新しい腕に求めることになる。第二の場合には、娘は最初の母親から自分を守ってくれ、自分の感じている呪《のろ》いを頭から追い払ってくれる「良い母親」を激しく求めている。ハヴェロック・エリスがその経緯を語っている患者の一人、子ども時代ずっと母親を嫌っていたという人は、十六歳のとき年上の女に感じた愛情を次のように描いている。

私は自分が突然母親を手にいれた孤児であるかのように感じ、大人たちにそれほど敵意を感じなくなり、尊敬の気持ちを抱くようになりました。……彼女に対する私の愛情はまったく純粋なものでしたし、私は彼女のことを母親というものと同じように考えていました。……私は、彼女が私に触れ、時には腕に抱き締めたり、膝《ひざ》に座らせてくれたりするのが好きでした。……私が床につくと、彼女はおやすみを言いにきて、唇にキスするのでした。

年上の女にその気があれば、年下の女はより熱烈な抱擁によろこんで身を任せるだろう。ふつう、年下の女が引き受けるのは受け身の役である。というのも、彼女は支配されたい、保護されたい、子どものようにあやされ、愛撫されたいと思っているからだ。こうした関係は、プラトニックなものにとどまるにしろ、肉体的なものになるにしろ、ほんとうの恋愛感情の性格をおびることが多い。しかし、こうした関係が思春期の娘の成長において普通の段階として現われるからといっても、この関係だけでははっきりした同性愛の選択を説明づけることはできないだろう。若い娘は同性愛に解放を求めると同時に安心感を求めているが、こうしたものは男の腕のなかでも見出すことができるのだ。熱愛の時期が過ぎると、たいていの年下の女は年上の女に対して、かつて自分が母親に対して抱いていたような両面感情《アンビヴァレンツ》を抱く。彼女は年上の女の支配を受け、そうするなかで、この支配から逃れたいと思っている。年上の女があくまで彼女を引き止めておこうとすれば、彼女は、しばらくは、「囚《とら》われの女」[*1]となっているであろう。しかし、激しいけんか騒ぎの末に、あるいは円満に、彼女は結局そこから逃れ出ることになる。思春期を清算した彼女は、自分が正常な女の人生に立ち向かっていくのにちょうどよい時期にいると感じる。女の同性愛的傾向が確立されるには、女が——サンドールのように——自分が女であることを拒否するか、あるいは、それが女の腕のなかで最もみごとに開花する必要がある。つまり、母親への固着というだけでは同性愛の説明はつかない

＊1　〔原注〕ドロシー・パーカーの小説『トリオ』における場合のように。もっともこの小説は非常に表面的なものであるが。

のだ。そして、同性愛がまったく別の理由から選ばれることもありうる。女が完全または不完全な体験を通じて、自分は異性愛からは快楽を引き出すことはない、または、自分を満足させてくれるのは女だけだということを、発見したり予感したりすることもある。とりわけ、自分が女であることに愛着をもっている女にとって、同性愛的な抱擁が結局のところ最も満足のいくものであるのが明らかになる。

次のことを強調しておくのは非常に大切である。つまり、自分が客体になるのを拒むことが、つねに女を同性愛に導くわけではないのである。女性同性愛者の大部分は、逆に、自分が女であるという財宝を占有しようとする。受動的な物体に変身するのに同意することは、主体的な権利要求すべてを放棄することではない。女はそのようにして即自†のかたちをとりながら自己に到達したいと願っている。しかし、そのとき、女は自分の他者性において自分を取り戻そうとする。独りきりでいるのでは、女は実際に自分を二つに分けることができない。自分の胸を愛撫してみても、自分の乳房が他人の手にどのような姿を現わすのかも、他人の手のもとでどのように実感されるのかもわからない。男は女に彼女の肉体の対自的な存在を気づかせることはできるが、その肉体が対他的にどのようなものであるかを気づかせることはできない。もっぱら、彼女の指が女の肉体をなぞり、その女の指も彼女の肉体をなぞるときだけ、鏡の奇跡が実現する。男と女のあいだでは、肉体関係は行為である。それぞれが自分から引き離されて他者になる。恋する女を驚嘆させるのは、彼女の肉体の受動的な活気のなさが男性的精力の激しさというかたちに反映されることである。しかし、ナルシストの女はこの直立した性器にごく漠然と自分の魅力を確認するだけである。女どうしの場合、肉体関係は観照である。愛撫は相手を所有するためのものというよりむしろ、相手をとおして自分を再現するためのものである。分離というものがなくなっているので、闘いも、勝利も、敗北もない。まったくの相互性において、それぞれが同時に、主体かつ客体であり、支配者かつ奴隷《どれい》である。この二重性は暗黙の合意である。コレットはこう言っている。「ぴったりと似通っていることは快楽までも確実にする。女の愛人は自分がその秘密を知っている肉体、自分自身の肉体がその好みを明らかにしてみせる肉体を、確信をもって、愛撫するのを楽しむ」（『これらの快楽……』）。また、ルネ・ヴィヴィアンは次のように言っている。

私たちの心は私たち女の胸に似ている
とても愛《いと》しいひと！　私たちのからだは同じようにできている
同じ重たい運命が私たちの魂にのしかかっている
私はあなたの微笑《ほほえ》み、そしてあなたの顔のかげりの表われ
私のやさしさはあなたの深いやさしさと同じもの
時には私たちは同じ血筋のようにも思える
私があなたのなかで愛するのはわが子、わが友、わが姉妹（『魔力』）

こうした二重化は母性的な形態をとることもある。自分の娘のなかに自分自身を認め、自分自身を疎外《そがい》する母親は娘に性的な愛着を感じている場合が多い。ひ弱な肉体を保護し、自分の腕のなかであやすのを好む気持ちは、女性同性愛者と共通している。コレットは『葡萄《ぶどう》の巻きひげ』で次のように書くとき、この類似性を強調している。

あなたは、母親のような心配にあふれた目をして、私のうえに身をかがめて、私に快楽をもたらす。あなたは、情熱的な女友だちを通じて、自分がもつことのなかった子どもを探し求めている。

また、ルネ・ヴィヴィアンも同じ気持ちを表現している。

おいで、私はあなたを病気の女の子のように連れていく
悲しげで、不安げで、病んでいる女の子のように
私の元気な腕のなかにあなたの軽いからだを抱き締める
きっとわかりますよ　私が治して守ってあげられるということが
そして私の腕があなたをうまく守ってあげるようにできていることが

そしてまた、

私の腕のなかで弱々しく静かにしているあなたが好き
温かな揺籠《ゆりかご》で眠るのと同じようにしているあなたが（『合掌のとき』）

あらゆる愛——性愛でも母性愛でも——には、貪欲《どんよく》さと寛大さ、相手を所有したいという願望と相手にすべてを与えたいという願望が同時に存在する。しかし、母親と同性愛の女がとりわけ一致するのは、この両者がナルシシストであって、娘や愛人の女のなかに見られる自分の延長や反映を愛撫しているかぎりにおいてのことである。

とはいえ、ナルシシズムもやはり、つねに同性愛に通じるわけではない。マリー・バシュキルツェフの例がそれを証明している。彼女の著作には女に対する情愛のこもった気持ちがまったく見受けられない。彼女は感覚的というよりむしろ頭脳的で、きわめて虚栄心が強く、子どもの頃から男に評価されることを夢見ている。自分の栄誉に役立つこと以外は何も彼女の関心を引かないのだ。もっぱら自分を熱愛し、抽象的な成功をめざしている女は他の女たちとの温かな共犯関係を結ぶことができない。他の女たちのことをライバル、敵としか見なさないのだ。

実際は、どんな要因もけっして決定的なものではない。重要なのはつねに、複雑な全体のなかで行なわれる、自由な決定に基づいた選択である。どんな性的運命も個人の人生を支配してはいない。逆に、個人の官能性が実存に対するその人間の全体的な態度を表わしているのである。

とはいえ、この選択には状況も大きくかかわっている。今日でもまだ、男女は大部分は離れて生活している。女子寄宿学校、女子校では、親密な関係がすぐに性的な関係へと移りやすい。女子と男子の交友が異性愛の経験をしやすくしている環境では、同性愛の女はずっと少ない。作業場や事務所で女だけで働いていて、男と交際する機会がほとんどない女たちの多くは女どうしで恋愛関係を結ぶことになる。物質的にも精神的にも、女どうしで生活をともにすれば彼女たちにとって好都合なのだろう。異性愛の関係の欠如または失敗が女たちを同性愛へと導くことになる。あきらめと好みとの境界線を引くのはむずかしい。女が男に失望させられたために女に身を委《ゆだ》ねることもある。しかしときには、その女が男に求めていたのは女であったがために、男が彼女を失望させたということもある。以上のような理由から、異性愛の女と同性愛の女を根本的に区別するのはまちがいなのである。思春期のあいまいな時期をすぎると、正常な男はあえて同性愛的なあやまちを犯そうとはしなくなる。しかし、正常な女が青春時代に魅惑された恋愛関係——プラトニックなものであれ、そうでないものであれ——に立ち戻る場合がよくある。男に失望した女は女の腕のなかに自分を裏切った愛人を探し求める。コレットは『さすらいの女』において、禁じられた快楽がしばしば女の人生のなかで慰めを与える役割を演じていることを指摘している。なかには慰めあって生涯を過ごす女たちもいる。男の抱擁によって満ち足りている女でさえ、もっと穏やかな快楽を無視できないこともある。受動的で官能的な女は、女の愛人の愛撫を不快には思わない。なぜなら、彼女はそのようにして自分の身を任せきって、満足させてもらえばすむのだから。能動的で情熱的な女は「両性具有者」のように見えるが、それは、謎《なぞ》めいたホルモン配合のせいではなく、もっぱら、攻撃性と所有欲は男性的特性であるとみなされているせいである。クロディーヌはルノーに恋しているが、それだからといってレズィの魅力に欲望を抱かないわけではない。クロディーヌは完全に女であるが、それでも絶えず自分も捕らえ、愛撫《あいぶ》したいと思っている。もちろん、「貞淑な女」の場合には、こうした「変態的な」欲望は用心深く抑圧されている。しかし、こうした欲望は純粋だが情熱的な友情のかたちをとったり、あるいは母性的な愛情に見せかけたりして現われる。ときには、精神病の進行過程や更年期の危機的時期に突発的に出現することもある。

また、同性愛の女を二つの明確なカテゴリーに分類しようとするのは、なおさら意味がない。社会で起きる滑稽《こっけい》な出来事が自分たちの実際の関係とダブる場合が多いので、彼女たちはバイセクシャルのカップルを面白がってまねて、自ら「男役」と「女役」の区分をほのめかす。しかし、一方の女が地味な男物仕立てのスーツを身につけ、もう一方の女がふんわりしたドレスを身につけていても、ごまかしはきかない。もっと注意深く観察すると、彼女たちの性行動が——ごく限られた場合を除いて——あいまいであるということがわかる。男の支配を拒否しているために同性愛者になっている女は相手の女に同じように尊大な男まさりの女を認めて喜びを味わうことが多い。かつて、男と離れて共同生活をしていたセーヴルの女子高等師範学校の学生のあいだでは、数多くの禁断の恋が花を咲かせた。彼女たちはエリート女性に属しているのを誇りに思い、自律的な主体でいたいと思っていた。特権カーストに対抗して彼女たちを団結させていたこの複雑な感情のおかげで、彼女たちはそれぞれ、女友だちのなかにある威信ある存在、つまり自分自身のなかで慈《いつく》しんでいるものに感嘆することができた。互いに抱き合うとき、それぞれが男であると同時に女であり、自分の両性具有的な美点にうっとりしていたのだ。その逆に、女の腕のなかで自分が女であることを楽しみたいと思う女はどんな支配者にも服従しないという自尊心ももっている。ルネ・ヴィヴィアンは女性美を熱烈に愛しており、自分が美しくありたいと思っていた。彼女は着飾り、長い髪を自慢にしていた。しかしまた、自分が自由で、元のままであると感じたがっていた。その詩作品のなかで、彼女は結婚によって男の奴隷になることに同意する女たちに対する軽蔑《けいべつ》の気持ちを表現している。彼女が強いリキュールを好み、しばしば猥雑《わいざつ》な言葉使いをしたことは、男らしさを求める彼女の願望を示していた。実際は、大多数のカップルにおいて、愛撫は相互的である。その結果、配役の仕方はきわめて漠然としている。子どもっぽい方の女が保護者役の威厳ある年配女性に対する青年の役を演じることもあれば、男の愛人の腕にもたれかかる女の愛人の役を演じることもある。彼女たちは対等に愛しあうことができる。相手役が同質であるということから、あらゆる組み合わせ、転換、交換、芝居が可能になる。愛人それぞれの心理的傾向に応じて、また状況全体に応じて、関係は均衡を保つ。相手の女を助けたり、世話したりする方の女は、専制的な保護者、つけこまれ、だまされやすい人物、尊敬される領主、また時には売春婦のひもといったような男の役割を引き受ける。精神的、社会的、知的な優越性が彼女に権威を与えることが多い。しかし、愛されている方の女は、情愛を寄せる方の女の情熱的な愛着が彼女に与える特権を享受《きょうじゅ》する。男と女の組み合わせと同じように、女同士の組み合わせも多種多様な形態をとる。この組み合わせは感情や利害や習慣に基づいて成り立っている。夫婦のようなかたちもあれば、ロマネスクなものもある。サディズム、マゾヒズム、寛大さ、誠実さ、献身、わがまま、利己主義、裏切りにも通じている。同性愛の女のなかには、売春婦もいれば、恋多き女もいる。

しかし、特定の事情がこうした関係に独特の性格を与えている。こうした関係は制度や慣習によって是認されることもないし、契約によって規制されることもない。その結果、より誠実に体験される。男と女は――たとえ夫婦であろうと――多かれ少なかれ相手の前で気取ってみせる。とくに女はそうだ。女は男からいつも命令を押しつけられているからだ。模範的な貞淑さ、魅力、愛嬌《あいきょう》、子どもっぽさ、厳格さなどといったように。夫や愛人のそばでは、けっして女は自分自身になりきれない。女の愛人のそばでは、女は気取らないし、本心を偽る必要もなく、彼女たちはあまりによく似ているので自分をさらけ出さないわけにはいかない。この類似性が最も全面的な親密さを生み出す。性愛はこうした結合にあってはかなり小さな部分しか占めないことが多い。快感は男女の結合の場合よりも電撃的、眩惑《げんわく》的でない性格のもので、それほど驚異的な変身をもたらしもしない。しかし、男女の愛人たちは体を離すと、他人に戻る。しかも、男の体は女にとって厭《いと》わしいものに見える。そして、男はときには自分の伴侶《はんりょ》の体を前にしてむかついた嫌悪《けんお》感《かん》のようなものを感じる。女どうしの場合には、肉体的な愛はもっと同等で、もっと持続性がある。彼女たちは狂おしい恍惚感《こうこつかん》にとらわれはしないが、敵意のある冷淡さに立ち戻ることはけっしてない。互いに見つめあい、触れあうことは、共寝の快楽をひそやかに延長する安らかな快楽である。サラ・ポゾンビと愛人の女との結合は五十年近くにわたって一点の曇りもなく続いていた。彼女たちは世界の周縁に平和な楽園を作り出すことができたようだ。しかし、誠実さにも報いがある。女どうしは隠し立てをしたり自制したりする気遣いなしに自分をさらけだすので、互いに刺激しあって、とんでもなく激高してしまう。男と女は互いに異なっているから、遠慮しあう。男は女を前にして憐憫《れんびん》と不安を感じる。男は女を丁重に、寛大に、控えめに扱うよう努める。女は男を尊重し、少しばかり恐れており、男の前では自制しようとする。それぞれが、その感情、反応がよくわからない謎めいた相手を傷つけないよう気づかう。女どうしだと、女は情け容赦がない。互いに相手の裏をかき、相手を挑発し、しつこく責め、激しく攻撃し、卑劣のどん底まで引きずりこむ。男の冷静さ——冷淡さにしろ、自制にしろ——は防波堤のようなもので、女の起こす騒ぎはそれにぶつかると砕け散ってしまう。しかし、女の愛人どうしでは、涙と痙攣《けいれん》がエスカレートしていく。非難と言い訳を繰り返す彼女たちの根気のよさはとどまるところを知らない。要求、苦情、嫉妬《しっと》、横暴といった、結婚生活にまつわる厄災すべてが猛烈に荒れ狂う。こうした性愛関係がたいてい波乱に富んでいるのは、一般に異性愛よりも脅威にさらされているからである。社会から非難され、社会にうまく溶け込むことができないのだ。男性的態度を――自分の性格、自分の状況、自分の情熱の強さによって――引き受ける女は、愛人の女に正常な立派な人生を送らせられないこと、彼女と結婚できないこと、彼女を奇異な道筋に誘い込んだことを後悔する。ラドクリフ・ホールが『孤独の井戸』で女主人公に与えているのが、こうした感情である。この後悔の念は病的な不安と、とりわけ身を焦《こ》がすような嫉妬となって現われる。一方、もっと受動的な、あるいは、それほど惚《ほ》れ込んでいない相手の女の方は、したがって、社会の非難に苦しむことになる。彼女は自分が堕落し、退廃し、欲求不満におちいっていると思い、自分にこうした運命を押しつけている女に恨みを抱くようになる。二人の女のうち一方が子どもをほしがるということもありうる。その女が子どもを産めないことを悲しみながらあきらめるか、それとも、二人で養子をもらうか、それとも、子どもを産みたい方の女が男に手助けをたのむ。子どもはときには絆《きずな》になるが、またときには、新たな軋轢《あつれき》の原因にもなる。

　同性愛に閉じこもる女に男性的な性格を与えているのは、彼女たちの性生活ではない。その性生活は、逆に、彼女たちを女の世界に閉じ込めているのである。彼女たちに男性的性格を与えているのは、彼女たちが男なしですましているために、自分たちで引き受けざるをえない責任全体である。彼女たちの状況は高級娼婦《しようふ》の状況の裏返しである。高級娼婦は、男のあいだで生活しているおかげで男性的な気風が身につくこともある――たとえば、ニノン・ド・ランクロ[*1]のように――が、男に依存している。同性愛の女たちのまわりに漂う独特な雰囲気は、彼女たちの私生活がくりひろげられる女性部屋的環境と彼女たちの公的生活の男性的自立とが対照的であることに由来している。彼女たちは男抜きの世界で男のようにふるまっている。独りきりの女は、つねに少し異様なものに見える。男が女を尊重するというのは本当ではない。男たちは自分たちの女――妻、愛人、「扶養している」娘――を通じて、自分たち男どうしを尊重しているのだ。男の保護が女に及ばなくなると、女は攻撃的、嘲笑《ちようしよう》的、敵対的な態度を示す上層カーストに対して無力になる。「性的倒錯」としての女性同性愛は苦笑をさそうくらいである。しかし、これが一つの生活様式を意味しているかぎりでは、女性同性愛は軽蔑や反感をかう。同性愛の女たちの態度に挑戦的なところやわざとらしいところが多いのは、彼女たちが自分の状況を自然に生きるのはまったく無理だからである。自然的というのは、自分について深く考えないこと、自分の行動についてあれこれ想像せずに行動することを意味する。しかし、他人のふるまいが絶えず同性愛の女に自分自身を意識するように仕向ける。かなり年配であったり、高い社会的威信にめぐまれているという場合だけは、同性愛の女は冷静に平然として自分の道を進んでいくことができるだろう。

たとえば、同性愛の女がよく男装するのは好みからか、それとも防衛反応からかを判断するのはむずかしい。もちろん、そこにはかなりの部分にわたって自発的な選択が働いている。だが、女の服装をすることほど自然でないものはない。たしかに、男の衣服も人工的だが、しかし、女の衣服より便利で簡素であり、動きを押さえるのではなく、動きやすいようにできている。ジョルジュ・サンド、イザベル・エベラルツは男物の衣服を着ていた。ティド・モニエは最新の著書（『わたし』）において、自分は好んでパンタロンをはいていると語っている。活動的な女は誰しもローヒールの靴、丈夫な布地の服を好む。女の化粧の意味は明らかである。つまり、自分の「身を飾る」という意味であり、自分の身を飾るということは自分を売りに出すということである。異性愛のフェミニストたちも最近までは、この点について同性愛の女たちと同じように非妥協的であった。フェミニストたちは自分自身を人目にさらされる商品にするのを拒み、男物のスーツ、地味なソフト帽を身につけることにしていた。飾りのついた、襟ぐりの深いドレスは彼女たちには、自分たちが攻撃している社会秩序の象徴に思われたのだ。今日では、彼女たちは現実に打ち勝つことに成功しているので、この象徴は彼女たちの目にそれほど重要なものとは見えなくなっている。だが、同性愛の女たちが自分をいまだに権利要求者と感じているかぎりにおいて、この象徴は同性愛の女たちにとって重要性を保っているのだ。また——身体的な特徴が同性愛の性向の原因となっている場合には——簡素

＊1　十七世紀後半の女性作家、サロンを主宰。

な衣服の方がその女によく似合うということもある。さらに、服飾の演ずる役割の一つは、女の捕捉《ほそく》的な官能性を満足させることであるという点も付け加えておかなければならない。しかし、同性愛の女はビロードや絹の慰みものを軽蔑する。だが、サンドールのように、同性愛の女はそうした慰みものを愛する女たちが身につけているのは好む、あるいは、愛する女の肉体そのものがそれにとって代わる。同性愛の女が好んで強い酒を飲み、強いタバコを喫《す》い、下品な言葉使いをすることがよくあるのも、やはり同じ理由からである。

官能性の面では、同性愛の女は生まれつき女性的な柔和さをもっている。だが、彼女はそれと対照的に活気のある環境を好む。こうした側面から、彼女が男と一緒にいるのを好むようになることもある。しかし、ここで新たな要素がかかわってくる。彼女が男とのあいだに保つのはたいていまぎらわしい関係なのである。自分の男性的特質を十分に確信している女は友人や仲間として男しか求めない。こうした確信が見受けられるのはまず、男と共通の利害をもち、また——事業や運動や芸術の分野で——男の一員として働き、成功している女の場合だけだ。ガートルード・スタイン[*1]は、友人たちを招待するときはいつも、男たちとしか会話をかわさず、彼らの同伴した女たちをもてなす役はアリス・トクラス[*2]に任せきっていた。非常に男性的な同性愛の女は、女に対しては両面的な態度を示す。女を軽蔑しているが、女たちの前では女としても男としても劣等コンプレックスを抱くのだ。彼女たちに自分ができそこないの女、不完全な男と見えはしまいかと恐れ、そのために、尊大な優越性を誇示したり、女に対して――シュテーケルの報告にある女性同性愛者のように――サディスト的な攻撃性を示すようになる。しかし、こうした事例はかなり稀《まれ》である。すでに見たように、大多数の同性愛の女はためらいながらも男を拒否している。こうした同性愛の女たちには、不感症の女たちと同じように、嫌悪、恨み、臆病《おくびょう》さ、自尊心がある。彼女たちは、自分がほんとうに男と同類だとは感じていない。女としての恨みに、男としての劣等コンプレックスが加わる。男たちは彼らの獲物を誘惑し、所有し、引き止めておくのに有利な手段をそなえたライバルなのだ。彼女たちは女に対する男の権威を憎み、男が女に課す「汚《けが》れ」を憎む。また、男が社会的特権を握っているのを見たり、男が彼女たちよりも強いと感じては苛立《いらだ》ちを覚える。ライバルと闘うのが不可能だということ、ライバルが自分を一撃のもとにたたきのめすことができるとわかっているということは、ひどい屈辱である。こうした複雑な敵意が、一部の女性同性愛者にこれみよがしの態度をとるようにさせる理由の一つになっている。彼女たちは自分たちのあいだでしか交際しない。クラブのようなものを作って、自分たちにはもう社会的にも性的にも男は必要でないということを見せつける。ここから、い

＊1　一八七四－一九四六、米国出身の女性作家。
＊2　〔原注〕自分は自分自身の価値によって性の違いを乗り越えることができると信じている――または、そう信じたいと思っている――異性愛の女も意図的に同じような態度をとる――たとえば、スタール夫人。

つのまにか、むだな虚勢や、非本来性[†]にまつわるあらゆる喜劇へと移っていくということになりやすい。同性愛の女はまずはじめに、男であるふりをする。ついで、同性愛者であるということ自体が一つの遊戯になる。仮装衣装が変装衣装から制服に変化する。そして女は、男の抑圧を逃れるという口実のもとに、自分の役の虜《とりこ》になる。女という状況に閉じ込められたくないと思っていたのに、同性愛の女という状況に閉じ込められているのだ。こうした解放された女たちの徒党ほど、偏狭《へんきょう》な意識と去勢されたものという悪印象を与えるものはない。打算的な迎合から自分は同性愛者であると告白するにすぎない女が多いということも付け加えておかなければならない。彼女たちは意識的にあいまいなふるまいをするようにしているにすぎず、しかも、「背徳的な女」を好む男たちの気を引けるものと思っている。こうしたおおげさな熱狂的信奉者たち——明らかに最も人目を引く者たち——が、世論が悪徳、気取りと見なしているものの評判を傷つけるもとになっているのである。

　実際には、同性愛は故意の背徳行為でもなければ、宿命的な不運でもない。[*1] これは、状況のなかで選択された態度、つまり、理由があると同時に自由に採用された態度である。主体がこの選択によって引き受ける要因——生理的条件、心理的経歴、社会的事情——は、これらすべてがあいまって同性愛を説明づけているにしても、どれ一つとして決定因ではない。同性愛は女にとって、女の総体的条件、とくに官能性にかかわる状況によって課される問題を解決するための数ある手段の一つなのである。あらゆる人間の行為と同じように同性愛も、それが欺瞞《ぎまん》、怠惰、非本来性†のなかで生きられるか、それとも、明晰《めいせき》さ、寛大さ、自由のなかで生きられるかに応じて、悶着《もんちゃく》、不均衡、挫折《ざせつ》、嘘《うそ》をともなうことにもなり、また逆に、豊かな経験の源泉ともなるのだ。

＊1　〔原注〕『孤独の井戸』は心理・生理的な宿命を刻印された女主人公を登場させている。しかし、この小説は、その人気にもかかわらず、資料的な価値はきわめて乏しい。

第二部　女が生きる状況

第五章　結婚した女

社会が伝統的に女に勧める運命は結婚である。今日でも女の大部分は、結婚しているか、かつて結婚していたか、これから結婚するつもりでいるか、あるいは、結婚していないことにひけ目を感じているかのどれかである。独身の女は、本人が結婚という制度に不信感を抱いていようが、反発していようが、無関心であろうが、必ず結婚と関連して定義づけられる。したがって、この研究はまさに結婚の分析を通じて続けていかなければならない。

女の地位が経済面で変化するにつれて結婚制度も大きく変わりつつある。結婚は自立した二人の個人が自由に合意する結合になったのだ。夫婦の契約は個人にかかわる相互的なものである。不倫は当事者双方にとって契約の破棄通告であり、どちらの側も同じ条件で離婚することができる。女はもはや生殖の役割だけに閉じ込められることはない。生殖の役割は自然が女に命ずる義務という性格をほとんど失い、女が自分の意志で引き受ける任務というかたちをとっている。[*1] そしてそれは生産労働と同一視されている。というのも、多くの場合、国や雇用主が出産休暇中の賃金を母親に支払わなければならないからである。ソ連では数年の間、結婚は夫婦の自由意志のみに基づく個人間の契約だと考えられていた。今日それは、国家が夫婦双方に課する義務となっているようだ。世界で将来いずれの傾向が優位を占めるかは、社会の全体的な構造によって決まるだろう。いずれにしろ、男による保護はなくなりつつある。とはいえ、私たちの生きている時代は、フェミニズムの観点から見れば、まだ過渡期である。生産活動に参加しているのは一部の女だけであり、そうした女たちも旧態依然とした構造や価値観が残っている社会に属しているのだ。現代の結婚も、そこに温存されている過去を手がかりとしなければ理解できない。

結婚はつねに、男の場合と女の場合では根本的に異なる様相を示してきた。男女は互いに異性を必要とするのに、この必要性が両性間に相互性をもたらすことはけっしてなかった。女たちは、男性カーストと対等に取引や契約を交わすような一つのカーストを形成したことがまったくない。社会的に見れば、男は自律的で完全な一個の人間である。男はまず生産者と見なされ、その存在は彼が集団に提供する労働によって正当化される。一方、女が閉じ込められている生殖と家事の役割がなぜ女に男と対等の尊厳を保証しなかったのかはすでに見た。[*1] 男は女を必要とする。未開民族の一部では、妻のない男が一人で生計を立てられず、一種ののけ者となることもあるし、農耕社会の農民にとって女手は不可欠である。また大半の男にとって、一定の雑役を伴侶《はんりょ》に肩代わりさせることは好都合である。それに個々の男は安定した性生活を望み、子孫を欲しがり、社会もまた個人に対して社会の存続に貢献するよう求める。しかし、男は女にじかに呼びかけているわけではない。男社会が、その成員の男たちそれぞれが夫や父親になれるようにしているのだ。父親や兄弟が支配する家族集団に奴隷《どれい》または隷属者として組み込まれている女は、結婚のかたちでつねにある男集団から別の男集団に贈与されてきた。もともと、母系氏族《クラン》あるいは父系氏族《ゲンス》[*2]は女をほとんど品物同然に自由に処分している。女は二つの集団が互いに承諾する贈与品の一部なのだ。こうした女の地位は、結婚がその変化[*3]の過程で契約形態をとるようになってからも、根本的に変わることはなかった。持参金を与えられたり遺産を相続するようになると女は市民になったように見えるが、持参金や遺産は女をいっそう家族に縛りつける。長いあいだ、結婚契約に署名するのは妻と夫ではなく新婦の父親と新郎であった。当時は経済的に自立できたのは寡婦《かふ》のみであった。[*4]若い娘の選択の自由はつねに厳しく制限されていた。独身身分は、宗教的な性格をおびる場合は例外として、女を寄食者やのけ者の身分に格下げするものであった。結婚は女の

＊1　（313頁）〔原注〕本書Ⅰ巻を参照。
＊1　〔原注〕本書Ⅰ巻を参照。
＊2　本書Ⅰ巻一四九頁参照。
＊3　〔原注〕この進化は断続的に生じ、エジプト、ローマ、近代文明社会で繰り返された。本書Ⅰ巻第二部「歴史」を参照のこと。
＊4　〔原注〕官能文学に描かれた若い未亡人に独特の性格はこの点に由来する。

唯一《ゆいいつ》の生計手段であり、自分の存在を社会的に正当化する唯一の手段なのである。結婚は二重の意味で女に押しつけられる。まず、女は社会に子どもを与えなければならない。しかし――スパルタのように、またナチス体制下でもいくぶんそうであったように――国家が直接、女の後見役となり、女に母親であることだけを求めるというケースは稀《まれ》である。父親の生殖者としての役割に疎い文明でさえ、女が夫の保護下に置かれるよう要求している。加えて、女は男の性的欲求を満たし、家庭の面倒をみる役割をあてがわれる。社会が女に課す任務は、夫への勤めと見なされる。したがって、夫は妻にさまざまな贈物や寡婦資産を与える義務があり、妻を扶養する義務を負う。社会は夫を介して、社会に対する女の貢献に報いるわけである。妻が自分の義務を果たすことで獲得する権利は、男が従うべき責務となって現われる。男は好き勝手に夫婦関係を解消することはできない。離縁・離婚は公権力の決定によってのみ可能であり、男が金銭補償の義務を負う場合もある。この慣習はボケンラネフ[*1]治下のエジプトで濫用《らんよう》されるようになったが、今日でもアメリカ合衆国において「扶助料」[*2]というかたちで続いている。一夫多妻は多かれ少なかれつねに公然と許されてきた。男は、奴隷女、妾《めかけ》、内縁の妻、愛人、娼婦《しょうふ》などをベッドに連れ込んでもよいが、正妻のいくつかの特権は尊重しなければならない。正妻は、虐待《ぎゃくたい》されたり権利を侵されたりしたと感じれば、程度の差はあれ具体的に保証されている手段に訴えて実家に戻り、自分の方から別居や離婚を獲得できる。したがって、夫婦の双方にとって、結婚は責務であると同時に特典でもある。だが妻と夫の状況は釣り合いがとれていない。結婚は若い娘が社会集団に組み込まれる唯一の手段であり、「売れ残った」娘は社会的に落ちこぼれになる。だからこそ母親たちはいつもあれほど血眼《ちまなこ》になって娘をかたづけようとするのだ。十九世紀のブルジョア階級においては、本人への相談などないも同然だった。娘は、あらかじめ手はずの整えられた「見合い」でたまたま出てくる求婚者に提供されたのである。ゾラはこの慣習を『ごった煮』の中で描いている。

「失敗、失敗よ」ジョスラン夫人は椅子《いす》の上に身を投げ出しながら言った。ジョスラン氏は「ああ」と言っただけ。と、鋭い声が「それにしても、わかってらっしゃらないのね、本当に。今度もお流れになりました。これで四度目ですわ!」ジョスラン夫人は娘の方へ歩み寄り、続けた。「聞いてるの? どうして、またしてもしくじったのよ!」

ベルトはおいでなさったと思い、つぶやいた。「よくわからないのよ、ママ」。母親は続ける。「三十前で前途洋々の次長なのよ。毎月お給料が入ってきて、堅実そのもの。何も問題ないのに……また何か馬鹿《ばか》なことをやったのね、前の時みたいに?」

*1　ギリシア名はボッコリス。エジプト第二十四王朝の王、在位前七二〇－前七一五。
*2　別居中または離婚後、夫から妻に与えられる手当。

「絶対にしてないわ、ママ」

「二人で踊りながら、小さなサロンの方に行ったじゃないの」

ベルトはどぎまぎした。「そうなんだけど……でも二人きりになったとき、あの人いやらしいことをしようとしたの。こんなふうに抱きついてきてキスしたのよ。それで怖くなって、戸棚に押しつけたの」

母親は怒り狂ってさえぎった。「戸棚に押しつけた！　ああ、何てことを。押しつけたなんて！」

「でもママ、あの人、私に抱きついたのよ」

「それがどうしたの。あの人はあなたに抱きついた……たかがそんなこと！　こんな馬鹿娘は寄宿舎に入れろってね！　いったい何を教わってきたのよ！　ドアの後ろのキスが何だというんです！　そんなこと、よくも親に言えたものだわ！　しかも男を戸棚に押しつけて、何べんも結婚しそこなうってわけよ！」

母親はもったいぶった態度になり、続けた。

「もうおしまいね、いやになる。あなたは馬鹿ですよ……あなたには財産がないのだから、別の手で男を捕まえるしかないでしょうが。愛想良くして、優しい目で、手だって握らせておいて、子どもじみた真似《まね》をされても気づかないふりして許してやる。要するに夫を釣り上げるのよ。それにしても腹が立つわ、この娘はその気になれば結構うまくやれるのに」。ジョスラン夫人は続けた。

「さあ、涙をふいて。今あなたに言い寄ろうとしている男だと思ってママを見るのよ。いいわね、扇子を落として、その人が拾い、あなたの指に触れるようにするの……こちこちになってないで、体をもっとしなやかに。男は板なんか好かないものです。何よりも、少しばかり厚かましいことをされても、うぶな真似はしないこと。度を越す男はのぼせあがっているのだからねえ」

客間の時計が二時を告げた。この長い夜ふかしに興奮し、すぐさま娘をかたづけたいとの熱望に駆り立てられた母親は、娘を厚紙の人形のようにいじくりまわしながら、我を忘れて本音をはっきり口に出していた。娘の方はぐったりと気乗り薄で、なすがままにされていたが、心は重く、恐れと恥とで喉《のど》をつまらせていた……

このように、若い娘は完全に受け身になっている。若い娘は両親によって結婚させられ、嫁にやられる。若い男は結婚し、妻をめとる。若い男が結婚に求めるのは、自分の実存の拡大であり確認であって、実存する権利そのものではない。結婚とは彼らが自由に引き受ける一つの責任なのである。したがって彼らは、ギリシアや中世の風刺作家がそうしたように、結婚の利点と難点について考えてみることができる。彼らにとって結婚は一つの生活様式であり、運命ではない。彼らには独身の孤独を選ぶ自由があり、晩婚も非婚も許されている。

女は、結婚すると、世界の小さな一区画を領地としてあてがわれる。法律上の保証が妻を夫の気まぐれから守る。だが女は男の家来になるのだ。経済的に共同体の長は男であり、それゆえ社会から見れば男が共同体を代表している。女は男の姓を名乗る。女は男の宗教に入れられ、男の階級、男の階層に組み込まれる。女は男の家に帰属し、男の「伴侶」になる。女は男の仕事が男に命じる場所についていく。夫婦の住む場所は、何よりもまず夫が仕事をする場所に応じて決まる。女は多かれ少なかれ急激に自分の過去から断ち切られ、夫の世界に付け加えられる。女は男に自分の人格を与えてしまう。結婚前は処女でなければならず、結婚後には厳格に貞節の義務を負う。妻は法律が独身女性に認めている権利を一部失ってしまう。ローマ法は、女を娘として夫の手に委《ゆだ》ねていた。十九世紀初頭にボナルド[*1]は、妻と夫の関係は子どもと母親の関係に等しいと宣言した。フランスの民法は一九四二年の法律まで、妻に夫への服従を命じていた。法律と慣習はいまだに、夫に多大の権限を与えている。この権限は夫婦の共同生活における男の地位そのものからもたらされる。というのも、生産者とは男であり、家族の利益を越えて社会の利益に向かうのも男であり、社会集団の未来の建設に協力して社会に一つの未来を切り開くのも男だからである。超越[†]を体現するのも男である。女は種の保存と家庭の維持に、すなわち内在[†]に運命づけられている[*2]。実際は、人間的実存はすべて超越であると同時に内在である。人間的実存は、自己を乗り越えるために自己を維持しなければならず、未来に向けて飛躍するために過去を統合しなければならず、他人と交流しつつ自己の内部で自己を確認しなければならない。この二つの契機は、生身の人間のあらゆる活動に含まれている。男にとって、結婚はまさに、この二つの契機の好ましい統合を可能にするものである。男は、職業や政治活動で変化や進歩を体験し、時間と世界を介して自己が拡散するのを体験する。そして、こうした漂泊に飽きると、家庭を築き、身を固め、現実世界に錨《いかり》をおろす。夜、家庭に戻ると、そこでは妻が、家財道具や子どもや記憶にためこんだ過去を注意深く管理しているのである。しかし妻の方には、まったく同じような一般性に埋もれて生活を維持し保全する以外には仕事がない。妻は種を不変のまま存続させ、日々の決まったリズムと、門戸を閉ざした家の永続を保証するだけである。妻は未来へも世界へも直接の手がかりを与えられていない。妻は夫を介してしか、集団に向けて自己を乗り越えることはない。

結婚はいまだに、こうした伝統的な形態を大部分保っている。そして結婚はまず、若い男よりも若い女の方に無理強いされる。相変わらず女には結婚以外のいかなる将来も示されない社会階層が多い。農民にとって独身女はのけ者であり、父親、兄弟、義理の兄弟の召使いにとどまる。女が都会へ出ていくことはほとんど不可能である。結婚によって女は一人の男に隷属させられ、一家の主婦となる。一部のブルジョア階級ではいま

＊1　一七五四―一八四〇、フランスの政治学者。
＊2　〔原注〕本書I巻を参照。この考えは、聖パウロ、初期教会の教父たち、ルソー、プルードン、オーギュスト・コント、D・H・ロレンス等に見出《みいだ》される。

だに、娘が自活できないようにしておく。そうした娘は父親の家で居候《いそうろう》として無気力に暮らすか、他人の家で何らかの副次的な地位を受け入れるしかないのだ。女がもっと解放されている場合でさえ、経済的特権は男たちが握っているために、女は職業よりも結婚を選ばざるをえない。女は、自分よりも地位が高く、自分ができるよりももっと早くもっと上まで「出世する」と思える夫を探すことだろう。今も昔も、性行為は女が男になすべき勤めとされている。夫は快楽を自分のものにし、代価を支払う義務を負う。女の身体は買われる品物である。女にとって自分の身体は活用できる資本なのだ。時には女は夫に持参金をもたらす。たいてい、女は一定の家事労働を行なうことを引き受ける。家事をとりしきり、子どもを育てるのである。いずれにしろ妻は扶養される権利をもち、伝統的なモラルもまたそれを熱心に勧める。女向けの職業はしばしばやり甲斐《がい》のない低賃金労働であるだけに、女がこうした安易さに誘惑されるのは当然である。結婚は他の多くのキャリアよりもはるかに有利なキャリアなのだ。慣習は独身の女の性的解放も困難にしている。フランスではいかなる法律も女に自由恋愛を禁じていないのに、今日に至るまで妻の不倫は犯罪であった。ところが、女は愛人をもちたければ、まず結婚しなければならなかった。厳しくしつけられたブルジョアの娘たちは、今でも「自由になるために」結婚する者が多い。アメリカ女性の大多数は性的自由を獲得した。だが彼女たちの経験は、マリノフスキー[*1]が記述している未開民族の若者たちの経験に似ている。彼らは「独身者の家」で些細《ささい》な快楽を味わうが、彼らは結婚するのを期待されており、結婚して初めて完全に大人として認められるのだ。一人暮らしの女は、フランス以上にアメリカでは、たとえ自活していても社会的には不完全な存在である。彼女が一個の人格として完全な尊厳とすべての権利を獲得するためには、指に結婚指輪が必要なのである。とくに母親であることは、結婚した女の場合にしか尊敬されない。未婚の母は依然として顰蹙《ひんしゅく》の的であり、その子どもは母親の重いハンディキャップとなる。こうしたすべての理由によって、アメリカでもヨーロッパでも若い娘の多くは将来の計画を尋ねられると、今日も昔と同じ答えをする。「結婚したいと思います」と。一方、若い男で結婚を根源的投企《プロジェ》†と見なす者は誰もいない。彼に大人の威厳を与えるのは経済的成功である。この成功が結婚がらみの場合もある――とりわけ農民にとって――が、結婚とは相いれない場合もある。昔に比べて不安定で不確実な現代生活の諸条件のせいで、若い男にとって結婚の負担は非常に重くなっている。逆に結婚の利点は減った。というのも、若い男は容易に自分を扶養できるし、ふつう、性的満足も得られるからである。もちろん、結婚すれば物質的には便利だし（「レストランよりも自宅での方がましなものが食べられる」）、手軽に官能の満足も得られ（「結婚すれば家に売春宿があるようなものだ」）、個人は孤独から解放されて家庭や子どもを与えられ、時間と空間のなかに落ち着くことができる。それは生活の最終的な完成である。それでも全体として見れば、結婚を申し

＊1　一八八四－一九四二、ポーランド出身の人類学者。

込む男は申込みを待つ女よりも数が少ない。父親は娘を与えるというよりも厄介払いするのである。結婚相手を探す若い娘は男の呼びかけに応《こた》えるのではない。男を挑発するのである。

見合い結婚はなくなっていない。保守的なブルジョア階級全体がそれを永続させているのだ。ナポレオンの墓所〔アンヴァリッド記念館〕の周辺、オペラ座、ダンスパーティー、海岸、午後のお茶会などで、新調のドレスとセットしたての髪の結婚志願者がおずおずと優雅な容姿や慎み深い会話を見世物にするのである。両親はうるさくけしかける。「あなたのお見合いにはもう十分お金をかけたのですからね。いい加減で決めなさい。次は妹の番ですよ」。気の毒な結婚志願者は薹《とう》が立つにつれてチャンスも減ることを知っている。求婚者は多くない。娘には、雌羊の群れと交換されるベドウィン族〔アラブ系遊牧民〕の娘なみの選択の自由しか認められない。コレットも言っている。「財産も仕事もなく兄弟の世話になっている若い娘は、黙って運を受け入れ、神を否認するしかない！」（『家庭のクロディーヌ』）

これほどあからさまではないが、若い男女は社交生活において母親の警戒怠りない監視下で知り合うことができる。もう少し解放された娘たちは、外出を増やし、大学へ通い、男と知り合う機会のある職業に就く。クレール・ルプレ夫人は一九四五年から一九四七年にかけて、ベルギーのブルジョア階級を対象に結婚の選択に関するアンケート調査を実施した。*1 著者はインタヴュー方式を用いている。質問と回答をいくつか引用してみよう。

問…見合い結婚は多いでしょうか?

答…もはや存在しない（五一%）、ごく稀でせいぜい一%（一六%）、結婚全体の一～三%（二八%）、結婚全体の五～一〇%（五%）

質問された人たちは、見合結婚は、一九四五年以前には多かったが、ほとんどなくなったと指摘している。とはいえ、「打算、恋人がいない、内気、年齢、申し分のない結婚を望む等が、いくつかの見合い結婚の動機となっている」。見合い結婚はしばしば司祭が仲立ちとなっている。また時には文通によって結婚する若い女もいる。「彼女たちは自己紹介文を綴《つづ》り、それが結婚情報誌に番号をつけて載せられる。この雑誌は自己紹介文が載った人全員に送られる。たとえば二〇〇名の女とほぼ同数の男の結婚志願者が出ている。男たちもまた自己紹介している。すべての人が掲載内容を通じて自由に相手を選び、手紙を書くことができるのである」

問…最近十年間に若い男女はどのような状況で結婚相手を見つけたでしょうか?

＊1　〔原注〕クレール・ルプレ『婚約』。

答…社交界の集まり（四八％）、勉学や仕事の場が同じだった（二二％）、私的な集まり・ヴァカンスの滞在地（三〇％）

全員の意見が次の点で一致している。「幼なじみどうしの結婚は非常に稀である。結婚は予想外の出来事から生まれる」

問…結婚相手の選択において、金銭はきわめて重要でしょうか？

答…金銭のための結婚は全体のうち三〇％（四八％）、同五〇％（三五％）、同七〇％（一七％）

問…両親は娘の結婚を渇望《かつぼう》しているでしょうか？

答…渇望している（五八％）、渇望するほどではないがやはり望んでいる（二四％）、娘を手放したくないと思っている（一八％）

問…若い娘は結婚を渇望しているでしょうか？

答…渇望している（三六％）、渇望するほどではないがやはり望んでいる（三八％）、つまらない結婚をするよりは独身の方がよいと思っている（二六％）

「娘たちは若者を手に入れようと競い、かたづくために誰とでもいいからとにかく結婚する。彼女たちすべてが結婚することを望み、その目的達成のための努力を惜しまない。若い娘にとって男に追いまわされないのは屈辱である。この屈辱を逃れるために、相手かまわず結婚してしまう場合がよくある。娘たちは結婚のために結婚する。既婚者になるために結婚するのである。そして彼女たちがこれほど急いでかたづきたがるのは、結婚した方が自由になれるからなのだ」。この点に関して、ほとんどすべての証言が一致している。

問…娘の方が若い男よりも結婚に積極的でしょうか？
答…娘が男に愛の告白をし、結婚を申し込む（四三％）、娘の方が男よりも結婚に積極的（四三％）、娘の方が控えめ（一四％）

ここでもまたほぼ全員が一致している。すなわち率先して結婚にもちこもうとするのは、普通は娘の方なのである。「娘は、生きていくのに必要なものが自分にならないことを知っている。生きていけるだけのものを得るためにどうやって働いてよいのかわからないので、結婚を頼みの綱とするのだ。娘たちは愛を告白し、若い男に自分を売り込む。恐るべき娘たちである！　彼女たちは、結婚するためにあらゆる手段を尽くす……まさしく女が男を追いかけるのである。云々《うんぬん》」

フランスに関して同種の資料はない。しかしフランスでもベルギーでもブルジョア階級の状況は似たようなものであるから、おそらく同様の結果が出るだろう。「見合い」結婚はつねに他のどの国よりもフランスで多かったし、男女が知り合うための夜会に会員が集まる例の「グリーン・トリミング・クラブ」も相変わらず盛況である。そして結婚通知は、多くの新聞の欄を長々と占めている。

アメリカと同様フランスでも、母親、年長者、女性週刊誌が、ハエ取り紙がハエを捕らえるように夫を「捕らえる」テクニックを若い娘に臆面《おくめん》もなく教えてくれる。それはかなりの手練手管を要する「釣り」であり「狩り」である。曰《いわ》く、狙《ねら》いは高すぎても低すぎてもいけない、夢に陥ることなく現実的であれ、色っぽさと慎《つつ》ましさを兼ね備えよ、求めすぎたり遠慮しすぎたりしないこと……若い男は「結婚してもらいたがっている」女を警戒する。ベルギーのある若者は述べている。[*1]「男にとって、女に追いかけられていると感じたり、ひっかけられたと気づくことほど不愉快なことはない」。男たちは懸命になって罠《わな》の裏をかこうとする。たいていの場合、娘の選択はないも同然である。娘が真の選択をできるのは、自分には結婚しない自由もあると思える場合だけだろう。娘はふつう、熱望よりも打算、嫌悪《けんお》、諦《あきら》めで決心する。「求婚者がまずまずの条件（階層、健康、職業）なら、娘は男を愛していなくても結婚する。条件はずれがいくつかあっても、申込みを承諾して冷静さを保つ」

だが、若い娘は結婚を望むと同時に恐れてもいることが多い。結婚は男よりも女にとってより大きな利益を意味し、それだからこそ女の方がより貪欲《どんよく》に結婚を望むのである。しかしまた、女は男より大きな犠牲を払わねばならない。とりわけ結婚によって容赦なく自分の過去と断絶させられる。すでに見たように、父親の家を出ると思うと激しい不安に陥る娘は多い。実家を去る日が近づくと、この不安はさらにひどくなる。そして神経症が頻出するのもこの時期である。神経症は、これから引き受ける新たな責任に怯《おび》える若い男にも見られるが、若い女の方に圧倒的に多い。それは、すでに述べた理由がこの時期になるといずれもいっそう深刻化するからである。ここではシュテーケルから借用した例を一つあげるにとどめよう。シュテーケルの患者のなかに、神経症の諸症状を呈していた良家の娘がいた。

当時、彼女は嘔吐《おうと》に悩まされ、毎晩モルヒネを飲用し、怒りの発作を繰り返し、入浴を拒み、ベッドで食事をして自室に閉じこもりきりだった。彼女は婚約していて、婚約者を熱烈に愛していると主張した。そして彼に身を任せたことをシュテーケルに告白した……だがいかなる快楽も感じなかったと後になって言っている。また彼とのキスは思い出すだに胸がむかつくとも述べ、これこそ彼女の嘔吐の原因だ

＊1　〔原注〕クレール・ルプレ『婚約』。

ったのだ。彼女が身を任せたのは、実は、自分を十分愛してくれないように思われる母親を罰するためだったことがわかった。彼女は子どもの頃、弟か妹ができるのを恐れて、夜になるとひそかに両親の様子を見張っていた。彼女は母親を熱愛していた。「そして今や結婚しなければならず、実家を出て両親の寝室を離れなければならないなんて、そんなことはできない」。彼女は肥満し、両手を引っ掻《か》いて傷つけ、頭もおかしくなり、病気になって、婚約者をあらゆる手段で侮辱しようとした。医者の手当で病気は治ったが、彼女は母親にこの結婚をやめさせてくれるよう必死になって頼んだ。「彼女は子どものままでいるために、いつまでも家にとどまっていたかったのだ」。母親は娘の結婚に固執した。式の一週間前、彼女はベッドで死んでいるのを発見された。ピストルで自殺したのである。

別の症例では、娘は長患《ながわずら》いに固執している。そしてこんな状態では「大好きな」人と結婚できないと絶望する。だが真相は、その男との結婚を逃れるために病気になるのであり、婚約を破棄しなければその精神は安定しない。あるいはまた、娘がすでに忘れようにも忘れられない性体験を重ねていることから、結婚への恐怖が生じることもある。処女でないことが露見しはしないかととりわけ恐れる。しかしたいていの場合、よその男の支配に屈すると考えると耐えがたい気がするのは、父親や母親や妹への熱烈な愛情、一般的には実家への愛着のせいである。また、結婚しないわけにはいかないから、まわりが圧力をかけるから、結婚のみが唯一《ゆいいつ》の分別ある解決策だから、妻や母として普通の生活がしたいから等の理由で結婚を決意する娘も、大半は心の底でひそかに執拗《しつよう》に抵抗している。そして、それによって結婚生活の好調なスタートが困難になって新生活に幸福な安定を見出《みいだ》せなくなることもある。

したがって一般的に、結婚が決められるのは愛ゆえにではない。「夫とは愛する男のいわば代用品でしかなく、愛する男その人ではない」とフロイトは言った。この分裂は少しも偶然ではない。それは結婚制度の本質的な性格に由来するものだからである。結婚とは男と女の経済的・性的な結合を集団の利益に向けて乗り越えることであり、男女の個人的幸福を確立することではないのだ。家父長制の下では、両親の権限で選ばれた婚約者どうしは結婚式当日まで互いの顔さえ知らないということがあったし、イスラム教徒のあいだでは現在でもそうした場合がある。社会的側面が重視されている一つの人生の企てを、感情や官能の気まぐれの上に築くなどということは問題外なのだ。モンテーニュは言う。

この分別ある契約においては、欲望はそれほど陽気なものではなく、陰気でもっと鈍いものである。恋愛は恋愛以外の場に引きとどめられることを嫌い、結婚のごとく他の名目で成立し持続する関係とは無気力な関わりしかもたない。結婚においては姻戚《いんせき》関係や財産が容姿の美しさと同等またはそれ以上に尊重されるが、それも当然である。何と言おうと、人は自分のために結婚するのではない。自分のためとまたそれ以上に、子孫のため家族のために結婚するのである。(『エセー』第三巻第五章)

男が女を「自分のものにする」のだから、そして結婚志願の女が多い時はとくにそうなのだから、男の方により大きな選択の可能性がある。だが、性行為は女に強いられる勤めと見なされ、女に与えられる諸々《もろもろ》の利益はこの勤めの上に成立するのだから、女が自分自身の好みを顧みないのも当然である。結婚は男が自由に勝手なことをすることから女を守る。だが自由がなければ愛も個性もないのだから、男に終生保護されるために女は個人的な愛を断念しなければならない。私は敬虔《けいけん》な家庭の母親が娘たちに次のように諭すのを聞いたことがある。「恋愛は粗野な感情で男の人たちのためにあるのですから、淑女は知らなくてもよいのです」。これはヘーゲルが『精神現象学』(〔J・イポリット訳〕第二巻二五ページ)で述べている説を素朴なかたちで言い換えたものに他ならない。

しかし、母親および妻としての関係は個の関係である。それは、快楽に属する自然な面と、消えていくだけの消極的な面をもっている。まさにそのために、この個の関係には常に別の個の関係にとって代わられうる偶然的な面がある。人倫〔共同体精神〕に支配されるものである家庭においては、他ならぬこの夫ではなく、夫一般、子供一般が問題になる。女のこれらの関係が情ではなく普遍性を基盤としているからである。女と共同体との関わりと男のそれとの違いは、女が個としては区別されるのに、欲望に関しては無媒介に普遍的であって、欲望の個別性には無縁であることにある。反対に、男においてはこの二面はわかれていて、市民として自分を意識する力と普遍性をもっているが故に、欲望の権利を手に入れ同時にこの欲望に対して自由を保持する。したがって女のこの関係に個別性が混じっているならば女の人倫〔共同体精神〕は純粋ではない。しかし人倫〔共同体精神〕である限り、個の関係であることは大したものではなく、女は他者の中に自己を自己として認めることができない。

つまり、女には自分の選んだ夫との関係を個別的なものとして築く必要などまったくなく、女の役割を一般的なものとして果たせばよいというわけなのだ。女は個としてではなく種としてのみ快楽を味わうべきだというのだ。ここから女の性生活について二つの基本的な結果が出てくる。まず、女には結婚以外にいかなる性行為の権利もない。夫婦にとって肉体関係は制度化されていて、欲望と快楽は社会的利害に向けて乗り越えられる。だが男は、労働者および市民として普遍的なものへ向けて自己を超越するので、結婚前や結婚外で偶然の快楽を味わうことができる。いずれにしろ、男にとって救いの道はいろいろあるのだ。それに対して、女が本質的に雌として定義されている世界では、女は雌として完全に正当化されなければならない。第二に、すでに見たように、一般的なものと個別的なものの関係が男と女では生物学的に異なる。男は夫および生殖者としての種の任務を果たしながら、確実に快楽を得る。[*1]逆に女にあっては実にしばしば、生殖機能と性的快楽が分離する。その結果、結婚は女の性生活に倫理的威厳を与えると称しつつ、実は女の性生活を抹殺しようとしているのである。

　こうした女の性的欲求不満は、男たちによって意図的に是認されてきた。すでに見たが、男たちは楽天的な自然主義に依拠して、女の苦痛を平然と認める。それは女の定めなのだ。女に対する聖書の呪《のろ》いが男たちのこうした安直な考えを助長する。妊娠の苦しみ——あっと言う間の不確かな快楽と引き換えに女に押しつけられるあの重い代価——は多くの冗談の種にすらなってきた。「五分の楽しみ、苦痛は九ヵ月……出るより入るがずっと簡単」。この対比はしばしば男たちを楽しませてきた。それはあの達観したサディズムになる。多くの男は女の悲惨を楽しみ、それを軽減してやろうとする考えに反発するのだ。[*2]したがって、男がパートナーに性的満足を得ることを平然と拒絶してきたのもよくわかる。女がみずから快楽を求めることや女にも欲望の本能があることを認めないのは、男にとって得策にすら思われていたのだ。[*3]

　モンテーニュはあっぱれ臆面もなく言っている。

＊1　〔原注〕「しょせん穴は穴」という諺《ことわざ》はもちろん粗野な冗談にすぎない。男はむき出しの快楽とはまた別のものを求めはする。がそれでも、ある種の「安売春宿」の繁盛《はんじょう》ぶりからもわかるように、男はどんな女とでも快楽をいくらか味わうことができる。

＊2　〔原注〕たとえば、陣痛は母性本能の形成に必要だと主張する者もいる。雌鹿《めじか》は麻酔をかけられて出産すると産んだ子鹿を寄せつけないからというのだ。こんな援用例はまったくいい加減なものだ。だいたい女は鹿ではない。男のなかには女の重荷が軽減されるのを憤慨する者がいるというのが真相である。

＊3　〔原注〕今日でも、女が快楽を求めることは男の怒りを引き起こす。この点について驚くべき資料がある。グレミヨン博士の小論『女のオルガスムスの真相』である。序論によれば、著者は第一次大戦の英雄で、五十四人のドイツ人捕虜の生命を救った、きわめて高い品性の持ち主とのことだ。彼はシュテーケルの著作『不感症の女』を猛烈に罵倒《ばとう》し、とりわけ次のように宣言している。「正常な女、よく子どもを産む女に、性交時のオルガスムスはない。多くの女は、みごとな痙攣《けいれん》などけっして感じたことのない母親、それも最上の母親である……たいていは潜在しているという性感帯は、自然なものではなく人為的なものである。そんなものをそなえているといって得意になっている女もいるが、それこそ堕落のしるしというものだ……こうしたことすべてを漁色家に言ってみても、見向きもされまい。破廉恥《はれんち》な相手の女がオルガスムスに達するのを男が欲するなら、そうなる。オルガスムスというものが存在しなければ作りだされるはずだ。当世の女は興奮させてもらいたがっている。こう応《こた》えてやろう。あなた、私たちには時間がないし、そんなことは衛生上禁じられていますよ！　……性感帯の発明者は自らに不利な結果を招いた。飽くことを知らない女をつくったのだから。性悪の女は疲れもせずに無数の亭主族の精力を尽き果てさせることができる……『性感帯をもつ女』が新しい精神の女になり、時として犯罪にさえ走る恐るべき女になっている……『セックスする』ことは、食べたり糞尿《ふんにょう》を排泄《はいせつ》したり眠ったりすることと同様につまらない行為であるとさとるなら、神経症も精神病もなくなるのに……」

したがって、尊く神聖なこの姻戚関係に、恋愛の放縦さにつきものの強引な度外れの行為を導入しようとするのは、一種の近親相姦《そうかん》である。アリストテレスが言うように、「愛撫《あいぶ》で刺激しすぎて妻が快楽のあまり我を忘れてしまったりしないよう、妻には慎重かつ厳粛に触れる」べきである。私が知る結婚で早々と破綻《はたん》したり動揺したりしているのは、美貌《びぼう》や愛欲に引きずられたものばかりである。結婚にはもっと堅固で安定した土台が必要であり、慎重に行動しなければならない。あの派手な歓喜など何の価値もない……よき結婚というものがあるとすれば、それは恋愛とは相いれず、別の条件を要する。（『エセー』第三巻第五章）

モンテーニュはまたはこうも言っている。

妻との情交で得る快楽もそこに節度がないなら許されない。節度なく楽しみすぎるならば、不倫行為と同様に理性を失うことになる。目新しい興奮のせいでわれわれが愛戯で陥りがちな恥知らずの度外れな行為は、不作法なだけでなく、妻にとって有害でもある。女が破廉恥《はれんち》を知りたければ、せめて別の方法でやるがよい。女はいつでも私たち男の欲求によって十分目覚めさせられる……結婚とは神聖で敬虔な結びつきである。したがって、結婚から引き出される快楽は、慎み深く真面目《まじめ》でいくぶんか厳かでもなければならない。ともかく慎重で良心的な快楽であるべきだ。

（『エセー』第一巻第三十章）

実際、夫というものは個人として選ばれたのではないのだから、夫が妻の官能の歓《よろこ》びを目覚めさせたら、妻の官能を男一般に対して目覚めさせることになる。つまり夫は妻が別の男の腕のなかに快楽を求めるよう仕向けることになる。これもモンテーニュの言葉だが、妻を愛撫しすぎるのは「籠《かご》の中に糞をして後で頭にかぶる」ようなものなのだ。ただしモンテーニュは、男は用心して妻を報われない状態に置いていると正直に認めている。

世の中で通用している実生活の規則に女たちが従わなくとも、彼女たちに非はまったくない。男が女に無断でそれらの規則をつくったのだから。女たちとわれわれ男のあいだに策略や諍《いさか》いが起こるのも当然である。われわれは次の点で女の扱いに分別を欠いている。女の方が男よりも情事に巧みで熱心だとわかると……われわれは極刑をもって脅しながら厳しく彼女たちに禁欲を女特有の徳として押しつけてきた……われわれは女が健全、頑健で体調もよく栄養状態良好であると同時に、貞潔であるよう望んでいる。つまり、熱いと同時に冷たいものであってほしいのだ。というのも、われわれが女を燃え立たせてはならないと言われている結婚は、慣習上、女を冷ますことなどほとんどないからである。

プルードン[*1]はもっと大胆だ。恋愛と結婚を切り離すことは、彼によれば「正義」と一致する。

> 恋愛は正義のなかにかき消されるべきである……あらゆる愛欲の関係は、婚約者のものであれ夫婦のものであれ望ましいものではなく、家庭に対する尊敬、勤労意欲、社会的義務の実践にとって有害である……（ひとたび愛の務めが果たされたら）……ちょうど乳を凝結させた後そこから固まった部分だけ取り出す羊飼いのように、私たちは愛を取り除くべきである。

しかしながら、十九世紀のあいだにブルジョアの考え方が少し変わった。結婚を熱心に擁護し支え始めたのである。また一方で、個人主義の発展により、女の要求を無条件に抑圧することもできなくなっていた。サン＝シモン[*2]、フーリエ[*3]、ジョルジュ・サンドそしてすべてのロマン主義作家たちは、熱心に恋愛の権利を要求してきた。その時まで当たり前のように排除されてきた個人的な感情を、結婚と結び付けることが問題になってきた。そしてこの時、伝統的な打算による結婚から奇《く》しくも生まれる「夫婦愛」といううさんくさい観念が考え出されたのである。バルザックは保守的なブルジョア階級の考え方を、その矛盾した様相の下に描いている。彼は、原則として結婚と恋愛は互いに無関係であると認めている。だが、尊重すべき結婚制度と、女がモノ扱いにされる単なる取引を同一視する気はさらさらない。それで、『結婚の生理学』の面食らうような支離滅裂にたどり着く。そこには、次のようなことが書かれている。

結婚は、政治的、民事的、道徳的に、法、契約、制度と見なされうる……したがって、それは一般の尊敬の対象であるべきだ。社会は、夫婦の問題がかかわるこうした最高権威的な事項しか念頭になかった。

大部分の男は、結婚について生殖や子どもの所有しか念頭にない。しかし、幸福は生殖にも財産にも子どもにもない。「産めよ殖やせよ」は恋愛を意味しない。二週間毎日連続して肉体関係をもった娘に対して、法と王と正義の名において恋愛感情を求めるのは、あらかじめ幸福か不幸に予定づけられた大方の者にふさわしい非常識である。

ここまではヘーゲルの説と同じくらい明瞭《めいりよう》で、誤解の余地はない。だがバルザックはまったく唐突に話を転じる。

*1　一八〇九－六五、フランスの社会主義思想家。
*2　一七六〇－一八二五、フランスの社会改革思想家。
*3　一七七二－一八三七、フランスの社会改革思想家。

じる。恋愛は欲求と感情の一致であり、結婚の幸福は夫婦二人の魂の完全な和合から生じる。したがって、男は幸福になるためには、いくつかの信義と思いやりの規則に努めて従う義務がある。欲求を認める社会の法の恩恵に浴したからには、感情を花開かせる自然の秘められた法に従わなければならないのだ。愛されることに幸福を見出すなら、自分も誠実に愛さねばならない。真の情熱になびかないものはない。

しかし、情熱的であることは、つねに欲望することである。妻をつねに欲望することはできるだろうか？

――できる。

続いてバルザックは結婚について博識を開陳する。だがすぐさま目につくのは、夫にとって問題は愛されることではなく妻に裏切られないことなのだという点である。夫は、ただ自分の名誉を守りたいばかりに、ためらわず、知力を鈍らせるような規律を妻に押しつけ、あらゆる教養を与えないようにし、妻を愚鈍化するのだ。これでも愛だろうか。支離滅裂で不明瞭なこの考え方に一つの意味を見出そうとするなら、男は男なら誰もがもつ欲求をいやす相手として一人の女を選ぶ権利があり、この性欲の一般性が男の誠実の保証だということらしい。それから男は何らかの秘訣《ひけつ》を用いて、妻の愛を目覚めさせるのだ。だが自分の財産のために子孫のために結婚するというのであれば、男は本当に恋していることになるだろうか。そして、恋しているのではないなら、それは相手の情熱を駆り立てるに十分なほど強い情熱だと言えるだろうか。それにバルザックは、相思相愛でない恋愛など、抗しがたい魅惑であるどころか、逆に煩《わずら》わしく不快きわまりないものであることを本当に知らなかったのだろうか。彼の欺瞞《ぎまん》は書簡体の問題小説[*1]『二人の若妻の手記』にはっきり見て取れる。ルイーズ・ド・ショーリュウは、結婚を支えるのは恋愛だと主張する。そして情熱のあまり最初の夫を殺してしまう。次いで、二番目の夫への嫉妬《しっと》に狂って死ぬのである。ルネ・ド・レストラードは感情を犠牲にして理性をとる。だが母性の喜びによって十分に報いられ、安定した幸福を築くのである。まず、どんな呪いが——作者自身の意志でないとすれば——恋するルイーズに、その望みの母性を得させてやらないのか理解に苦しむ。恋愛はけっして妊娠を妨げるものではないからだ。一方ルネには、夫の抱擁を喜んで受け入れるために、スタンダールが憎悪《ぞうお》していた「貞淑な女たち」に特有の「偽善」が必要だったらしい。バルザックは、初夜を次のように描いている。

あなたの表現にしたがって私たちが夫と呼んでいる獣は、消え去りました、とルネは女友だちに書いている。曰《いわ》く言いがたい甘美な夜に、私が見たのは一人の愛人

＊1　特定の思想的主張を掲げた小説。

です。彼の言葉は私の魂に達し、その腕に抱かれていると何とも言えない喜びを感じます……私の心には好奇心が目覚めました……でも、わかってちょうだい。最も誠実な愛に必要なものも、ある意味でこうした瞬間の名誉である予期せぬ出来事も、何一つ欠けてはいなかったのよ。私たちの想像力がこの行為に求める神秘的な美しさ、言い訳にもなる衝動、無理強いの同意、長い間想像するだけで現実に身を委《ゆだ》ねるまで私たちの魂を虜《とりこ》にする最高の快楽、こうした魅力がすべてそこには、心を奪うようなかたちですっかりあったの。

このすばらしい奇跡もそうたびたび繰り返されたわけではなかったらしい。後の手紙で、ルネは何度か泣いている。「かつて私は人間でした。でも今では物です」。そしてボナルドを読んで「夫婦愛」の夜から立ち直ろうとしている。しかし私たちが知りたいのは、女の最難関の通過儀礼に際し、夫はいかなる秘術を用いてそれほど魅惑的な存在に変身できたのかということである。バルザックが『結婚の生理学』で示している秘訣は、「結婚をけっして強姦から始めてはならない」といった簡単なもの、あるいは「快楽のニュアンスを巧みに捕らえ、発展させて、それに新しいスタイルを与えること。独創的な表現こそ夫の才能である」といった漠然としたものである。さらにすぐさま付け加えて、「愛し合っていない二人のあいだでは、この才能は猥褻《わいせつ》となる」と言う。ところで、ルネはまさしくルイを愛していないのだ。それにバルザックが描くルイのような男のどこをどう押せばこの「才能」が出てくるというのだろうか。実のところ、バルザックは問題をはぐらかして平気でいる。偏《かたよ》りのない感情など存在しないということ、愛の欠如、無理強い、退屈は、優しい友情よりも、恨み、苛立《いらだ》ち、敵意を生みやすいということを無視しているのだ。彼も『谷間の百合《ゆり》』ではもっと誠実で、不幸なモルソフ夫人の運命にも教訓じみたところがかなり少なくなっているように見える。

結婚と恋愛の融和は至難の業なので、それに成功するには神の介入が必要となる。これは、キルケゴールが紆余《うよ》曲折の末に達した結論であった。彼は好んで結婚の逆説を告発する。

　結婚とは何と奇妙な発明だろう！　それをさらに奇妙なものにしているのは、結婚が自然に生じる過程として通っていることだ。しかしこれほど決定的な手続はない……したがって、これほど決定的な行為を自然に生ずるようなかたちでやらなければならない、ということなのだ。（『渦中に真あり』）

　難しいのはこういうことである。愛情や恋心は自然に生じるものであるが、結婚は決意であるということだ。しかも、恋心が、結婚または結婚しようという決意によってかきたてられなければならない。つまり、最も自然に生じるものが、同時に、最も自由に決意されたものでなければならないことになり、また、その自然さがあまりにも不可解であるがゆえに神のなせる技と見なさざるをえないようなものが、熟考を経たうえで生じるもの、それも、一つの決意に帰着するほど徹底した熟考を経たうえで生じるものでなければならないことになる。そのうえ、一方が他方に続いて来るようではいけない。決意が後からこっそりついて来るのではなく、すべてが同時に起こらなければならない。両方が一緒にあって大詰めの瞬間を迎えなければならないのである。(『結婚についての諸想』)

つまり、愛することは結婚することではないし、愛がどうやって義務になりうるのか理解するのは難しいということである。だがキルケゴールは、逆説にたじろがない。結婚についての彼の試論全体が、この謎《なぞ》を解き明かすために書かれている。彼はこう言っている。

たしかに、「熟考は自然に生じる気持ちを殺すものである。熟考すると恋心はあきらめなければならないというのが本当だったら、結婚などなくなるはずである」。しかし、「決意とは熟考を通じて得られ、完全に頭の中で体験される新しい一つの自然な気持ちであり、まさに恋心と同じく自然に生じるものである。決意は倫理的な既知事項に基づいて人生を宗教的に解釈し、恋心にいわば道を切り開いて、内外のあらゆる危険から恋心を守ってやらなければならないのである」。こうしたわけで、「夫というもの、真の夫というものは、それ自体が奇跡なのだ! ……人生の厳粛な力が自分と愛する女に向けられているというのに、恋愛の快楽を保持することができるとは！」。

女はと言えば、理性は女の持ち分ではないから「熟考」もない。したがって「女は恋愛の直接性から宗教の直接性へと移る」。もっとはっきり言えば、この説の意味するところは、恋する男は感情と義務の一致を保証してくれるはずの神への信仰表明によって結婚を決意するが、女は恋するや否《いな》や結婚を望むということである。私は、もっと素朴に「秘蹟《ひせき》による一目惚《ぼ》れ」を信じていたカトリックの老婦人を知っている。彼女は、夫婦は祭壇で決定的な「はい」を口にするとき、自分たちの心が燃え上がるのを感じるものだと断言していた。キルケゴールも、先立って「恋心」がなければならないが、それが一生続くと約束されるのは、やはり奇跡によると認めている。

だがフランスの十九世紀末の小説家や劇作家は秘蹟の力をそれほど信じなくなり、むしろ人間の力で夫婦の幸福を保証しようとした。彼らはバルザックよりも大胆に、性愛を合法的な肉体関係に同化させる可能性を想定する。ジョルジュ・ド・ポルト＝リシュ[*1]は『恋する女』で、性愛と家庭生活は両立不可能なものだと主張している。妻の激情にうんざりした夫は、もっと穏やかな愛人に心の安らぎを求めるものだ、と。しかしポー

＊1　一八四九－一九三〇、フランスの劇作家。

ル・エルヴュー[*1]の教唆《きょうさ》により、「性愛」は夫婦間の義務であることが規範化される。マルセル・プレヴォー[*2]は、若い夫に妻を愛人として扱わねばならぬと説き、それとなく淫《みだ》らな言葉で夫婦の快楽に言及している。アンリ・ベルンスタン[*3]は合法的な肉体関係を描く劇作家になった。彼の作品においては、道徳意識を欠き嘘《うそ》つきで多情で手癖も意地も悪い妻に対して、夫は分別ある寛大な人間として現われる。夫のなかには、恋の手管を知っている精力的な愛人像も見て取れる。姦通小説への反発から、結婚を礼賛《らいさん》する現実離れした作品が大量に出現した。コレットでさえこの道徳熱の高まりに屈して、『無邪気で奔放なひと』では、身を誤って処女を失った若妻のスキャンダラスな諸経験を描いた後、彼女に夫の腕の中で官能の歓びを体験させることにしている。同様に、マルタン・モーリス氏は、少しばかり評判になった本で、若妻を熟練した愛人のベッドにしばらく侵入させてから夫のベッドに連れ戻す。夫が妻の体験を十二分に活用するのである。また、結婚制度を尊重すると同時に個人主義者でもある今日のアメリカ男性も、理由もやり方も異なるが、やはり、性欲を結婚に同化させる努力を重ねている。夫婦に互いに満足し合う方法を教え、とりわけ夫に対していかにして妻との幸福な和合を実現するかを教える結婚生活の入門書が毎年大量に刊行される。精神分析家と医師が「夫婦問題カウンセラー」の役を演じている。妻もまた快楽の権利をもち、夫は妻に快楽を得させる諸々《もろもろ》のテクニックを知るべきだとされているのだ。だが、すでに見たように、性的にうまくいくかどうかは単なる技術の問題ではない。若い夫が、『夫なら誰でも知っておくべきこと』『夫婦が幸福になる秘訣』『不安なしの愛』といった手引き書を何冊も暗記したところで、そのために新妻から愛される保証はないのだ。妻が反応するのは、心理的状況全体に対してである。そして、伝統的な結婚は、女の官能の目覚めと開花に最も好都合な状況を作り出しているとはとても言えない。

かつて母系制の共同体では、新妻が処女であることは要求されなかった。それどころか、さまざまな神秘的理由により、普通は結婚前に処女でなくなっているべきものとされていた。フランスの地方には、こうした古代の大らかさがまだ残っているところがある。そういうところでは若い娘は結婚前の純潔を要求されない。そして時には、「身を誤った」娘、さらには未婚の母の方が、他の娘たちよりずっと簡単に夫を見つける。また女の解放を受け入れている社会階層では、若い娘は男と同じ性的自由を認められている。しかし家父長制の道徳では、婚約した娘は処女のままで夫に引き渡されることが絶対に必要とされる。夫は妻がよその男の種を宿していないことを確信したがる。自分のものにするこの肉体を完全かつ独占的に所有したがるのである。[*4] 処女であることは道徳的、宗教的、神秘的価値をおび、この価値はいまだに非常に一般的に是認されている。

＊1　一八五七－一九一五、フランスの劇作家。
＊2　一八六二－一九四一、フランスの作家。
＊3　一八七六－一九五三、フランスの劇作家。
＊4　〔原注〕本書Ｉ巻第三部「神話」を参照。

フランスのいくつかの地方では、新郎の友人たちが笑い興じ高唱しながら初夜の部屋の前に陣取り、夫が血のしみのついたシーツを誇らし気に見せにくるまで待つ。または、両親が翌朝そのようなシーツを近所の連中に見せびらかしたりする。[*1] これほど露骨なかたちではないが、「初夜」の慣習はいまだに広く行き渡っている。この慣習が猥褻文学の一分野を出現させたのも偶然ではない。社会的なものと動物的なものとが分離するのにともない、必然的に猥褻が生じるのだ。人間主義《ヒューマニズム》のモラルによれば、どんな生の体験にも人間的な意味があり、自由が宿っているはずである。真にモラルにかなった生活では、欲望と快楽が自由に引き受けられる。あるいは少なくとも性欲の只中《ただなか》で自由を取り戻そうとする悲壮な闘いがなされる。だがこうしたことは、恋愛や欲望のなかで相手を個別的なものとして認識する場合にのみ可能なのだ。性欲が個人によって確保されるべきものではなくなって、神や社会が性欲を正当化しようとするとなると、二人のパートナーの関係は獣の関係でしかなくなる。保守的な年配の女たちが肉体的な行為について嫌悪感を込めて語るのはもっともである。彼女たちはこうした行為を糞尿排泄《ふんにょうはいせつ》機能にまで貶《おとし》めてきたのだ。それだからまた、婚礼の宴会でも淫らな笑いがあれほど聞こえるのである。盛大な儀式と、露骨な現実である動物的機能が重ね合わさるところに、猥褻な逆説が生じる。結婚はこの逆説の普遍的で抽象的な意味を明らかにする。一人の男と一人の女が万人の目の前で象徴的な儀式にのっとって結び付けられる。しかしベッドの秘め事では、具体的、個別的な個人どうしが向き合い、すべての人がその交合から目をそらす。十三歳の時に農家の結婚式に参列したコレットは、友人に連れられて新婚の部屋を見に行ったとき、恐ろしい動揺に襲われた。

新婚の二人の部屋……安綿布の帳《とばり》の下の狭く高いベッド、羽毛が詰め込まれ、鵞《が》鳥《ちょう》の綿毛の入った二つの枕《まくら》でふくれたベッド、このベッドが汗や香や家畜の息やソースの湯気でいっぱいのこの一日の行き着くところなのね……まもなく二人はここにやって来るだろう。考えたこともなかったわ。二人はこの深いベッドに沈み込む……母さんの大胆であけすけな話と動物たちの生態がほんのちょっぴり教えてくれたあのぼんやりした絡《から》み合いを、二人はするのかしら。そしてそれから？　あたしは、この部屋と、考えてもみなかったこのベッドが恐《こわ》い。（『家庭のクロディーヌ』）

少女は一族の祝宴の華々しさと密室の大きなベッドの獣じみた謎とのコントラストを感じて、子どもながら悲嘆に暮れたのだ。東洋、古代ギリシア・ローマ等の、女を個別化しない文明にあっては、結婚の滑稽《こっけい》で卑猥な側面はほとんど現われない。それらの地域では、動物的な機能が社会的儀式と同じくらい一般的なものとして現われる。しかし現代の西洋では、男も女も個人として捉《とら》えられていて、婚礼の招待客は、儀礼やスピー

＊1　〔原注〕「合衆国のいくつかの地方では、移民の一世が今日でも床入りの証拠として血の付いたシーツをヨーロッパに残る家族に送り返す」とキンゼー報告は述べている。

チャ花で包み隠された行為をまったく個人的な経験としてまもなく完遂するのがこの男とこの女であるというので、薄ら笑いするのである。たしかに、壮麗な葬儀と墓の下の腐敗とのあいだにも、不吉なコントラストはある。だが、死者は埋葬してしまえばよみがえることはない。それにひきかえ若妻は、市長の三色授《じゅ》や教会のパイプオルガンが約束した現実の経験が個別的で偶然的なものであることを発見して、すさまじい驚きを感じるのだ。結婚初夜に泣いて母親の家に逃げ帰る若妻は、軽喜劇でしか見られないわけではない。精神医学書にはこの種の話があふれているし、私が直接聞いたケースもいくつもある。それは、あまりにも育ちが良すぎてまったく性教育を受けたことがなかったために、性愛を突然発見してショックを受けた若い娘たちだった。十九世紀のことだが、アダン夫人は、口にキスされたら、その男と結婚する義務があると思い込んでいたという。性交はそこで終わるものと信じていたからだった。もっと最近では、シュテーケルがある若妻について語っている。「新婚旅行中に夫から処女を奪われたとき、若妻は夫を気違いだと思い込み、精神病者とかかわるのを恐れて一言も口をきかなかった」(『不安の神経症状』)。若い娘が無知のあまり女の同性愛者と結婚し、男と寝ているのではないことに気づかずに長い間その偽りの夫と暮らしつづけたということさえあった。

　結婚式の日、夜帰宅して妻を井戸に沈めてごらんなさい。妻は仰天するだろう。彼女は何となく不安な思いをしていただけだったのに……

彼女は考える。やれやれ、そうすると、これが結婚だったわけ。だから本当のことがあれほど秘密にされていたのだ。こんな厄介事にはめられたなんて。だが、妻は腹を立てているので何も言わない。だから、長々と何度も繰り返して妻を井戸に沈めても、まったく近所の顰蹙《ひんしゅく》を買わずにいられる。(『夜は動く』)

これは『初夜』という題のアンリ・ミショー[*1]の詩の断片だが、状況をかなり正確に説明している。今日では、若い娘の多くはもっと事情に通じている。それでも、同意となると具体性を欠いたままだ。彼女たちの破瓜《はか》は相変わらずレイプのような性格のものである。「結婚外でよりも結婚生活において犯されるレイプの方が確実に多い」と、ハヴエロック・エリスは言っている。ノイゲバウエルは著書『助産法月報』(一八八九年、第九巻)で、性交の際ペニスが女性を傷つけた事例を百五十以上集めている。その原因は、夫の粗暴、酩酊《めいてい》、無理な体位、生殖器官の不釣り合いなどだった。ハヴェロック・エリスの報告によれば、イギリスである女性が中流階級の知的な既婚女性六名に初夜の反応を尋ねた。性交は全員にとって突然訪れたショックであった。六名のうち二名はまったく何も知らなかった。残りの四名は知っているつもりだったが、それでも精神的に傷つけられた。アドラーもまた、破瓜の精神的な重要性を強調している。

*1　一八九九－一九八四、ベルギー出身の詩人、画家。

男がすべての権利を獲得するこの最初の機会は、しばしば全生涯を決定してしまう。経験を欠き興奮しすぎた夫は、そのとき妻の不感症の種をまく可能性があるし、夫の不手際《ふてぎわ》や粗暴を繰り返し受けると不感症が恒常的な知覚麻痺《まひ》に変化する可能性もある。

この種の不幸な性の入門の多くの事例は、前章ですでに見た。ここではさらに、シュテーケルが報告している症例を一つあげてみよう。

非常に慎み深く育てられたH・N夫人は、初夜のことを考えただけで震えてくるのだった。その夜、夫は彼女に横たわることも許さず、ほとんど暴力づくで彼女の服をはぎ取ったのだ。そして自分の服を脱ぎ捨てると、裸の彼を見てペニスを見つめるよう妻に命じた。彼女は顔を手で覆《おお》った。すると夫は叫んだのだ。「それならなぜ自分の家にいなかったんだ、間抜けめ！」。次いで彼女をベッドに押し倒し、乱暴に処女を奪った。もちろん彼女は永久に不感症のままであった。

すでに見たように、処女がその性的運命をまっとうするために克服しなければならない障害は実に多様である。性の入門には身体的かつ精神的な「作業」が必要とされるのだ。この入門を一晩で手っとり早く済まそうとするのは、愚かで残忍である。また、初めての性交というこれほど困難な行為を、一つの義務に変えてしまうのも非常識である。従わなければならない未知の行為が神聖な行為であって、自分が社会、宗教、家族、友人によって主人としての夫に正式に引き渡されたのだから、なおさら女は怖いのだ。さらにまた、結婚がまだ決定的な性格を保っているため、女には、この行為が自分の全将来を拘束するように思われるからでもある。彼女は初体験のとき、自分が絶対的にさらけ出されたように感じる。自分が永久に捧《ささ》げられたこの男は、彼女の目にはすべての〈男〉を体現するものなのだ。男の方も初めてその顔を彼女にさらけ出すのだが、この男は彼女の一生の伴侶《はんりよ》なのだから、初めて見るその顔はとてつもない重要性をもつ。とはいえ、男の方も自分にのしかかる指令に不安なのである。男には男の困難やコンプレックスがあり、それによって臆病《おくびよう》になったり不器用になったり、逆に乱暴になったりする。結婚の厳粛さのせいで、初夜に不能となる男も多い。ジャネは『強迫観念と精神衰弱』で次のように述べている。

夫婦の営みをまっとうすることができなくて屈辱感と絶望感にさいなまれて自らの運命を恥じている若い夫たちがまわりに見当たらない者がいるだろうか。私たちは去年、実に奇妙な悲喜劇的場面に出くわした。怒り狂った舅《しゆうと》が、しおらしく観念した娘婿《むすめむこ》をサルペトリエール病院に引っ張ってきたのである。舅は離婚請求ができるような医学的証明を要求した。気の毒な婿が言うには、かつては正常だったのに、結婚してからというもの、気づまりと羞恥心《しゅうちしん》で不能になってしまったそうである。

情熱が激しすぎると処女を恐がらせるし、遠慮しすぎると屈辱を感じさせる。身勝手にも女には苦痛を与えておいて自分だけ快楽を味わった男を、女は永久に恨む。だがまた、自分を無視しているような男[*1]や、結婚初夜に処女を奪おうとしなかったり、やってはみたがしくじったりした男にも多くの場合いつまでも恨みを抱く。ヘレーネ・ドイッチュの指摘によれば（『女性の心理』）、臆病なのか、それとも不器用なのか、奇形を理由に外科手術で自分の妻を破瓜してくれるよう医者に頼む夫もいるそうだ。一般に、その理由は根拠がない。ペニスをふつうに挿入できなかった夫を妻はいつまでも恨み軽蔑《けいべつ》しつづけるとドイッチュは言っている。フロイトの観察[*2]によれば、夫の不能が妻に心的外傷《トラウマ》を与えることもある。

ある女性の患者には、一つの部屋から別の部屋へ走っていく癖があった。そちらの部屋の中央にはテーブルがあって、彼女は決まったやり方でテーブルクロスを広げ、ベルで女中をテーブルのそばに呼びつけては引き下がらせるのだった……彼女はこの強迫観念を説明しようとしたとき、このテーブルクロスには醜いしみがあり、自分はしみが女中に一目瞭然《りょうぜん》となるように毎回それを広げたのだということを思い出した……すべては夫が男の機能を果たせなかった新婚初夜の再現だったのだ。夫は何度も自分の部屋から彼女の部屋に駆けつけては、新たにやってみようとした。ベッドを整える女中に恥じて、出血があったと信じ込ませるために、夫は赤インクをシーツにたらした。

「初夜」は性体験を一つの試練に変えてしまい、夫婦のそれぞれが自分には克服できないのではないかと不安に陥る。夫も妻も自分自身の問題に手一杯で、相手を寛大に思いやる余裕などないのである。初夜が性体験に厳《おごそ》かさをもたらし、そのせいで性体験は恐ろしげなものになる。したがって、初夜が原因で妻が永久に不感症になってしまう場合が多いのも当然である。夫の方の難問は、「あまりにも煽情的《せんじようてき》に妻を愛撫する」なら、妻は憤慨したり侮辱を感じたりするかもしれない、ということである。この心配はとりわけアメリカの夫たち、とくに、大学教育を受けた高学歴カップルの夫たちを萎縮《いしゆく》させてしまうようだと、キンゼー報告は指摘している。というのも、妻は自意識が強くなればなるほど自己を抑制するからである。しかし、それだからといって夫が妻に「なれなれしくしない」なら、妻の性を目覚めさせそこなう。このジレンマを作るのは妻の両義的な態度である。若い女は快楽を求めると同時に拒む。また、相手に遠慮深さを求めて

＊1　〔原注〕前章で引用したシュテーケルの所見を参照のこと。
＊2　〔原注〕シュテーケルの『不感症の女』にしたがって要約したもの。

いながら、それに苦しむのである。ごく稀《まれ》な幸運に恵まれないかぎり、夫は漁色家か野暮天だと思われるしかないだろう。したがって、「夫婦の義務」が妻にとっておぞましい労役でしかない場合が多いのも意外なことではない。

ディドロは言う。

気に染まない主人への服従は女にとって拷問《ごうもん》である。私は貞淑な妻が夫が近よると嫌悪《けんお》のあまり震えるのを見たことがある。彼女は、浴槽に全身浸《つ》かってもあの義務の穢《けが》れから清められることはけっしてないと思っている。この種の嫌悪感をわれわれ男はほとんど知らない。われわれの生殖器官は、もっと寛容である。絶頂の快感を経験しないで死ぬ女は何人もいる。この興奮が束《つか》の間《ま》の癲癇《てんかん》発作のようなものであることを認めるに吝《やぶさ》かではないが、それは、女にとっては稀なものであるのに対し、われわれ男にとっては求めれば必ず到達できるものなのだ。熱愛する男の腕のなかでさえ、女は至上の幸福をとり逃す。だが、われわれは、嫌悪をもよおさせる尻軽女《しりがるおんな》のそばにいても、こうした興奮を見出《みいだ》す。男ほど感覚を支配できない女にとって、報いは遅くしかも確実とは言えない。女の期待は何度も裏切られるのである。(『女』)

実際、快楽も、性的なときめきさえもまったく体験しないまま、母になり祖母になる女が多くいる。女たちは、医者から証明書をもらったり他の口実を設けて、「義務の穢れ」を逃れようとする。キンゼー報告の教えるところによれば、アメリカでは大勢の妻たちが「自分の性交の回数はすでに十分多いと言明し、夫がこれほど頻繁に性交渉をしたがらないよう願っている。もっと性交をしたいと思っている女性はごくわずかである」。とはいえ、すでに見たとおり、女の官能は開拓の余地がほとんど無限にある。この矛盾は、結婚が女の官能を規制すると称して、実はそれを圧殺していることを実によく示している。

『テレーズ・デスケルー』でモーリヤックは、「分別をもって結婚した」若妻が、結婚というものに対して、とりわけ夫婦の義務というものに対してどのように反応したかを描いている。

　おそらく彼女は結婚に、支配や所有よりも避難所を求めていたのではないだろうか。彼女を結婚へとせき立てたのは、一種の恐怖ではなかっただろうか。幼い頃から現実感覚があり、切り盛りのうまい子どもだった彼女は、あわてて自分の地位を捕らえ、決定的な居場所を見出した。自分でも何かよくわからない危険に対して安心したかったのである。婚約期間ほど彼女が分別ある様子をしていたことはない。彼女は家族の団結のなかにはまり込み、「身を固めて」秩序のなかに入っていった。危険を脱したのだ。蒸し暑い婚礼当日、サン＝クレールの狭苦しい教会では女たちのおしゃべりが足踏みリードオルガンのぜいぜいいう音を覆い消し、香水が、祭壇でたかれる香よりも強く匂《にお》っていた。その日テレーズは、もうだめだと感じた。夢遊病者のように檻《おり》の中に入って行き、扉が閉まる重々しい音を聞いたとき、哀れな子どもは突然目が覚めたのである。何一つ変わったものはない。だがその時以来、もはや一人で破滅することすらできないと感じられた。一つの家族の奥深いところで、彼女はくすぶりつづけるだろう。ちょうど枝の下でちろちろ燃える陰険な火のように……

……半ば田舎風で半ばブルジョア風のこの婚礼の夜、娘たちの鮮やかなドレスが目を引くグループが、新婚カップルの車を徐行させて喝采《かっさい》を送った……そのあとの夜のことを思い出してテレーズはつぶやく。「おぞましかった」。続けて「いや……それほどでもないけど」。イタリアの湖水を巡るハネムーン中、彼女は非常に苦しんだのか。いや、そんなことはない。彼女はうっかり本心をのぞかせないというゲームを演じていた……テレーズは体にさまざまなふりをさせることができ、それに苦い喜びを味わっていた。一人の男が彼女を無理やり入り込ませたあの未知の驚異の世界、あそこにはおそらく彼女にとっても幸福と呼べるものがあったのだろうと想像はできたが、それはどんな幸福だったのだろう？　私たちは雨に覆われた風景を前にしたとき、それが晴れの時にはどんなふうだったか心の中に描くが、テレーズはそんなふうに快楽というものを発見したのである。ベルナール、あの放心した眼差《まなざ》しの男……なんてだまされやすい男！　ベルナールは自分の快楽に閉じこもっていて、かわいい若豚のようだった。飼桶《かいおけ》の前で幸福のあまり鼻を鳴らす様子を格《こう》子越《し》しに見るとなんともおかしいあの若豚のよう。「私が飼桶だった」。テレーズは考える……彼はどこで覚えたのかしら。肉欲にかかわるすべてのことに等級をつけ、紳士の愛撫と変態の愛撫を区別するなんて。何のためらいもなく……

……かわいそうなベルナール、他の人よりとくに悪いわけでもないのに！　でも欲望のせいで、近づいてくる彼が似ても似つかぬ獣に変わってしまう。「私は死んだふりをしていた。ちょっとでも動けば、あの気違い、あの癇癪《かんしやく》持ちが私を絞め殺してしまうかのように」。

次はもっと赤裸々な証言である。シュテーケルが採取した告白だが、夫婦生活に関するくだりを引用してみよう。登場するのは、洗練された教養豊かな環境で育てられた二十八歳の女性である。

婚約中、私は幸せでした。なんというか、目立たないところにいると感じていたのが、突然注目される存在になったのですから。周囲から甘やかされ、婚約者からちやほやされて、こうしたことはすべて初めての経験でした……私はキスに（婚約者はこれ以外の愛撫を絶対にやってみようとはしませんでした）燃え上がり、結婚式の日が待てないくらいだったのです……式の日の朝は興奮しすぎて肌着が汗でびしょぬれになったほどでした。自分があれほど望んできた未知のことをついに知るんだわという考えだけだったのです。男の人は女の膣《ちつ》におしっこをするにちがいないなどと幼稚なことを思い描いていたのですから……私たちの部屋で夫が席をはずそうかと尋ねたとき、すでに少し失望させられました。でも彼の前では本当に恥ずかしかったので、そうしてくれるよう頼みました。服を脱がされるシーンは想像のなかでは重要な役を演じていたのですが、私がベッドに入ると、彼はすっかりどぎまぎして戻ってきました。後で、私の様子に怖気《おじけ》づいたのだと白状しましたけど。私は輝くばかりの若さそのもので、期待に満ちていたそうです。彼は服を脱ぐとすぐに灯を消しました。そして私に抱きついてただちにものにしようとしたのです。私は本当に怖くなって、私に触らないよう頼みました。彼から遠く離れたかったのです。前戯の愛撫もなくいきなりやろうとしたので、ぞっとしたのです。私は彼を粗暴だと思い、後になってしばしばそのことをとがめました。実は粗暴ではなく、どうしようもなく不器用で感受性が欠けていたのですが、その夜は何をやっても無駄でした。私は心から悲しくなり始め、自分の愚かしさを恥じて、責任は自分にあり私の体が無様《ぶざま》なのだと思いました……最後にはキスで我慢することにしました。十日後に彼はやっと私の処女を奪うことができましたが、性交は数秒しかもたず、私には軽い痛みの他には何も感じられませんでした。まったくの期待外れです！

後になって、性交中に少しばかり歓《よろこ》びを感じるようになりましたけど、性交はうまくいっても骨がおれるもので、目的を達するために夫は相変わらず苦労していました……私はプラハの義兄の個室で、自分が彼のベッドに寝ていたことを知り、彼の刺激を想像してみました。私が初めてオルガスムスを感じ心から幸せになれたのは、その部屋なのです。最初の数週間、夫は毎晩私とセックスをしました。私はその時もオルガスムスに達したのですが、満足できませんでした。泣いてしまうほど興奮させられたのに短すぎたのです……二度の出産の後……だんだん性交に満足できなくなりました。オルガスムスに達するのは稀で、夫はいつも私より先に達してしまうのです。私は毎回不安でした。（彼はどれくらいもつかしら？）私を中途半端《はんぱ》な状態にしたまま彼が満足すると、私は夫を恨みました。時には性交中に、従兄弟《いとこ》や出産の時の医者を思い浮かべました。夫は指で私を興奮させようとしました……興奮はしましたが、同時にそんなやり方は恥ずべき異常なやり方だと思い、快感はまったく感じませんでした……結婚生活のあいだずっと、夫はけっして私の身体を愛撫してくれなかったのです。ある日、夫は、私とはもう何もしないと言いました……彼は私の裸を見たことがありません。私たちは寝間着を着たままでしたし、夫は夜にしか性交をしなかったからです。

実際は非常に官能的なこの女は、後に愛人の腕のなかで完全な幸福を得た。

婚約期間はまさしく、若い娘が漸進的《ぜんしんてき》に性の手ほどきを受けるために設けられている。だがたいてい、婚約者たちは慣習により極度の貞潔を強いられる。この期間中に処女である娘が未来の夫を「知る」場合でも、その状況は若妻の状況とさほど違わない。娘が身を任せるのは愛の誓いがすでに結婚と同じくらい決定的に思えるからにすぎず、初体験はテストのようなものなのだ。娘はひとたび身を任せると、妊娠して完全に縛られることにならなくても、婚約を取り消すことはめったにない。

初体験につきものの難題は、愛情や欲望によってパートナー双方が完全に同意に至るのであれば、容易に克服される。互いに自由であることを認め合っている恋人どうしが喜びを与え合い味わうならば、肉体的愛はその喜びから力と尊厳を得る。そうした場合、恋人たちのどんな行為も下劣なものではない。どちらにとっても、どんな行為も課せられたものではなく、無私無欲に望まれたものなのだから。だが結婚の原理は卑猥《ひわい》である。自然の躍動に基づいて成立するべき交わりを、権利と義務に変えてしまうからだ。結婚は身体をその一般性において捉《とら》えられるように定めて、身体に道具としての性格、したがって価値を下げる性格を付与する。夫はしばしば、自分が義務を果たすのだと考えて萎縮してしまい、妻は自分に対して権利を行使する者に委《ゆだ》ねられていると感じて恥じる。もちろん、結婚当初から性的関係にカップルの個性が反映されることもありうる。あるいはまた、ゆっくり順を追って性の修得がなされる場合もある。さらに、初夜からすでに夫婦が互いに幸運な肉体的魅力を見出していることもある。結婚は、今でもよく肉体につきものとなっている罪の観念を取り除くことで、女が楽に身を任せられるようにする。安定した習慣的な共同生活は、性の成熟に格好な肉体の親密な関係を生じさせるのだ。結婚当初の数年間は、満足している妻たちがいる。驚くべきことに、彼女たちはそのことで夫に感謝の念を抱きつづけ、夫がそれ以後犯す過《あやま》ちをすべて許してしまうのである。「不幸な夫婦生活を清算できない女たちは、必ずかつて夫から性的に満足させられたことがある」とシュテーケルは言っている。とはいえ、自分の性愛の運命は主としてパートナーの個性次第で決まるというのに、若い娘が、生涯にわたり、性的に接触したことのない一人の男としか寝ないことを誓うというのは、やはりとてつもない危険を冒すことである。これはレオン・ブルム[*1]が『結婚論』で告発した逆説であるが、彼の言うことは正しい。

財産・地位のためにする結婚にも愛が生まれるチャンスは大いにあるなどと主張するのは偽善だ。実利的、社会的、道徳的な利害で結ばれた夫婦に、一生ずっと快楽を与え合うよう求めるのは、不条理そのものである。とはいえ、こうした打算的な結婚の支持者たちの方も、恋愛結婚は必ずしも夫婦の幸福を保証するものではないことを容易に示すことができる。というのも、まず、若い娘が多くの場合知っているのは観念的恋愛であるが、それが娘に性愛の心構えをさせるとは限らないからである。娘が子どもじみた、

＊1　一八七二－一九五〇、フランスの政治家、作家。

あるいは若者らしい固定観念を投影するプラトニックな恋愛、夢想、情熱は、日常生活の試練に耐えるようにも、長続きするようにもできていない。娘とその婚約者のあいだに誠実で激しい性的な愛着が存在するにしても、それは一つの人生という企てを築く堅固な土台とはならないのだ。

コレットは書いている。

愛の果てしない砂漠のなかで、肉欲は、熱いがごくちっぽけな場を占めているにすぎないのに、最初は激しく燃え上がるあまり、他のものは見えない。この不安定な火元のまわりにあるのは、未知なるもの、危険である。束の間の抱擁や、場合によっては長い夜から目覚めると、互いに間近なところで互いのための生活を始めなければならないのだ。(『さすらいの女』)

そのうえ、性愛が結婚前から存在していたり新婚早々に芽生えた場合でも、それが長続きすることはめったにない。相思相愛のカップルの性的欲求には自分たちの独自性が包み込まれているのだから、たしかに性愛には忠誠が必要不可欠である。二人はこの独自性が外的な経験によって否定されるのを拒み、互いに相手にとって唯一《ゆいいつ》無二の存在でありたいと望む。しかしこの忠誠は自発的なものであるかぎりにおいてしか意味をなさない。それに性愛の魔力は自然にさっさと消え去るものだ。驚くべきことは、性愛が、その実存が無限の超越である存在を、愛し合う二人のどちらにも、即座に、肉体的な姿で委ねることである。それに、この存在はおそらく、所有することはできないだろうが、少なくとも特別な、衝撃的なやり方で到達することはできる。しかしカップルのあいだに敵意や嫌悪や無関心が生じて、二人が互いに到達し合いたいと思わなくなると、性愛の魅力は消えてしまう。そしてまた性愛の魅力は、尊敬や友情においても同じくらい確実に死に絶えてしまう。というのも、世界および自分たちに共通の企てを通して自己超越の活動に共に参加している二人の人間は、もう肉体的な交わりは必要ないからである。しかも、このような二人の人間にとっては、肉体の結合は意味を失った以上、嫌悪の対象となる。モンテーニュが使った近親相姦という言葉は意味深長である。性愛とは〈他者〉に向かう運動であり、これが性愛の主要な特徴である。しかし、カップルの内部で夫婦は互いに〈同一者〉となる。夫婦のあいだでは、いかなる交換も贈与も征服も不可能になる。したがって夫婦が恋人でありつづけるのは見苦しいことが多い。夫婦にとって性行為は各人が自分を乗り越える主体どうしの経験ではもはやなく、一緒にする自慰行為のようなものであることに彼らは気づいている。夫婦は互いに相手を自分の欲求充足に必要な道具と見なしているのだが、普段それは二人のあいだの礼節に包み隠されている。しかしラガッシュ博士が『嫉妬《しっと》の性質と形態』で報告している所見にも見られるように、この礼節が守られないとなると、ただちに隠れていた事実が派手にさらけ出される。たとえば、妻はペニスを自分専用の快楽の保管庫のようなものと見なして、ちょうど戸棚の缶詰のようにこれを大事にしまっておく。夫が他の女にそれを与えると、彼女の分はなくなる。したがって、貴重な精液を夫が浪費していないかどうか、疑い深く夫のパンツを調べるのである。マルセル・ジュアンドー[*1]は『夫の記録』で、「正妻が諸君の恥ずべき行為の証拠をつかむために毎日行なう寝巻や睡眠の検閲」を指摘している。夫は夫で、妻の考えも聞かずに妻の身体の上で自分の性欲を満たすのである。

いずれにせよ、こうした粗暴な欲求充足では、人間の性欲を十分満足させることができない。それゆえ、最も合法的だと認められている抱擁にさえ、悪徳の後味が残るのだ。妻が煽情《せんじよう》的な空想の助けを借りることはよくある。シュテーケルは二十五歳の妻の例を引き合いに出しているが、彼女は「年上の強い男が有無を言わせず強引に自分を捕まえているのだと想像すると、夫とでも軽いオルガスムスを感じることができる」。彼女は、強姦《ごうかん》され、ぶたれていると想像し、しかも夫ではなく他の男にそうされていると想像するのだ。夫もまた同じような夢を胸に秘めている。妻の肉体の上で彼が所有するのは、ミュージック・ホールで見たダンサーの太腿《ふともも》であり、写真で見とれたピンナップ・ガールの乳房であり、記憶でありイメージである。または、妻が誰かに欲望され所有され強姦されたと想像するが、これは失われた他者性を妻に取り戻させる手段なのだ。「結婚は、グロテスクな置き換えと倒錯、演技に凝る役者を生み出し、仮象と現実の境界そのものを壊しかねない二人のパートナーのあいだで喜劇が演じられる」とシュテーケルは言う。極端な場合には、明確な性的倒錯が表に出る。夫がのぞきをやる、妻の魅力を少し取り戻すために、彼は妻が愛人と寝ているのを見たり知ったりする必要があるのだ。または、妻が意識と自由をもっていることが明らかになって彼の所有するのが確かに一人の人間だとわかるように、妻に拒絶させようとわざとサディスティックにふるまう。逆に妻には、夫とは別の支配者や暴君を夫のなかに呼び起こそうとマゾヒスト的な振舞いが現われる。私はカトリックの寄宿学校育ちで実に信心深い上流夫人と知り合いになったが、彼女は、昼間は高飛車で居丈高だが、夜になると夫に自分を鞭《むち》でぶってくれるよう熱心にせがみ、夫はいやいやながらもそうしてやっていたという。結婚においては性的倒錯も計画的で醒《さ》めた様相、深刻な様相をおび、そのためにこの上なく痛ましい窮余の策になってしまう。

実のところ、性愛を絶対的な目標や単なる手段として扱うことはできないだろう。性愛が実存を正当化することはありえないだろう。しかし、性愛が別のものによって正当化されることもありえないのである。つまり性愛は、人間の一生を通じて、副次的だが自律的な役を演じるべきであろう。何よりもまず、それは自由であるべきなのだ。

それにまた、ブルジョアの楽天主義が若妻に約束するのは、愛ではない。若妻の目にちらつかせられる理想とは、幸福という理想、すなわち内在性と反復の中での平穏な安

＊1　一八八八－一九七九、フランスの作家。

定という理想である。繁栄と平安の時期にはしばしば、こうした理想はブルジョア階級全体の、とりわけ不動産所有者たちの理想であった。彼らは、未来と世界の征服をめざすのではなく、過去を平穏に保存すること、現状維持をめざしたのである。野心も情熱もない金ピカの凡庸、どこへ通ずることもなく際限なく繰り返される日々、存在理由を探し求めることもなく少しずつ死の方へ滑っていく人生、こういうものが、たとえば『幸福のソネット』の作者が賞《ほ》めそやしているものなのだ。エピクロス〔古代ギリシアの哲学者〕とゼノン〔古代ギリシアの哲学者〕から吹き込まれたこうした偽《にせ》の英知は、今日では信用されなくなった。世界を今あるがままに保ち反復させることは、望ましくもなければ可能でもないように思われる。男の使命は行動である。男は生産し、闘い、創作し、進歩し、世界全体と無限の未来に向けて自己を乗り越えていかなければならない。しかし、伝統的な結婚では、女に男と共に自己超越するよう勧めはしない。逆に女を内在性に閉じ込める。したがって女は、過去の延長である現在にいて、未来に何も恐れを抱かずにすむ安定した人生を築くこと、つまり、まさしく幸福を築くことより他に引き受けることのできるものは何一つないのだ。妻は愛の代わりに、夫婦愛と呼ばれる優しく恭《うやうや》しい感情を夫に感じることになる。女は、管理を任される家庭の中に世界を閉じ込めることになる。女は未来を通して人類を永続させていく。ところが、どんな実存者も、自らの超越を断念することはけっしてできない。超越を断念するとどれほど言い張っても、それは不可能である。かつてブルジョアの男は、既成の秩序を保つこと、また自分の繁栄によって美徳を示すことで、自分は、神、祖国、制度、文明等に奉仕しているのだと考えていた。幸福であることは、男としての役割を果たすことであった。女にとってもまた、調和のとれた家庭生活は目的に向けて乗り越えられるべきものである。女の個別性と世界とのあいだの仲介役を務めるのは男であり、女の偶然的な事実性†に人間としての価値をおびさせるのも男である。男は、企て行動し闘う力を妻から引き出して、妻を正当化する。妻は自分の実存を夫の手に託しさえすればよく、夫が妻にその実存の意味を与えてくれるだろう。これは妻が謙虚に自己放棄することを前提としている。だが妻はそれで報いられる。なぜなら、男の力で導かれ護《まも》られて、根源的な遺棄を脱することができるだろうからだ。つまり妻である女は偶然を脱して必然になるのだ。自分の巣箱の女王蜂《ばち》である女は、心安らかに自分の領地の中心で自分自身の中に埋没しながら、夫を介して世界と無限の時間を貫いて運んでいかれ、妻、母親、主婦として、生きる力と人生の意味とを同時に結婚に見出《みいだ》す。私たちはこの理想が現実にはどのように現われるか見てみなければならない。

　理想的な幸福は、つねに家の中で具現化する。掘っ立て小屋かお屋敷かを問わず、家は恒常性と分離独立を体現しているのだ。家族が独立した一つの基本単位を作るのも、世代の移り変わりを越えた家族のアイデンティティが見られるのも、家の中においてである。過去は、家具や祖先の肖像画のかたちで保存されていて、確かな未来を予示している。庭では食用野菜に四季の規則正しい循環が現われる。毎年、同じ花で飾られる同じ春が巡って来ると、いつもと変わらぬ夏、そして例年通りの果物をもたらす秋がやって来ることが保証される。時空は無限に向かって逃れ去ることなく、穏やかに循環する。土地所有に立脚したあらゆる文明には、家の詩情や美徳を讃《たた》える文学が満ちあふれている。そのものずばり『家』と題されたアンリ・ボルドー[*1]の小説では、家はブルジョアのあらゆる価値を端的に表わしている。すなわち、過去への忠実、忍耐、節約、先々への備え、家族愛、母国愛、等々である。家の礼賛者《らいさんしゃ》は女であることが多い。というのも、家族集団の幸福を守るのは女の役割だからである。その役割とは、古代ローマの「女主《ドミ》人《ナ》」がその館《やかた》の広間に君臨していた時代と同様、「一家の女主人」であることなのだ。今日、家は家父長制時代の栄華を失った。大多数の男にとって家は単なる住居になって、過去の諸世代の思い出に威圧されたり、将来の日々を縛りつけたりするものではなくなった。だが女はなおまだ自分の「室内」に、真の家がもっていた意味と価値とを与えようと努めている。ジョン・スタインベック[*2]は『カナリア街道』で、夫と住んでいる土管を意地になってカーペットとカーテンで飾りたてようとする浮浪者の女を描いている。窓がないのだからカーテンはいらないと夫が言っても無駄なのである。

この種の気遣いは女に固有のものである。普通の男は周囲にあるものを道具と見なす。そしてそれらにあてがわれた目的にしたがって置き場所を決める。女にはたいてい乱雑としか見てとれない男の「秩序」は、手の届く所にタバコ、書類、小道具を置き放しにすることなのだ。なかでも一定の素材を用いて世界を再創造するはずの彫刻家や画家などの芸術家は、自分が寝起きする環境にまったく無頓着《むとんちやく》である。ライナー・マリア・リルケ[*3]はオーギュスト・ロダン[*4]について書いている。

初めてロダンの家に行ったとき、彼にとってその家は最低限の必要をみたす以外の何物でもないことがわかった。それは寒さをしのぎ、寝るための場所なのだ。家はロダンの関心を引くこともなく、その孤独や精神集中にいかなる影響も及ぼしていなかった。ロダンが家庭すなわち木陰、隠れ場所、平安といったものを見出すのは、自分の内部なのだ。彼は自分自身の空、森、そして何者も流れを止めることのできない大河になっていた。

だが自分の内部に家を見出すためには、まず作品や行為のなかに自己を実現していなければならない。男が家のなかにあまり興味をもたないのは、顔を全世界の方に向けているからであり、諸々《もろもろ》の投企《プロジエ》で自己を主張できるからである。それに対して女は、夫婦

＊1　一八七〇－一九六三、フランスの作家。
＊2　一九〇二－六八、アメリカの作家。
＊3　一八七五－一九二六、オーストリアの作家。
＊4　一八四〇－一九一七、フランスの彫刻家。

共同体の中に閉じ込められている。そこで女はこの牢獄《ろうごく》を王国に変えることが必要なのだ。家庭に対する女の態度は、一般に女の条件を規定しているのと同じ弁証法に操られている。女は自分を獲物にすることで相手を捕らえ、何もかも断念することで自由の身となる。女は世界というものを諦《あきら》めて、ある一つの世界を征服しようとする、というわけである。

女は何の未練もなく家に閉じこもるわけではない。娘時代は地球全体が祖国であった。さまざまな森も自分のものだった。それなのに今は狭い空間に閉じ込められている。大自然はジェラニウムの鉢一つの大きさになってしまい、壁が地平線をさえぎっている。ヴァージニア・ウルフのある主人公はつぶやく。

私が夏から冬になったのがわかるのは、もう草原や荒野のヒースの様子からではなく、窓ガラスの湯気や結氷によってなのだ。私も以前はブナの森を散歩し、カケスが落としていった羽根の青色に見とれたり、浮浪者や羊飼いに途中で出会ったりしたものだ……今は羽根箒《はねぼうき》を手に、部屋から部屋へと歩き回る。(『波』)

しかし女はこうした制約を何としてでも否定しようとする。地球上の動植物、異国、過去の諸時代を、少しばかり金のかかるかたちで室内に閉じ込め、それから、自分にとって人間集団の凝縮である夫と、未来全体を簡便なかたちで与えてくれる子どもをも、そこに閉じ込める。家庭は世界の中心になり、世界の唯一の真実にさえなる。バシュラールが的確に指摘しているように、家庭は「一種の反宇宙または逆の宇宙」で、避難所、隠れ家、洞窟《どうくつ》、胎内として、内部を外の脅威から守る。非現実になるのは、この雑然とした外部の方なのだ。とりわけ夜に鎧戸《よろいど》が閉じられると、女は自分が女王だと感じる。真昼に自然の太陽があたりを照らす光は彼女にはまぶしい。夜になると、女はもう何も奪われずにすむようになる。自分が所有しないものは消し去ってしまうからだ。彼女はランプシェードの下で彼女自身のものである光、もっぱら彼女の住まいだけを照らす光が輝くさまをながめる。他のものはまったく存在しない。V・ウルフの次の文章は、外の空間が崩壊する一方、現実が家の中に凝集するさまを描いてみせる。

夜は今や窓ガラスの向こうに遠ざかっていた。窓ガラスは外の世界の眺めを正確に示すのではなく、奇妙なやり方でそれを歪《ゆが》めてしまい、秩序も不動性も揺るがない大地も室内に居座ったかのようだった。逆に、外にはもはや反射しかなく、そこで事物は流体になって、揺れ動き消えていった。

女は、普段の性生活では満たされぬまま自分につきまとう官能を、身辺のビロード、絹、磁器によって部分的に満足させる。女はまたこうした身辺の品物を、自分の個性の表現と見なすだろう。諸々の家具や置物を、選び、こしらえ、「掘り出した」のは彼女であり、調和が保たれるように気をつけながらそれらを配置するのも彼女なのだ。それらの品物は彼女の生活水準を社会的に示しつつ、自分独自のイメージを彼女自身に見せてくれる。したがって、女にとって家庭は地上で割り当てられた取り分であり、自分の社会的価値および最も奥深く隠された真の姿の表現である。女は何もなすことがないので、自分がもつもののなかに貪欲《どんよく》に自分を探し求めるのだ。

女がその「巣」を私物化することができるのは、家事労働によってである。だからこそ、「使用人がいる」場合でさえ、仕事に自分も手を下そうと固執するのである。少なくとも、監視し点検し批評することで、使用人がもたらした成果を何とか自分のものにしようとするのだ。女は住居を管理して自分を社会的に正当化しようとする。彼女の任務はまた食事と衣服に留意すること、つまり一般的に言えば、家族共同体を維持するために気を配ることである。そうすることで彼女自身もまた、自分を一つの活動として実現するわけである。だがこれは、後に見るように、女をその内在性から引き離しもせず、自分自身を個的に確立できるようにもしない活動なのだ。

家事労働の詩情はさかんに称賛されてきた。たしかに、女は家事労働のおかげで物質と格闘して諸々の対象と親密な関係を結ぶようになるし、この関係は存在を解明するものであるから、女を豊かにする。マドレーヌ・ブルドゥークスは『マリーを探して』で、レンジにクレンザーを塗り広げる主人公が感じる喜びを描いている。彼女が指先に感じている自由と力の輝かしいイメージは、よく磨き込まれたレンジの鋳鉄に象徴されるのである。

地下室から再び上がってくるとき、踊り場ごとにだんだん重くなるこのバケツが彼女は好きだ。独特の匂《にお》いやざらつきや輪郭のある単純な物質が、彼女はいつも好きだった。だからこそそれらの扱い方を知っているのだ。マリーの両手はためらったり後ずさりしたりせずに、火の消えた竈《かまど》や石鹼水《せっけんすい》の中に入り込み、鉄の錆《さび》を落とし、油を差し、ワックスを塗り、大きくぐるっと一まわりするだけでテーブルの野菜屑《くず》を集める。彼女の手のひらと彼女が触れる物とは完全に理解し合った仲、仲間どうしである。

数多くの女性作家が、アイロンをかけた洗いたてのリネン類、青みがかった石鹼水の光沢、白いシーツ、ピカピカの銀製品などについて、愛情を込めて語ってきた。主婦が家具を磨き立てるとき、「ワックスで木目の美しさを際立《きわだ》たせる手が優しく根気強いのは、浸透の夢に支えられているのだ」とバシュラールは言う。仕事が完了すれば、主婦はその出来栄《できば》えにうっとり見とれる喜びを味わう。しかし、テーブルの艶《つや》、燭台《しょくだい》の輝き、糊《のり》づけしてアイロンをかけたリネンの光沢のある白さといった貴重な美質が現われるためには、まず消極的な作業がなされなければならない。すなわち、あらゆる悪の原理が追放されなければならない。それは行動的な清潔第一主義の夢、不潔に抗して勝ち取られる清潔の夢である。バシュラールは次のように描いている。

したがって、清潔をめざす闘いの想像力は挑発を必要とするように思われる。この想像力は、意地の悪い怒りで刺激されなければならないのだ。銅の蛇口にクレンザーを塗るとき、口元には何という敵意に満ちた微笑《ほほえ》みが浮かぶことだろう。働き手は、汚物まがいのねばねばするクレンザーを含ませた汚いべとべとの古雑巾《ふるぞうきん》を持って、銅の蛇口に突進する。心中は苦々しさと敵意でいっぱいだ。何で私がこんな卑《いや》しい仕事を？　だが乾いた布巾《ふきん》で拭《ふ》く段になると、陽気な意地の悪さとなる。たくましく饒舌《じょうぜつ》な意地の悪さだ。蛇口よ、汝《なんじ》はピカピカになるであろう、鍋《なべ》よ、汝は太陽と輝け！　そしてついに、銅が感じのいい男の子のように屈託なくきらきら笑いだすとき、和解が成立する。主婦は光り輝く自分の勝利に、うっとり見とれるのである。（『大地と休息の夢想』）

またフランシス・ポンジュ[*1]は、洗濯釜《がま》の中での不潔と清潔の闘いを描いている。

少なくともひと冬、洗濯釜と親しく暮らしたことのない者は、実に感動的なある種の物質と感情を知るまい。

汚れた布で一杯の洗濯釜を――よろよろしながらも――一気に地面から持ち上げ、

竈の上まで運ばなければならない。竈の上で、釜を何とかひきずり、それから正しい位置に落ち着かせるのだ。

釜の下の火種をかき立て、少しずつ釜をぐつぐつ泡立たせなければならない。生温かい、あるいは火傷《やけど》しそうな内側を、頻繁に手で触ってみながら。そして釜の中の深い音を聞き、そうなると何度も蓋《ふた》を持ち上げて、噴流の強さや浸り具合を調べなければならない。

最後に、まだ沸騰《ふっとう》中の釜をまた抱きかかえて、地面に下ろしてやらなければならない。

洗濯釜の原理はこうである。汚れた布の山を詰め込まれ、その内的感情すなわち釜が汚れ布に感じている煮えたぎる憤激は上の方へ導かれて、釜の心を揺さぶる汚れ布の山に雨と降り注ぎ、これが絶え間なく繰り返され、最後には浄化に至るのである。

たしかに布は、洗濯釜に入れられたとき、すでにざっと汚れを落とされていた……

それでもやはり釜は中にあるものが、漠然と汚れていると思い、感じ、大いに揺れ動き、沸騰して、奮闘してついに打ち勝ち、しみ抜きに成功する。そのあと、布

＊1　一八九九―一九八八、フランスの詩人。

はふり注ぐ冷水で濯《すす》がれて、真っ白になるだろう。

　そして実際、奇跡が出現したのだ。

　突如、無数の白旗がひるがえる――降伏ではなく勝利のしるしなのだ。それに、多分これは単にそこの住人の身体が清潔だというしるしにすぎないわけではない……（『束』「洗濯釜」）


　この弁証法は家事労働にゲームの魅力をつけ加える。とかく女の子は、銀器をピカピカにしたりドアのノブを磨いたりしておもしろがる。だが女が家事労働に積極的な満足を見出すためには、自慢の家の内部をかいがいしく管理する必要がある。そうでなければ、その努力の唯一《ゆいいつ》の報奨として、仕事の出来栄えにうっとり見とれることも、けっしてできないだろう。南部の「貧しい白人《プア・ホワイト》」と数ヵ月暮らしたあるアメリカのルポライター[*1]は、あばら家を住み心地よくしようと必死にやってみたがうまくいかずに疲れ果てたアメリカ女の運命を描いている。この女は、南京虫《ナンキンむし》がうようよし、すすで真っ黒な壁の丸太小屋に、夫と七人の子どもと一緒に住んでいる。彼女は「わが家をきれいにしよう」とやってみたのである。メインルームには、青みがかった漆喰塗りの暖炉とテーブル、壁に掛けられた数枚の絵があって、一種の祭壇といった趣きがあった。だが、あばら家はやはりあばら家であり、G夫人は目に涙を浮かべて言う。「ああ、こんな家大嫌い！　どうしたってきれいになりっこないと思えるわ！」。このように、多くの女たちが、けっして勝利をもたらすことのない闘いの果てに得るものといえば、ただ疲れだけである。そして、それが際限なく繰り返されるのだ。もっと恵まれた場合でさえ最終的な勝利を得ることはない。主婦の任務ほどシシュフォスの拷問《ごうもん》[*2]に似たものはまずない。毎日毎日皿を洗い、家具の塵《ちり》を払い、繕い物をしなければならないが、明日になるとまた汚れやほこりがたまり、破れてしまうのである。主婦は同じ場に足踏みして身をすり減らす。主婦は何一つ作り出さない。ただ現状を永続させるだけだ。主婦は、自分が積極的な善を手に入れるのではなく、きりもなく悪と闘っているような気がする。それは毎日繰り返される闘いである。主人の長靴を磨くことをものうげに拒否したいという召使いの話がある。彼は言ったものだ。「何になる？　明日もまた磨かなきゃならんのに」。まだ自分の人生に諦めきっていない娘たちの多くも、こうした意欲喪失に陥っている。私は十六歳の女子高校生の作文を覚えているが、それはだいたい次のように始まっていた。「今日は大掃除。ママが客間に掃除機をかけている音が聞こえる。逃げ出したい。私が大人になったら、自分の家には絶対に大掃除の日なんかつくらないと決めた」。子どもは未来を、どこかわからない頂上へと無限に上昇していくことだと思っている。それがある時、母親が皿を洗っている台所で女の子は理解するのだ。何年も毎日午後の決

＊1　〔原注〕アルジー『有名人をほめよう』。
＊2　ギリシア神話のコリントスの王。地獄で、押し上げてもすぐに転がり落ちる岩を永久に山頂に押し上げるという刑罰に処せられた。

まった時間に、両手は汚水にもぐり、ごわごわした布巾で磁器を拭いてきた。そして死ぬまで両手はこの儀式に従わせられるだろう。食べ、眠り、掃除する……年月はもはや天へ上昇するのではなく、同じ灰色の月日が水平面に広がるのだ。毎日が前日のコピーにすぎない。役にも立たず希望のない現在がいつまでも続くのである。コレット・オードリーは『ほこり』という題の中編小説で[*1]、時間と全力で闘う活動の痛ましく虚《むな》しいさまを巧みに描いた。

　翌日長椅《ながい》子《す》の下を掃除していると何か出てきた。彼女は最初、古綿の塊か大きな羽毛だと思った。だがそれは、ほこりの塊だった。掃除がついなおざりになる大きな戸棚の上や、家具の後ろの壁と裏板とのあいだにできるもの。この奇妙な物質を前に、彼女はしばらく考え込んでいた。そう、彼女たちがこの部屋で暮らし始めてもう八～十週間たち、ジュリエットが気をつけていたにもかかわらず、ほこりの塊は子どもの頃に恐《こわ》がったあの灰色の虫のように、物陰で形を成し、太る時間があったのだ。細かいほこりの粉ならまだ怠慢と投げやりの初期段階にすぎず、それは人の呼吸や衣《きぬ》擦れや開けた窓からの風などが残していった微細な堆積《たいせき》である。しかしこういう塊になったものはすでに、ほこりの第二段階、勝ち誇るほこり、形を成して堆積からごみになった凝固物なのである。見た目はほとんど美しく、キイチゴの房のように透明で優美だったが、もっと澄んでいた。

……ほこりが形を成す速さには、どんな吸引力も及ばなかった。ほこりは世界を占領しつくしていた。もはや掃除機は、人間が労力や物質や創意工夫を無駄に使って汚れと闘ったあげくに敗退するということを示し証明する役を負っているだけだった。掃除機は道具に見えるごみだった。

……すべての原因となるのは二人の共同生活であり、彼らの食事が屑を作りだし、二人のほこりは至る所で混ざり合っていた……どの家庭もこうした小さなごみ屑を分泌《ぶんぴつ》する。屑は捨てられねばならないが、それはあらたに出てくる別のごみに場所を譲るためなのだ……何という生活を送っていることか——それは、通りすがりの者の眼差《まなざ》しを引きつけるパリッとしたブラウスで外出するためであり、夫の技師が普段の生活で人に好感を与えるためなのだ。マルグリットの頭を、またいつもの想念がよぎった。床の手入れを忘れないようにしなくちゃ……銅製品を磨くのに誰か雇って……彼女は、平凡な二人の生活を死ぬまで維持する責任を負っていた。

洗濯し、アイロンをかけ、掃除して、戸棚の陰に隠れた綿ぼこりを追放する。これは死を阻止しながらも生を拒否することである。それというのも、時間は同じ一つの運動で創《つく》りかつ壊すからだ。主婦はその否定的な方、つまり壊すことしか目に入らない。主

＊1　〔原注〕『負けを覚悟の勝負』に所収。

つの原理を認めることだけではない。そして善悪二元論の特質は、善と悪の二つの原理を認めることだけではない。加えて、善の成就《じょうじゅ》は積極的な活動によってなされるのではなく、悪の駆逐によってなされると考えることである。この意味でキリスト教は、悪魔の存在を認めるにもかかわらず二元論ではない。なぜなら、人が悪魔と最も巧みに闘うのは神に身を捧《ささ》げることによってであり、悪魔に勝つことに没頭することによってではないからだ。超越と自由を説く教義はすべて、悪を敗北させることより善に向かって進むことが先決だとする。しかし女は、より良い世界を建設するよう求められてはいない。家、部屋、洗濯物、床などは固定化された事物である。女はそれらに紛れ込んだ悪《あ》しき原理をきりもなく追放するしかない。女は、ほこり、しみ、泥、垢《あか》を攻撃する。女は罪と闘い、悪魔と闘う。だがそれは積極的な目的の方へ向かう代わりに、絶え間なく敵を撃退しなければならないという嘆かわしい運命である。主婦は激しく怒りながらそれに耐えることが少なくない。バシュラールは主婦に関して「意地の悪さ」という言葉を使っている。それはまた精神分析学者の書いたものにも見出《みいだ》せる。彼らは、家事への偏執をサド゠マゾヒズムの一形態と考える。偏執や悪徳の特徴は、自分で欲していないものを自分から進んで欲するように仕向けるということだ。偏執的な主婦は、怠り、汚れ、悪を手に入れたくないから、嫌でたまらない境遇にみずからはまり込んで猛然とほこりに食ってかかる。あらゆる生の発展にともなって残されるごみ屑を通して、主婦は生そのものを非難するのだ。生きている者が自分の領域に入って来るや、彼女の目は邪悪な炎でらんらんと燃えだす。「靴を拭《ぬぐ》って。何でもごちゃごちゃにするんじゃないの。それに触らないで」。まわりの者には呼吸さえしてもらいたくない。どんなささやかな息でも迷惑の種なのだから。あらゆる出来事が徒労の原因となりうる。子どものとんぼ返りは、繕わなければならないかぎ裂きのもとである。生に解体の予兆、きりのない骨折りの必要性しか見ない主婦には、どんな生きる喜びもなくなる。その目つきは厳しく、つねに不安げないかめしい顔で警戒している。用心と出し惜しみによって身を守る。たとえば、窓を閉める。日差しと一緒に虫やばい菌やほこりが入ってくるからだ。それに陽光は壁掛けの絹を傷《いた》める。また、古い肘《ひじ》掛《か》け椅子にはカバーをかけてナフタリンの匂いを放たせる。電灯の光で色が褪《あ》せてしまうからだ。客にこれらの宝物を見せびらかして楽しむことさえできない。客が感心して触るとしみになるからである。彼女は用心深いあまりとげとげしくなり、生きている者すべてに敵意を感じるようになる。家具の上に目に見えないほこりが残ってないか確かめるために白手袋をはめるという田舎のブルジョア女性がよく話題になったが、こうした類《たぐい》の女たちこそ、数年前にパパン姉妹が殺害した女なのだ。こうした女たちの汚れに対する憎悪《ぞうお》は、すなわち、召使いへの憎悪であり、世界と自分自身とに対する憎悪だったのだ。

　こういう陰気な悪徳を、若い時から早々と選ぶ女はごくわずかである。人生を十分愛する女はこの悪から守られる。コレットはシドについて述べている。

つまり、彼女は敏捷《びんしょう》で活動的だったが、勤勉な主婦ではなかったのだ。清潔でこざっぱりして神経質ではあったが、彼女はナフキンや角砂糖や中身の詰まった瓶を数えるような偏執的で孤独な素質など、いささかも持ち合わせていなかった。フランネルを手にした彼女は、隣人とふざけながらだらだら窓ガラスを磨いている女中を監督しつつ、思わずヒステリックな叫び声を出してしまう。それは抑えきれない自由への叫びだ。「中国磁器のカップを時間をかけて丁寧に拭いていると、老《ふ》け込んでしまうような気がする」と言うのだ。しかし彼女はきちんと仕事を最後までやり終える。それから階段を二段降りて庭に入る。直ちに陰気な興奮と怨恨は消えるのだった。

不感症や欲求不満の女、オールドミス、結婚に失望している女、高圧的な夫から孤独で空《むな》しい生活を強いられている女は、まさにこうした苛立《いらだ》ちや怨恨《えんこん》に喜びを見出していたのだ。私が知っている例のなかには、毎朝五時に起き、戸棚を調べてはその片付けをやり直していた老婦人がいた。彼女も二十歳の頃は陽気でおしゃれだったらしい。妻を顧みない夫と一人息子と共に人里離れた屋敷の中に閉じ込められた彼女は、他の者なら酒に溺《おぼ》れるところが、片付けものにはまりこんでしまったのだ。『夫の記録』[*1]のエリーズに見られる家事狂いは、一つの世界に君臨したいという激しい欲望、有り余る生命力、そして、対象が見つからずに空振りに終わる支配欲の結果である。それはまた、時間、世界、人生、男たち、存在するすべてのものへの挑戦でもある。

夕食後、九時から彼女は洗い物をしている。今は十二時。私はうとうとしていたが、彼女の猛烈な働きぶりは私の休息を怠慢のように見せて侮辱するようで、おもしろくない。

エリーズは言う。「清潔を保つには、何よりも手を汚すのを気にしないことよ」

そしてまもなく家は清潔になりすぎて、誰もあえてそこには住めなくなるほどだろう。寝椅子はあるが、その脇《わき》で床の上に寝なければならない。クッションは新品そのもの。そこに頭や足をのせて、しわをつくったりよれよれにしたりしてはならない。そして私が絨毯《じゅうたん》の上を歩く度に一本の手がつきまとい、道具や布切れで私の足跡を消し去る。

夜……

「終わったわ」

朝起きて夜寝るまで、彼女にとっていったい何が大切なのか？　あらゆるもの、あらゆる家具の位置を変え、家の床、壁、天井を隅から隅まで触ってみることである。

＊1　〔原注〕ジュアンドー『夫の記録』。

目下、彼女の家政婦精神が他を圧倒している。戸棚の中のほこりを払ったら、窓辺のジェラニウムのほこりを払う。

母親は言う。「エリーズはいつも忙しくて、自分が生きていることに気づいてないのよ」

実際、家事のおかげで女は自己から限りなく遠ざかることができる。ジャック・シャルドンヌ[*1]は正当にも言っている。

それはとめどもなく続く、細かく無秩序な仕事である。女は、家の中で、自分は人を喜ばせていると確信しながら急速に気力と体力を使い果たし、放心して心満たされなくなり、自分を消してしまう……

この逃避、女が外の事物と自分とを同時に攻撃するこのサド＝マゾヒズムは、多くの場合まさしく性的な性格をもつ。「身体を動かさなければならない家事というものは、女が行くことのできる売春宿なのである」とヴィオレット・ルデュックは言う（『飢えた女』）。清潔志向が、女たちが情熱的でないオランダとか、肉体の喜びより秩序や純潔の理想を説くピューリタン文明の国々で極端に重んじられているのは注目に値する。南仏の地中海沿岸の人々が陽気に不潔のなかで生きているのは、水不足のせいだけではない。

彼らは肉体とその獣性を愛するがゆえに、人間の匂《にお》い、垢、そしてノミ、シラミの類まで寛容に受け入れてしまうのである。

食事の支度は掃除よりも積極的な仕事であり、多くの場合もっと楽しい。段取りとして、まず買物があり、それは多くの主婦にとって一日のうちの特別な時間なのだ。単調な仕事は魅力がないから、女には家での孤独が重荷である。南仏の街では、女は戸口に座りおしゃべりをしながら、縫い物や洗濯や野菜の皮剝《かわむ》きができて幸せだ。世間から半ば隔離されたイスラムの女にとって、川に水汲《みずく》みに行くことは大冒険に匹敵する。カビリア〔アルジェリア北部の地方〕の小さな村で、行政担当者が広場に建設させた給水所を女たちがめちゃめちゃに壊すのを、私は見たことがある。毎朝みんなで一緒に丘陵の麓《ふもと》を流れるワジ川まで下りていくのは、彼女たちの唯一の楽しみだったからだ。また女たちは、買物の時、列をつくって待ったり店の中や街角に立ち止まったりして、「主婦の価値」を確認させてくれる言葉を交わし合い、自分の重要性を見出すことができる。本質的なものが非本質的なものと対照をなすように、女たちは――しばらくは――男社会に対置されるもう一つ別の共同体の構成員であることを感じるのである。だが何よりも、買物は奥深い喜びだ。それは一つの発見、ほとんど発明とも言えるものなのだ。ジッドはその『日記』で、イスラムの男は賭《かけ》を知らないが宝探しがその代用品になっていると

＊1　一八八四－一九六八、フランスの作家。

指摘している。宝探しには金儲《かねもう》け主義の文明の詩情と冒険がある。主婦は賭の無償性を知らない。だが、みごとなキャベツの球やよく熟したカマンベール・チーズは、抜け目なく隠している商人からかすめ取るべき宝なのだ。売り手と買い手のあいだに戦闘と戦略が交される。この場合、買い手にとっての賭は、できるだけ安くできるだけ良い品を手に入れることである。ごく少額の得をすることをこれほど極端に重視する主婦の態度は、苦しい懐《ふところ》具合への配慮からというだけでは説明できないだろう。勝負に勝たねばならないのだ。並べられた商品を疑わしげによくよく調べているあいだ、主婦は女王である。彼女がそこから戦利品を勝ち取れるように、世界はその富と罠《わな》と共に彼女の足下にひれ伏している。そして家に帰ってテーブルの上に買物袋をぶちまけるとき、彼女は束《つか》の間《ま》の勝利を味わうのだ。将来の備えとなる保存食品、傷むおそれのない食品を戸棚に並べる。そして、これから自分の権力に従わせる剝き出しの肉や野菜を満足して眺める。

ガスと電気のせいで火の魔術は失われた。しかし田舎にはまだ、生気のない木切れから生きた炎を引き出す喜びを知っている女が数多くいる。火が焚《た》きつけられると女は魔術師に変身する。片手を動かすだけで――玉子を泡立てたり粉をこねたりする時――、また火の魔術により、女は物質を変質させる作業をする。材料が食べ物になるのだ。コレットはこの錬金術の魔力をも描いている。

両手鍋《なべ》、やかん、寸胴鍋《ずんどう》とその中身を火の上に置く瞬間から、テーブルの上で湯気を立てる料理の蓋《ふた》をとる、かすかな不安ととろけるような希望に満たされた瞬間までに成し遂げられることはすべて、神秘であり魔法であり魔術である……

コレットはとりわけ、熱い灰だけがなしうる変化を得々と描く。

木灰は自分に委《ゆだ》ねられたものを美味《おい》しく焼き上げる。熱い灰の中に入れられたリンゴやナシは、出てくる時しなびて薫製《くんせい》になっているが、皮一枚の下はモグラのお腹《なか》のように柔らかだ。そして、調理用レンジでリンゴを「ボンヌファム」風に焼いても、風味に満ち――扱い方を心得ていれば――蜜《みつ》が一滴も落ちずに皮の内に閉じ込められたこのジャムには、まるで及ばない……高い三脚つきの鍋の下にはふるいにかけられた灰があるが、火はまったく見えない。でも、黒い脚で消し炭の上に据えられた鍋の中からは、互いにくっつかないように並べられた馬鈴薯《ばれいしょ》が、雪のように白く、焼けるように熱く、中が鱗片《りんぺん》状になって出てくる。

女性作家たちは、とりわけジャムの詩情を讃《たた》えている。銅鍋のなかで固形の純粋な砂糖と柔らかな果肉を結合させるというのは大仕事である。できあがった物質は、泡立ち、粘つき、火傷《やけど》するほど熱く、危険である。沸騰《ふっとう》する溶岩、それを主婦がてなずけて、誇らしげに瓶に流し入れる。瓶に硫酸紙をかぶせて勝利の日付けを書きつけるとき、彼女が征服するのは時間そのものである。彼女は砂糖の罠で持続性を捕らえ、生命を広口瓶に入れたのだ。料理人は、物質の内部に侵入し、それを明らかにするということ以上のことをする。物質を新たに造形し、再創造するのである。生地づくりの作業をしながら、料理人は自分の力を実感する。「手も、眼差しと同じように、それ自体の夢想、それ自体の詩情をもっている」とバシュラールは語っている（『大地と意志の夢想』）。そして彼は、「完璧《かんぺき》なしなやかさ、手を満たし、素材から手へと、また、手から素材へと限りなく反映されるしなやかさ」について語る。パン生地をこねる料理女の手は「幸運の手」であり、焼き上げがさらに生地に新しい価値を与える。「焼き上げは、だから、大いなる物質的生成である。淡い色から黄金色へといたる、生地から皮へといたる生成である」（『大地と意志の夢想』）。女はケーキやパイの成功には独特の満足感を見出すことができる。というのも、この成功は誰にでも得られるといったものではないからだ。それには才能がいる。「生地作りの技術ほど複雑なものはない。これほど規則どおりにいかないもの、これほど覚えにくいものはない」と、ミシュレは書いている。

この分野でもまた、少女が年上の女の真似《まね》をして夢中になって楽しむのは当然のことと思える。少女は粘土や草で、代用品を作って遊ぶ。小さなほんもののレンジを玩具《おもちゃ》にもらったときや、母親から台所に入るのを許され、菓子の生地を手のひらで丸めたり、熱いキャラメルを切りわける仕事をさせてもらえたときには、もっと喜ぶ。しかし、ここでも、事情は家事と同じである。反復がすぐにこうした喜びを失わせてしまうのだ。トルティーヤ〔トウモロコシ粉のクレープ〕を主食とするアメリカ先住民の場合、女たちは半日かけて、生地を練り、焼きあげ、温めなおし、また新たに生地を練っては、どの家でも同じ、何代にもわたって同じクレープを作っている。彼女たちには竈《かまど》の魅惑はほとんど感じとれない。人は毎日、買物を宝探しに変えたり、水道の蛇口の輝きにうっとりなどしていられない。こうした勝利を抒情的《じょじょう》に讃えているのは、とくに男たちと女性作家たちである。というのも、彼らは家事をしていない、あるいは稀《まれ》にしかしていないからなのだ。日常的であれば、この仕事は単調で機械的になる。これは待つことだらけの仕事なのだ。お湯が沸くのを待たなければならず、焼き肉がほどよい加減に仕上がるのを、洗濯物がかわくのを待たなければならない。さまざまな作業を計画的に配分してみても、やはり受動的で手持ちぶさたな時間は長い。こうした作業は、ほとんどの段階が退屈のうちになされる。現在の生活と明日の生活のあいだにあって、非本質的な仲介となっているにすぎない。作業を行なう人間自身が生産者、創造者であれば、こうした作業は身体器官の機能と同じくらい自然に自分自身の存在と一体化する。だから、日常的な雑役も、男によってなされる場合には、もっとずっと暗くなく見えるのだ。こうした雑役は男にとって否定的で副次的な一時的なものにすぎず、彼らはさっさとそこから抜け出す。しかし、女を全面的に一般性と非本質性へと導く分業が、小間使いとしての女の運命を報われないものにしている。住居、食料は生活に有用であるが、生活に意味を与えはしない。主婦の直接的な目的は真の目的ではなく、手段であるにすぎず、そこには個性を欠いた投企《プロジェ》が反映されているにすぎない。仕事に打ち込むために、女が自分の個別性を仕事に投入しようとし、得られた結果に絶対的な価値を与えようとするのはもっともなことだと思われる。女は自分自身の儀式的ならわし、迷信をもっていて、自分自身の食器の並べ方、応接間の整頓《せいとん》の仕方、繕いものの仕方、料理の作り方にこだわる。自分の代わりにロースト肉やゼリー寄せを作っても誰もこれほどうまくできはしないと信じ込んでいる。夫や娘が彼女の手伝いをしたがったり、彼女なしでやろうとすると、彼らの手から縫い針や箒《ほうき》を取り上げてしまう。「あんたにはボタンをつけるのは無理よ」と。ドロシー・パーカー[*1]は、家の調度の配置に個性的な趣きを与えなければならないと思い込んでいるのに、どのようにしたらよいかわからない若い女がうろたえている様子を、同情のこもった皮肉な筆致で描いている。

アーネスト・ウェルトン夫人は整頓のいきとどいたリビングルームをさまよいながら、この部屋に何かしらちょっとした女性的な効果を添えようとしていた。彼女は効果を作り出す技術に特別に詳しいわけではなかった。アイデアはすばらしいし、気をそそる。結婚前、彼女は、自分が新しい住まいのなかを静かに歩きまわりながら、ここにはバラの花を生け、あそこでは花の生け方を直すといったふうにして、家を「家庭」に変貌《へんぼう》させるのを想像していた。結婚後七年たった今でも、彼女はこの優雅な仕事に没頭している自分の姿を想像するのが好きであった。しかし、毎晩、バラ色のシェードのついた電灯がともるとすぐに一生懸命にやってみながらも、インテリアに他とまったくちがった特徴をだすような、こまごました奇跡的な成果をおさめるには、いったいどのようにしたらよいのだろうかと自問するのであった。……女性的な効果を添えるというのは妻の役割なのだ。そして、ウェルトン夫人は自分の責任を巧みにかわすことのできるような女ではなかった。気の毒なくらい不安げな様子で、彼女はためらいがちに暖炉に手をのばし、小さな日本製の壺《つぼ》を取り上げ、壺を手にして立ちつくしたまま、絶望的な眼差《まなざ》しで部屋を眺めまわしていた。……ついで、後ずさりし、自分の改革の成果を見つめた。この改革が部屋にこれっぽっちの変化しかもたらさなかったなんてとても信じられなかった。（『気の毒に』）

こうした独創性あるいは個的な完璧さの追求に女は多くの時間と労力を浪費する。まさにこのことが、女の仕事に、シャルドンヌの指摘しているように「とめどもなく続く、細かく無秩序な仕事」という性格を与えているのであり、また、実際に主婦の気遣いとなって現われている仕事を評価するのを難しくしているのである。最近のアンケート調査（一九四七年、日刊紙『コンバ』にC・エヴェールの署名記事として掲載されたも

＊1　一八九三－一九六七、アメリカの女性作家。

の）によれば、既婚女性が家事（家の掃除、食料の調達、その他）に割く時間は平日には約三時間四十五分、休日には八時間、つまり週三十時間であり、これは生産労働者ないし事務系労働者の女性の週労働時間の四分の三に相当する。この仕事が職業労働に付け加えられる場合には、大変な時間数になる。他に何もする必要のない女の場合には、わずかな時間数である（それに、この場合、生産労働者、事務系労働者の女性が費やさなければならない通勤時間に相当するものもない）。子どもが多ければ、子どもの世話で女の疲労は著しく増す。貧しい家庭の母親は一日中、不規則な仕事に精力を費やす。反対に、手伝いをしてもらえるブルジョア階級の女はほとんど暇である。そして、こうした閑暇の代償は倦怠《けんたい》である。退屈しているからこそ、彼女たちの多くは自分の義務を際限なく複雑化し、増加させていき、そのため、この義務が職業労働よりも過重なものになってしまう。抑鬱《よくうつ》状態を経験してきた女友だちは次のように私に話した。健康状態のよいときには、ほとんど無頓着に家事をこなしたうえ、もっとずっと骨の折れる仕事をする時間もあった。しかし神経衰弱のためにそうした仕事にたずさわることができなくなったときには、家事にのめり込んでいたが、丸一日かけても、けりをつけるのがむずかしかったという。

いちばん残念なのは、この労働がまさに永続的な創作物につながらないことである。女は――丹念にやればやるだけ――自分の作品を目的そのものとみなしがちである。オーブンからとりだしたケーキを見つめながら、ため息をつく。これを食べてしまうなんて、ほんとうに残念だ、と。ワックスをかけた寄せ木張りの床を夫と子どもが泥足で歩きまわるなんて、ほんとうに残念だ。品物は使われるとすぐに汚れたり壊れたりする。すでに見たように、女は品物をまったく使われないようにしておこうとしがちである。カビが生えるまでジャムを保存しておく女もいれば、客間に鍵《かぎ》をかけたままにしておく女もいる。しかし、時を止めることはできない。備蓄食品にはネズミが集まってくるし、虫がわく。毛布、カーテン、衣類は虫に食われる。世界は石造りの夢ではなく、変質のおそれのある怪しげな物質からできているのだ。食材はダリ[*1]の肉の怪物と同じくらいあいまいである。活性がなく、無機物のように見えていても、隠れていた幼虫がそれを死《し》骸《がい》に変えてしまう。自分を物のなかに疎外《そがい》[†]する主婦は、物と同じように、世界全体に従属している。布類は黄ばみ、ロースト肉は焦《こ》げ、磁器は壊れる。これはまったくの厄災である。なぜなら、物は、だめになってしまうと、とりかえしがつかないのだから。物をつうじて永続性や安全性を得るのは不可能だ。略奪と爆弾をともなう戦争が戸棚、家を脅《おびや》かしているのである。

つまり、家事労働の産物は消費されなければならない。自分の作業が結局はその作業の破壊に終わるしかない女は絶えずあきらめることを求められる。女が心おきなくそれに同意するには、少なくとも、こうした細々とした犠牲がどこかしらで喜び、楽しみを

＊1　一九〇四－八九、スペインのシュールレアリスムの画家。

かきたてる必要がある。しかし、家事労働は現状を維持することにつきるのだから、帰宅した夫は乱雑さや手抜かりには気づくが、整頓や清潔は当然のことだと思ってしまう。夫はうまくできた食事にはもっと積極的な関心を示す。料理する女が勝利を得る瞬間は、うまく作れた料理を食卓に置く瞬間である。夫と子どもたちが、言葉によるだけでなく、嬉《うれ》しそうに食べることによって、料理を心から歓迎するのだ。料理の錬金術は続き、食料が体液、血液になる。肉体の保全は床板の保全よりもっと具体的で、生命的な意義をもつ。明らかに、料理する女の労力は未来へ向けて乗り越えられる。しかしながら、自分の外にある自由に頼ることは、自分を物に疎外することよりむなしくはないにしても、同じように危険である。料理する女の仕事がその真価を見《み》出《いだ》すのは、もっぱら会食者の口のなかだけである。料理する女には会食者の支持が必要である。彼女には会食者が自分の料理を賞味し、おかわりすることが必要なのだ。会食者がおかわりをしないと、彼女は苛立《いらだ》つ。フライド・ポテトが夫のためにあるのか、それとも夫がフライド・ポテトのためにあるのかわからなくなるほどだ。こうしたあいまいさは家事好きの女の態度全体に見受けられる。彼女は夫のために家事をきりもりする。しかしまた、夫が稼いだ金すべてを家具や冷蔵庫を買うのに使うよう求める。彼女は夫を幸せにしたいと思っている。しかし、夫の活動については、彼女が築いた幸せの枠内におさまる活動しか認めないのである。

こうした望みが全体的に満たされていた時代もあった。幸福が男の理想でもあって、男が何よりも自分の家、家族を大切にしていて、子どもたち自身も両親、伝統、過去によって自分を規定するよう決めていた時代のことである。当時は、家庭を統治している女、食卓を取りしきっている女が支配者と認められていた。家父長制的文明を散在的に存続させている一部の地主や裕福な農家では、今でも女がこうした輝かしい役を演じている。しかし全体としては、今日、結婚生活は過去の慣習の遺物であり、妻の立場は以前よりかなり報われないものとなっている。というのも、妻は依然として同じ義務をかかえているが、それらの義務によって同じ権利を与えられなくなっているからである。妻は同じ任務をかかえていながら、それらの任務を遂行することで報酬も名誉も得られはしないのだ。男は、今日では、結婚して内在性に根をおろすが、内在性に閉じこもりはしない。家庭をほしがるが、自由にそこから抜け出すこともできる。身を固めても、たいていは、心のなかでは放浪者のままでいる。幸福を軽視しはしないが、目的そのものとはしていない。反復は男を退屈させる。男は新しいもの、危険なもの、克服すべき抵抗や、自分を二人きりの孤独から救い出してくれる仲間付き合い、友だち付き合いを求める。子どもたちは夫にもまして家庭の境界を乗り越えようとしたがる。子どもたちの人生は別のところ、未来にあるのだ。女は永続的、連続的な世界を築こうとする。だが、夫と子どもたちは、女が作りだす状況、彼らにとってはあらかじめ与えられた条件にすぎない状況を乗り越えたいと思う。それだから、女は、自分の一生が捧《ささ》げられている活動の不安定さを認めたくないとなると、自分の仕事を無理強いすることになる。母親や主婦から、継母《ままはは》や意地悪女になるのだ。

このように、女が家庭内で行なっている労働は女に自律をもたらしはしない。この労働は直接的に共同体の役に立つこともなく、未来に通じてもいないし、何も生みだしはしない。この労働が意味と尊厳をもつのは、生産あるいは行動において社会へ向けて自己を超越する存在に同化された場合だけである。つまり、この労働は既婚女性を解放するどころか、夫や子どもに従属させるのである。夫や子どもを通じて彼女は自分を正当化する。彼女は非本質的な媒介物として彼らの人生にかかわっているにすぎないのだ。民法典は妻の義務から「服従」を削除したが、それでも妻の状況はまったく変化していない。妻の状況は夫婦の意思にではなく、夫婦共通財産制という構造そのものに基づいているのである。女には建設的な仕事をなすことが許されておらず、したがって自分が完成した人格であるのを明らかにすることが許されていない。尊敬されても、女は従属者、脇役《わきやく》、寄生者なのだ。女に重くのしかかっている大きな不運は、自分の存在の意味そのものが自分の手に握られていないということである。だからこそ、結婚生活の成功、失敗が男より女にとってずっと重みをもつのだ。男は夫である前に市民、生産者である。女は何よりもまず、そしてたいていはもっぱら、妻である。女の労働は女を女の条件から救い出しはしない。逆に、女の労働が価値を引き出したり引き出さなかったりするのは、女の条件からなのだ。愛情に満ちていて、惜しみなく献身していれば、女は嬉々《きき》として任務を果たすだろう。恨みをいだきながら任務を行なっていれば、それは女に無味乾燥な苦役に思えるだろう。女の任務は要するに女の人生において非本質的な役割しかもたない。結婚生活の災難のなかで、女の任務は救いにはならない。そこで、基本的に寝床の「勤め」と家事の「勤め」によって定義される地位、女が自分の従属的身分を受け入れることでしか尊厳を見出せないという地位が、どのように具体的に生きられているかを見る必要がある。

若い娘が幼児期から思春期に移行する時期は一つの危機である。だが若い娘が大人の生活へと駆り立てられる時期はいっそう深刻な危機である。少し乱暴な性の入門は女の心中に動揺を生じさせやすいが、そのうえ、ある立場から別の立場への「移行」すべてに固有の不安が加わる。

ニーチェはこう書いている。

恐ろしい雷撃にうたれたかのように結婚によって現実と知識のなかに投げ込まれること、愛と羞恥《しゅうち》の矛盾したさまを見つけること、神と獣が予想外に類似しているせいで、ただ一つの対象のなかに恍惚《こうこつ》、犠牲、義務、憐愍《れんびん》、恐怖を感じなければならないこと……ここから、自分と対等の男をむなしく求める魂の錯綜《さくそう》が生じたのだ。

伝統的な「新婚旅行」の興奮は、部分的には、こうした混乱を覆《おお》い隠すのに役立っていた。何週間かのあいだ日常的な世界から放り出され、一時的に社会とのつながりがまったく断たれているため若い女はもう空間、時間、現実のなかにはいなかったのだ。[*1] しかし、遅かれ早かれ、彼女は現実にたち戻らなければならないのであった。そして、新家庭に帰るときは必ず不安がともなう。父の家庭との結びつきは、若い女の方が若い男よりもずっと緊密である。家族のもとを離れるのは最終的な離乳である。そのとき、若い女はまったく不安な遺棄と目がくらむほどの自由を感じる。別離は場合によってつらさの度合いがちがう。自分を父親、兄弟姉妹、そしてとくに母親に結びつけていた絆《きずな》をすでに断っていれば、悲劇的な場面なしに彼らと別れられる。いまだに彼らに支配されていて、事実上その保護のもとにとどまっていられるならば、自分の立場の変化はあまりはっきりと感じられないだろう。しかし普通は、たとえ父の家庭から逃れ出たいと思っていたとしても、自分の溶け込んでいた小社会から引き離され、自分の過去から、安全な規範、保証つきの価値をそなえた子ども時代の世界から切り離されるとなると、戸惑いを感じる。情熱的で充実した性愛生活のみが若い女をふたたび内在性の平和に浸らせることができる。しかし普通、まず最初は若い女は満足するよりも動揺している。性の手ほどきは、多少なりともうまくいったとしても、彼女の混乱をつのらせるだけである。結婚直後の若い女には、彼女が初潮に対して示した反応の多くが見受けられる。たいてい、自分が女であることをこの上なく明らかにするものに直面して嫌悪《けんお》を感じ、この経験が繰り返されるのだと考えると恐怖を感じる。また、翌日の苦い失望も味わう。

初潮を迎えてから若い娘は自分が大人の女ではないのに気づいて悲しんでいた。処女を失って、若い大人の女になった今、最後の段階が越えられた。でも、今後は？　そもそも、こうした不安な失望は処女を失うことだけでなく本来の意味での結婚とも結びついているのだ。すでに婚約者を「知っている」あるいは他の男を「知っている」女でも、彼女にとって結婚が大人の生活に完全に到達することを意味している場合には、同じような反応を示すことが多い。一つの企ての始まりを体験するのは心がときめくものだ。しかし、自分が手がかりをもたなくなった運命を発見することほどつらいものはない。こうした決定的な、変わりようのない背景のもとに、自由がきわめて耐えがたい無償性をもってたち現われるのだ。かつては、両親の権威の庇護《ひご》のもとにあった若い娘は、自分の自由を反抗と希望のうちに行使していた。彼女は一つの条件を拒否し、克服しようとして自分の自由を利用していたのだが、また、その条件のもとにあって彼女は保護されてもいた。彼女は家族のぬくもりの懐《ふところ》から出て、まさに結婚へと向けて自分を乗り越えようとしていたのだ。今や、彼女は結婚している。そして、もう彼女の前には別の未来はない。家庭の扉がふたたび彼女の背後で閉じられた。これこそが地上での彼女の運命すべてになるのだ。彼女はどのような任務が自分を待ちうけているか正確に知っている。自分の母親が果たしていたのと同じものだ。毎日、毎日、同じ儀式が繰り返される

＊1　〔原注〕世紀末文学はとかく、処女喪失の場面を寝台車に設定している。それは、その場面を「どこでもないところ」に設定する手法なのである。

ことだろう。若い娘の頃は、手はからっぽだった。希望と夢想のうちに、すべてを所有していたのだ。今や彼女は世界の一かけらを手に入れ、不安気に思う。これだけにすぎないのだ、永久に。永久に、この夫、この住まいなのだ。彼女にはもう何も待つものはなく、もう何もたいしたことは望めない。その一方で、彼女は自分の新しい責任を恐れている。たとえ夫が年上で、権威をもっているにしても、彼女が夫と性的関係をもつことで、夫は威光を失う。夫は父親の代わりにはなれないし、ましてや母親の代わりにはなれない。それに、彼女を彼女の自由性から解放してやることもできない。新しい家庭の孤独のなかで、自分とは多かれ少なかれ無縁の男と結ばれていて、もう子どもではなく妻となり、今度は自分が母親になる定めにあって、彼女は身も凍えるような思いでいる。母親の懐から決定的に引き離され、どんな目的も自分を呼びよせない世界のただなかで途方にくれたまま、冷やかな現在のなかに打ち捨てられている彼女は、純然たる事実性というものの倦怠と味気なさを発見する。こうした悲嘆が、若いトルストイ伯爵《はくしやく》夫人の日記に衝撃的なかたちで述べられている。彼女は憧《あこが》れを寄せていた大作家に大喜びで結婚を承諾した。ヤースナヤ・ポリャーナ〔トルストイの領地〕の木のバルコニーで激しい抱擁を受けたあと、彼女は性愛に吐き気を感じている。彼女は親族から遠く離れて、自分の過去と切り離され、一週間前に婚約した、十七歳年上の男、彼女にはまったく無縁の過去と関心をもつ男のかたわらにいる。彼女にはすべてがむなしく、冷やかに見える。彼女の人生はもう眠りでしかない。ここで、彼女が結婚当初のことについて記している話と、結婚初期数年間にわたる彼女の日記の数節を引用しておかなければならない。一八六二年九月二十三日、ソフィアは結婚して、実家を出る。

つらい、苦しい気持ちが私の喉《のど》をしめつけ、私をとらえていた。そのとき、家族や、私が深く愛していた、そしていつも一緒に暮らしてきた人たちみんなと永遠に別れる時がきたと感じた……別れのあいさつが始まった、とてもつらかった……最後の時がきたのだ。母にさよならを言うのは、わざと最後に残しておいた……私が母の抱擁から身をもぎはなして、振り返らずに馬車に乗ろうとしたとき、母が心を引き裂くような叫び声をあげた。これは、一生、忘れることができない。秋雨が降りつづいていた……座席の片隅にちぢこまり、疲労と苦痛にさいなまれながら、私は涙を流していた。レフ・ニコラエヴィッチはとても驚いているみたいだった、それに、不満そうだった……私たちが町を出たとき、私は闇《やみ》のなかで恐怖を感じた……闇が私を息苦しくさせていた。最初の駅——まちがっていなければ、ビリオウレフ——まで私たちはほとんど何もしゃべらなかった。レフ・ニコラエヴィッチがとてもやさしくて、私にこまごまと気をつかってくれたのを覚えている。ビリオウレフでは、皇帝の間という客室をあてがわれた。赤い横畝《よこうね》織りの布を張った家具のある大きな部屋がいくつかついているが、まったく親しみが感じられない。サモワールがもってこられた。長椅子《ながいす》のはじっこにうずくまって、私は罪人のように黙りこくっていた。「さて、もてなしてもらおうか」と、レフ・ニコラエヴィッチが私に言った。私は言いつけに従って、お茶をふるまった。私はどぎまぎしていて、ある種の恐れから逃れることができなかった。レフ・ニコラエヴィッチになれなれしく話す勇気がなく、名前で呼ぶのも避けていた。それからも長い間ずっと、彼に「あなた様」と言っていた。

二十四時間後、彼らはヤースナヤ・ポリャーナに到着する。十月八日、ソフィアはふたたび日記をつけはじめる。彼女は不安にかられている。夫に過去があることに悩んでいるのだ。

思い出せるかぎり以前から、いつも私は、完璧《かんぺき》な、みずみずしい、純潔な人を愛するのを夢見ていた……私は、こうした子どもの頃の夢をあきらめきれない。彼が私を抱くとき、私は彼がこんなふうに抱くのは私が初めてではないのだと思う。

翌日、ソフィアはこう記している。

心が締めつけられる感じ。昨夜は悪い夢を見たし、そのことをずっと考えているわけでもないが、やはり心が重苦しい。夢に出てきたのは母さんで、それがとてもつらい。まるで、私が目を醒《さ》ましていられずに眠っていたかのようだ……何かが私に重くのしかかっている。自分が死にかかっているような気がいつもする。これは異常だ。今は夫がいるのに。夫の寝息が聞こえ、私は一人ぼっちで恐《こわ》い。彼は私を自分の内心まで入りこませない。そして、それが私を深く悲しませる。こんな肉体関係すべてがおぞましい。

十月十一日――ひどい！　ものすごく悲しい！　あいかわらず私はますます自分のなかに閉じこもっていく。夫は病気で、不機嫌で、私のことを愛していない。予想してはいたけれど、これほどひどいとは思ってもみなかった。いったい誰が私の幸福を気にかけてくれるというのだろう。まちがいなく、こんな幸福なんて、私は彼にも自分自身にも作りだせはしない。悲しみに沈んでいるとき、私は自問することがある。私自身にとっても、他の人たちにとっても、これほどひどい事態になっているのに、生きていて何になるのか、と。これは異常だ。でも、こうした考えが頭から離れない。彼は日に日に冷たくなってくる。けれども私は、反対に、次第に彼を愛するようになっている……私は家族の思い出を呼びさます。あの頃は人生がなんと軽やかだったことか。それにひきかえ、今は、ああ何たることよ！　私の心は引き裂かれている！　誰も私を愛してくれない……いとしい母さん、いとしいターニャ、あの人たちと別れてしまったこと！

どうして、あの人たちはなんて優しかったのだろう。悲しいこと、おそろしいことだ。けれども、リオヴォチカ〔レフの愛称〕は立派な人だ……以前は、私も生きること、働くこと、家事をすることに情熱を傾けていた。今では、おしまい。黙り込んだまま、腕を組み、過ぎ去った日々に思いを巡らして何日も過ごせるだろう。仕事をするつもりはあった。でも、できない……ピアノでも弾けば気晴らしになったかもしれない。でも、ここでは、とても気づまりだ……リオヴォチカは、今日、自分がニコルスコイエへ行っているあいだ、私は家にいるようにと言った。私は同意して、彼を解放してやるべきだったけれど、私にはそんな強さがなかった……気の毒な人！　彼は私を避けるための気晴らしの口実を方々で探している。いったいなぜ、私はこの世にいるのだろう。

一八六三年〔原文のまま〕十一月十三日――私には仕事をする能力がないことを認める。リオヴォチカは幸せだ。なぜなら、頭がよくて、才能があるからだ。それにひきかえ私は、頭もよくないし、才能もない。何かすることを見つけるのはむずかしくない。仕事は不足しているわけではないから。でも、細々とした仕事を好きになること、好きになるよう訓練することが必要だ。家畜を世話する、ピアノのキーをたたく、つまらないことが多くて、面白いことがとても少ない本を読む、キュウリを塩漬するといった仕事を……とても深く眠り込んでしまったので、私たちのモスクワ旅行も、子どもの生まれる期待も、私にはこれっぽちの感動、ほんの小さな喜びも、何ももたらさない。いったい誰が私に、目を覚まし、元気になる方法を教えてくれることか。この孤独が私を打ちのめす。私は孤独に慣れていない。実家はとても活気があったけれど、ここでは、彼が留守だと、すべてが陰気。彼は孤独には慣れっこなのだ。彼は、私みたいに自分の親しい友だちから楽しみを引き出すのではなくて、自分の仕事から楽しみを引き出す……彼は家族なしに育ったのだ。

十一月二十三日——たしかに私は無気力だ。でも、生まれつきそうなのではない。ただ、どんな仕事に取り組んだらよいかわからないのだ。時々、彼の影響から逃れたいという狂おしい気持ちを感じる……なぜ、彼の影響が私に重くのしかかってくるのだろうか……私が自分を抑えても、彼になるわけではない。私は自分の人格を失うだけのことだ。もうすでに、私は同じ私ではない。これが、私の生活をよりいっそう苦しいものにしている。

四月一日——私には自分自身のなかに可能性を見つけられないという大きな欠点がある……リオヴァは自分の仕事と領地の管理にかかりきりになっている。一方、私には取り組むべきものがまったくない。私には何の才能もない。もっと何かやりたい、ほんとうの仕事が欲しい。むかしは、こんなすばらしい春の日には、何かを求め、欲しがる気持ちを感じたものだ。私が何を夢見ていたか、神様が御存じだ。今は、何も求めていない。何かしらを求める、あの漠然とした、ばかげた気持ちを感じることはもうなくなった。すべてを見つけ出してしまって、もう隠しておくものは何もないのだから。それでも、憂鬱《ゆううつ》になるときがある。

四月二十日——リオヴァは、ますます私から離れていく。愛の肉体的な面は、彼の場合はとても大きな役割を演じているけれど、一方、私の場合は、何の役割も演じていない。

若い妻が、この六ヵ月のあいだに、肉親との別離、孤独、自分の運命がとった決定的な様相に悩み苦しんでいるのがわかる。彼女は夫との肉体的な関係を嫌悪し、憂鬱になっているのだ。コレットの母親が兄弟に押しつけられた最初の結婚の後に涙がでるほど実感しているのも、これと同じ憂鬱である。

彼女はそこで暖かなベルギー風の家、ガスのにおいのする地下の台所、熱いパンとコーヒーと別れた。ピアノ、ヴァイオリン、父の遺品のサルヴァトール・ローザの名画、煙草壺《たばこつぼ》、長い管の精巧な陶製パイプ……、開かれた本、しわくちゃになった新聞と別れて、新妻となって、森林地帯の厳しい冬が取り囲む階段つきの家に入った。その家の一階には意外にも白と金色の客間があったが、二階は粗塗りしたかしないかで、納屋《なや》みたいになおざりにされていて……寒々とした寝室は愛も安らかな眠りも語っていなかった……友だちや、無邪気で陽気な人づきあいを求めていたシドが自分の住まいで出会ったのは、狡猾《こうかつ》な奉公人、小作人だけであった……彼女は広い家を飾りつけ、陰気な台所を白く塗り、自分自身でフランドル風料理を監督し、干しぶどう入りケーキの生地を練り、初めての子どもを待ち望んだ。〈野蛮人〉は遠出の合間に彼女に微笑《ほほえ》みかけては、また出ていくのだった……ごちそう作り、忍耐、ワックスがけをしたあげく、シドは、孤独に痩《や》せはてて、泣いた……

（『家庭のクロディーヌ』）

マルセル・プレヴォーは『結婚したフランソワーズへの手紙』のなかで、新婚旅行から戻った若い女の動揺を描いている。

彼女はナポレオン三世風、マクマオン風の家具、絹綿ビロードの鏡覆い、黒い桜材の戸棚、彼女がとても古くさく、ばかげていると思っていた家具一式をそなえた実家の住まいのことを思う……こうしたものすべてが、彼女の思い出の前に一瞬、現実的な避難所、ほんとうの巣、彼女が私利私欲のない愛情によって、どんな悪天候、どんな危険からも守られて、保護されていた巣として描き出される。新しい絨《じゅう》毯《たん》の匂《にお》い、むきだしの窓、雑然とならんだ椅子といったように、なにもかもがにわか作りで偽りの出発のような風情の今の住まい、これは巣ではない。これは、巣をつくる場所といったものにすぎない……彼女は突然、ひどい悲しみをおぼえた。砂漠に置き去りにされたかのように悲しかった。

こうした動揺がきっかけで、若い女が長期の鬱病やさまざまな精神病になることが多い。とりわけ、各種の精神衰弱的強迫現象のもとで、こうした女は自分の空虚な自由の眩惑《げんわく》を感じる。たとえば、すでに若い娘の場合について見たような売春妄想を示す。ピエール・ジャネは、窓際《まどぎわ》に立って通行人に流し目を送りたくなってしまうので、ひとりで家にいるのが耐えられないという若い妻のケースをあげている。他にも、「ほんもののようには見えない」し、幻影やボール紙に描かれた背景でみたされているといった世界を前にして無感動の状態でいる女たちがいる。成人という自分の条件を拒もうとする者、この条件を生涯頑《かたく》なに拒む者もいる。たとえば、ジャネがQ・iという頭文字で示している患者の場合がそうだ。

Q・i――三十六歳の女性――は、自分が十歳から十二歳くらいの子どもだという考えにとりつかれている。とくに一人きりでいるときには、思わず跳ねたり、笑ったり、踊ったりしてしまい、髪をといて肩にかかるようにし、少なくとも一部を切ってしまう。彼女は自分が女の子であるという夢想に完全に浸っていたいと思うのだ。「この子が皆のまえで隠れんぼや悪戯《いたずら》ができなくて、とても残念です……私はひとから可愛《かわい》らしいと思われたいのです。自分がひどく醜いのではないかと恐れています。ひとから愛されたい、話しかけてもらいたい、あやしてもらいたい、小さな子どもを愛するように私のことを愛しているといつも言ってもらいたいのです……ひとが子どものことを愛するのは、子どもがいたずら好きだから、あどけない心をもっているから、可愛らしいことをするからだし、それに、ひとは子どもに見返りを求めはしませんよね。相手を愛する、ただそれだけのこと。それが、いいところなのです。でも、そんなことは夫に話せません。夫は私の言っていることがわからないでしょうから。そう、私は小さな女の子になりたい、そして、私を膝《ひざ》にのせて、髪をなでてくれるような父親か母親がほしいと、とても望んでいるのです……でも、だめ。私は奥様だし、一家の母なのだから。家の中をきちんとして、まじめにして、一人きりで考えなくてはならないのです。ああ、なんという暮らしでしょう！」（『強迫観念と精神衰弱』）

男にとってもまた、結婚はしばしば一つの危機である。その証拠に、男の精神病の多くが婚約期間中や結婚生活の初期に生じている。若い男は、姉妹に比べて家族との結びつきが弱く、なんらかの団体――高等専門学校、大学、研修所、チーム、グループなど――に属していて、そのおかげで孤独にならずにいられる。そして、本格的な大人の生活を始めるために団体を離れる。そうした若い男は将来の孤独を恐れていて、たいてい、それを回避するために結婚する。しかし、集団が抱かせる幻想、夫婦とは「結婚による結社」であると思わせる幻想にたぶらかされている。愛の情熱が燃え上がるほんの短いあいだを除けば、二人の個人は互いにそれぞれを全世界から守るような一つの世界を形成することはできないだろう。こうしたことを、二人とも結婚の翌日に実感する。じきに打ち解け、服従する妻も、自分の自由を夫に隠してはおかない。妻は負担であって、逃げ道ではない。妻は夫の責任を軽減しはせず、反対に、もっと重くする。性の違いは年齢、教育、立場の違いを伴なうことが多く、こうしたことのせいで、ほんとうの相互理解はまったく成り立たない。夫婦は慣れ親しい仲であっても、他人なのである。かつては、夫婦のあいだに、真の溝がある場合が多かった。若い娘は、無知で、世間知らずの状態に育てられ、まったく「過去」をもっていないが、一方、その婚約者は「経験」があり、彼が彼女に実生活の手ほどきをすることになる。なかには、このむずかしい役割を担《にな》うのを自慢に思う男もいる。もっと聡明《そうめい》な者は、自分と未来の伴侶《はんりょ》をへだてている距離を推し量って、不安を感じるものだ。イーディス・ウォートン[*1]は『無邪気な時代』という小説のなかで、一八七〇年代のアメリカの青年が自分の手に委《ゆだ》ねられる将来の伴侶をまえにして感じる懸念《けねん》を描いている。

敬意のこもった畏怖《いふ》の念で、彼は自分に魂をゆだねようとしている若い娘の清らかな顔、まじめな眼差《まなざ》し、無邪気で陽気な口元を眺めた。自分が属し、信頼を寄せている社会制度の作ったこの恐るべき産物——すべてに無知で、すべてを望むといった若い娘——は今、彼には無縁のように思えた……女性に礼節をつくす男として、自分の過去を婚約者に隠しておくのが自分にとっての義務であり、過去をもたないことがこの婚約者の娘の義務であるとすれば、いったい自分たちは相手について本当に何を知っているのだろうか……みごとに仕立てあげられた、こうした欺瞞《ぎまん》システムの中心である若い娘は、その率直さと大胆さによって、いっそう解きがたい謎《なぞ》になって見えた。彼女は率直だった、哀れな、いとしい娘は。何も隠すものがないからだ。彼女は信頼しきっていた。自分を守らなければならないなどと思っていないからだ。そして彼女は、なんの準備もないまま、一夜のうちに、「人生の現実」と呼ばれるもののなかに沈められてしまうにちがいない。この簡潔な魂を何度となく検討してみて、結局、彼はこう考えて落胆するのであった。この不自然な純真さは、母親、伯母、祖母、さらには遠い昔の清教徒の祖先の女たちの共謀によって非常に巧妙に作り上げられたものであって、彼の個人的な好みを満足させるために存在しているにすぎない、つまり、彼がこの純真さに対して領主権を行使し、それを雪の像のように壊してしまうために存在しているにすぎない、と。

今日では、若い娘はそれほど不自然な存在ではなくなっているので、夫婦の溝もそんなに深くはない。若い娘は人生についてもっとよく知っているし、準備もととのっている。しかし、妻の方が夫よりずっと年下であるということが多い。これが重要な意味を

＊1　一八六二－一九三七、アメリカの女性作家。

もっということは、これまであまり強調されていない。成熟の度合いが違うことから生じる結果なのに、それを性の違いのせいにしていることが多い。多くの場合、妻が子どもじみているのは、彼女が女だからではなく、実際にとても若いからなのだ。夫やその友人の厳《いか》めしさが彼女に重圧を与える。ソフィア・トルストイは結婚後一年ほどたった頃、こう書いている。

彼は年寄りだし、仕事に熱中しすぎている。そして私は、今でも、とても若い気がしているし、ばかげたことをしたくてたまらなくなる。寝てしまわずに、ピルエット〔バレエで、片足を軸に旋回する動き〕をやってみたいと思ったりする。でも、誰と？

老いの雰囲気が私を取り巻いていて、あたり一面が年寄りくさい。私は若さの躍動を押さえ込むように努めている。この分別じみた環境にはそぐわないように見えるから。

一方、夫は妻のなかに「赤ん坊」を見てとる。夫にとって妻は彼が期待していたような伴侶ではなく、彼はそのことを彼女に気づかせる。妻はそれに屈辱を感じる。おそらく、実家を去るとき、彼女は指導者を見つけたいと思っているが、それと同時に、自分が「大人」として見られたいとも思っている。子どものままでいながら、一人前の女でありたいと思っているわけだ。だが、年上の夫は、けっして彼女を全面的に満足させるように彼女を扱うことはできない。

年齢差がたいして問題にならない場合でも、やはり若い女と若い男は一般にまったく異なる育てられ方をされていることには変わりない。女は女性的な貞淑さ、女性的な価値の尊重を教え込まれる女の世界から立ち現われるが、男の方には男性的道徳の原理がしみこんでいる。この両者にとって互いに理解し合うことはたいていの場合非常に難しく、まもなく衝突が起こる。

結婚は普通、女を夫に従属させることから、夫婦関係の問題はとりわけ女の方に深刻なかたちでつきつけられる。結婚の逆説とは、結婚には性的な機能と社会的な機能が同時にそなわっていることである。この両面性は若い妻の目に映る夫の姿に反映されている。夫は男性的な威信をそなえ、父親の代わりになる半神である。つまり、保護者、扶養者、後見人、指導者なのだ。夫の庇護《ひご》のもとにあってこそ、妻の人生は花開くはずだというわけである。夫は諸価値の保持者、真理の保証、夫婦の倫理的根拠である。しかしまた夫は、しばしば恥辱的な、異様な、おぞましい経験、あるいは衝撃的な経験、いずれにしろ偶然的な経験をわかちあう雄でもある。夫は妻を自分と一緒に獣性に溺《おぼ》れるよう促すが、その一方で、妻を確固たる足どりで理想へと導くのである。

ある晩、旅行の帰りがてら立ち寄ったパリでのこと、ベルナールはミュージック・ホールの舞台を見て憤慨し、これ見よがしに外へ出た。「外国人がこんなものを見るんだぞ！　なんて恥ずかしいことだ。こんなことで、われわれが判断されるんだからな……」。テレーズは、この恥じらいのある男が、これから一時間もしないうちに、闇《やみ》の中で根気よく奇妙な思いつきを自分に強いる男と同一人物なのだと、呆然《ぼうぜん》たる思いであった[*1]。

指導者と半獣神とのあいだには、いくつもの中間的な形態が考えられる。時には、男は父親であると同時に恋人であり、性行為は神聖な饗宴《きょうえん》となり、妻は夫の腕のなかに、全面的な責任放棄とひきかえに手に入れた究極的な救済を見出《みいだ》す恋人となる。結婚生活におけるこうした情熱恋愛はきわめて稀《まれ》である。また時には、妻は夫を精神的には愛しているが、あまりに尊敬する男の腕に身を委ねるのを拒むこともある。こうした妻のケースをシュテーケルが報告している。「D・S夫人は非常に偉大な芸術家の寡婦《かふ》で、現在四十歳である。夫を熱愛していながら、夫に対してまったく不感症であった」。逆に、妻が夫を相手に、二人とも堕落の虜《とりこ》になっているように思え、夫への評価も敬意も失《う》せてしまうような快楽を経験することもありうる。また一方、性愛が失敗に終わると、夫は永遠に人でなしに格下げされる。肉体の面で嫌われた夫は、精神面でも軽蔑《けいべつ》されることになる。これとは逆に、すでに述べたように、軽蔑、反感、恨みのせいで女は不感症になる。夫が、性的経験の後も動物的な弱点を大目にみられ、依然として尊敬される優越者のままでいるという場合もとても多い。とくにアデル・ユゴー[*2]の場合などはそうだったようだ。また、夫が威信はないが快いパートナーとなるという場合もある。Ｋ・マンスフィールドは『序曲』という中編小説のなかで、こうした両面性のとりうる形態の一つを描いている。

彼女は彼をほんとうに愛していた。彼をいとおしみ、称賛し、とても尊敬していた。おお、この世の誰よりも、彼女は彼のことを知りつくしていた。彼は率直さそのもの、尊厳そのものであり、その実体験にもかかわらず、純真で、まったく無邪気で、わずかのことで満足し、わずかのことで腹を立てるのだった。せめて、彼が、あんなに大声でわめき、あんなに貪欲《どんよく》で、情欲に燃えた目で彼女を見つめながら、彼女に飛びかかってこなければいいのに。彼は彼女にとって強烈すぎた。子どもの頃から彼女は自分に迫ってくる物事が嫌いだった。彼のことが恐ろしくなって、ほんとうに恐ろしくなって、「私を殺す気なのね！」と力のかぎり叫びそうになったことが何度かあった。そういうとき、彼女は手きびしいこと、嫌なことを言いたくなる……そう、そのとおり、それは本当だった。スタンレーを愛し、尊敬し、敬服していながら、彼女は彼を嫌がっていた。こうしたことをそれほどはっきりと感じ

＊1　〔原注〕フランソワ・モーリヤック『テレーズ・デスケルー』参照。
＊2　十九世紀フランスの作家ヴィクトル・ユゴーの娘。

たことはけっしてなかった。こうした感情すべてが彼女の目に、明瞭《めいりよう》で、決定的なもの、どれもが真実のものとなった。そして、他ならぬ、この憎しみという感情も、それ以外の感情と同じようにまさしく真実であった。彼女はこれらの感情をそれぞれ小さな包みに仕分けて、スタンレーに贈ってやれればと思っていた。憎しみという感情を思いがけない贈物として彼に送りつけて、彼がそれを開けるときの目つきを想像してみたいと思うのであった。

若い女が自分の感情をこのように正直に打ち明けるということはめったにない。夫を愛すること、自分が幸せであること、これは自分自身と社会に対する義務である。また、家族が彼女に期待していることである。あるいは、親が結婚に反対する態度をみせた場合は、彼女は親に反証をつきつけたいと思う。普通、若い女はまず、結婚生活の状況を自己欺瞞のうちに生きることから始める。自分は夫に大きな愛を感じていると進んで信じ込む。そして、この情熱は、女が性的に満足していないとそれだけいっそう偏執的なもの、独占的なもの、嫉妬《しっと》深いものとなる。最初は自分で認めようとしない失望を和らげるために、夫が自分のそばにいることをしつこく求める。シュテーケルはこうした病的な愛着の事例を数多く引いている。

ある女性は小児的発達停滞のせいで、結婚初期の数年間、不感症であった。そこで、彼女のうちに、夫が自分に無関心だということを認めたがらない女によく見受けられるような、過剰な愛情が肥大した。彼女は夫としか生きていなかったし、夫のことしか考えていなかった。彼女にはもう意志がなくなっていた。夫は毎朝、彼女の一日の予定を立てて、彼女が買うべきもの等々を彼女に言わなければならなかった。彼女はすべてを入念に実行するのであった。夫が何も指示しておかないと、彼女は何もしないで、夫のことを恋しがって、自分の部屋にじっとしていた。彼女は夫がどこへ行くにも一緒について行かずにはいられなかった。一人きりでいることができず、夫と手をつないでいたがった……彼女は不幸で、何時間も泣くし、夫のことをひどく心配し、心配の種がなければ自分で作り出すのだった。

また別のケースは、一人で外出するのが恐ろしいので、まるで牢獄《ろうごく》にいるかのように自分の部屋に閉じこもっているという女性のケースである。私は彼女が夫の手をつかんで、ずっと自分のそばにいてほしいと懇願しているのを目にした……結婚して七年たつが、夫はまだ一度も妻と肉体関係を結べずにいる。

ソフィア・トルストイのケースも似通っている。すでに引用した彼女の日記の数節と、以下に引用する部分から、彼女が、結婚してすぐ、自分は夫を愛していないと気づいたことが明らかになる。夫との肉体関係は彼女に嫌悪《けんお》を催させるのであった。彼女は夫の過去をなじり、夫を年寄りで退屈だと思い、夫の考えには反感しか覚えていない。もっとも、夫の方も、寝床では貪婪《どんらん》で粗暴だが、彼女を無視して、冷酷に扱っていたようだ。一方、ソフィアの絶望の叫び、倦怠《けんたい》、悲しみ、無関心の告白には、情熱的な愛の抗議が入り交じっている。彼女はいつも自分のかたわらに愛《いと》しい夫がいてほしいと思っている。夫が離れていくと、すぐに彼女は嫉妬に苦しめられる。彼女はこう書いている。

一八六三年一月十一日——私の嫉妬深さは生まれつきの病気だ。たぶん、それは、私が彼を愛していて、彼のことだけを愛していて、彼と一緒でなければ、彼によってでなければ、幸せでないというところから来ているのだろう。

一八六三年一月十五日——彼が私を通じてだけ夢見たり考えたりしてほしいし、私のことだけを愛してほしい。私もこれが好き、あれが好きと思ったとたんに、私はすぐさま、それを打ち消して、私はリオヴォチカの他には好きなものは何もないのだと感じる。けれども、彼が自分の仕事を好きなように、私も絶対に他のものを好きにならなければいけないのだろう……でも、彼がいないと、こんなにひどい不安を感じる。彼と離れずにいたいという気持ちが日に日につのってくるのを感じる

……

一八六三年十月十七日——私には彼のことをよく理解することができないように感じる。だからこそ私は、こんなに嫉妬深く彼のことを探っているのだ……

一八六八年七月三十一日——彼の日記を読みかえすなんて滑稽だ。なんと矛盾し

ていることか。まるで私が不幸な女みたいだ。私たちより仲のいい幸せな夫婦がいるだろうか。私の愛は大きくなっていくばかりだ。私はいつも彼のことを、相変わらず不安な、情熱的な、嫉妬深い、詩的な愛情で愛している。彼の冷静さと自信が時折、私を苛立《いらだ》たせる。

一八七六年九月十六日――私は彼の日記で愛が問題になっている箇所をむさぼるように探し求め、それが見つかると、すぐに嫉妬にさいなまれる。私はリオヴォチカが出発してしまったのを恨めしく思っている。私は眠らず、ほとんど食べず、涙をこらえたり、さもなければひそかに泣いている。毎日、夕方になると少し熱がでて、悪寒がする……こんなに愛してしまったことで罰をうけているのだろうか。

これらの章句すべてにわたって、真実の愛の不在を、道徳的な、あるいは「詩的な」昂揚《こうよう》によって補おうとする空《むな》しい努力が感じとれる。過大な要求、不安、嫉妬が表わしているのは、こうした彼女の心の空虚なのだ。病的な嫉妬の多くは、こうした条件のもとでつのっていく。嫉妬は女が架空の恋敵を考えだすことで表出する不満感を間接的なかたちで表わしている。夫のそばではけっして満足感を味わえない女は、夫が彼女を裏切っていると想像することで、いわば自分の失望を正当化するのである。

道徳性、偽善、傲慢《ごうまん》、内気さなどによって女が自分の嘘《うそ》に固執することが非常に多い。「愛しい夫に対する嫌悪が一生涯はっきりと自覚されないということがよくある。それは、憂鬱《ゆううつ》とか他の名で呼ばれている」と、シャルドンヌは言っている（『エヴァ』）。しかし、名付けられてはいなくても、反感が実際に感じられていることに変わりはない。反感は、若い妻が夫の支配を拒もうとする努力によって、多少なりとも激しいかたちで表わされる。蜜月《みつげつ》と、たいていそれに続く動揺の時期の後、若い妻は自分の自律性を取り戻そうと試みる。これは容易な企てではない。夫はたいてい妻より年上で、ともかく男性的な威信をそなえているし、法律上、「家長」であるということで、道徳的、社会的な優越性を保持しているのである。たいてい、夫はまた、知的な優越性も——ともかく、見かけの上では——そなえている。夫は教養の面で、少なくとも職業教育の面で妻に優越している。夫は青年期から社会の問題に関心を抱いている。これは自分自身にかかわる問題なのだ。夫は法律の知識も少しあり、政治問題にも通じているし、政党や労働組合や、諸々《もろもろ》の団体に属している。労働者、市民である夫の考えは、行動とかかわりをもっている。ごまかしのきかない現実を実際に体験している。つまり普通の男は、推論の技術、事実や経験への興味、ある程度の判断力をそなえているのだ。まさに、こうしたものが、まだ大半の若い娘には欠けている。彼女たちは、読書をしたり、講演を聴いたり、趣味で芸事を習ったことはあっても、多かれ少なかれ成り行きまかせで積み重ねられた彼女たちの知識は教養とはならない。彼女たちがうまく推論できないのは、頭脳的な欠陥のせいではない。つまり、実生活で推論する必要に迫られたことがないせいなのだ。彼女たちにとっては、思考は道具よりむしろ遊びである。たとえ聡明《そうめい》で、感受性が豊かで、誠実であっても、彼女たちは、知的な技術を欠いているせいで、自分の意見を論証し、その結果を引き出すことができない。それだからこそ、夫が――たとえ、ずっと凡庸な夫でも――容易に彼女たちより有利な立場に立つのである。夫は、たとえ自分がまちがっていても、自分が正しいと証明するすべを知っている。男の手に握られると、論理はしばしば暴力になる。シャルドンヌは『祝婚歌』のなかで、こうした陰険なかたちをとった抑圧を巧みに描き出している。

ベルトより年上で、教養も知識も優《まさ》っているアルベールは、妻の意見が自分と合わないと、こうした優越性をかさにきて妻の意見にいっさい価値を認めまいとする。彼は自分が正しいのだということを倦《う》むことなく妻に証明してみせる。妻の方は意固地になって、夫の理屈に内容があるとはいっさい認めまいとする。夫は自分の考えに固執するだけのことだ。こうして、二人のあいだで重大な誤解が深まっていく。夫は、妻がうまく説明してみせることはできないが、妻のうちに深く根づいている感情、反応を理解しようと努めない。妻は、夫が彼女に浴びせかける衒学的《げんがくてき》な論理のかげに何か生き生きしたものがあるかもしれないということがわからない。夫はついに無知に苛立って――もっとも、けっして妻はそれを彼に隠していたわけではないが――、挑戦的に、天文学の質問を妻につきつけることまでする。とはいえ夫は、みずから講義の采配《さいはい》をふるい、妻を自分が簡単に思いのままにできる聴衆だと思って得意になっているのだ。自分の知的な欠陥のせいで必ずたちまち負けてしまう闘いのなかで、若い妻には沈黙なり涙なり暴力の他には対抗手段がない。

あのひきつったような、甲高い声を聞いていると、ベルトは殴られたみたいに頭がかすんでしまって、もう考えることができなかった。そしてアルベールは相変わらず、横柄《おうへい》な唸《うな》り声で彼女を包み込んで、彼女をぼうっとさせ、彼女を傷つけ、その侮辱された心を動揺させようとしていた……彼女はわけのわからない議論のとげとげしさに困惑し、打ちのめされていた。そして、この不正な権力から逃れ出ようと、叫んだ。「ほっといてちょうだい！」。彼女には、この言葉では弱すぎるように思われた。彼女は化粧台の上のクリスタル製の小瓶に目をやり、突然、その函《はこ》をアルベールに投げつけた。

女も時には闘おうと試みる。しかし、たいていは『人形の家』[*1]のノラのように、[*2]男が自分の代わりに考えてくれるのを仕方なしに承知する。男がカップルの意識になるというわけだ。臆病《おくびょう》さ、不器用さ、怠惰から、女は一般的、抽象的な問題すべてについての共通見解を作り上げる役を男に任せてしまう。聡明で、教養があり、自立しているが、十五年にわたって、自分より優れていると思う夫に敬服していたというある女性は、夫の死後、自分の信念や行動について自分自身で決定を下さなければならなくなって、どんなに動揺を感じたことかと、私に話したことがある。いまだに彼女は、どんな場合にも、夫ならどう考え、どう決めただろうと推察しようとしているのだ。夫は一般に、こうした指導者かつ首長の役に満足を覚える。*3 同輩との関係の難しさや、目上の者への服従を経験した日の晩には、夫は自分を絶対的な優越者と感じたがり、異論の余地のない

*1　ノルウェーの劇作家イプセン（一八二八－一九〇六）の戯曲。

*2　〔原注〕「私が父のもとにいた頃、父は何でも自分の考えを話してくれました。それで私も私の考えをもつようになりました。時に違った考えをすることがあっても、隠していました。だって、父はそんなこと、気に入らなかったでしょうからね……私は父の手からあなたの手へ移りました……あなたは何事につけてもあなたの判断にしたがってやっていらっしゃいました。それで私もあなたと同じ判断になりました。それとも、そういうふりをしていました。私にはあまりよくわかりません。その両方だったと思います。ある時はこちら、ある時はあちらというふうに。あなたと父、あなたたちは私に大きな害を及ぼしたのですよ。私が何ひとつできない女になったのは、あなたたちのせいです」。

*3　〔原注〕ヘルメルはノラにこう言う。「おまえが自分自身の力で物事をやっていくことができないからといって、おまえに対する私の愛情がさめるとでも思っているのかい。いやいや、おまえはただ私のことを頼りにしていればいいんだ。私はおまえに助言してあげるし、おまえを導いてあげる。その女らしい無能ぶりのために、おまえが私の目にさらにいっそう魅力的に映るようにならないようだったら、私は男じゃないよ……よく休んで、安心おし。おまえを私の広い翼の下で守ってあげるからね……男が心から自分の妻を許してやったという意識をもつときには、なんとも言えない穏やかな満足した気持ちになるものだ……妻は、いわば、彼の妻であり子どもでもあるというふうになったわけだ。今後おまえは私にとってそういうものになるんだよ、道に迷って途方にくれている子どもにね。何ひとつ心配しないでいいんだ、ノラ。ただ、すっかり心を開いて私に話すんだ。そうすれば、私がおまえの意志にもなり、良心にもなってあげるから」。

真理を惜しみなく授けたがる。[*1]彼は昼間の出来事を説明し、相手より自分の方が正しいことを明らかにし、妻のなかに彼自身を確証する分身を見出して幸せに思う。彼は新聞記事や政治ニュースを解説し、わざと妻に大声で朗読してやる。文化と妻との関係そのものが自律的にならないようにするために。自分の権威を拡張するために、彼は女の無能さをひどく誇張する。妻はこの従属的な役割を多かれ少なかれ従順に受け入れる。妻たちが、夫の不在を心から寂しがりながらも、その機会に、自分自身のなかに思いもよらない可能性を発見して、どれほど呆然とした喜びを感じるものかは、よく知られている。彼女たちは、助けなしに、仕事をとりしきり、子どもを育て、決定を下し、管理するのだ。だが、夫が帰ってきたために自分がふたたび無能と定められると、彼女たちはつらい思いをする。

結婚は男の気儘《きまま》な支配的態度を助長する。支配欲は誰にでもあるし、誰にとっても最も抑えがたいものである。子どもを母親にゆだねること、妻を夫にゆだねること、それは地上に専制を培《つちか》うことだ。たいてい夫は、賛同されること、称賛されること、助言すること、指導することだけでは満足できない。夫は命令を下し、君主の役を演じる。妻に自分の権威をつきつけることによって、幼い頃からこれまでの人生で集積した恨みのすべて、その存在自体が自分を苦しめ、傷つける男たちのあいだにあって日常的に集積した恨みのすべてを、家庭で解消するのだ。夫は暴力、権力、非妥協性を身振りで表わす。厳しい一声で命令を下したり、さもなければ、わめいたり、テーブルをたたいたりする。こうした芝居は妻にとっては日常茶飯事である。夫は自分の権利を確信しきっているので、妻がほんの少しでも自律性を保持していると、反逆されているように思う。彼は、妻が彼なしには息をすることもできないようにしたがる。しかし妻は反抗する。たとえ最初は男性的威信を認めたにしても、彼女の眩惑《げんわく》はすぐに消える。子どももいつかは、父親も一介の人間にすぎないと気づく。妻はじきに、自分の面前にいるのは〈領主〉〈首長〉〈主君〉といった崇高な人物ではなく、一人の男であるとさとる。自分がなぜ彼に服従しなければならないのか、まったく納得がいかない。彼女の目には、実りのない、不当な義務としか映らない。時には、妻はマゾヒスト的な自己満足で服従する。彼女は犠牲者の役を演じるが、その忍従は長い無言の非難に他ならない。しかしまた時には、妻は支配者に公然と闘いをいどみ、逆に彼を虐《しいた》げようと努める。

妻をたやすく自分の意志に従わせて、思うままに「教育」するのだと思い込むような

＊1　〔原注〕ロレンス『無意識の幻想』を参照。「男は自分の妻に真の男、真の先駆者と見なされるようにするために闘うべきである。自分の妻に先駆者と見なされるのでなければ、男ではない……そして男は、妻が自らの目的を男の目的に従わせるようにするために激烈な闘いをしなければならない……そうなったら、なんとすばらしい人生だろう。夕方、妻のもとに戻り、彼女が気遣わしげに自分を待っていてくれる姿を見るのは、なんと心楽しいことだろう。家に戻り、妻のかたわらに座るのは、なんという快さだろう……一日の労苦を腰に家路をたどりながら、なんと豊かで重々しく自分を感じることか……男は自分を愛してくれ、自分の仕事を信じてくれる妻には計り知れない感謝を覚えるものだ」。

男は単純である。「妻とは夫が作り上げるものだ」とバルザックは言っている。しかし彼は、その少し先の箇所では、反対のことを言っている。抽象と論理の領域では、たいてい妻は仕方なしに男の権威を受け入れる。しかし、自分にとって重要な考えや習慣に関することになると、妻はずる賢く、執拗《しつよう》に夫に対抗する。幼児期、青春期の影響は男より女の方がはるかに根深い。女の方が自分の個人的歴史にずっと深く閉じこもっているからだ。幼児期、青春期に得たものを、たいてい女はけっして手放そうとしない。夫は、妻に政治的意見を押しつけることはできても、妻の宗教的信念を変えることはできないし、妻の盲信を揺るがすことはできない。信心に凝り固まった世間知らずの女の子と生活をともにして、自分が彼女を実際に感化するのだと思い込んでいたジャン・バロワ[*1]が、そうしたことを確認している。彼は、げんなりして言っている。「田舎町の暗がりに埋没した小娘の頭脳。無知な愚かしさの主張すべて。これは洗い落としようがない」。女は、信条を教え込まれていても、道徳規範をオウムのようにしゃべりたてていても、自分自身の世界観は保持している。こうした抵抗のせいで、女が自分より理知的な夫の言うことを理解できないこともある。あるいは逆に、こうした抵抗のおかげで、スタンダールやイプセンの女主人公たちのように、女が男のくそまじめな精神よりも高邁《こうまい》になることもある。時には女は、男への反感から——性的に失望させられたにしろ、あるいは逆に、男に支配されて、その仕返しをしたいと思っているにせよ——、わざとその男の価値観とはちがう価値観に固執する。母親、父親、兄弟の権威や、「優れている」と思われるような男性の人物、聴罪司祭、修道女の権威を後ろ楯《だて》にして、夫をうち負かそうとする。あるいは、積極的な反論はいっさいしないで、一貫して夫に反対し、夫を攻撃し、夫を傷つけるよう努める。夫に劣等感を植えつけようとするのだ。もちろん、必要な能力がそなわっている女であれば、夫を眩惑し、自分の意見、信条、主義を夫に押しつけて喜ぶ。精神的権威をすっかり自分で独占してしまうわけだ。夫の精神的優越性に対抗するのが不可能な女の場合には、性的な面で報復しようとする。たとえば、アレヴィー[*2]が伝えているミシュレ夫人[*3]のように、夫を拒む。

彼女はあらゆるところで優越したいと思っていた。まずベッドで——というのも、それは我慢せざるをえなかったからだが。それから仕事机でも。彼女は机をねらっていた。そして、彼女がベッドを防御する一方で、ミシュレは最初、机を防御していた。数ヵ月間、夫婦は肉体関係がなかった。ついにミシュレがベッドを占領し、まもなく、アテナイス・ミアラレが机を占領した。彼女は生まれついての文学者で、そこが彼女にふさわしい場所だったのだ……

＊1　フランスの小説家ロジェ・マルタン・デュ・ガールの小説『ジャン・バロワ』（一九一三）の主人公。
＊2　一八七二－一九六二、フランスの批評家。
＊3　十九世紀フランスの歴史家ジュール・ミシュレの妻。

妻が夫の腕のなかで身をこわばらせ、彼女が不感症であるという恥辱を夫に加えることもある。また、妻が気まぐれや媚態《びたい》を見せて、夫が懇願する態度をとらなければならないようにすることもある。あるいは、妻が浮気をして、夫が嫉妬《しっと》するよう仕向けたり、夫を裏切ることもある。いずれにしろ、妻は夫の男らしさを侮辱するわけである。用心して、極端に走らないようにしている場合でも、ともかく妻は自分の尊大な冷淡さという秘密を誇らしげに心のなかに秘めている。そして、こうした秘密を日記で明かすこともあるが、女友だちに打ち明けることの方が多い。結婚した女の多くは、自分では感じていないと称する快楽を感じているふりをするのに用いる「トリック」を互いに打ち明けて楽しむ。そして、自分たちに騙《だま》されている男たちのうぬぼれた間抜けぶりを容赦なく嘲笑《あざわら》う。こうした打ち明け話は、おそらく、また別の芝居である。不感症と不感症を望む気持ちのあいだの境界線ははっきりしないからだ。いずれにせよ彼女たちは、自分は感じないのだと思い込むことで恨みをはらしているわけである。なかには、夜も昼も勝ち誇っていたがる女たちもいる――「カマキリ」に喩《たと》えられる女たちである。そうした女は抱擁においては冷淡で、会話においては軽蔑《けいべつ》的で、振る舞いにおいては専制的である。たとえば――メイベル・ドッジ[*1]の証言によれば――ロレンスに対するフリーダ〔ロレンスの妻〕の態度がそうだ。ロレンスの知的優越性は否定できないので、彼女は、もっぱら性的な価値だけが重要性をもつ自分自身の世界観を彼に押しつけるのだと称していた。

彼は彼女を通して人生を見るべきで、性の観点から人生を見ることが、彼女の役割だった。人生を受け入れたり非難したりするために彼女が身を置いたのは、この性の観点だったのだ。

フリーダはある日メイベル・ドッジに断言した。

彼はすべてを私から受け取らなければならないのです。私がいなければ、彼は何も感じはしません。何も。彼は私から自分の本を受け取っているのです（と、彼女はこれ見よがしに続けた）。誰も知りはしません。彼の本のページは全部、私が書いたものなんです。

しかしフリーダは、ロレンスが彼女を必要としているということを絶えず自分で確かめることを貪欲《どんよく》に求めている。彼が絶え間なしに彼女のことに専心しているよう求めている。彼が自分からそうしないと、彼女が強いてそうさせるのだ。

＊1　アメリカの富豪女性。ロレンスの崇拝者。

フリーダは、自分とロレンスの関係が結婚した男女のあいだにふつう形成されるような平静さのなかで展開されるようなことにけっしてならないようにと、心をくだいていた。彼が慣れにまどろんでいると感じると、すかさず彼に爆弾を投じるのであった。彼女は彼が彼女のことをけっして忘れないようにしていた。絶え間ない注視を求めること……これが、私が彼らに会った当時、敵に対して使う武器となっていた。フリーダは彼の最も敏感なところを突くすべを心得ていた……昼間、彼が彼女に関心を示さないと、夜になって、彼女が彼を侮辱することになるのだった。

結婚生活は、この二人のあいだでは、絶えず繰り返される喧嘩《けんか》の連続となっていて、そうしたなかで、どちらも折れようとはせず、ほんの小さな争いにも、〈男〉なるものと〈女〉なるものの決闘のとてつもない様相がうかがえるのであった。

これとは非常に異なったかたちではあるが、ジュアンドー[*1]が描き出しているエリーズの姿にも、やはり夫の価値をできるかぎりひき下げてやろうとする猛烈な支配欲が見てとれる。

エリーズ——まずは、まわりのものをみんな、けなしてやる。そうすれば、とても安心していられる。もう相手は醜い男か、変人しかいないわけだから。

彼女は目を覚ますと私を呼ぶ。

——おい、醜男《ぶおとこ》。

これは政略だ。

彼女は私を侮辱したいのだ。

どれほど素直な陽気さで、彼女は私が自分自身に抱いている幻想すべてを次々と捨てさせて楽しんでいたことか。彼女は、仰天する友人たちや唖然《あぜん》とする召使いたちの前で、私はこんなふうに、あんなふうに惨《みじ》めなやつだと言ってのける機会をけっして逃しはしなかった。そんなふうにして、ついに私は彼女の言うことを信じるようになった……私が卑下するようにと、彼女は折を見ては、私の作品が彼女にもたらす興味は、それが私たちにもたらす利益には及ばないということを私に感じさせようとした。

私の思想の源泉を涸《か》れさせたのは、まさに彼女だ。辛抱強く、ゆっくりと、執拗に私を落胆させ、順序立てて私に屈辱感を与え、確固とした、沈着な、冷酷な論理を用いて私に心ならずも少しずつ自尊心を捨てるようにさせていって。

——要するに、あんたは職人より稼ぎが少ないのよ。ある日、彼女は床磨き職人の前で私に言った……

＊1　〔原注〕『夫の記録』および『続・夫の記録』。

……彼女が私を侮辱したがるのは、自分の方が優れている、少なくとも私と同格だというところを示すためであり、こうした侮蔑で私を彼女の高さに合わせるためなのだ……私のことは、私がしていることが彼女の踏台や売り物として役立つかぎりで評価しているにすぎないのだ。

フリーダとエリーズが男に対して自分を本質的な主体として立てようとして用いている戦略は、しばしば男たちの非難を受けてきた。彼女たちは男に自己超越を認めまいとしているのだ。えてして男は、女は男に対して去勢の夢を育《はぐく》んでいるのだと思う。実際には、女の態度は両義的なのである。女は男という性を抹殺したがっているのではなく、むしろ侮辱したがっている。もっと正確に言えば、女は男の投企《プロジェ》、男の未来に損傷を負わせたいと思っているのだ。夫や男の子どもが病気になったり疲労したりして、肉体的な存在でしかなくなってしまうと、女は勝ち誇る。そうなれば彼らは、彼女が支配する家のなかで、他の物と同じ物としか見えない。彼女は、この物を主婦としての権能をふるって扱う。割れた皿を拾い集めるのと同じように手当をしてやり、鍋《なべ》を磨くのと同じように拭《ふ》いてやる。野菜の皮むき器や皿洗いの水となじんだ、その天使のような手を拒むものは何もない。ロレンスはフリーダについて語りながら、メイベル・ドッジに言った。「あなたが病気になったときに、この女の手があなたにどんな感じを与えるか、想像できますまい。どっしりとした、ドイツ風の、肉の手ですよ」。女は意識的に、いっぱいの重みを加えてこの手を押しつけ、男もまた肉体的な存在にすぎないということを感じさせるのだ。ジュアンドーが語っているエリーズの態度ほど徹底しているものはないだろう。

たとえば、私は新婚当時の天津《てんしん》シラミのことを思い出す……このシラミのおかげがなければ、私は本当に彼女と親密になれはしなかった。その日、エリーズは私を素裸にして、羊の毛を刈るかのように彼女の膝《ひざ》にのせ、蠟燭《ろうそく》の火で私の体の隅々まで照らして私の体を探索したのだ。腋《わき》の下、胸、臍《へそ》、指でつまんで太鼓の皮のようにぴんと張らせた睾丸《こうがん》をゆっくりと調べてから、太股《ふともも》、爪先《つまさき》へと捜査箇所を拡げていき、肛門《こうもん》のまわりまでくまなく調べあげた。とうとう、シラミが隠れ住んでいた一房のブロンドの体毛がごみかごに捨てられ、彼女に燃やされてしまった。そのおかげで私はシラミとその住処《すみか》から解放されたが、それと同時に、いっそう裸になり、孤独の砂漠に放り出された。

女は、男が主体性の表現される身体ではなく、受動的な肉体であってほしいと思う。女は、実存に対して生を主張し、精神的価値に対して肉体的価値を主張する。男の企てに対しては、パスカルのような諧謔《かいぎやく》的な態度をとりたがる。女もまた、「男の不幸はすべて部屋にじっと落ち着いていられないところから来る」と考えるのだ。女は男を住居に閉じ込めておきたいと心から思う。家庭生活に利益をもたらさない活動はすべて、女に反感をいだかせる。ベルナール・パリシー〔十六世紀フランスの陶芸家〕の妻は、これまで世間になくてもさしつかえなかった新しい釉薬《うわぐすり》を考案するために夫が家具を燃やしてしまうのに憤慨している。ラシーヌ夫人〔十七世紀フランスの劇作家ラシーヌの妻〕は夫が庭のスグリの実に関心を寄せるように仕向けるが、夫の悲劇作品は読もうとしない。ジュアンドーは『夫の記録』のなかで、エリーズがあくまで彼の文芸著作を物質的利益の種としかみなさないので激怒している。

私は彼女に言う。「僕の最新作の中編小説が今朝でるよ」。別に奇をてらうつもりはなく、ただ実際にそのことしか彼女の興味を引かないからなのだが、彼女はこう答えた。「それじゃ、今月は収入が少なくとも三〇〇フラン増えるわけね」

こうした衝突が激しくなっていき、離縁を引き起こすこともある。しかし、一般的に妻は、夫の支配を拒みながらも、夫を「手放さない」でいたがる。彼女は自分の自律性を守るために夫と闘い、また、自分を依存状態に置く「状況」を保つために、夫以外の人々と闘っているのだ。こうした二つの態度を使いわけるのは難しい。このことは、多くの女が不安状態、ノイローゼ状態で生活を送っているわけを部分的に説明している。シュテーケルは、一つの顕著な事例をあげている。

Z・T夫人――彼女は性的快感を得たことが一度もない――は、きわめて教養の高い男性と結婚している。しかし彼女は、夫の優越性に耐えられず、夫の専門領域を学ぶことで夫と同等になりたいと思った。それはあまりにも骨の折れることだったので、彼女は婚約してすぐに勉学をやめてしまった。夫はとても有名で、彼を慕って集まる弟子が大勢いた。彼女はこんなばかげた崇拝にははまり込まないようにしようと思った。夫婦生活では、彼女は最初から快感が感じられないままだった。彼女は、夫が満足して彼女から離れてからオナニーをすることでしかオルガスムスに達することがなく、そのことを夫に話した。夫が愛撫《あいぶ》で彼女を興奮させようと試みるのを彼女は拒否していた……まもなく彼女は、夫の仕事を愚弄《ぐろう》し、貶《けな》すようになった。彼女は「自分は偉大な男の私生活の楽屋を知っているので、彼のところに慕い寄ってくる間抜け者たちの気持ちを理解する」ことができなかった。毎日の夫婦喧嘩では、次のような言葉がとびだすのだった。「あなたの下手くそな書き物で私にあなたの価値を認めさせようとしたって無理ですからね」「あなたは、自分は三文文士様でいらっしゃるので、私のことを自分の思いどおりにできるんだと思ってるのね」。夫はますます弟子たちの世話に熱中し、彼女は若者たちに囲まれて暮らしていた。夫が他の女に恋するようになるまでは、彼女はこのような暮らしを何年か続けていた。それまでいつも彼女は夫のささいな浮気を容認してきたし、捨てられた「哀れな、ばか女」たちの友だちになりさえした……だが、今度は態度を変え、相手かまわず若い男に身を任せたが、オルガスムスは経験しなかった。彼女は夫に自分が彼を裏切ったと告白し、夫は彼女を全面的に許した。穏やかに別れることもできただろう……彼女は離婚を拒んだ。激しい議論になり、そして和解が成立した……彼女は泣きながら身を任せ、初めて強烈なオルガスムスを体験した。

夫と闘いながら、彼女はけっして夫と別れようとは考えていないということがわかる。まさに、「夫を捕まえる」ことは一つの技法であり、夫を「つなぎとめておく」ことは一つの技量なのだ。それには多くの駆け引きが必要とされる。ある口うるさい若い妻に、用心深い姉がこう言ったという。「気をつけなさい。マルセルにわめきちらしてばかりいると、自分の地位を失うはめになるわよ」。最も重大なものが賭《か》けられているのだ。つまり、物質的、精神的な保証、自分自身の家庭、妻の尊厳、多少なりとも上出来な、恋愛や幸福の代用品といったものである。妻は、自分の性的魅力が自分の武器のうちで最も非力なものにすぎないことをすぐにさとる。そうした魅力は慣れによって消え去ってしまう。そして、口惜《くや》しいことに、世間には欲情をそそる他の女たちがいる。それでも妻は自分が魅惑的になるように、気に入られるように懸命になる。しばしば妻は、自分を不感症になるように仕向ける自尊心と、自分の官能の激しさで夫を喜ばせ、引きつけようという思いに心を引き裂かれている。妻はまた、習慣の力、夫が快適な住居に感じる魅力、善良な伴侶《はんりょ》に示す愛着、子どもへの愛情を頼りにしている。自分の接待の仕方や身なりの整え方によって「夫に敬意を表する」こと、自分の助言、自分の影響によって夫に支配を及ぼすことに努める。そうしたことができればできるほど、妻は夫の世俗的な成功や仕事に不可欠な存在になれるのだ。しかし何よりも、伝統全体が妻に「夫を操る」技法を伝授しているのだ。夫の弱点を見つけ出し、それをおだてあげるべし、おだてと軽蔑、服従と反抗、監視と寛容を巧妙に調合すべし、と。最後の取り合わせはとりわけ慎重を要する。夫を自由にさせすぎても、不自由にさせすぎてもいけない。あまりにも迎合的な妻は夫に逃げられてしまう。夫が他の女たちに費やす金銭、愛の情熱は、夫が妻から横領したものである。妻は、情婦が夫に大いに権力をふるって離婚させられるかもしれない、少なくとも夫の生活において最上位を占めるかもしれないという危険にさらされる。とはいえ、情事をいっさい禁じれば、夫を監視し、喧嘩をふっかけ、厳しい要求をつきつけることで夫を苛立《いらだ》たせれば、妻は夫にひどく反感をいだかせてしまうかもしれない。要するに、臨機応変に「譲歩する」すべを心得ることが大切なのだ。夫が「浮気」しているときには目をつぶるようにする。しかし、それ以外のときには、目を見開いていなければならない。とくに、若い娘に用心する。若い娘が自分の「地位」を奪うのはおこがましい、と思うからだ。気がかりなライバルから夫を引き離すために、夫を旅行に連れ出し、夫の気を紛らわせようとする。必要であれば——ポンパドゥール夫人[*1]の例にならって——危険性がもっと少ないライバルをそそのかす。どれもうまくいかなければ、涙の発作、神経の発作、自殺の試み等々の手段に訴える。しかし、あまりに騒ぎたて、責めたてると、夫を家庭から追い出すことになってしまう。魅惑することが最も切実に必要になったときに、そうした女は我慢ならない女になってしまうのだ。勝負に勝ちたいと思うならば、いじらしい涙と勇壮な微笑《ほほえ》み、脅しと媚態《びたい》をうまく混ぜ合わせることだ。隠しだてする、策略をめぐらす、無言のうちに憎み怯《おび》える、男の虚栄心と弱点に賭ける、男の裏をかき、男をだまし、操ることに慣れる、こうしたことは実に嘆かわしい技巧だ。女の立派な口実になるのは、女は自分自身のすべてを結婚に賭けるよう強いられるということである。女には職業もなく、技能もなく、人脈もなく、姓すらも自分自身のものではなくなる。女は夫の「伴侶」にすぎないのだ。夫に捨てられたならば、たいていは、自分の中にも外にも何の助けも見つからない。A・ド・モンジーやモンテルランのように、ソフィア・トルストイを非難するのは簡単なことだ。しかし、もし彼女が結婚生活の偽善を拒んだとしたら、彼女はいったいどこへ行っただろうか。どんな運命が彼女を待ちうけていただろうか。たしかに、彼女はひどい意地悪女であったらしい。しかし、彼女に専制君主を愛し、隷従《れいじゅう》を祝福すべきだったと言えるだろうか。夫婦のあいだに信義と友情が存在するためには、夫婦が二人とも互いに自由であり、具体的に平等であるということが必要不可欠な条件となる。男だけが経済的自立性をもち、男が——法律と慣習のおかげで——男であることで授けられる特権を保持しているかぎり、たいていの男が専制君主の姿をとり、そのせいで女が反抗や策略を促されるのは当然である。

結婚生活の悲劇やあさましさを否定しようと思う者は誰もいない。しかし、結婚擁護論者が主張するには、夫婦の紛争は個人の不誠実から来るのであって、制度から来るのではないという。とりわけトルストイは『戦争と平和』の終章で理想的な夫婦を描いている。ピエールとナターシャの夫婦である。ナターシャはおしゃれで空想好きな娘だった。結婚してからの彼女はまわりの人たちを驚かす。彼女が化粧、社交界、すべての娯楽をあきらめて、ひたすら夫と子どもたちに献身するようになったからだ。彼女はまさに主婦の典型になったのだ。

彼女に、かつて彼女の魅力となっていた、あのいつも燃え立っているような生命の焔《ほのお》はもうない。今はもう、彼女の顔と体が見えるばかりで、魂は見えなかった。美しく多産な、力強い雌が見えるだけであった。

彼女はピエールに、自分が彼に捧《ささ》げている愛と同じくらい独占的な愛を求める。彼女は彼に嫉妬《しっと》している。彼はいっさいの外出、友人との付き合いをあきらめて、彼もまた、ひたすら家族に献身するようになる。

＊1　（439頁）一七一〇－六四、フランス王ルイ十五世の寵姫《ちょうき》。

彼はクラブへ晩餐《ばんさん》にでかけることも、長期の旅行をすることもできなかった。ただし、仕事のためにでかけるのは別であった。妻は彼の科学研究をそうした仕事の一つに数えていた。彼女は、自分では何もわからないが、彼の科学研究をきわめて重要視していたのだ。

ピエールは「妻の尻《しり》に敷かれて」いたが、その反面、ナターシャは内輪では夫の奴隷になっていた。家全体がいわゆる夫の命令によって、つまり、ナターシャが推察に努めているピエールの欲求によって、取り仕切られていた。

ピエールが遠方にでかけると、ナターシャは彼が帰宅したとき、いらいらしながら出迎える。彼の留守につらい思いをしていたからだ。しかし、この夫婦のあいだには、みごとな相互理解が成り立っている。ほのめかしただけで、お互いの気持ちがわかるのだ。自分の子どもたち、家、愛し尊敬する夫のあいだで、彼女はほとんど混じり気なしの幸福を味わっている。

この牧歌的な画像は、もっと詳しく調べてみる必要がある。ナターシャとピエールは魂と肉体のように結合している、とトルストイは言う。しかし、魂が肉体から離れたら、ただ死があるのみだ。もしピエールがナターシャを愛さなくなったら、どんなことになるのだろうか。ロレンスもまた、男の心変わりという説を否定している。ドン・ラモン〔『翼ある蛇』の登場人物〕は、彼に魂をささげた現地人の娘テレサをずっと愛することだろう、と。しかし、唯一《ゆいいつ》の絶対的な永遠の愛の熱狂的な称賛者の一人であるアンドレ・ブルトン[*1]でさえも、少なくとも現在の状況のもとでは、こうした愛が対象を間違えることもありうるということを仕方なく認めている。間違いであっても心変わりであっても、女にとっては捨てられることに変わりない。頑健で官能的なピエールは他の女に肉体的に引きつけられることもあるだろう。ナターシャは嫉妬深い。やがて夫婦仲はとげとげしくなっていく。ピエールがナターシャを捨てるとすれば、ナターシャの生活は破滅するだろう。ピエールが嘘《うそ》をついて、恨みをいだきながらナターシャに耐えるとすれば、ピエールの生活は台なしになる。二人が妥協して中途半端《はんぱ》な生き方をするならば、二人とも不幸になるだろう。ナターシャには少なくとも子どもがいるではないかと反論する人もいるだろう。しかし子どもは、夫が頂点の一つとなっている、安定した形態のなかにあってこそ、喜びの源泉となるのだ。見捨てられた、嫉妬深い妻にとって、子どもはやっかいな重荷となる。トルストイはピエールの思想に対するナターシャの盲目的な献

＊1　一八九六－一九六六、フランスの作家。

身を讃《たた》えている。しかし、女に盲目的な献身を求めているもう一人の男ロレンスは、ピエールとナターシャのことを愚弄している。つまり、男というものは、他の男たちの見方からすれば、粘土の偶像になることはあっても、ほんものの神になることはありえないのだ。男を崇拝することで、ひとは男を救うのではなく、男の命を奪うことになってしまう。いったいどうしてだろうか、男たちの主張は互いに異論を唱えあっている。もう権威は効力を失ったのだ。女が判断し、批評する必要がある。女は単なる従順な雷同者ではいられなくなるだろう。そのうえ、女が少しの自由意志もなしで受け入れるような規範や価値観を女に押しつけるのは、女を堕落させることである。女が夫と同じ考えをもつにしても、それは女の自主的な判断を通じてのみできることである。自分に無縁なものについては、賛成も反対もできっこない。女は自分自身の存在理由を他人から借用することはできないのだ。

ピエール＝ナターシャの神話を最も根本的に非難する根拠となるもの、それはレフ＝ソフィアという夫婦である。ソフィアは夫に嫌悪感《けんおかん》をいだき、彼のことを「うんざりさせる人」と思っている。彼は近隣の農婦みんなと関係して彼女を裏切り、彼女は嫉妬し、うんざりする。彼女は度重なる妊娠の期間中ノイローゼ状態で過ごし、子どもたちも彼女の心の空虚、生活の空虚を満たしはしない。彼女にとって家庭は不毛の砂漠であり、彼にとっては地獄である。そして、ヒステリックな老女が夜露にぬれた森に半裸で横たわり、追いつめられて家出した老人が一生涯の「結合」を否定するという結末になるのだ。

たしかに、トルストイの場合は例外的である。「うまくいっている」家庭、つまり夫婦が妥協にこぎつけたという家庭は数多くある。こうした夫婦は互いにそれほど傷つけ合うこともなく、嘘をつき合うこともなしに、寄り添って暮らしている。しかし、夫婦がめったに免れることのできない宿命的な不運が一つある。倦怠《けんたい》である。夫が妻を自分の模倣者にするのに成功した場合、あるいは各自が自分の世界に閉じこもっている場合、数ヵ月後、数年後には、夫婦は互いに伝え合うものが何もなくなってしまう。夫婦とは、その成員が各自の自律性を失いながらも各自の孤独から解放されはしないといった共同体である。夫婦は互いに相手と動的、躍動的な関係を保つのではなく、静的に互いを同一化してしまう。だからこそ、精神的な領域でも、性愛の場面でも、互いに与え合うものの、交換し合うものが何もないのだ。ドロシー・パーカーは、その最も優れた中編小説の一つ『気の毒に』のなかで、多くの結婚生活の悲話を縮図的にまとめている。夕方、ウェルトン氏が帰宅する。

ウェルトン夫人は夫のベルの音に戸を開けた。

——あらまあ！　と陽気に言った。

彼らは生き生きした様子で笑顔を交わした。

——ただいま！　ずっと家にいたのかい？　と彼が言った。

彼らは軽く抱擁した。彼女は、彼がコートと帽子を脱ぎ、ポケットから新聞を取り出し、一つを彼女に差し出すのを、慎《つつ》ましく、興味深げに見守った。

――こんなに新聞をもってらしたのね。その一つを受け取りながら、彼女は言った。

――それで、きみは一日何をしてたんだい？　と彼が尋ねた。

彼女はこの質問を予期していた。彼が帰ってくる前には、一日のこまごました出来事すべてをどうやって彼に話したものか心に描いていた……でも今は、そんなことは無味乾燥な長話のように思えた。

――ああ、なんにも。彼女は陽気に少し笑いながら言った。あなたはいい午後を過ごしたの？

――まあね、と彼はきりだした……しかし彼の興味は話をはじめないうちに失《う》せてしまった。一方で彼女はクッションの毛糸の房飾りから糸を一本引き抜くのに専念していた。

――ああ、そんなとこだったな、と彼は言った。

……彼女はよその人と話すのがかなり得意だった。アーネストも仲間うちではかなりおしゃべりだった……彼女は自分たちが結婚する前、婚約時代にどんなことを語り合っていたのか思い出そうとした。大したことは一度も話し合わなかった。しかし彼女はそんなことは心配していなかった……接吻《せっぷん》があったし、自分たちの心を占めているものが何やかやあった。しかし七年もたてば、宵を過ごすのに接吻その他のことをあてにするわけにもいかない。

ひとは七年のうちには慣れて、まあこんなものだとわかって、あきらめがつくと思えるかもしれない。だが、そうではない。結局は神経にこたえることになるのだ。これは、時に人々のあいだにかぶさってくることのある心地よい、暖かな沈黙の一つではない。これは、自分は何かしなければならない、自分は義務を果たしていないという気にさせる。ちょうど、夜会がうまくはこんでいないとき、主婦が感じるようなものなのだ……アーネストはぎこちなく新聞を読みだすが、半分くらいのところまでくると、あくびをしはじめる。彼がそうすると、ウェルトン夫人の内部でなにかが起こる。彼女はデリアに話しておかなければいけないとつぶやいて、急いで台所にいく。しばらく台所にいて、何となく鍋《なべ》をのぞきこんだり、洗濯物のリストを点検したりする。彼女が部屋にもどってくるころには、彼は寝支度をしている。

一年のうち三百回、彼らの宵はこんなふうにして過ぎていくのだった。三百を七倍すると二千以上になる。

こうした沈黙こそがどんな言葉よりも奥深い親密さのしるしだと言われることが時折ある。そして、たしかに誰しも、結婚生活は親密さを生み出すということを否定しようなどとは思わない。憎悪、嫉妬、怨恨《えんこん》を隠しきれない家族の記録すべてについてもそのとおりだ。ジュアンドーは以下のように書いて、こうした親密さと真の友愛の違いを強調している。

エリーズは私の妻であって、おそらく、私の友人の誰一人も、私の親族の誰一人も、私自身の肢体のどれ一つも彼女ほど私と親密ではないだろう。しかし、私の最も個人的な世界のなかで彼女が占めている位置、私が彼女に与えている位置がどれほど私に近いところにあっても、彼女が私の皮膚、私の心の解きほぐせない仕組みにどれほど深く根づいていても（そして、そこにこそ私たちの不可分の結合の神秘すべて、葛藤《かっとう》すべてがあるのだが）、今しがた大通りを通っていく見知らぬ人、私の窓からははっきり見えない人の方が、それがどんな人であれ、人間的には彼女よりも私にとって無縁ではないのだ。

彼はまた、こうも言っている。

自分は毒にやられているが、それに慣れてしまっている、と気づく。それ以後は、自己をあきらめずに毒をあきらめることなど、どうしてできよう。

そして、さらに、

彼女のことを考えると、私は、夫婦愛とは共感とも官能性とも情熱とも友情とも愛情ともいっさい関わりのないものだと感じる。それは、それ自体だけで完結していて、さまざまな感情のどれにも還元できず、それで結び付けられているカップルに応じて独自の性質、特有の本質、独特な形態をもつのだ。

夫婦愛[*1]を弁護する人たちは、えてして、それは愛ではないが、そのこと自体がすばらしい性格をそれに与えるのだと弁護する。なぜなら、ブルジョア階級は近年、叙事詩的様式を考案したからだ。因習は冒険のかたちをとり、貞淑は崇高な狂気のかたちをとり、倦怠は叡知《えいち》となり、家庭内の憎悪は愛の最も奥深い形態なのである。実際は、二人の人間が憎み合いながらも相手なしにはいられないというのは、あらゆる人間関係のうちで最も真実なもの、最も感動的なものなどではない。それは、最も哀れなものなのだ。理想的な関係は、逆に、それぞれ完全に自足している人間どうしが自分たちの愛の自由な

＊1　〔原注〕結婚生活のなかに愛情も存在しうる。しかし、それは「夫婦愛」のことを言っているのではない。「夫婦愛」と言うとき、そこには愛が欠如しているという意味になる。これと同じように、ある男のことを「とても共産主義的」だというとき、それは彼は共産主義者ではないという意味を示している。また、「立派な紳士」というのは、単なる立派な人のカテゴリーに属しているのではない男のことになる、等々。

合意によってのみ互いにつながれているというものであろう。トルストイは、ナターシャとピエールの結びつきは「いわく言いがたいが、それ自身の魂のそれ自身の肉体との結合のような緊密、堅固な」なにかであると称賛している。この二元論的な仮説を受け入れるとすれば、肉体は魂にとってまったくの事実性でしかない。たとえば、夫婦の結合においては、それぞれが相手にとって偶然的な、あらかじめ与えられた条件の避けようもない重さをもつことになるだろう。選択された現存ではなく不条理な現存として、存在の必要条件、質量そのものとして、相手を引き受け、愛さなければならないということになるだろう。引き受ける、愛するという二つの語はえてして混同され、そこから、まやかしが生じる。自分が引き受けるものを、人は愛しはしない。人は自分の身体、自分の過去、自分の現在の状況を引き受ける。しかし愛は、他者、自分の存在とは切り離された存在、目的、未来へと向かう動きである。重荷、専制を引き受けるというやり方は、それを愛するのではなく、それに叛旗をひるがえすことである。人間関係は、それが直接的なものとして課されているかぎり価値をもたない。たとえば親子の関係は、それが意識のなかで考察されるときにのみ価値をおびる。夫婦の関係についても、直接的なものとして課されているかぎり価値をもたない。夫婦ともがそのなかで自分たちの自由を麻痺《まひ》させているのを称賛するわけにはいかない。執着、恨み、憎しみ、拘束、あきらめ、怠惰、偽善の混ざり合ったものが夫婦愛と呼ばれている。そして、人がそれを尊重すると称するのは、それが口実に使えるというだけのことなのだ。だが、友情についても肉体的な愛の場合と同じようなことが言える。友情が本来的なもの†であるためには、まず、それが自由なものでなければならない。自由とは、気まぐれという意味ではない。実際、感情は瞬間を乗り越える世界への参加《アンガージュマン》†であるからだ。しかし、自分の決意を保持する、あるいは逆に破棄するといったふうにして、自分の総体的な意志と自分の個々の行動を比較対照してみるのは、もっぱら個人の権限である。感情は、それがどんな外的な拘束にも左右されていないときには、つまり、それが不安なしに感じとれているときには自由である。「夫婦愛」は、それとは逆に、あらゆる精神的抑圧、あらゆる嘘へと導く。それに、まず最初に、夫婦がお互いのことを認識するのを妨げる。日常的な親密さは理解も共感も生み出さない。夫は妻を尊重するあまり、妻の心理生活の紆余《うよ》曲折に関心を示さない。そんなことをすれば、厄介で危険なことが明らかになるかもしれない隠れた自律性を妻に認めることになる。寝床で妻は本当に快感を味わっているのだろうか。夫を本当に愛しているのだろうか。夫に服従していて本当に幸せなのだろうか。こうしたことについて夫は自問しまいとする。こうした問いは彼にとってまさに不快なものに思える。彼は「淑女」をめとったのだ。本質的に妻は貞淑で、献身的で、従順で、清純で、幸福であり、考えるべきことを考えるものだ。ある男の病人は、友人、近親者、看護婦たちにお礼を述べたあと、病床に六ヵ月間付き添っていた若い妻に向かって、こう言った。「きみには礼を言わないよ。きみは自分の義務を果たしただけなんだから」。夫は妻の能力をなにひとつ美点とは評価しない。そうしたものは社会的に保証されていて、結婚制度そのものに組み込まれているのだ。夫は自分の妻がボナルドの著作の産物ではなく、生身の人間であることに気づかない。妻が自分に課せられている拘束に従うことをあらかじめ与えられた条件と見なしている。妻にも克服しなければならない誘惑がある、それに屈することもあるかもしれない、いずれにしろ、妻の忍耐、貞潔、節度は苦難のすえ獲得されたものだということを夫は考慮しない。夫は、妻の夢想、幻想、追憶、妻がその日々を送る感情的風土をさらにいっそう根本的に無視する。たとえばシャルドンヌは『エヴァ』のなかで、何年間か結婚生活の日記をつけている夫を描いている。彼は妻について微妙なニュアンスで語っている。ただし、自分が見たままの妻、彼にとっての妻の姿について語るだけであって、彼女の自由な人間の側面はけっして見ていない。妻が彼を愛してはおらず、彼のもとを去ることを突然に知って、彼は強い衝撃を受ける。愚直で誠実な夫が妻の裏切りで幻滅するという話はしばしば語られてきた。たとえば、ベルンスタンの作品に出てくる夫たちは、自分の人生の伴侶《はんりょ》が盗人だったり、悪人だったり、姦婦《かんぷ》だったりするのを発見して憤慨する。彼らは男らしい勇気で打撃を耐えしのぐのだが、それでも作家が彼らを寛大で強い人物と見せるのに失敗していることに変わりはない。私たちには、彼らはとりわけ感受性と熱意を欠いた無神経な人間に見えるのだ。男は女の隠し立てを非難するが、何度となく騙《だま》されるには、よほどの自己満足がなければならない。女は不道徳になるよう定められている。なぜなら、道徳は女にとって非人間的な観念的存在を具現することにあるからだ。しっかりした女、すばらしい母親、淑女、等々、と。女が考え、夢み、眠り、欲望をおぼえ、自由に息をすると、たちまち女は男の理想を裏切る。だからこそ、多くの女は、夫が留守のときだけ、ようやく「自分自身でいる」ことができるのだ。逆にまた、妻も夫のことを知らない。妻は夫の素顔を見ているつもりでいる。彼女は夫をその日常的な偶然性のなかで捉《とら》えているからだ。しかし、男とはまず、世界で他の男たちに立ち混じって自分がなすところのものである。男の超越の動きを理解しようとしないことは彼を歪曲《わいきょく》することである。「詩人と結婚して、その妻になって、まず最初に気づくこと、それは彼がトイレの鎖を引くのを忘れるということだ」[*1]とエリーズは言っている。それでも彼が詩人であることに変わりないし、彼の作品に関心のない妻は遠くの読者よりも彼のことを知らないのだ。こうした暗黙の了解が妻にはできていないにしても、それはたいてい妻のせいではない。彼女は夫の仕事について詳しく知ることができないし、夫に「ついていく」のに必要な経験、教養もない。妻は、夫にとって単調な日々の仕事の反復よりもずっと大切な企てを通じて夫と結びつくことに挫折《ざせつ》する。一部の恵まれた場合には、妻が夫にとって真の伴侶になることに成功する。妻は夫の企てを検討し、夫に助言し、夫の仕事に協力する。しかし妻は、自分がそれによって個人的な仕事を実現しているのだと思っているとすれば、錯覚を抱いていることになる。やはり夫だけが唯一の活動的で責任ある自由である

＊1　〔原注〕ジュアンドー『夫の記録』参照。

ことに変わりないのだ。夫を助けることに喜びを感じるためには、妻は夫を愛していなくてはならない。さもなければ、彼女は悔しさしか感じないだろう。自分の努力の成果を横取りされた気がするだろうから。男たち——女には自分は女王なのだと思い込ませるようにしながら、女を奴隷《どれい》として扱うべしというバルザックの命令に忠実な男たち——は、女の及ぼす影響力の大きさをことさら大げさに語る。内心では、彼らは自分たちが嘘《うそ》をついているのがよくわかっているのだ。ジョルジェット・ルブランは、自分がメーテルリンク[*1]と一緒に書いたと自分では思っている本に二人の名を記すようメーテルリンクに要求したとき、こうしたまやかしに騙されたのだ。グラッセは、この女性歌手の『回想』に付した序文で、彼女に厳しく説明している。男はみな、すぐに、自分と生活を共にした女を協力者、鼓吹者として讃《たた》えはするが、自分の仕事は自分だけのものだと思っているのだ、と。それはもっともなことだ。あらゆる活動、あらゆる仕事において、重要なのは選択と決定という契機である。一般に女は占師が伺いをたてるガラス玉の役割を演じる。他の女でも同じようにできることなのだ。その証拠に、しばしば男は他の助言者の女、他の協力者の女も同じように安心して受け入れる。ソフィア・トルストイは夫の原稿を清書していた。のちに夫はこの仕事を娘の一人にまかせた。そこでソフィアは、自分が献身しても自分が不可欠な存在にはならなかったのだとわかった。女にほんとうの自律性を保証しうるのは、自律的な仕事だけなのだ。[*2]

結婚生活は場合によって異なる様相をとる。しかし大半の女にとって、一日はほとんど同じように進行する。朝、夫がそそくさと妻と別れる。妻は、夫のうしろで戸が閉まる音を聞いてうれしく思う。彼女は自分が自由で、気兼ねなしに、家の女王になっていたいのだ。今度は子どもたちが学校にでかける。彼女は一日中一人きりでいることになる。揺籠《ゆりかご》の中で騒いだり、ベビーサークルの中で遊ぶ赤ん坊は問題ではない。彼女は化粧と家事に多少なりとも長い時間を費やす。女中がいれば、用事を言いつけ、おしゃべりをしながら台所を少し見てまわる。女中がいなければ、市場をぶらつきに出かけ、近所の女や商人たちと物価について言葉を交わす。夫や子どもが昼食に戻ってきても、一緒に楽しむというわけにはいかない。食事の用意、給仕、後片づけと、やらなくてはならないことが多すぎるのだ。たいていは、彼らが昼食に戻ることはない。いずれにせよ、彼女の前には手持ちぶさたな長い午後がひかえている。幼い子どもたちを公園に連れていき、子どもを見張りながら編み物や縫い物をする。あるいは、家の窓辺に座って繕い物をする。手は動いているが、頭はからっぽである。気がかりなことを絶えず思い浮かべる。計画を立ててみる。夢想し、退屈する。彼女の仕事は何一つそれだけで満足でき

＊1　一八六二―一九四九、ベルギーの劇作家。
＊2　〔原注〕時には、男と女のあいだで、双方が同等に自律しているという真の協力関係が成り立つこともある。たとえば、キュリー夫妻の場合がそうだ。しかし、夫と同じくらい有能な妻は妻という役割から脱する。また、個人的な目的を達するために男を利用する女たちもいるが、そうした女たちは結婚した女の条件を免れている。

るものではない。彼女の思いは、これらのシャツを着たり、これから用意する食事を食べる夫や子どもたちへと向かう。自分は彼らのために生きている。彼らはせめて自分に感謝しているのだろうか。彼女の倦怠《けんたい》は少しずつ苛立《いらだ》ちへと変わっていき、彼女は彼らの帰りを待ちわびる。子どもたちが学校から帰ってくると、彼女は抱きしめて、質問をする。しかし、彼らは宿題があるし、子どもどうしで遊びたいので、逃げ出す。子どもは気晴らしにはならない。それに、悪い成績をとってくるし、マフラーはなくすし、騒ぐし、ちらかすし、けんかはするし。いつも、多少なりとも叱《しか》りつけなくてはならない。子どもがそばにいると、母親は気が休まるよりも、むしろ疲れる。彼女は、ますますじりじりして夫の帰りを待ちわびる。何をしているのだろう。どうして、まだ帰ってこないのだろう。彼は外で働いて、人に会い、みんなと話したが、私のことは考えもしなかった。彼女は、自分は愚かにも彼のために自分の青春を犠牲にしたのだと、ノイローゼ気味になって思いめぐらしはじめる。妻が閉じ込められている家へと向かっている夫は、自分に何となく罪があるような気がしている。結婚したての頃は、花束とかこまごました贈物をもって帰ったものだった。しかし、こうした儀式はほどなく意味を失う。今はもう手ぶらで帰るようになり、毎日の出迎えの様子がわかっているだけに、家路を急ぎはしない。実際、妻はうんざりした様子をみせることで一日中待っていた憂《う》さばらしをする。それによって彼女はまた、待っていたかいのない存在に対する失望感を封じるのだ。妻が不満の色を見せないときですら、夫のほうは失望している。彼は職場でおもしろくなかったし、疲れている。刺激がほしいし、休息もしたいといった矛盾した気持ちでいる。あまりに見なれた妻の顔は彼に自分の立場を忘れさせない。妻が自身の心配事を彼にも分かちあってほしいと思い、また、彼に気晴らしとくつろぎも期待しているのを感じる。妻の存在は彼を満足させるのではなく、彼に重くのしかかってくる。彼女のそばでは、ほんとうの休息は見出《みいだ》せない。子どもたちもまた、気晴らしも安息ももたらさない。食事と宵のひとときは何となく不機嫌な雰囲気のうちに過ぎていく。本を読んだり、ラジオを聞いたり、気のぬけたおしゃべりをしたりしながら、それぞれが親密さのかげで孤独なままでいる。しかし妻は、不安に満ちた希望——あるいは、やはり不安に満ちた懸念《けねん》——をいだきながら、今夜——ようやく！　また！——何か起きるかしら、と自問する。彼女は、失望や苛立ち、あるいは安らぎを感じながら眠る。翌朝になれば、彼女は戸の閉まる音をうれしい気持ちで聞くことだろう。妻の境遇は、貧しくて、仕事が多ければ多いほど、それだけつらいものになる。暇な時間があって気晴らしもできれば、明るいものになる。しかし、倦怠、期待、失望という図式が多くの場合に見受けられる。

いくつかの逃避の道が女に示されている（第二部第七章を参照）。しかし実際には、すべての女に許されているわけではない。とくに地方では結婚の鎖が重い。女は自分が逃れようのない状況を引き受ける手段を見つけなければならない。すでに見たように、権威で慢心して、専制的なおかみさんや意地悪女になる者もいる。犠牲者の役に喜びを覚えて、自分を夫と子どもの哀れな奴隷に仕立てあげ、そこにマゾヒスト的な喜びを味わう女たちもいる。若い娘についてすでに述べたようなナルシシスト的な行動を続ける女たちもいる。彼女たちもまた、どんな企てにおいても自己実現できないことを悩み、また、自分が何者にもなろうとしないのに、自分が何者でもないことに悩んでいる。彼女たちは自分が不確定だから、自分が無限であるように感じ、自分の真価が認められていないように思う。そして自分自身に、もの悲しい崇拝を捧《ささ》げる。夢想、芝居じみた振る舞い、病気、奇癖、悶着《もんちゃく》に逃避する。自分の周囲に騒ぎを引き起こしたり、あるいは、想像の世界に閉じこもる。フレデリック・アミエル[*1]が描いた「にこやかなブーデ夫人」はこうした類《たぐい》の女である。田舎暮らしの単調さのなかに閉じ込められ、無神経な男である夫のそばにいて、活動の機会も恋愛の機会もない彼女は、自分の人生の虚《むな》しさと無益さを思う気持ちにさいなまれている。彼女は小説的な空想のなかに、身のまわりの花々のなかに、おしゃれや自分の演ずる人物のなかに、埋め合わせを見つけようとする。夫はこの遊びさえじゃまする。とうとう彼女は夫を殺そうと企《たくら》む。女が逃げ込む象徴的行為は退廃を引き起こすこともあるし、女の強迫観念は犯罪に行き着くこともある。夫婦間の犯罪で、利害よりも、純粋な憎悪《ぞうお》が動機になっているものがある。だからモーリヤックは、かつてラファルジュ夫人がしたように夫を毒殺しようとしたテレーズ・デスケルーを描いてみせているのだ。おぞましい夫に二十年間耐えてきたが、ある日、長男に手伝わせて、平然と夫を扼殺《やくさつ》したという四十歳の女が最近釈放された。彼女にとっては、耐えがたい状況から脱出する手段が他にはなかったのだ。

自分の状況を、明晰《めいせき》さ、本来性のなかで生きようと思っている女には、禁欲的な自尊心の他には救済手段が残されていないことが多い。そうした女は、あらゆるもの、あらゆる人に依存しているので、まったく内的な、したがって抽象的な自由しか知ることができない。彼女は既成の規範と価値観すべてを拒み、判定を下し、尋問し、それによって、結婚生活の隷従から逃れる。彼女の尊大な慎み深さと「耐えて慎め」という標語の信奉は、消極的な態度でしかない。しかし、諦《あきら》め、冷笑的態度で身をかためた彼女には、自分の力の積極的な使いみちが欠けている。情熱的で元気があるうちは、彼女は自分の力を役に立てようと工夫をこらす。他人を助け、慰め、保護し、奉仕して、自分の仕事を増やしていく。しかし、自分をほんとうに必要としている役割にまったく巡りあえないこと、自分の活動が何の目的にも捧げられていないことに悩む。しばしば、こうした女は、孤独と実りのなさにむしばまれて、ついには自己を否定し、自滅してしまう。このような運命の顕著な一例をシャリエール夫人が示している。彼女の生涯を語っている魅力的な本のなかで（『ゼリードの肖像』）、ジェフリー・スコット[*2]は彼女のことを「火の目鼻立ち、氷の額」と描写している。しかし、エルマンシュが彼女は「北極のラップ人の心も燃えたたせる」だろうと言った、その炎を彼女のなかで消してしまったのは、彼女

＊1　一八二一－八一、スイスの思想家。
＊2　一七二二－八五、オランダの軍人。

の理性ではない。結婚が、この光り輝く〈ゾイレンの美女〉を少しずつ殺していったのだ。彼女は諦めるのが道理だと考えた。他の解決策を考え出すには超人的勇気あるいは天才が必要だったことだろう。彼女の稀《まれ》にみる優れた資質をもってしても彼女を救うには十分でなかったということは、歴史に見られる結婚制度の誤りの最も明白な証拠の一つである。

才気煥発《かんぱつ》で、教養が高く、聡明《そうめい》で、情熱的なテュイル嬢は、ヨーロッパで驚嘆の的とされていた。彼女は求婚者たちをたじろがせていた。彼女は十二人以上の求婚者を断ったが、それ以外の、たぶん、承諾される可能性がもう少しあったかもしれない求婚者たちも自分の方から身を退《ひ》いてしまった。彼女の関心を引いた唯一《ゆいいつ》の男、エルマンシュも、夫にするのは問題外だった。彼女はエルマンシュと十二年間文通を続けた。しかし、この友情も、彼女の研究も、結局は彼女を満足させなかった。「処女と殉教者」というのは冗語法だ、と彼女は言っていた。また、ゾイレンの生活の束縛は彼女にとって耐えがたいものであった。彼女は女になりたい、自由になりたいと思っていた。三十歳で彼女はシャリエール氏と結婚した。彼女は彼のなかに見てとれる「心の誠実さ」と「彼の正義感」を高く評価していた。そして最初、彼を「世界で最も優しく愛されている夫」にしようと決心した。のちにバンジャマン・コンスタンがこう語っている——「彼女は夫に自分と同じような活発さを強いようとして夫を苦しめていた」。彼女は彼の徹底した冷静さを打ち破るのに失敗した。実直で陰気な夫、老いさらばえた義父、魅力のない二人の義妹と一緒にコロンビエに閉じ込められていたシャリエール夫人は、退屈しはじめた。ヌーシャテルの地方社交界は、その偏狭《へんきょう》な精神と飽満さで彼女に嫌気を起こさせるのだった。彼女はリネン類を洗濯したり、夜は「コメット」〔カード・ゲームの一種〕をして、暇をつぶしていた。一人の青年が彼女の生活をほんのわずかよぎったが、その後は以前にもまして孤独になった。「倦怠を詩神に見立てて」、彼女はヌーシャテルの風習に関する四篇の小説を書いた。そして、交友の輪はますます狭まった。その作品の一つのなかで、彼女は快活で感受性の鋭い女と善良だが冷淡で鈍感な男の結婚生活の長年の不幸を描いた。彼女には結婚生活というものは誤解と失望とささいな怨恨《えんこん》の連続のように見えるのだった。彼女自身が不幸なのは明らかであった。彼女は病気になり、回復し、道連れをともなった孤独という彼女の生活に戻った。「明らかに、コロンビエの生活の日常的な繰り返しと夫の消極的で従順な優しさが、どんな活動も埋め合わせることができないような永遠の空虚を掘っていたのだ」と彼女の伝記作者は書いている。ちょうどその頃、バンジャマン・コンスタンが現われ、八年にわたって彼女を情熱的に虜《とりこ》にした。スタール夫人と彼の奪い合いをするには誇りが許さずに彼をあきらめたとき、彼女の自尊心は硬化した。彼女はある日、彼にこう書いている。「コロンビエに滞在するのは私にとっていとわしいものでしたから、ここに戻るときはいつも絶望的な気分になったものです。今はもうここを立ち去りたくないので、自分でここが我慢できるようにしました」。彼女はコロンビエに閉じこもり、十五年間、自分の庭から出なかった。そのようにして、彼女は禁欲的な戒律を採用した。運命よりも自分自身に打ち勝つよう努めよ、と。囚人である彼女は牢獄《ろうごく》を選ぶことでしか自由を見出せなかった。「彼女は、アルプス山脈を受け入れていたのと同じように、シャリエール氏が彼女のかたわらにいることを受け入れていた」とスコットは語っている。しかし、彼女はとても明晰だったので、こうした諦めは要するにごまかしでしかないということがわかっていた。彼女がとても内向的で、頑《かたく》なになったので、人々は彼女は絶望のあまり怯《おび》えているのだと思っていた。彼女はヌーシャテルに殺到してきた亡命者に自宅を開放して、彼らを保護し、援助し、指導した。優雅で醒《さ》めた作品を書き、窮乏状態にあったドイツの哲学者ヒューバーがそれを翻訳した。若い娘のサークルに助言を与え、とくに目をかけていた娘アンリエット[*1]にはロックの哲学を教えた。近隣の農民に対しては、救い主の役を演じるのを好んだ。ヌーシャテルの社交界をますます注意深く避けるようにして、彼女は誇らしげに自分の生活を狭めていった。彼女は「習慣的な仕事を作り出して、それに耐えることしかしようとしなくなった。彼女の限りなく親切な行為にさえ、なにか、ぞっとするようなものが含まれていた。そうした行為を示唆《しさ》する冷静さはそれほど冷たいものだったのだ……彼女はまわりの人々に空っぽの部屋のなかを通りすぎていく亡霊のような印象を与えた」[*2]。ごく稀な機会——たとえば訪問客のあったとき——に、生命の炎がよみがえった。しかし「年月は荒涼として過ぎていった。シャリエール夫妻は、まったく別々の世界に隔たっていながら、並んで老いていった。そして、少なからぬ訪問客が、家から出てほっとして溜《た》め息《いき》をつきながら、閉ざされた墓から逃れ出てきたような気がするのだった……柱時計がチクタク時を刻んでいた。シャリエール氏は、階下で、数学の研究をしていた。穀物倉からは殻竿《からざお》のリズミカルな音が上ってきていた……殻竿が穀粒の生命を抜き取ってしまったのに、生活はまだ続いていた……一日のほんの小さな亀裂《きれつ》をふさぐだけでしかない、絶望的に縮小された卑小な出来事からなる生活、ここが、卑小さを嫌悪していた、あのゼリードがたどりついたところなのだ」。

シャリエール氏の生活も、その妻の生活以上に楽しいものではなかったと言う人もいるだろう。だが、ともかく彼は自分の生活を選んだのだ。そして、その生活は彼の凡庸さに相応していたようだ。むしろ、〈ゾイレンの美女〉のような稀に見る資質に恵まれた男のことを想像してみるべきだ。彼がコロンビエの荒涼たる孤独のなかで燃えつきはしなかったのは確実だ。彼は自分の場所を世界のなかに作り、そこで、企てをし、闘い、行動し、勝利を得ただろう。どれほど多くの女たちが結婚生活に呑《の》み込まれて、スタンダールの言葉によれば、「人類にとって損失」になったことか。結婚生活は男の価値を下げる、と言われてきた。それはしばしば正しい。しかし、ほとんど常に、結婚生活は女を無にしてしまう。結婚擁護論者のマルセル・プレヴォーでさえ、それを認めている。

＊1　一六三二―一七〇四、イギリスの哲学者。
＊2　〔原注〕ジェフリー・スコット。

私が、その娘時代を知っていた若い女性に数ヵ月後あるいは数年後に再会して、その性格がありきたりになって、無意味な生活を送っているのに驚いたことは何回となくある。

ソフィア・トルストイが結婚して六ヵ月後に書いたものに見つかるのは、これとほとんど同じ言葉である。

私の生活はまさに平凡そのもの。死んでるのと同じだ。それにひきかえ、彼には充実した生活、内面的生活、才能、不朽の名声がある。(一八六三年十二月二十三日)

それより数ヵ月前には、彼女は別の嘆きを漏らしている。

夫が自分のことを愛してくれず、永久に自分を奴隷にしてしまったと考えたら、女は一日中針を手に座りこんでいたり、ピアノをひいたりして、一人きりで、まったく一人きりでいるのにいったいどうやって我慢していられよう。(一八六三年五月九日)

その十二年後には、彼女は今日でも多くの女が同意するような言葉を記している。

（一八七五年十月二十二日）

今日、明日、毎月、毎年、いつも、いつも同じこと。朝私は目を覚ますが、寝床から出る勇気がない。私が体をしゃんとさせるのを、誰が手伝ってくれるというのか。何が私を待っているのだろう。そう、わかっている。料理人がやってくる、そして次はニャーニャの番。それから、私は黙って座り、イギリス刺繡《ししゅう》をとりあげ、それから文法と音階の練習をさせる。晩になると、またイギリス刺繡にとりかかり、そのあいだに叔母とピエールがいつものペイシェンス〔トランプの一人遊び〕をやる……

プルードン夫人[*1]の嘆きも、まさにこれと同じ調子のものだ。「あなたにはあなたの思想があります。それなのに、あなたが仕事をしているときや子どもたちが学校に行っているとき、私には何ひとつないのよ」と彼女は夫に言うのだった。

最初の数年間は、妻は幻想を抱いていて、無条件に夫に敬服しようとし、全面的に夫を愛そうとし、自分は夫と子どもにとって不可欠だと感じようとすることが多い。やがて、自分の本当の気持ちが現われる。夫は自分がいなくてもすむ、子どもは自分から離

＊1　十九世紀フランスの思想家ジョゼフ・プルードンの妻。

れていくようにできているということに気づく。彼らはいつも多かれ少なかれ恩知らずなのだ。家庭はもう彼女の空虚な自由から彼女を守ってはくれない。彼女はふたたび孤独で、打ち捨てられたもの、つまり主体に戻る。そして、自分の使いみちが見つからない。愛情と習慣はいまだに大きな助けになるが、救いにはなり得ない。真摯《しんし》な女性作家はみな、「三十歳の女」の心に巣くう、この憂鬱《ゆううつ》を指摘している。これはキャサリン・マンスフィールド、ドロシー・パーカー、ヴァージニア・ウルフの女主人公たちに共通する特徴である。その生活の初めには、あれほど陽気に結婚と母性を称賛したセシル・ソヴァージュは、のちには微妙な悲嘆を述べている。注目すべきことに、独身女性と既婚女性の自殺の件数を比較してみると、既婚女性の場合、二十歳から三十歳（とくに二十五歳から三十歳）までは生きることへの嫌悪に対して強固に守られているが、その後はちがうことがわかる。アルブヴァックス[*1]はこう書いている。「結婚は、地方でもパリでも、とくに三十歳までは女性を守るが、年齢が上がるにつれて、そうではなくなる」[*2]。

結婚の悲劇とは、結婚が女に約束する幸福を女に与えないことではない――幸福については保証などない。それは、結婚が女を損なうことなのだ――結婚は女を反復と惰性におちいらせてしまう。女の人生の最初の二十年間は驚くような豊かさに満ちている。女は月経、性体験、結婚、妊娠・出産の体験を通りぬける。世界と自分の運命を発見する。二十歳で、家庭の主婦となり、永久に一人の男と結ばれ、子どもをかかえれば、これで女の人生は永遠に終わったようなものだ。真の行動、真の仕事は男の専有物になっている。女には、時には疲れ果てさせることはあっても、充足させることはけっしてないといった仕事しかない。女は諦めと献身を説かれてきた。しかし、女には、「死ぬまで続く平凡な二人の対話」に自分の身を捧げるというのは、ひどく無意味なように見える。自分を忘れるのは立派なことだが、はたして誰のためになのか、何のためになのかを知らなければならない。そして、最悪なのは、女の献身そのものが押しつけがましいものに見えることだ。それは、夫の目から見ると、専制に変わり、夫はそれから逃れようとする。とはいえ、それを妻の唯一、最高の正当性の根拠として妻に押しつけたのは夫である。彼女と結婚することで、彼は彼女に、全面的に彼に献身することを強いたのである。それなのに、彼は相互義務、すなわち、この贈与を受け取るということは承知しないのだ。「私は彼によって、彼のために生きているのだから、私は同じものを私のために求める」というソフィア・トルストイの言葉はたしかに反発を買う。しかし、トルストイは実際に、ひたすら彼のために、彼によってのみ生きるよう彼女に求めたのだ。この態度を正当化できるものは相互性しかない。妻を不幸になるように仕向けておいて、自分自身がその犠牲になっていると嘆くのは夫の欺瞞《ぎまん》である。寝床で妻に同時に熱くて冷たくあってほしいと求めるのと同じように、夫は妻が全面的に自分を与えるよう求め

＊1　一八七七－一九四五、フランスの社会学者。
＊2　〔原注〕『自殺の原因』。引用した指摘はフランスとスイスにはあてはまるが、ハンガリーとオルデンブルクにはあてはまらない。

るが、ただし重みは与えてほしくないのである。夫は妻に、地に足のついた生活をさせながらも自由にしておいてほしい、日常の単調な反復を保証しながら彼を退屈させないでほしい、いつもそばにいながら邪魔しないでほしいと求める。妻を全面的に自分のものにしたいが、自分は妻のものにはなりたくない。カップルで生活しながら一人でいたい。こうして夫は、結婚当初からすでに、妻をたぶらかしているのである。妻は生活を続けていくなかで、こうした裏切りの広がりを見定めていく。D・H・ロレンスが性愛について語っていることは全体的に正しい。二人の人間の結合は、それが互いを補い合う努力であるとすれば、必ず失敗する。こうした努力は、もともとの欠損を前提としているからだ。つまり、結婚とは二個の自律的存在の共同であるべきであって、隠遁《いんとん》や併合や逃避や一時的な救済であってはならないということなのだ。ノラ[*1]は、自分が妻、母親である前に、まず一個の人格でなければならないと決意したとき、こうしたことを理解したのである。夫婦を共同体、閉鎖的な単位とみなすのではなく、個人が個人として社会に統合され、そこで自力で開花できるようにするべきなのだ。そうすれば、個人は、同じように共同体に適応している別の個人と、まったく損得ぬきで、関係を結ぶことができるようになるだろう。そして、この関係は二個の自由の相互認識のうえに成り立つことだろう。

このような均衡のとれたカップルは空想的《ユートピア》な理想ではない。現に、こうしたカップルは、時には結婚の枠内にさえ存在するが、たいていは枠外に存在している。激しい性愛で結ばれていて、友情や仕事の面では各自が自由でいるというカップルもある。また、友情で結ばれていて、各自の性的自由を妨げないというカップルもある。もっと稀には、愛人であると同時に友人であるが、互いに相手に排他的な生存理由は求めないという場合もある。男と女の関係においては数多くの微妙な変化が可能なのだ。友情、快楽、信頼、愛情、黙契、恋愛において、男女は互いに、人間にさしだされる喜び、富、力の豊かな源泉になることができる。結婚制度の挫折《ざせつ》は個人の責任ではない。それは――ボナルド、コント、トルストイの主張とは逆に――もともと歪《ゆが》みのある結婚制度そのもののせいなのだ。互いに選択したのでもない男と女が、あらゆるやり方で、しかも生涯をつうじて、互いに満足を与えあうべきであると主張するのは、必ず偽善、嘘《うそ》、反感、不幸を生み出す残虐《ざんぎやく》行為である。

結婚の伝統的形態は変化しつつある。しかし、いまだに、結婚は一つの圧力になっていて、夫婦双方がそれをさまざまなかたちで感じとっている。夫婦の享受《きようじゆ》する抽象的な権利だけを考えれば、夫婦は今日、ほとんど同等である。かつてより自由に互いに相手を選択しているし、離婚もずっと容易にできるようになっており、とくにアメリカでは離婚が流行のようになっている。夫婦の年齢差、教養の差は以前より縮まっている。夫は、妻が求める自律性をもっと進んで認めるようになった。夫婦が家事を平等に分担す

＊1　〔原注〕イプセン『人形の家』。

る場合もある。夫婦の娯楽は共通している——キャンプ、サイクリング、水泳、等々。妻は一日中、夫の帰りを待って過ごしてはいない。スポーツをしたり、協会やクラブに所属していて、外で活動し、時には少しお金の入る簡単な仕事をしている。若い夫婦の多くは完全に対等な印象を与える。しかし、男がカップルの経済的な責任を保持しているかぎり、これは錯覚にすぎない。夫婦の居所は、夫が自分の仕事の必要に応じて決める。妻は夫に従って地方からパリへ、パリから地方、植民地、外国へと移る。生活水準は夫の収入に応じて定まる。一日の、一週間の、一年間のリズムは、夫の仕事に基づいて規定される。交際や交友はたいてい夫の職業に左右される。夫は、妻より積極的に社会に組み込まれているので、知的、政治的、道徳的な領域におけるカップルの指導権を握っている。離婚は妻にとって、自活の手段がない場合には抽象的な可能性にすぎない。アメリカでは「扶助料」が男にとって重い負担になっているにしても、フランスでは、あきれるほど少額の扶養料をもらうだけの捨てられた妻、母の境遇はひどいものである。しかし、根深い不平等は、男が具体的に仕事や活動において自己実現するのにひきかえ、妻の場合は、妻としての自由は消極的なかたちしかとらない。とくにアメリカの若い女の状況は古代ローマ頽廃《たいはい》期の解放されたローマ女性を思い起こさせる。すでに見たように、ローマ女性は二種類の行動形態のうちから選択していた。一方の女たちは、祖母の生活様式と価値観を受け継いでいた。もう一方の女たちは無益な大騒ぎをして時を過ごしていた。これと同様に、アメリカでも、一方の女たちは伝統的モデルにのっとって

「家庭婦人」のままでいる。もう一方の女たちは大部分が自分の力と時間を浪費することしかしていない。フランスでは、夫にどれほど誠意があっても、若い妻が母親になると、かつてと変わらず、たちまち家庭の任務が彼女に重くのしかかってくる。

現代の家庭生活では、とりわけアメリカ合衆国では、女が男を隷従《れいじゅう》させている、ときまり文句のように言われている。これは、なにも新しいことではない。古代ギリシア時代から、夫たちはクサンチッペ[*1]の専制を嘆いてきた。実際は、女が、それまで女の立ち入りが禁じられていた領域に入ってきた、ということなのだ。たとえば、私は大学生を夫にもつ女たちが夫を成功させようと熱中しているのを知っている。彼女たちは夫の日課や食事の仕方を定め、勉強を監視し、娯楽を厳禁するのだ。夫を監禁しないのがまだしもだが。また実際に、男もこうした専制に対しては、かつてより無防備になっている。男は女に抽象的な権利を認める。それに、女がそうした権利を男を通じてしか具体化できないのを知っている。男は女が強いられている無力、不毛さを自分が埋め合わせしてやろうというのだ。男女の提携のなかで明白な平等が実現されるためには、男の方がよけいに与える必要がある。なぜなら、男の方がよけいに所有しているからだ。まさしく、女が受け取り、奪い、要求するのは、女の方が貧しいからなのだ。主人と奴隷の弁証法の最も具体的な適用例がここにある。抑圧することによって、ひとは抑圧されるように

＊1　哲学者ソクラテスの妻。悪妻の典型のように言われる。

なる。男はまさに自分の支配権によって束縛されている。男だけが金をかせいでいるからこそ、妻が小切手を要求するのだ。男だけが職業に従事しているからこそ、妻が彼に成功するよう強いるのだ。男だけが超越を体現しているからこそ、妻が彼の投企《プロジェ》と成功を自分のものにすることで彼の超越を奪おうと思うのだ。そして逆に、妻が行使する専制はまさに妻の依存性を表わしているのだ。彼女は夫婦生活の成功、自分の将来、幸福、正当化が相手の手中にあるのを知っている。妻が懸命になって夫を自分の意志に従わせようとするのは、彼女が夫のなかに疎外《そがい》されているからである。自分の弱さを彼女は武器にする。だが事実は、彼女は弱いのである。夫婦生活の拘束は日常化していくにつれて、夫にとってだんだん苛立《いらだ》たしいものになる。だが、妻にとってはもっと深刻なものになる。自分が退屈だからといって、夫を何時間も自分のそばに引き止めておく妻は、夫に嫌気を起こさせ、夫の重荷になる。要するに夫の方は妻よりも容易に相手なしですませるわけだ。夫が妻を捨てれば、妻の方は自分の生活が破滅してしまう。大きな違いは、妻においては依存が内面化されているという点である。彼女は、あからさまに自由にふるまっているときでさえ、奴隷である。一方、男は本質的には自律的であり、男が束縛されているのは外見だけである。男が自分の方が犠牲者だという気がするのは、彼の背負っている責任がはっきり目に見えるからなのだ。妻は寄食者のように夫に養われている。しかし、寄食者は勝ち誇った主人ではない。実際は、生物学的には、雄と雌はけっして互いの犠牲になっているのではなく、雄雌がともに種の犠牲になっているのであり、これと同じように、夫婦はともに、自分たちの作ったものではない制度の抑圧を受けているのである。男は女を抑圧していると言われると、夫は憤慨する。彼の方が抑圧されていると感じているのだ。たしかに男は抑圧されている。しかし事実は、男の法律が、男たちによって男たちの利益のために作り上げられた社会が、女の条件を、現在では男女双方にとって苦痛の種となっているようなかたちに定めたのである。

男女共通の利益のためにこそ、結婚が女にとって「専門職」であるというようなことは許さないようにして、状況を変える必要がある。「女はもう今でさえ、やっかいすぎる」というのを口実に自分は反フェミニストだと認める男たちの議論はあまり論理的ではない。まさに結婚が女を〈カマキリ〉〈蛭《ひる》〉〈毒〉にするからこそ、結婚制度を変える必要がある、したがって女の条件全体を変える必要があるのだ。女は、自分自身に頼るのを禁じられているからこそ、こんなにも重く男にのしかかるのである。男は女を解放することによって、つまり、女にこの世界でなすべきものを何か与えることによって、自分も解放されるだろう。

すでに、こうした積極的な自由を手に入れようと試みている若い女たちがいる。しかし、自分の研究や職業を長く続ける者はめったにいない。たいてい、彼女たちは自分の仕事の利益が夫の経歴の犠牲になるだろうとわかっている。彼女たちは家庭に副収入をもたらすにすぎない。彼女たちは自分を結婚生活の拘束から抜け出させはしない企てに遠慮がちにたずさわるにすぎない。重要な職業にたずさわっている女たちでさえ、そこから男と同じ社会的利益を引き出してはいない。たとえば、弁護士の妻には夫の死亡した際に年金を受給する権利がある。だが女性弁護士については、本人の死亡に際しての年金を夫に支給することは一貫して拒否されている。つまり、働く女が男と同等に配偶者を扶養しているとは見なされていないのだ。自分の職業で真に自立している女たちもいる。しかし、多くの女たちにとっては、「外の」仕事は結婚の枠内では疲労が追加されることにしかならない。そのうえ、たいていは、子どもが生まれると主婦の役割に閉じこもることを余儀なくされる。目下のところ、仕事と出産の両立はとても難しいのだ。

伝統に従えば、まさに子どもこそが、他の目的は課されないですむという具体的な自律性を女に保証してくれる。女は妻としては完全な個人ではないにしても、母親として完全な個人となる。子どもは女の喜びであり、正当化である。子どもを通して女は性的にも社会的にも自己実現をはたす。つまり、子どもによってこそ、結婚制度は意味をもち、目的を達するのである。したがって、この女の成長の最高段階を検討することにしよう。

用語解説

投企《プロジェ》（projet）
人間の本性は存在しない。人間はまず先に実存し、その後に自らをつくるものである。人間はみずからかくあろうとして、未来に向かって自らを投げる。このようにいつも自分の可能性に対して主体的に開かれていることを「投企《プロジェ》」という。個々人が実際になんらかの計画を立てるのは、この根源的な投企があるからである。

超越（transcendance）↕内在（immanence）
人間は、根源的な投企《プロジェ》によって、現にある自分をたえず越えていく。「超越」は、こうしてつねに自らをつくっていく運動としてとらえられる。なお、ほぼ同じ意味で、dépassement が用いられていることもある。

内在（immanence）
「超越」が運動であるのに対して、自らの内にとどまっていること。

疎外《そがい》(aliénation)
1 人間が自らの自由を逃れて固定したものの安定性に閉じこもろうとすること。自主性を失い、自分以外のものに隷属《れいぞく》すること。
2 自分を自分以外のものに託すこと。子どもが、自己同一性《アイデンティティ》の確立の過程で、鏡に映った自分の姿が自分であることを認めるのも、一つの自己疎外である。

本来性(authenticité)、**本来的な**(authentique) ↔ 非本来性(inauthenticité)、非本来的な(inauthentique)
人間は一人ひとり、自らの状況のなかで、他の人間とは異なる可能性を秘めている。こうした自分独自の可能性にめざめた状態を「本来性」という。また、それに向かって、責任と危険を引き受け、自らを乗り越えて生きていく自由を「本来的な」自由という。

非本来性(inauthenticité)、**非本来的な**(inauthentique)
人間が自らの状況に目をつぶり、他の人間と同じような平均的、没個性的な状態にとどまるとき、その状態を「非本来性」という。また、こうした状態に逃避することを「非本来的な」逃避、自らの主体性や自由を放棄した生き方を「非本来的な」生き方という。ハイデガーの用語からきている。

自己欺瞞《ぎまん》(mauvaise foi)
自分に対して自分の真実や可能性をおおい隠すこと。これは、自らの自由を逃れ、責任を回避しようとする企てであり、「非本来的な」態度である。

事実性（facticité）

人間が、理由や必然性なしに世界のなかに投げ出され、状況のなかに放り出され、みずから選んだのではない条件のなかに、単に事実として存在しているあり方。ハイデガーの用語からきている。

対自（pour soi）↕ 即自（en soi）

サルトルは『存在と無』において、対自を「それがあるところのものであらず、それがあらぬところのものであるような存在」と言っている。すなわち、つねに現在の自分を超越し、未来の自分のあり方を意識的に選択するような存在。

即自（en soi）

対自（pour soi）である意識に対して、物のあり方を示す。自己のなかにとどまり、それ自体とぴったり粘着している存在。

本質的なもの（l'essentiel）↕ 非本質的なもの（l'inessentiel）

サルトルの実存主義の第一の原理は、「実存は本質に先立つ」である。人間に本性はなく、あらかじめ定められた本質はない。人間はみずからつくるところのもの以外の何ものでもない。しかし、本書で、男＝「本質的なもの」というときの本質は、右のように「定められた本質」という意味ではなく、二元対立的思考において、「主たるもの、基準となるもの」の意味で使われている。

非本質的なもの（l'inessentiel）

他者であることにあまんじて、主体である「本質的なもの」に左右される人間は「非本質的なもの」である。

だが、実際には、「本質的なもの」と「非本質的なもの」、言い換えれば「主体」と「他者」のあいだには相互性があり、固定的な関係ではない（Ⅰ巻二〇頁参照）。したがって、女も「非本質的なもの」としてあまんじていてはいけない、というのが『第二の性』を通じてのボーヴォワールの主張である。

一者（l'Un）

形而上学史《けいじじょうがく》にあらわれる〈一者〉は、絶対的一者を意味する。すなわち、それは絶対的に完結した全体であり、すべての根源である。これに対して、ボーヴォワールは、一方の者（l'un）と他方の者（l'autre）の関係は相互的なものであり、両者とも相対的一者であって、〈他者〉から〈一者〉への反転はありうるはずだと考える。しかし、歴史のなかの男女関係を見ると、男はつねに〈主体〉であり、絶対的〈一者〉であった。女はつねに〈他者〉であったと言うのである。

世界への参加《アンガージュマン》（engagement）

人間は状況によって拘束されていると同時に、自分を積極的に拘束する。すなわち受動を能動へと転換し、自由な選択によって行動し、状況に対して働きかける、というサルトルの実存主義の中心的概念。

本書は、一九九七年四月に新潮社より刊行され、二〇〇一年四月に
新潮文庫に収められた『決定版　第二の性　Ⅱ　体験　上』を、加筆
修正のうえ文庫化したものです。

Simone de BEAUVOIR:
LE DEUXIÈME SEXE
Tome 2: L'Expérience vécue
Copyright © Éditions Gallimard, Paris, 1949 Renouvelé en 1976
This book is published in Japan by arrangement with Éditions Gallimard,
through le Bureau des Copyrights Français, Tokyo.

決定版《けっていばん》 第二《だいに》の性《せい》
Ⅱ 体験《たいけん》 上

二〇二三年 四 月一〇日 初版印刷
二〇二三年 四 月二〇日 初版発行

著　者 S・ド・ボーヴォワール
訳　者 『第二《だいに》の性《せい》』を原文《げんぶん》で読《よ》み直《なお》す会《かい》
発行者 小野寺優
発行所 株式会社河出書房新社
〒一五一-〇〇五一
東京都渋谷区千駄ヶ谷二-三二-二
電話〇三-三四〇四-八六一一（編集）
〇三-三四〇四-一二〇一（営業）
https://www.kawade.co.jp/

ロゴ・表紙デザイン 粟津潔
本文フォーマット 佐々木暁
印刷・製本 中央精版印刷株式会社

落丁本・乱丁本はおとりかえいたします。

本書のコピー、スキャン、デジタル化等の無断複製は著作権法上での例外を除き禁じられています。本書を代行業者等の第三者に依頼してスキャンやデジタル化することは、いかなる場合も著作権法違反となります。

Printed in Japan ISBN978-4-309-46780-1

高慢と偏見

ジェイン・オースティン　阿部知二〔訳〕　46264-6

中流家庭に育ったエリザベスは、資産家ダーシーを高慢だとみなすが、それは彼女の偏見に過ぎないのか？　英文学屈指の作家オースティンが機知とユーモアを込めて描く、幸せな結婚を手に入れる方法。永遠の傑作。

アフリカの日々

イサク・ディネセン　横山貞子〔訳〕　46477-0

すみれ色の青空と澄みきった大気、遠くに揺らぐ花のようなキリンたち、鉄のごときバッファロー。北欧の高貴な魂によって綴られる、大地と動物と男と女の豊かな交歓。20世紀エッセイ文学の金字塔。

テヘランでロリータを読む

アーザル・ナフィーシー　市川恵里〔訳〕　46743-6

全米150万部、日本でも大絶賛のベストセラー、遂に文庫化！テヘランでヴェールの着用を拒否し、大学を追われた著者が行った秘密の読書会。壮絶な彼女たちの人生とそれを支える文学を描く、奇跡の体験。

楽園への道

マリオ・バルガス＝リョサ　田村さと子〔訳〕　46441-1

ゴーギャンとその祖母で革命家のフローラ・トリスタン。飽くことなく自由への道を求め続けた二人の反逆者の激動の生涯を、異なる時空を見事につなぎながら壮大な物語として描いたノーベル賞作家の代表作。

愛人　ラマン

マルグリット・デュラス　清水徹〔訳〕　46092-5

十八歳でわたしは年老いた！　仏領インドシナを舞台に、十五歳のときの、金持ちの中国人青年との最初の性愛経験を語った自伝的作品として、センセーションを捲き起こした、世界的ベストセラー。映画化原作。

ボヴァリー夫人

ギュスターヴ・フローベール　山田𣝣〔訳〕　46321-6

田舎町の医師と結婚した美しき女性エンマ。平凡な生活に失望し、美しい恋を夢見て愛人をつくった彼女が、やがて破産して死を選ぶまでを描く。世界文学に燦然と輝く不滅の名作。

O嬢の物語

ポーリーヌ・レアージュ　澁澤龍彥〔訳〕　46105-2

女主人公の魂の告白を通して、自己の肉体の遍歴を回想したこの物語は、人間性の奥底にひそむ非合理な衝動をえぐりだした真に恐れるべき恋愛小説の傑作として多くの批評家に激賞された。ドゥー・マゴ賞受賞！

いいなづけ　上

A・マンゾーニ　平川祐弘〔訳〕　46267-7

レンツォはルチーアと結婚式を挙げようとするが司祭が立会を拒む。ルチーアに横恋慕した領主に挙げれば命はないとおどされたのだ。二人は村を脱出。逃避行の末――読売文学賞・日本翻訳出版文化賞受賞作。

いいなづけ　中

A・マンゾーニ　平川祐弘〔訳〕　46270-7

いいなづけのルチーアと離ればなれになったレンツォは、警察に追われる身に。一方ルチーアにも更に過酷な試練が。卓抜な描写力と絶妙な語り口で、時代の風俗、社会、人間を生き生きと蘇らせる大河ロマン。

いいなづけ　下

A・マンゾーニ　平川祐弘〔訳〕　46271-4

伊文学の最高峰、完結篇。飢饉やドイツ人傭兵隊の侵入、ペストの蔓延などで荒廃を極めるミラーノ領内。物語はあらゆる邪悪のはびこる市中の混乱をまざまざと描きながら、感動的なラストへと突き進む。

神曲 地獄篇

ダンテ　平川祐弘〔訳〕　46311-7

一三〇〇年春、人生の道の半ば、三十五歳のダンテは古代ローマの大詩人ウェルギリウスの導きをえて、地獄・煉獄・天国をめぐる旅に出る……絢爛たるイメージに満ちた、世界文学の最高傑作。全三巻。

神曲 煉獄篇

ダンテ　平川祐弘〔訳〕　46314-8

ダンテとウェルギリウスは煉獄山のそびえ立つ大海の島に出た。亡者たちが罪を浄めている山腹の道を、二人は地上楽園を目指し登って行く。ベアトリーチェとの再会も近い。最高の名訳で贈る『神曲』、第二部。

神曲 天国篇

ダンテ　平川祐弘〔訳〕　46317-9

ダンテはベアトリーチェと共に天国を上昇し、神の前へ。巻末に「詩篇」収録。各巻にカラー口絵、ギュスターヴ・ドレによる挿画、訳者による詳細な解説を付した、平川訳『神曲』全三巻完結。

新生

ダンテ　平川祐弘〔訳〕　46411-4

『神曲』でダンテを天国へと導く永遠の女性・ベアトリーチェとの出会いから死別までをみずみずしく描いた、文学史上に輝く名著。ダンテ、若き日の心の自伝。『神曲』の名訳者による口語訳決定版。

リンバロストの乙女　上

ジーン・ポーター　村岡花子〔訳〕　46399-5

美しいリンバロストの森の端に住む、少女エレノア。冷徹な母親に阻まれながらも進学を決めたエレノアは、蛾を採取して学費を稼ぐ。翻訳者・村岡花子が「アン」シリーズの次に最も愛していた永遠の名著。

リンバロストの乙女　下

ジーン・ポーター　村岡花子〔訳〕　46400-8

優秀な成績で高等学校を卒業し、美しく成長したエルノラは、ある日、リンバロストの森で出会った青年と恋に落ちる。だが、彼にはすでに許嫁がいた……。村岡花子の名訳復刊。解説＝梨木香歩。

スウ姉さん

エレナ・ポーター　村岡花子〔訳〕　46395-7

音楽の才がありながら、亡き母に変わって家族の世話を強いられるスウ姉さんが、困難にも負けず、持ち前のユーモアとを共に生きていく。村岡花子訳で読む、世界中の「隠れた尊い女性たち」に捧げる物語。

べにはこべ

バロネス・オルツィ　村岡花子〔訳〕　46401-5

フランス革命下のパリ。血に飢えた絞首台に送られる貴族を救うべく、イギリスから謎の秘密結社〈べにはこべ〉がやってくる！　絶世の美女を巻き込んだ冒険とミステリーと愛憎劇。古典ロマンの傑作を名訳で。

ニューヨーク・スケッチブック

ピート・ハミル　高見浩〔訳〕　46727-6

〈孤独と喪失に彩られた、見えない街〉ニューヨークで繰り広げられる人々の日常の一瞬を絶妙な語り口で浮き彫りにした人生ドラマ、34編。映画『幸福の黄色いハンカチ』原作を含む、著者代表作。新装版。

水の墓碑銘

パトリシア・ハイスミス　柿沼瑛子〔訳〕　46750-4

ヴィクの美しく奔放な妻メリンダは次々と愛人と関係を持つ。その一人が殺害されたとき、ヴィクは自分が殺したとデマを流す。そして生じる第二の殺人……傑作長編の改訳版。映画化原作。

キャロル

パトリシア・ハイスミス　柿沼瑛子〔訳〕　46416-9

クリスマス、デパートのおもちゃ売り場の店員テレーズは、人妻キャロルと出会い、運命が変わる……サスペンスの女王ハイスミスがおくる、二人の女性の恋の物語。映画化原作ベストセラー。

ダーク・ヴァネッサ　上

ケイト・エリザベス・ラッセル　中谷友紀子〔訳〕　46751-1

17年前、ヴァネッサは教師と「秘密の恋」をした。しかし#MeTooムーブメントのさなか、歪められた記憶の闇から残酷な真相が浮かび上がる――。世界32か国で翻訳された震撼の心理サスペンス。

ダーク・ヴァネッサ　下

ケイト・エリザベス・ラッセル　中谷友紀子〔訳〕　46752-8

「あれがもし恋愛でなかったならば、私の人生はなんだったというの？」――かつて「恋」をした教師が性的虐待で訴えられ、ヴァネッサは記憶を辿りはじめる。暗い暴力と痛ましい回復をめぐる、衝撃作。

アダムとイヴの日記

マーク・トウェイン　大久保博〔訳〕　46710-8

この世で最初の男女・アダムとイヴが日記をつけていた！　出逢い、失楽園、子育て……すれ違い続ける二人の心情。そんな二人が最後にたどりついた愛の境地とは？　作家・北村薫が愛する永遠の名著。

アメリカーナ　上

チママンダ・ンゴズィ・アディーチェ　くぼたのぞみ〔訳〕　46703-0

高校時代に永遠の愛を誓ったイフェメルとオビンゼ。米国留学を目指す二人の前に、現実の壁が立ちはだかる。世界を魅了する作家による、三大陸大河ロマン。全米批評家協会賞受賞。

アメリカーナ　下

チママンダ・ンゴズィ・アディーチェ　くぼたのぞみ〔訳〕　46704-7

アメリカに渡ったイフェメルは、失意の日々を乗り越えて人種問題を扱う先鋭的なブログの書き手として注目を集める。帰郷したオビンゼは巨万の富を得て幸せな家庭を築く。波瀾万丈の物語。

なにかが首のまわりに

C・N・アディーチェ　くぼたのぞみ〔訳〕　46498-5

異なる文化に育った男女の心の揺れを瑞々しく描く表題作のほか、文化、歴史、性差のギャップを絶妙な筆致で捉え、世界が注目する天性のストーリーテラーによる12の魅力的物語。

鉄の時代

J・M・クッツェー　くぼたのぞみ〔訳〕　46718-4

反アパルトヘイトの嵐が吹き荒れる南アフリカ。末期ガンの70歳の女性カレンは、庭先に住み着いたホームレスの男と心を通わせていく。差別、暴力、遠方の娘への愛。ノーベル賞作家が描く苛酷な現実。

キンドレッド

オクテイヴィア・E・バトラー　風呂本惇子／岡地尚弘〔訳〕　46744-3

謎の声に呼ばれ、奴隷制時代のアメリカ南部へのタイムスリップを繰り返す黒人女性のデイナ。人間の価値を問う、アフリカ系アメリカ人の伝説的作家による名著がついに文庫化。

黄金の少年、エメラルドの少女

イーユン・リー　篠森ゆりこ〔訳〕　46418-3

現代中国を舞台に、代理母問題を扱った衝撃の話題作「獄」、心を閉ざした四〇代の独身女性の追憶「優しさ」、愛と孤独を深く静かに描く表題作など、珠玉の九篇。O・ヘンリー賞受賞作二篇収録。

さすらう者たち

イーユン・リー　篠森ゆりこ〔訳〕　46432-9

文化大革命後の中国。一人の若い女性が政治犯として処刑された。物語はこの事件に否応なく巻き込まれた市井の人々の迷いや苦しみを丹念に紡ぎ、庶民の心を歪めてしまった中国の歴史の闇を描き出す。

突囲表演

残雪　近藤直子〔訳〕　46721-4

若き絶世の美女であり皺だらけの老婆、煎り豆屋であり国家諜報員——X女史が五香街（ウーシャンチェ）をとりまく熱愛と殺意の包囲を突破する！世界文学の異端にして中国を代表する作家が紡ぐ想像力の極北。

あなたのことが知りたくて

チョ・ナムジュ／松田青子／デュナ／西加奈子／ハン・ガン／深緑野分／イ・ラン／小山田浩子 他　46756-6

ベストセラー『82年生まれ、キム・ジヨン』のチョ・ナムジュによる、夫と別れたママ友同士の愛と連帯を描いた「離婚の妖精」をはじめ、人気作家12名の短編小説が勢ぞろい！

プラットフォーム

ミシェル・ウエルベック　中村佳子〔訳〕　46414-5

「なぜ人生に熱くなれないのだろう？」——圧倒的な虚無を抱えた「僕」は父の死をきっかけに参加したツアー旅行でヴァレリーに出会う。高度資本主義下の愛と絶望をスキャンダラスに描く名作が遂に文庫化。

ある島の可能性

ミシェル・ウエルベック　中村佳子〔訳〕　46417-6

辛口コメディアンのダニエルはカルト教団に遺伝子を託す。2000年後ユーモアや性愛の失われた世界で生き続けるネオ・ヒューマンたち。現代と未来が交互に語られるSF的長篇。

セロトニン

ミシェル・ウエルベック　関口涼子〔訳〕　46760-3

巨大化学企業を退職した若い男が、過去に愛した女性の甘い追憶と暗い呪詛を交えて語る現代社会への深い絶望。白い錠剤を前に語られる新たな予言の書。世界で大きな反響を呼んだベストセラー。

河出文庫

黄色い雨

フリオ・リャマサーレス　木村榮一〔訳〕　46435-0

沈黙が砂のように私を埋めつくすだろう——スペイン山奥の廃村で朽ちゆく男を描く、圧倒的死の予感に満ちた表題作に加え、傑作短篇「遮断機のない踏切」「不滅の小説」の二篇を収録。

ラテンアメリカ怪談集

ホルヘ・ルイス・ボルヘス他　鼓直〔編〕　46452-7

巨匠ボルヘスをはじめ、コルタサル、パスなど、錚々たる作家たちが贈る恐ろしい15の短篇小説集。ラテンアメリカ特有の「幻想小説」を底流に、怪奇、魔術、宗教など強烈な個性が色濃く滲む作品集。

ナボコフの文学講義　上

ウラジーミル・ナボコフ　野島秀勝〔訳〕　46381-0

小説の周辺ではなく、そのものについて語ろう。世界文学を代表する作家で、小説読みの達人による講義録。フロベール『ボヴァリー夫人』ほか、オースティン、ディケンズ作品の講義を収録。解説：池澤夏樹

ナボコフの文学講義　下

ウラジーミル・ナボコフ　野島秀勝〔訳〕　46382-7

世界文学を代表する作家にして、小説読みの達人によるスリリングな文学講義録。下巻には、ジョイス『ユリシーズ』カフカ『変身』ほか、スティーヴンソン、プルースト作品の講義を収録。解説：沼野充義

ナボコフのロシア文学講義　上

ウラジーミル・ナボコフ　小笠原豊樹〔訳〕　46387-2

世界文学を代表する巨匠にして、小説読みの達人ナボコフによるロシア文学講義録。上巻は、ドストエフスキー『罪と罰』ほか、ゴーゴリ、ツルゲーネフ作品を取り上げる。解説：若島正。

ナボコフのロシア文学講義　下

ウラジーミル・ナボコフ　小笠原豊樹〔訳〕　46388-9

世界文学を代表する巨匠にして、小説読みの達人ナボコフによるロシア文学講義録。下巻は、トルストイ『アンナ・カレーニン』ほか、チェーホフ、ゴーリキー作品。独自の翻訳論も必読。

著訳者名の後の数字はISBNコードです。頭に「978-4-309」を付け、お近くの書店にてご注文下さい。